古田武彦
古代史コレクション
3

古田武彦 著

盗まれた神話

記・紀の秘密

ミネルヴァ書房

刊行のことば

いま、なぜ古田武彦なのか——

古田武彦の古代史探究への歩みは、論文「邪馬壹国」（『史学雑誌』七八巻九号、一九六九年）から始まった。その後の『「邪馬台国」はなかった』（一九七一年）『失われた九州王朝』（一九七三年）『盗まれた神話』（一九七五年）の初期三部作と併せ、当時の「邪馬台国論争」に大きな一石を投じた。〈今まで「邪馬台国」という言葉を聞いてきた人よ。この本を読んだあとは、「邪馬一国」と書いてほしい。しゃべってほしい。…〉（『「邪馬台国」はなかった』文庫版によせて）という言葉が象徴するように、氏の理論の眼目「邪馬一国論」はそれまでの定説を根底からくつがえすものであった。

しかも、女王の都するところ「博多湾岸と周辺部」という、近畿説・九州説いずれの立場にもなかった所在地は、学界のみならず、一般の多くの古代史ファンにも新鮮な驚きと強烈な衝撃を与えたのである。

こうして古田説の登場によって、それまでの邪馬台国論争は、新たな段階に入ったかに思われた。

古田説とは、(1)従来の古代史学の方法論のあやうさへの問い、(2)定説をめぐるタブーへのあくなき挑戦、(3)真実に対する真摯な取り組み、(4)大胆な仮説とその論証の手堅さ、を中核とし、我田引水と牽強付会に終始する従来の学説と無縁であることは、今日まで続々と発表されてきた諸著作をひもとけば明らかであろう。古田氏によって、邪馬台国「論争」は乗り越えられたのである。しかし、氏の提起する根元的な問いかけの数々に、学界はまともに応えてきたとはいいがたい。

われわれは、改めて問う。古田氏を抜きにして、論争は成立しうるのか。今までの、古田説があたかも存在しないかのような学界のあり方や論争の進め方は、科学としての古代史を標榜する限り公正ではなかろう。

ここにわれわれは、古田史学のこれまでの諸成果を「古田武彦・古代史コレクション」として順次復刊刊行し、大方の読者にその正否をゆだねたいと思う。そして名実ともに大いなる「論争」が起こりきたらんことを切望する次第である。

二〇一〇年一月

ミネルヴァ書房

はしがき——復刊にあたって

一

驚いた。謡曲の「翁《おきな》」の〝せりふ〟を見たときだ。

「とうとうたらりたらりら、たらりあがりららりとう。」

ではじまっている。野上豊一郎編の『解註、謡曲全集（巻一）』（中央公論社）の冒頭である。

「とう」は、古い「神」の呼び名。関東で「とうばん（当番）」とは、一年間〝神の木札〟を保持する役割だ。「おとうさん」は〝神への呼び名〟が父親の意味へと転化したものである。

四国の足摺《あしずり》岬の「唐人《とうじん》駄場《だば》」は、「神」を「とう」と呼ぶ言葉が〝もと〟になっている。博多や鹿児島の「唐人町」も、同じ「とう」だ。「じん（人）」は「神」の漢音である。〝中国人の住んだ町〟と解説されているけれど、「漢《かん》人町」や「宋《そう》人町」「明《みん》人町」があるわけではない。本来は「古い神への呼び名」だ。「唐人駄場」が、縄文土器が圧倒的に分布する広場（駄場は〝広い祭りの場〟）を指しているように、「神」を「とう」と呼ぶのは、まさに「縄文語」なのである。

二

「たらり」は、「足《た》る」という日本語にもとづく。「たりしほこ」（『隋書』俀《たい》国伝）や「かまたり」（中臣氏）など、人名にも残されている通りだ。その淵源は「縄文以前」の用法なのである。この文言には、その姿がとどめられている。

それだけではない。第二節に入ると、

「総角《あげまき》やとんどや、尋《いろ》ばかりやとんどや。」

の言葉がはじまる。この一句のポイント、それは「とんど」だ。正月が過ぎて、子供たちが川原に集まり、お供え物などを焼く、あの行事だ。「とんど」または「どんど」という、火祭りである。日本列島という火山列島で、各地で行われる大切な行事、それが「とんど」である。「とのと」の撥《はっ》音便だ。「と」は「神殿の戸口」、それを〝ダブラせて〟いる。神殿の中枢で行われる、火祭り。それを指しているのだ。「神聖な水」の流れる川原で行われた。その遺習なのである。それは日本列島の火山の「成立」と共に、古い。当然、「縄文以前」だ。「総角《あげまき》」や「尋《ひろ》」と言っているのは、その正月の〝晴れ〟のときの服装であろう。それらがこの「翁」という謡曲の中に見事に保存され、歌われているのである。

三

それに尽きない。

「鶴と亀との齢にて、幸ひ心にまかせたり。」

「鶴と亀」とは、日本人にとってもっとも〝周知の〟コンビだ。鶴はシベリアから、この日本列島へ飛来する霊鳥。亀は南米から、同じこの日本列島へ遊泳して産卵に来る神獣。ここ、自分たち日本人の住むところを、地理的に、そして宗教的に、的確に表現した一句なのである。北は黒竜江、北海道方面より、南は太平洋より黒潮に乗って、この列島に合流し、共生した人々が、自分たちの住むところを、もっとも簡明に象徴した一句、それがこの「鶴と亀」だ。縄文以前、旧石器の時代にも、この列島には「北から鶴」「南から亀」が到来していた。それを歌ったものだ。八世紀成立の『古事記』や『日本書紀』、そして『風土記』など、そんな「新しい」時代ではない。

中国から「文字」の渡来する以前から、わたしたちの祖先は「鶴と亀」を知っていた。それを「口誦」で伝えていた。それがこの謡曲で歌われたのである。

先日、わたしは翁別《わけ》神社（福岡市東区馬出《まいだし》二丁目二五）に詣でた。その後、二ケ月、はからずもこの「翁」の〝せりふ〟に出会った（大下隆司氏による）。神々の歴史は悠遠である。

意義深き『盗まれた神話』を復刊された、ミネルヴァ書房の杉田啓三社長と田引勝二氏、神谷透氏等の志に厚く謝意をささげたい。

平成二十一年十一月十五日

古田武彦

はじめに

きのうまで、神話は遠い彼方《かなた》にあった。時の霧によって神秘化され、あいまいさがその一帯を支配していたのである。

だが、今はちがう。

神々はどこから来て、どこを通ってどこまで行ったか、また天皇家の祖先はどの地点からどのようにして来たか、その一つ一つの道順がハッキリとわたしの目に焼きついている。あたかも自分の掌《てのひら》にはしる幾筋もの線をじっと見つめている時のように。

かえりみると、わたしの探究の手もとには、なに一つ変った方法は与えられていなかった。人間の理性の導くところに従って、もっとも常識的な道をひたひたと歩いてきたにすぎない。すなわち、一切の先入観を排し、まず原文全体の表記のルールを見出す。つぎにそのルールによって問題の一つ一つの部分を解読する。――この方法につきたのである。

これに対し、戦後史学の「定見」はつぎのようであった。〝『記・紀』(古事記・日本書紀)には造作が多い。つまり、その神話や説話は、後代天皇家の史官が勝手に造りあげたものだ〟と。天皇絶対主義の史観、ことに戦時中の神話狂乱時代を経験してきた戦後の良識ある人々にとって、ふたたび〝火傷《やけど》せぬため〟にも、それはきわめて適切、かつ穏当な見地とされてきたのかもしれぬ。

だが、わたしにとって、この〝穏当さ〟にふみとどまり、そこに安住することは許されなかった。なぜなら、――それはイデオロギーのためではない――わたしは一切の既成の「定見」に依拠せず、焼けつく大地をはだしで第一歩から歩こう、そのように志したからである。

『記・紀』神話には、多くの〝地図〟が内蔵されていた。わたしはそれらを分析し、一枚一枚を積み重ねてみた。ところが、『記・紀』の表記のルールを厳格に守れば守るほど、神々の行動領域はそれらの地図のさし示す所とピッタリ適合した。

そしてついに――それは思いもかけぬ事件だった――この本の最後に示されているように、「天孫降臨」当時の政治地図まで発見されることとなったのである。

ここに、『記・紀』表記のルールに従って析出されたものが、わたしの、夏の夜の脳裏にひらめいた一片の妄想にすぎないのか、それとも、日本古代世界の未見の真実、その「時間の扉」がこれによってはじめて切りひらかれたのか、――その判定はこの本を読み終えた読者ひとりひとりの特権に属しよう。

その読後の声は、ただひとりこの道を歩むわたしには、いずれも無上の「師の声」である。だが、それとは異なり、イデオロギー上の毀誉褒貶《きよほうへん》がふりそそぐならば、それはわたしにとって、竹の林の上を吹き抜けてゆく夕方の嵐にすぎぬであろう。

なぜなら、わたしは歴史の荒野のその一隅を、とぼとぼと日の暮れるまで行きつくす旅人、そのような孤立の一探究者として、きのうもきょうも歩みつづけるだけなのであるから。

盗まれた神話——記・紀の秘密

目次

＊本書中、神名・天皇等の呼称については極力簡略化に従い、『古事記』・『日本書紀』原文の読みくだしもつとめて原表記に立脚した。

＊書中引用の論文・著作者名は、前著の場合同様敬称を省略した。非礼御容赦を乞う。

＊本書は、朝日文庫版『盗まれた神話』（一九九三年刊）を底本とし、「はしがき」と「日本の生きた歴史㈢」を新たに加えたものである。

第一章　謎にみちた二書

聖典か、虚妄の史書か

わたしたちの前におかれた〝謎の書〟がある。古代記録の最後の秘境、それがこの『古事記』『日本書紀』という二冊の本だ（以下『記・紀』と略記する）。

わたしはこの本の謎に立ち向かったとき、ここに封印された不思議の数々に、いいようもない戦慄を覚えた。そしてどうしてもこの秘密を闇の中から明るみにひき出したいと思ったのである。

思えばこの二書ほど、数奇な運命によって翻弄されてきた書物も少ないであろう。かつては日本最高の聖典とされ、この本をめぐる自由な論議さえ禁圧されてきた。それは決して遠い昔ではない。わたし自身でさえ、青春のはじめの日々まで、そのような時代のさ中に生きていたのである。

敗戦とともに一転して、大いなる侮蔑と忘却の運命がこの本の上に訪れた。その語る神話や説話は、多く〝虚妄の史実〟である、とされ、これが新しき通念となったのである。戦前の世代はみずからの歴史教養に自信を失い、戦後の世代は、この本の語るところをもって、「日本の常識」とすることをやめた。

わたし自身の場合をふりかえってみよう。三十代は親鸞研究の中にあり、古代世界から遠い場所にあった。ところがある日、偶然の手に導かれて古代史の森の奥深く求めさまようこととなったのである。

その入口の扉には「邪馬壹国《やまいちこく》」の文字があった。

〝原文の一字一句もみだりに改変せず、『三国志』全体の表記のルールに従って倭人伝を読む〟——このルールに従って、従来の「邪馬台国」への改変を非とし、わたしは博多湾岸なる卑弥呼の国「邪馬壹国」へと導かれたのである（『邪馬台国』はなかった』朝日新聞社、一九七一年）。

さらにわたしは同じ方法に従い、志賀島《しかのしま》の金印や中国代々の史書（『宋書』『隋書』『旧唐書』等）のさし示す日本列島代表の王者を求めた。その結果、前二世紀より七世紀まで一貫して——近畿天皇家に先在し——筑紫《ちくし》を中心とする九州王朝が中心王朝として存在していたことを知ったのである（『失われた九州王朝』朝日新聞社、一九七三年）。

これに対し、『記・紀』神話の世界は、これら中国史書の場合とは異なって、いわば〝もっとも熱い領域〟であるといえよう。なぜなら、ただ学問上の論議だけではなく、さまざまな分野のはげしい対決さえ現実の世界に生じているのであるから。

けれども、今のわたしに必要なことは、それを左右に顧慮することではない。なぜなら、孤立の探究者たるわたしの属するところは、ただ〝真実という名の党派〟だけである。そして真実を愛するすべての人々と連帯せんと欲するからである。それ故、一切の現状況を顧慮せず、あたかも『記・紀』の神話にはじめて触れて好奇心に燃える少年のように、無邪気に問い、率直に疑い、それを探究の出発点にしたいと思う。

矛から生まれた国

わたしの疑いはこうだ。

第一は、国生み神話にまつわる問題。『記・紀』とも、はじめに国土創生神話がある。今、『古事記』の例を示そう。

是《ここ》に天《あま》つ神 諸《もろもろ》の命以《みことも》ちて、伊邪那岐《いざなぎの》命、伊邪那美《いざなみ》命、二柱の神に、「是《こ》の多陀用弊流《ただよえる》国を修《おさ》め理《つく》りて固め成せ。」と詔《の》りて、天《あめ》の沼矛《ぬぼこ》を賜《たま》ひて、言依《ことよ》さし賜ひき。故《かれ》、二柱の神、天《あめ》の浮橋に立たし立を訓みてタタシと云ふ。て、其の沼矛を指し下ろして以ちて画《か》けば、塩許々袁々呂々邇《しおこおろこおろに》画《か》き鳴《な》し鳴を訓みてナシと云ふ。て引き上ぐる時、其の矛の末より垂《しただ》り落つる塩、累《かさ》なり積もりて島と成りき。是れ淤能碁呂島《おのごろじま》なり。淤より以下の四字は音を以てせよ。
其の島に天降《あまくだ》り坐《ま》して天の御柱を見立て、八尋殿《やひろどの》を見立つ。

（「矛→弟」の新論証については、本書四一一～四一七ページ参照）

イザナギ・イザナミの二神が天つ神たちから賜わった「天の沼矛」によってオノゴロ島を造成し、そこに行き、その島に天の御柱と八尋殿を「見立てた」というのである。そして二神はこの天つ御柱をめぐりつつ、次々と以下のような「大八島国」を生んでいった、という。

①　淡道之穂之狭別島《あわじのほのさわけ》（淡路島）
②　伊予之二名島（四国）
③　隠伎《おき》之三子島（隠岐）
④　筑紫島（九州）
⑤　伊伎《いき》島（壱岐）
⑥　津島（対馬）
⑦　佐度島（佐渡）
⑧　大倭豊秋津島《おおやまととよあきつ》（本州――大和または難波《なにわ》を中心にした畿内の地域）

（　）内は通常の理解。

さて、右の神話を貫く思想を一言でいえば、〝天の沼矛の威力から、大八島の国々は発生したのだ〟

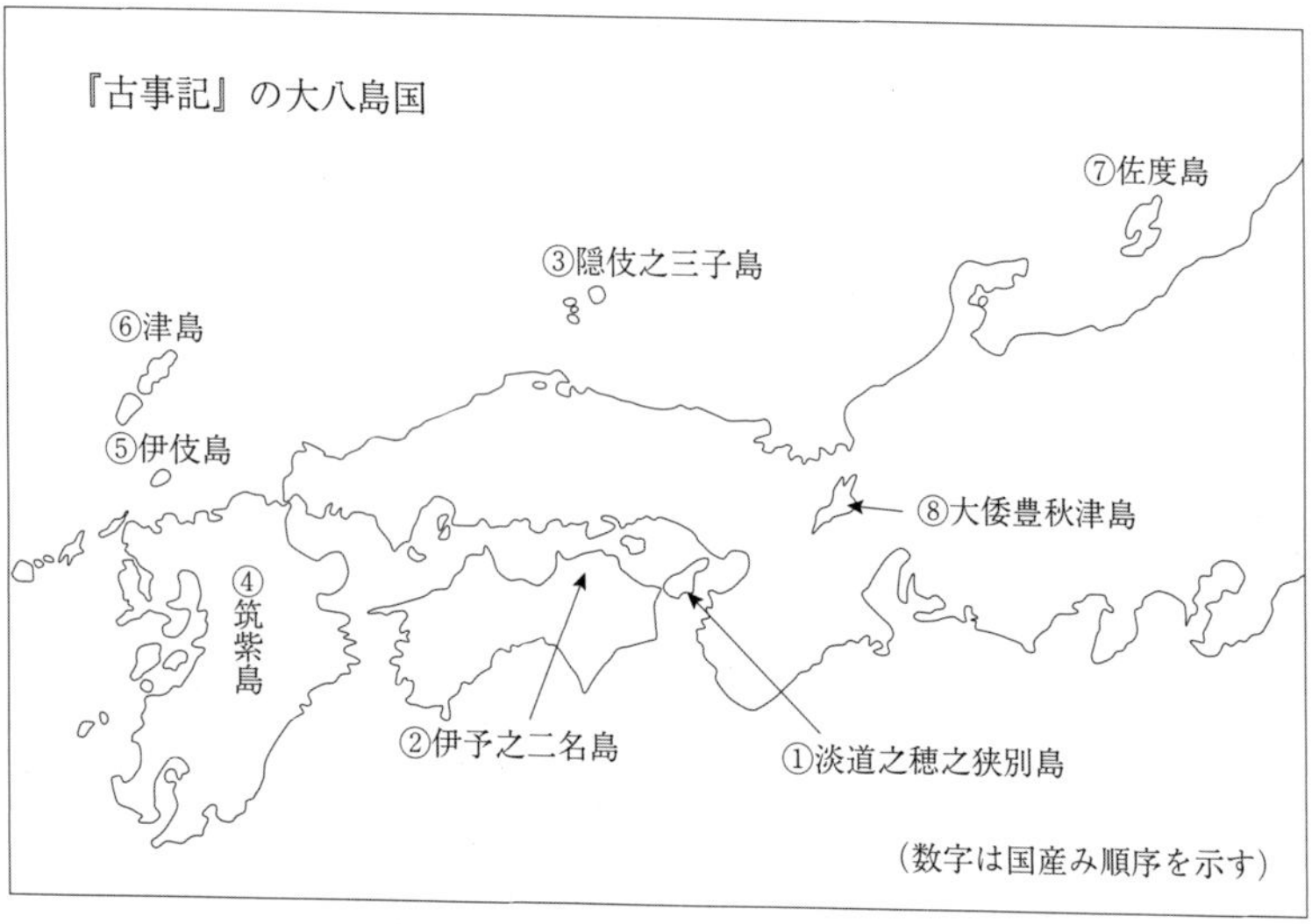

（数字は国産み順序を示す）

というに尽きよう。まるで有名な「鉄砲から権力は生まれる」というテーマさながらに「古代の国々は矛から生まれた」というのだ。これはまことに〝露骨な思想〟である。

ところが一方、よく知られているように、弥生期の日本列島に顕著な「二大青銅器圏」があった（この問題についての最近の諸見解については、後に詳しく論ずる）。

つまり、(A)「銅剣・銅矛・銅戈《どうか》圏」（以下「銅矛圏」と略称する）、(B)「銅鐸圏」であり、(A)と(B)の接した領域には「混合領域」がある。

ところで、先の「矛の独占する国土創生神話」は、ズバリいえば、銅矛圏の中で産み出された神話である（銅矛出土の中心は筑紫、とくに博多湾岸とその周辺）。ことに〝銅鐸の一片の影さえ認めることのできない、矛の独占支配〟という点からすれば、原点は(A)と(B)との混合領域（瀬戸内海領域）の産物ではなく、〝純粋な銅矛圏を原点として産出された神話〟だ。そのようにわたしには思えるのである。これが「矛の独

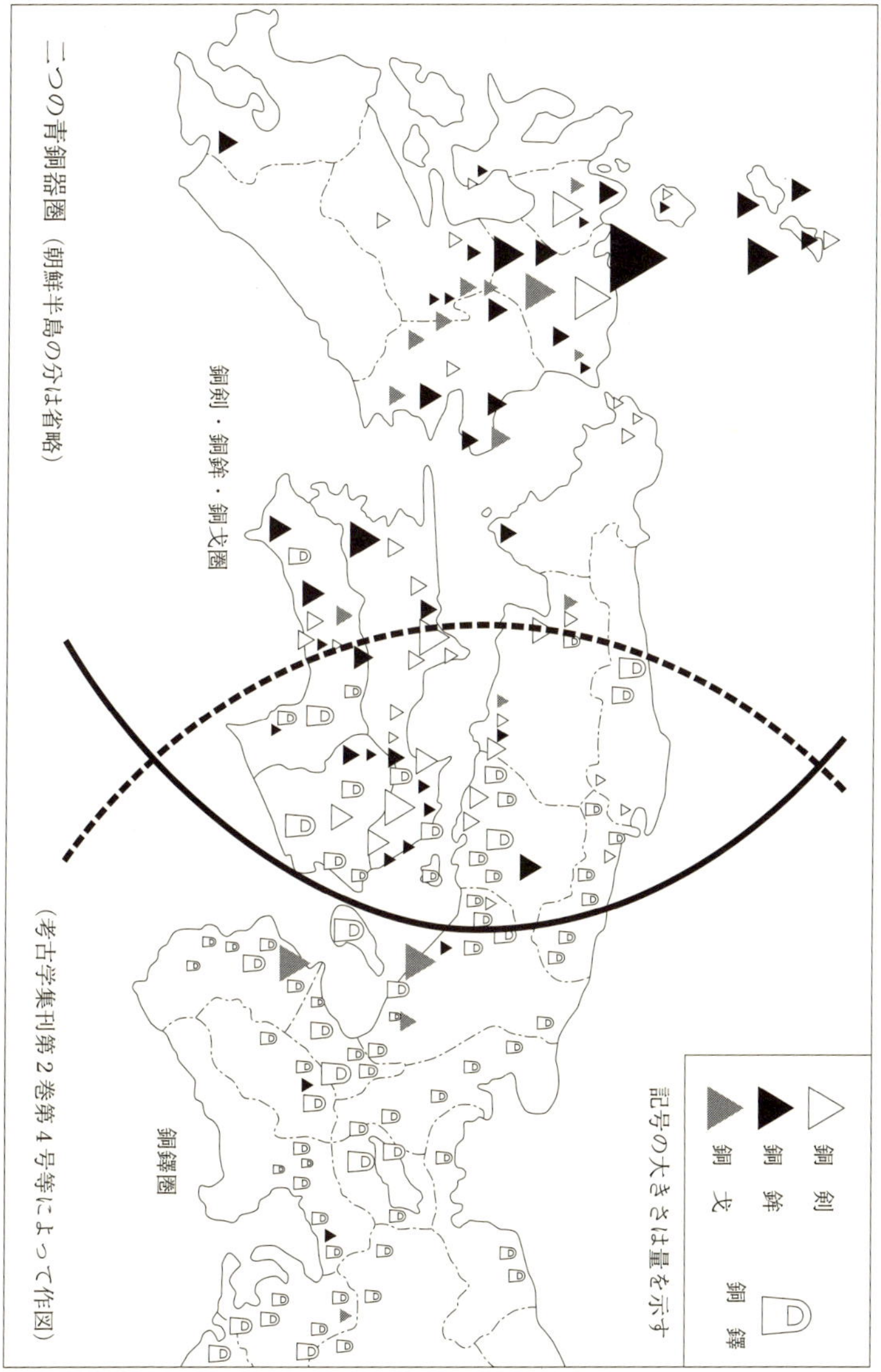

二つの青銅器圏（朝鮮半島の分は省略）
（考古学集刊第２巻第４号等によって作図）

占」神話の示す、必然の論理性だ。

ところが、問題は「大八島国」の分布範囲だ。④（九州）・⑤（壱岐）・⑥（対馬）は純然たる銅矛圏だ。②（四国）も「伊予」を中心にする名だから、これに準じよう。①（淡路島）は銅矛圏の東限である。また、③（隠岐）と⑦（佐渡）とは日本海沿岸の島である。この両島は銅鐸・銅矛類ともに著しい出土はない。

以上は、一応わかる。だが、これらに対して、わたしの不審は⑧（本州）だ。これが大和を原点とする名称であれ、難波を原点とする名称であれ、ほぼ〝純粋な銅鐸圏〟であることに変りはない。だのに、この国土がなぜ、〝矛から生まれた国土〟とされるのか。不審である。この領域をふくむ神話ならば、銅鐸が登場して一役買っていて当然ではないだろうか。ことに右のうち「大倭」のついているのは⑧（本州）だけだ。つまり「大八島国」の中心のように見える。それなら、なおさらのこと、銅鐸は中心的役割をになって当然ではないか。――以上がわたしの抱いた率直な疑問だ。

これに対し、〝淡路島の海人《あま》族がこの神話の生み手だ〟とする見解がある（松前健「国生み神話と淤能碁呂島」、『古代文化』XXIII所収、および松前『古代伝承と宮廷祭祀』）。しかし、淡路島の領域は銅鐸圏と混合圏の接点だ。この神話がこの地点を本拠とした種族の手による、つまりここを原点とする産出物ならば、やはり〝銅矛と並んだ銅鐸〟、もっといえば〝銅鐸を主にし、銅剣（瀬戸内海領域に多いもの）を従にした〟神話でなければならぬ。――わたしにはそのように見えたのである。

また、銅鐸とはほかでもない、〝大陸製の「銅剣・銅矛・銅戈」の類を熔かして造り直した再製銅器だ〟という見方が、ある考古学者によって説かれている（小林行雄『民族の起源』『女王国の出現』等）。

このように「㈠旧、銅矛類→㈡新、銅鐸（再製）」という時間軸で考えてみると、この国生み神話の成立時期は、㈠の時点だった、と見なすことで、わたしの不審は一応解けるかに見えよう（もちろん、小林説自体には、そのような問題設定はない）。けれども、では、㈠の時期に作られた神話が㈡、、、、の時期を経過して七、八世紀の近畿天皇家に伝えられたはずだのに、㈡の時期には重要なシンボルであったはずの銅鐸が、この神話のみならず、『記・紀』全体の中に一片の影さえも落していないのはなぜか？　そう問い返すと、わたしの思惟の行く手は、さらに深い疑いの沼の中へと没してしまうほかなかった。

また、㈡以後、、の時期にこの神話が作られたとすれば（これが現今通常の理解であろう）、この〝銅鐸の片鱗すら出現せぬ〟という事実は、なおさら不審だ。なぜなら、〝遠い昔の銅矛以上に、銅鐸の印象の方が新しく、かつ鮮やかだった〟はずだからである。したがって、その不可思議さは一層ますばかりである。

このようにして、わたしは『記・紀』を読みはじめるや否や、冒頭から、解きがたい難問の中に茫然と立ちつくすこととなったのである。

神代紀「一書」の意味するもの

第二の疑いに移ろう。

こんどはもっと簡単明瞭だ。『日本書紀』の神代巻には、おびただしい「一書」群がある。

（本文）古《いにしえ》、天地未だ剖《わか》れず、陰陽分れず、渾沌たること鶏子《とりのこ》の如く、溟涬《めいこう》にして牙《きざし》を含む。……

一書に曰く、「天地初めて判《わか》れ、一物、虚中《そらのなか》に在り。状貌言ひ難し。……」

といったように、まず本文をあげ、つぎにそれに対する異伝としての「一書」をあげているのだ。そのすべてを表示しよう。

次ページ表のように総計五十八個も、「一書」からの引用がある。各段ごとにいえば、最少一個（第

「一書」表

〈神代上、巻一〉

段	内容	一書の数
一	天地未剖	6
二	神生み	2
三	神世七代	1
四	国生み（大八洲国）	10
五	天照達の誕生	11
六	二神の誓約	3
七	素戔嗚の追放	3
八	大蛇退治	6

〈神代下、巻二〉

段	内容	一書の数
九	天孫降臨	8
十	海幸山幸	4
十一	神武兄弟の系譜	4
計		58

三段）から最大十一個（第五段）の「一書」が引用されている。このことは一体、なにを意味するのだろう。『日本書紀』の成立以前に少なくとも十一個くらいは、すでに日本神話を記録した日本古典が成立していた、という事態を意味する。これは当然だ。

しかし、不思議はこの直後に発生する。巻第三の「神《かむ》日本《やまと》磐余《いわれ》彦《ひこ》天皇（神武天皇）」以降は、パッタリとこの「一書に曰く」が消滅するという事実だ。時に「一に云う」といった形のものはあらわれるけれども、質量ともに神代（巻一、二）の「一書」群の比ではない（ただし、書名を明記した外国史料の引用としては、『三国志』や百済系三史料（「百済記」「百済新撰」「百済本記」）の引用がある。――この三史料については、『失われた九州王朝』に詳しくのべた）。

「神代」については、これほど国内に古典がすでに乱立していたのに、神武以降、ピタリとそれがなくなるのはどうしたわけだろう。神代については強い興味をもっても、「人間」の時代には関心がなかったのだろうか。そんなことは考えられない。なぜなら、巻第三を全篇神武天皇一人にあてていることでもわかるように、豊富な描写がここに集中されている。だのに、ここには「一書」は存在しないのだ。また巻第七の日本武尊《やまとたけるのみこと》説話や巻第八、九の仲哀・神功説話なども、筆に力をそそいで叙述されており、記事量は多い。しかし、先にあげた外国史料のほか、国内史書としての「一書」からの引用は、やはり、ないのである。

時代が降るに従って史書が増え、各系統の史料が豊富になる、というのなら、話がわかる。しかし、逆なのだ。しかも、自然に漸減する、というのではない。巻第一、二（神代）と巻三（神武天皇紀）との間、という明確な一線でキッパリと掌を返すように一変しているのだ。ここには、当然、その理由があるはずだ。だから、それが明らかにされねばならない。しかしわたしは、『日本書紀』研究史上のいずれの研究書においても、その理由を明白にのべているものに出会うことができなかったのである。

一つの史料をあつかう場合、そこに〝なにが書かれているか?〟を論ずる前に、その史料の成り立ちと素性、つまり「史料性格」を吟味しなければならぬ。それをやらずに、内容だけ論ずるのでは駄目だ。――こう考えると、こんなに唐突な出没の仕方を見せている「神代」の巻々の「一書」を、その成立の謎を解き明かさぬまま、その内容を論ずることは危険きわまりない。わたしにはどうしても、そのように見えたのである。

景行、九州大遠征の疑問

第三の疑いに移ろう。

こんどは景行天皇の九州遠征説話をめぐる『記・紀』間の断絶だ。『日本書紀』巻第七に特筆されているこの説話に、多くの不審点のあることはすでに指摘されている。その主要なもの二つをあげよう。

その一つ。同じ巻のこのあとに書かれている日本武尊の熊襲《くまそ》説話や巻第八、九の仲哀・神功の熊襲説話の場合、現地（九州）の地名がほとんど出現しない。これに対して、より早い時期の景行説話の方だけは、具体的地名が約二十個もハッキリと書かれているのだ。これは不審としかいいようがない。

その二つ。景行天皇はこの遠征の中で日向《ひむか》（宮崎県）に立ちよっている。ここは襲《そ》の国（鹿児島県）を討つさいの滞留地とされたように書かれている。ところで、『記・紀』ではこの日向はそもそも「神武東征発進の聖地」であった。だのに、景行天皇は日向に来ても、そんなことはおくびにも出さない。〝わが聖祖発進の地にわれ今着けり！〟そういった感激の文面など、一切ないのだ。これも全くおかしい。

これらの疑問は、戦前において、津田左右吉の、すでに鋭く着眼した点である。これに対する彼の帰結はこうだ。〝こんな矛盾がいろいろある点からみても、景行の九州遠征説話は、到底本来存在していたものとは思えない。おそらく「後代の造作」にかかるものであろう〟と。

しかし、わたしは思う。〝津田の疑いは見事だけれども、その帰結はいただけない〟と。なぜなら、「後代の造作」という、その「後代」とは、「七、八（あるいは六――以下略）世紀の近畿天皇家内部の史官たち」にほかならない。では、その彼等自身、右の矛盾に気づかなかったのだろうか。それほど彼等は〝頭のにぶい連中〟だったのだろうか。わたしには、このような想定は、なにか現代人学者の〝見くびり〟ではないか、そのように思えてしようがないのである。

ことに第二の矛盾は問題だ。現代のわたしたちとは異なり、七、八世紀の近畿天皇家内部の史官たちにとって、「神武東征」は、厳たる〝歴史の大前提〟であったはずだ。これは『記・紀』そのものの内容が明白に証明しているところである。そしていかなる史官といえども、この神聖な大前提を無視して

〃勝手気ままに造作する〃、そんな自由は決してもちあわせていなかった。わたしにはそうとしか思えないのである。

これに対して、つぎのように説明する論者もあるだろう。〃だからこそ、「神武東征」説話の成立は、意外に新しいのだ。その成立以前に「景行遠征」説話は創作された。だから、「神武東征」の影響をうけていないのだ〃と。

しかし、この謎解きにも、やはりわたしを納得させる力がない。なぜなら、もしかりに右のようないきさつだったとしても、八世紀の『日本書紀』の編者たちが、「景行遠征」を叙述するさい、「日向到着の感激の辞」くらい挿入することなど、まことにたやすい極みの「造作」ではないか。「是の地は東征の聖跡にして……」という類の、解説の地の文を一、二行挿入するだけでいいのである。このように考えてみると、この説話の「後代造作説」には、なんともふっ切れない不審の影が拭えない、と思うのは、果たしてわたしだけだろうか。

しかも、第三に、わたしがこの説話に対していだいた最大の疑惑、それは、この「景行の九州遠征説話」が『古事記』には全く姿を見せない、という、まぎれもない事実だ。この説話の正体が本当に近畿天皇家内部の史官によって、七、八世紀かその前ころに「造作」されたものなら、それが同じ近畿天皇家内部の史官たる太安万侶によって全く無視される、というのは、まことに奇怪至極、なんとも不審極まることではあるまいか。

太安万侶は、現代の小説家ではない。自分の勝手な判断で、自在に〃一人の偉大な天皇の巨大な業績〃を示す説話を削除しうる権能を彼がもっていたとは、わたしには到底思えないのである。

最後に、第四の疑いを書こう。「韓国《からくに》」表示の謎だ。『古事記』の天孫降臨のところに、つぎの記述がある。

此の地は、韓国に向ひ、笠沙《かささ》の御前《みさき》に真来《まき》通りて、朝日の直刺《たださ》す国、夕日の日照る国なり。故《かれ》、此の地は甚だ吉《よ》き地。

これは、「筑紫の日向《ひむか》の高千穂の久士布流多気《くじふるたけ》」に〝天降った〟ときの、ニニギノ命の言葉だ。

ここで問題は「韓国に向ひ」の一句だ。従来の「定説」では、天孫降臨は〝宮崎県の日向〟だ、ということになっている。では、この一句はなんだろう。〝日向の属する九州の、その北岸が韓国に向ひ〟というのでは、あまりにも〝まどろっこしい〟話ではないか。この問題は今までにも気づかれ、しばしば言及された。だが、この一節の真義をキレイに解きあかすことはできなかった。天孫降臨は、『記・紀』の物語展開の要だ。いわば神話構成の原点なのである。そこにこんな不明の霧がたちこめていては、とても、『記・紀』神話の謎を万人のための明るみにもち出すことができないのではあるまいか。

韓国の謎

『記・紀』探究の出発の地を示す「疑いの四つの扉」を、わたしは今、提起した。これらはいずれも些末な問いではない。『記・紀』の神話・説話群を理解するために、いずれも不可避の問いである。

これらに対して明確な答えが与えられたとき、はじめてわたしたちは、『記・紀』の森の暗闇の中から立ち出で、新しき「古代の真相」をかいま見ることができるのではないだろうか。

第二章　いわゆる戦後史学への批判

根本の問い

津田左右吉は戦前、学界の異端とされ、酷烈な思想弾圧の嵐の中にさらされた。国家の裁判官による禁固の判決や、著書の発売禁止などをふくむ一連の措置がそれである。けれども、敗戦はその評価の一変をもたらした。彼の行なった『記・紀』に対する辛辣な文献批評のもつ意義が学界一般に承認され、その学説は、いわば「戦後の定説」の基礎を築くこととなったのである。

〝『記・紀』の神話や説話は、後世の造作によるものが多く、その記述を直ちに史実と認めることはできない。〟彼の研究を貫くこの基本思想をうけ入れずして、これからの研究は一歩も前進できない。――これが戦後の古代史学の通念となった。したがって、『記・紀』の記事をそのまま史実として叙述する、そういうやり方は、もはやできない。では一体、なにを基準として史実であるか否かを判別したらいいのか。これが、戦後の史学にとって新しい課題となった。

その判別のリトマス試験紙は、外国史料の中に見出された。中国五世紀の史書『宋書』。そこには倭の五王（讃・珍・済・興・武）と呼ばれる日本列島代表の王者が中国（南朝劉宋）の天子に向かって使者を送っていた。「使持節・都督・倭・新羅《しらぎ》・任那《みまな》・加羅《から》・秦韓《しんかん》・慕韓《ばかん》・六国諸軍事、安東大将軍、倭王」

というような、長たらしい称号を中国側に承認してもらった、と書かれている。ことに五番目の倭王武の場合は、彼が中国の天子にあてた長い上表文（天子にたてまつる文書）が掲載されている。

〝この五世紀の王者たちは、『記・紀』に書かれた「応神・仁徳・履中・反正・允恭《いんぎょう》・安康・雄略」の各天皇のいずれかに当るにちがいない。〟――戦後の研究者は、この比定を大きな拠点とした。すでに江戸時代、京都の民間の学者松下見林が『異称日本伝』の中で、このような日中両記事の〝結びつけ〟を行なっていた。この松下理論がふたたび大きくクローズ・アップさせられることとなったのである。

「原則としていうと、倭五王に該当する五世紀の天皇たち以後、仁徳または履中以後は、天皇の名ばかりでなく、続柄も、皇居も、后妃も、皇子女も、代々正しく伝えられた所伝を記録したものとみてよいであろう」（井上光貞『日本国家の起源』）

戦後の古代史学をリードした井上のこの文の中には、戦後史学の新たな出発地が高らかに告げられている。津田史学の『記・紀』批判をふまえたうえで、〝しかしながら、ここは信用できるのだ〟として宣言しているのである。

このさい、注目すべき一点がある。それは、この「仁徳―雄略」＝「倭の五王」という等式は、戦後史学においてはじめて、戦前にはなかった「明瞭性」をもった、という事実である。なるほど江戸時代の見林以来、この等式そのものは存在していた。けれどもその実、細心な研究者には、一種不透明な霧の中に映じていたはずである。なぜなら、日中両国の記事内容が全く一致しないからである。『記・紀』いずれでも、「仁徳―雄略」のところを開いてみるがよい。例の特徴ある長たらしい称号、「……六国諸軍事、安東大将軍、倭王」の記事など全くない。肝心の〝中国と通交していた〟という記事すら、ほとんど存在しないのである。

まして上表文を献じたことなど、皆目ない。そして倭王武の上表文中に悲痛な調子でのべられた高句麗との交戦とその圧迫の非常事態など、『古事記』の雄略天皇治世には全く影さえ見せないのである。いわば、まるでないないない尽くし、といったていだ。この事実は、戦前の史学者にとって一抹の不安を感じさせていたにちがいない。〝両者のこんなくいちがい、これは一体どうしたことだろう？〟と。

けれども、このような正当な疑いは、『記・紀』を絶対視する戦前の雰囲気の中では、当然開花することができなかったのである。

戦後史学の「割り切り」

これに対し、戦後史学では情勢が一変していた。津田史学の基本命題によれば、〝『記・紀』の記事は、原則として信用できない〟のだ。だから、中国側の史料の示す史実といくら一致しなくても、一向さしつかえがない。――こういう、一種〝割り切れた〟立場にはじめて立つことができたのである。そのうえで、〝一致している〟ところだけ、採用すればよい。こう考えたのである。これが先の井上の明晰な文面をささえている研究思想だ。しかし、この明晰さは、そのあまりの割り切り方のために、かえって人を不安にさせるのではあるまいか。そういった、一種〝人工的な透明さ〟を帯びている、とわたしは感ずる。

なぜなら、七、八世紀の近畿天皇家内の史官の場合を原点にすえて考えてみよう。五世紀の史実を完全に忘れ去り、あるいは捨て去り、全くこれと符合しない別種の記事を創作して叙述する――こんなことが果たしてありうるだろうか。一個人の場合なら、いい。どんな奇抜なやり方ででも創作する、切り捨てと空想の天才も、過去にいなかったとは断言できないだろうから。しかし、これは近畿天皇家の史官たち、編纂者たちの公的な問題であって、一個人のことではない。

それに、倭の五王の場合の実情を考えてみよう。その〝史実〟には、たくさんの人々が参加しているはずだ。中国に何度も使した使者たちがあり、その子孫は当然七、八世紀にも存在していたはずだ。上表文の起草者も、その子孫に自分の能文の功績を語り伝えさせたことであろう。まして高句麗との交戦ともなれば、日本側からその戦闘に参加し、空しく異域に骨を埋めた将軍や兵士たちの子孫も、当然おびただしかったはずである。その人々はそれぞれの家々にその傷ましい戦闘の説話を伝承したであろう。それなのに、それらの史実と各家々の伝承を一切無視し、『古事記』のようにひたすら牧歌的に〝大和や難波の小世界的な平和〟を讃美する物語で代置する。そんなことが果たして可能だろうか。わたしは深い疑問を覚えざるをえない。

不透明の霧

これは有名な、高句麗好太王碑文の場合も同じだ。戦後史学にとって、この碑文も重要な一支柱となった。この碑文中には、倭国の軍が朝鮮半島中部深くまで侵入し、高句麗軍と激戦し、潰敗したことが記録されている（『失われた九州王朝』第三章参照）。

これに対する通説はこうだ。〝それゆえ、この時期（四世紀後半）には、すでに近畿天皇家は大軍を朝鮮半島に送ることができた。つまりそれほどまでの力に達していたのだから、当然西は九州まで統一していたこととなろう。とすれば、東方もまたかなりの地域（中部・関東地方）まで統一がすすんでいた、と考えざるをえない。とするとこの四世紀後半には、近畿天皇家は日本列島の大半をほぼ統一し終えていたのである。――これが史実だ〟と。戦後史学の思考はこのように進展してきた。

しかし、このような「史実」に立ってみるとしても、『記・紀』には〝朝鮮半島中域への大挙出兵〟の記事など存在しないのである。わずかに神功皇后のいわゆる「三韓征伐」の説話が記されているけれども、その内容を正視すれば、全く〝似て非なる〟事件だ。これは軍船をもって新羅の都近い海岸に到着し、これを威嚇し、以後新羅（および百済・高句麗）の貢納をうけるようになった、という、近畿天皇家の軍船による接触譚であり、国交開始説話にすぎない。つまり、当の相手、新羅との戦闘さえ全くない。まして高句麗軍に対しては、交戦はおろか、接触の痕跡すらないのである。要するに「三韓征伐」という表現は、明治以降の日本軍国主義を背景にして誇称された、粗大な教科書用語であり、『記・紀』の内容にさえ対応していない、不当な〝誇大表示〟であるというほかない。

　にもかかわらず、戦前の史学は〝好太王碑文によって「三韓征伐」が裏づけられた〟と考えた。そのいちじるしい明白な相異をかえりみずに。これに対し、戦後史学は〝神功の新羅遠征説話は架空の説話であり、後世の造作だ。史実は好太王碑文の方にある〟と考える。そして〝両者の記述内容が合わないのは、「『記・紀』の造作性」という津田の命題から見て、なんの不思議もない〟——そう考えたのである。ここでも、矛盾は一挙に、いわば「解決」されている。

　しかし、倭の五王の場合にのべたように、現実に高句麗軍と戦った兵士たちの家々の子孫とその伝承は、わずか二、三世紀のうちにどこへ消えたのだろう？　〝伝承や記憶はそんなには伝わらないものだ〟——そういってすましてしまえるものだろうか。

　ここにも、あの一種不気味な〝不透明の霧〟がむくむくと出現して、歴史の真実を見すまそうとするわたしたちの前に立ちはだかっているのである。この問題に対するわたしの解答をのべる前に、戦後史学の「終着点」を見定めておこう。

最終の里程標「川副《かわぞえ》理論」

〝『記・紀』の神話・説話群の語るところは、多くの史実ではない〟——この戦後史学の命題を、その極点までおしつめたのは、川副武胤である。

彼によると、〝『古事記』は一人の天才的作者の創作〟である。むろん、近畿天皇家が東に西に日本列島統合を行なったこと自体は歴史事実だ。しかし、その史実と『古事記』の内容とは全く別個のものだ、というのである。

「もし物語が、右に述べたような（日本列島統一の史実を指す――古田註）同心円の波紋のような征服の過程を、机上に、つまり脳裡に想定したとしたらどうか。その想定は、現代のわれわれが史実をふまえなくても容易になしうるように、古代人にとっても、もし彼が知識人ならば、まったく容易なはずである。もしそうなれば、その想定に基づいて構想された神武天皇の大和平定や、倭建命《やまとたけるのみこと》の東征の物語は、あり得たかもしれない史実とはまったく無関係の物語であって、それはもはやいかなる意味でも史実を反映したものとはいえないであろう」（川副武胤『日本神話』）

つまり、簡単にいえば、〝『古事記』は全くのお話（文学作品）だ。歴史事実とは関係がない〟というのだ。戦前の人々が聞けば、仰天のあまり卒倒しそうな、この結論。ここに川副が到達したのは、方法的には津田の発想を全面的に徹底して展開したためであった。

津田は「神武東征」の説話に対し、〝これは全く歴史事実とは関係がない。皇室が「日の神の子孫」とされたため、たまたま字づらがそのイメージに合う「日向」（宮崎県）という地名をえらんで「神武東征の発進の地」に仕立てあげたのだ〟と主張した。つまり、美しい文字づらがお話の展開のために利用されただけであって、実際の宮崎県の地は、皇室の祖先とは全く関係がない――こういうのである。

このような津田の解釈の方法を『古事記』全面におしすすめたのが川副だ。たとえば、神武以降各代の天皇の名に「日子（ひこ）」という字のつくものが多い（カムヤマトイワレヒコ（神武）、シキツヒコタマデミ（安寧）等）。これらはすべて「日の子孫」というイメージにもとづく作者の創作だ、というのである。それだけではない。「春日」「日下」をはじめ、「日」のつく地名・神名・人名、また「日を背負って戦う」とか「未だ日出でざるの時」のような「日」にちなむ句が『古事記』全面にちりばめられている。これらはすべて作者（丸邇臣《わにのおみ》の一族と推定）が造り出し、「日」をめぐる独自の構想をもって配置した「天才的な頭脳の産物」にほかならぬ、というのである。

川副があげた〝造語の秘密〟の一例をあげよう。彼によると、出雲神話の神名を連想させる「一言主神」という神名は、「天皇」という字の変形だ、という。その理由はこうだ。

㈠「一言主神」と「天皇」とは、両者とも字画の総数が十三である。
㈡ 両者とも左右相称の字から成り立っている。
㈢「天皇」の文字は「天」の第一画から数えて第七画は、かぎ（曲）形であり、「一言主」も一から数えて第七画は同様である。
㈣「天皇」の文字をつぎのように分析してみる。

①一、②大、③白、④王。

右の②、③の「大白」は〝大いにまうす〟と読み、〝天皇の「言」（ことば）〟の意味であり、「王」は「主」と同義だから、「一言主＝天皇」である（川副『日本神話』三四一～二ページ）。

率直にいってわたしには、このような〝字解き〟は、文字遊びとしては面白くても、学問としての論証力はないように思われる。にもかかわらず、川副理論のもつ、方法上の〝重み〟は、戦後史学にとって「自明の命題」となっている津田の方法の全面的な徹底化だ、という、まさにその一点にあったのである。

だが、わたしの注目するところはほかの点だ。

津田史学では〝『記・紀』には造作が多い〟という。この場合のイメージを具体的に考えてみよう。

〝五、六割は史実だが、四、五割は後世の造作だ。だから、そこに書いてあるから、といって、すぐ史実だと信用することはできない〟——たとえば、こういった感じになるのではあるまいか。むろん、五、六割と四、五割が逆になっても、それはかまわない。

ところが、前節にあげた例でふたたび考えてみよう。「仁徳―雄略」の説話（天皇家内伝承）と「倭の五王」の記事内容とを比べてみると、両者の事績にまるで共通部分がないのである。これでは「造作が多い」という表現ではちょっと困るのではないだろうか。神功皇后の新羅遠征説話の場合もそうだ。朝鮮半島中域の血みどろの激突の史実と、このささやかな新羅接触（軍船威嚇）譚とでは、〝造作による変形〟という言葉では、どうにもうなずきかねるものがありはしないだろうか。朝鮮半島中域で実は「潰敗」した戦について、『記・紀』の説話で〝我が軍は高句麗と戦って大いにわが国威を輝かした〟とか、〝一進一退した〟時の美談とかいう風に書きかえられている、というのならわかる。〝手前味噌〟や〝夜郎自大〟ではあっても、もとは同一事象を基盤とした、その「説話化」とか「造作」と見なしえよう。

だが、神功の新羅遠征説話を、好太王碑文や倭王武の上表文などの示す史実をもとにした造作とか、なんらかの反映と見なすことは、率直にいって不可能だ。

このような事実を前にするとき、一見奇想天外な川副理論の「卓越性」が浮かび上がってくる。川副は、『記・紀』の説話の中になんらかの史実の反映を見出そうとする戦後史学各派の説（のちに詳しくのべる）をエウヘミズム（神話を歴史と見なす立場）を残存させるものとして、はげしく攻撃するのである。たしかに川副においては、〝『記・紀』の説話は文学的作品としての創作であり、要するに「お話」だから、史実と合わないのはあたりまえだ〟——このように安んじていうことができるのである。

『記・紀』説話と史実との完璧な切り離し、それが彼においてはじめて必要にして十分に成立した。

すなわち川副理論は、戦後史学の到着点を示す最終の里程標となったのであった。
だが、果たしてこれでいいのだろうか。

説話と史実との間

以上のべたように、津田史学を始発点とし、川副理論を終着点としたのが、日本古代史の戦後史学であった。それは敗戦後から現在まで、この約三十年間に出現した一切の古代史研究中の「定説」の座を占めていた。

その中では、史実と『記・紀』説話とのくいちがいは、――遠慮せずにいえば――〝真面目に考えられる〟ことがなかったのである。なぜなら、すでにくりかえしのべてきたように、津田の「記紀造作」説を自明の前提としてきたからだ。しかし、意外な地点から問題は急旋回することとなった。日本古代の史実を示す基準として、疑いなきものとされてきた倭の五王や高句麗好太王碑が、実は近畿天皇家とは無関係だということ、その事実が判明してきたからである。

まず、倭の五王の場合。これまで五王を「仁徳―雄略」と結びつけてきた唯一の〝きめ手〟は「人名比定」だった。たとえば、五王の最初「讃」を例にとろう。これには「履中」説と「仁徳」説がある。

まず、履中天皇にあてる論者は、履中の名「去来穂別（いざほわけ）」の第二音「ざ」を中国側が勝手に抜き出して「讃」と表記したのだ、というのである（松下見林『異称日本伝』）。これに対し、この「讃」を仁徳天皇にあてる論者は、仁徳の名「大鷦鷯（おおささぎ）」の第三・四音に当る「さ」または「ささ」を切りとって、中国側が「讃」と表記した、というのである。

これらの説の背景をなす、暗黙の前提はこうだ。つまり、日本側の長たらしい王名は、中国側の名のつけ方に合わないので、中国風の一字名称（たとえば、魏の曹操の名は「操」）の形に強引に直したのだ、という想定である。

しかし、このような想定は果たして当っているだろうか。わたしはこれを疑い、『宋書』全体の夷蛮（中国周辺の国々）の王名を調査した。すると、阿柴虜《あしりょ》（遼東鮮卑）とか舎利不陵伽跋摩《しゃりふりょうがばつま》（婆達国）といった風に、四字・七字といった長たらしい名前の王名が続々見つかってきたのである。だから、もし「イザホワケ」なら、たとえば「夷坐補和卦」といった風な、五字表記をするはずであって、〝一音勝手切り取り表記〟など、『宋書』中、例がない。そういうことがハッキリしたのである。つまり、従来「仁徳―雄略」を五王と結びつける論証とされてきた唯一の鍵が、実は鉄の鍵ではなく、〝泥の鍵〟だったというわけである。

それればかりではない。倭王武の上表文にあらわれている有名な文句、

東は毛人を征すること五十五国、西は衆夷を服すること六十六国、渡りて海北を平ぐること九十五国。

は、中国の都（南朝劉宋の建康〔今の南京〕）を原点とした表記であり、近畿を原点としては理解しえないことがわかってきた。

なぜなら、倭王武は自分のことを二回も「臣」と書いている。中国の天子を中心にした大義名分のもとに、この文面は作られているのだ。だから、「衆夷」とは、自分たち（東夷）をふくむ周辺の倭人（九州）を指す表現であり、「毛人」はさらにその東（瀬戸内海西半分〔強〕）である。近畿を原点とした従来の読み方では、倭王が自分を「天子」の位置におき、西を「夷」と称し、すぐ東を「毛人」と称したこととなる。「東夷の国々」の一つとして記された倭国の記事として、これは〝めちゃくちゃ〟としかいいようがない。こんなめちゃくちゃのままで、中国側が正規の史書に記録する。こんなことは、断じてありえないのである。また、朝鮮半島南半部を指す「海北」という表現も、九州を原点とした場合において、もっともスッキリすることはいうまでもあるまい（これらの点、詳しくは『失われた九州王朝』第二

章参照)。

こうしてみたとき、高句麗好太王の碑文のもつ意味も、すっかり変ってしまうこととなった。倭王武は上表文で「句驪《くり》無道にして……」といい、父祖以来の高句麗との対立、交戦をのべている。これは、好太王碑文に刻された高句麗と倭との激突と、当然一連の脈絡をもつもの、と見なすほかない。とすると、この碑文にあらわれる「倭」とは、倭の五王のひきいる国、つまり九州王朝のことにほかならなかったのである。

そうなると、この碑文はもともと近畿天皇家の行動とは無関係のものだったことになる。だから、この碑文をもとにして、〝四世紀後半には、近畿天皇家は朝鮮半島へ大軍を派遣していた。それゆえ、少なくともこのころ以前に、西は九州まで、日本列島の統一はすすんでいた〟といった風に考えて疑わなかった従来の日本古代史の常識の大わくは、一挙に崩壊してしまったのである。戦前の皇国史観は亡びても、右の命題だけは史実の基本として信用できる、と考えてきた戦後史学は、今やその支柱を失ったのである。

こうしてみると、碑文の示す史実と『記・紀』の語る神功の新羅接触譚とが、一致しないのは当然だ。むしろ、あたりまえの話だったのである。

このようにして、積年の疑惑は一挙に氷解した。したものの、さてこの溶けた氷河の奔流のゆくてには、まことに容易ならぬものが予見されよう。なぜなら、『記・紀』の説話を史実にあらざる「創作」と呼び、「造作が多い」と見なした、その真の背景。つまり、客観的な「史実」とは、一体なんだったのだろう。それはほかでもない。『宋書』や好太王碑等に書かれた外国史料に記載された「倭国」の記事だったのだ。ところがそれは、近畿天皇家とは全くもってかかわりのない事件だった。

とすれば、先の井上の明断な論断、〝仁徳・履中以後は信用できる〟という命題は、その史料的根拠を失ってしまったのである。それだけではない。右のいわゆる「史実」を背景とした「創作」説や「造作」説そのものに対して、今度は大きな疑いの矢が向けられねばならない。それがいかに戦後史学にとって、犯すべからざる「聖域」だったとしても、わたしはそこに踏み入らねばならないであろう。

このようにしてわたしは、青年の日にはじめて触れた戦後史学の出発点にふたたび立った。そして、前提なき荒野の暗闇の一点から、ひとり再出発するほかはなかった。

太鼓の響き

『記・紀』には、神話と説話がみちている。国内伝承、もっと正確にいえば「天皇家内伝承」である。これは史料として見た場合、一体、どんな性質の史料なのだろうか。

この問題に深くたち入る前に、わたしが目にした、一つの興味深い物語を記させていただきたい。「伝承」というものの性格を示す、貴重な逸話であるから。

ところは、アメリカ合衆国のテネシー州メンフィスの北八十キロにある人口わずか五百人の町、ヘニング。そこに生まれた黒人アレックス・ヘイリー氏は、子供のとき祖母からいつも聞かされていた。自分たちの祖先の「アフリカ人」キンテイがこのアメリカ大陸に連行されてきた日のことを……。アフリカのカンビー・ボロンという川のほとりで、ある日彼が太鼓を作るため木を伐っているとき、白人の四人の奴隷捕獲人に〝ひっつかまった〟という。

黒人少年アレックスには、意味不明のアフリカ語の点綴《てんてつ》された一連の物語だったが、祖母たちからくりかえし聞かされるうち、知らず知らず覚えこんでしまった。一九六五年のある土曜日、成人したアレックスは、たまたまワシントンの国立公文書保存館にたちよったのがきっかけで、自分の〝先祖探し〟

に情熱をもった。そして遍歴のあげく、ウィスコンシン大学のヤン・バンシナ博士の宅にたどりついたのである。博士は若いころ、西アフリカの村落に住み、アフリカ人古老たちの語る数多くの口碑（昔からのいいつたえ。伝説）を記録し、テープ録音し、この分野での教科書『口碑伝承』という本を出していた。

博士の居間でアレックスは、こと細かに〝わが家の昔話〟をして聞いてもらった。すると、博士は真剣にいった。「あなたの家に伝わるその発音は、きっとマンディンカ語という言葉にちがいない」と。そして「アフリカ人」の名、〝キンティ〟とは、正しくは「キンテ」であり、それは古代マリ王国に発した古い一族の姓だ、そしてカンビー・ボロン川とは、今の西アフリカのガンビア川のことだ、というのである。

アレックスはやがてエボウ・マンガというガンビア人の青年がニューヨーク州の北部にあるクリントンのハミルトン大学の三年に留学しているのをつきとめた。そして彼と共にガンビアの首都バサーストに行った。そこでつぎのような話を聞いたのである。

――奥地には「グリオト」（語り部）と称する古老が住んでいて、それぞれ特定の氏族の何世紀にも及ぶ歴史を物語ることができるというのだ。〝キンテ氏〟については、人々は地図上のいくつかの集落を示してくれた。キンテ＝クンダ、キンテ＝クンダ・ジャンネリア……。

彼はいったんアメリカに帰ったあと、ガンビア政府からの招待状をうけ、ガンビアの奥地、ジュフレ村に向かった。そこで七十余人の村人と、七十三歳の長老「グリオト」、ケッパ・カンガ・フォファナに会ったのである。

「さよう……先祖がいわれるには……大勢の身内が流れ出た……アメリカというあの土地……それか

らほかの土地へも……」

まず、彼はそのように口を切った。そして音楽師のコラとバラフォンの伴奏とともに、カンバスの上にすわり、キンテ家の先祖の口碑を語りはじめた。

「キンテ家は、古代マリに発した。……一族中の大きな分家がモーリタニアへ移り、そこから息子の一人、カイラバ・クンタ・キンテがガンビアへ来た。彼は、初めパカリ・エンディング村に住み、のちにジュフレ村へとやって来られた。……三人の息子は、ジュフレで成人した。ジャンネとサロウムは立ち去り、新しい村キンテ＝クンダ・ジャンネリアをつくった。

さて、末子オモロは、三十雨（「雨」は年をあらわす）をけみしたとき、処女ビンタ・ケッパをめとった。彼女により息子四人を授かり、クンタ、ラミン、スワズ、マディと名づけた」

こうして四人の息子の名を語ったあと、この老伝誦者は一つの出来事を語りはじめた。

「王の兵隊が来たところ、彼ら四人の息子の長兄クンタは、およそ十六雨の年となり、村から出て太鼓を作るための木を伐るうち……姿を消してしまった……」

そのときのアレックスの感動、村人たちの熱狂、それらはあまりにも深いため、わたしには到底要約することとさえできない。

アレックス・ヘイリー氏はつぎのように書いている。「黒いアフリカ人何百万人もの旅路を、もしほんとうに知っていたら……。彼らが捕えられ、駆り集められ、殴られ、検査され、売買され、焼きゴテを当てられ、汚い船に鎖でつながれた、そしてそんな祖先の子としてわれわれが来たことをほんとうに知っていたら、……だれでも泣かずにいられなかったはずだ」（『ニューヨーク・タイムス』日曜版特約。『サンデー毎日』昭和四十七年十月一日号による）。

さて、今のわたしのテーマにとって重要なのは左の点だ。

従来から、アフリカ大陸内部の各部族がそれぞれ厖大な神話・説話・系譜等の一大体系を伝承していることはよく知られていた。先のヤン・バンシナ博士の研究もそれであるし、わたしの友人で、若い言語学研究者の江口一久さんも、夫妻でアフリカ大陸中央部カメルーンに住み、その口碑伝承と言語採集につとめられ、わたしはその実地の話をしばしば聞いていた。けれども、伝承によって厳格に継受されてきたその内実が、果たして歴史的事実かどうか、――それは一般に確認の方法がなかったのである。なぜなら、それは文字によって記録されていないし、正確な絶対年代（たとえば西暦）も示されていないため、史実か、それとも〝仮構のお話〟か、どうにも判定の手段がないのである。

この点、アレックス報告は、はからずも、〝口碑伝承の史実性の検証〟のために、見事な実験となった。十七、八世紀のキンティ家の歴史を語り伝えた語り部、老「グリオト」の伝承は、決して虚妄ではなかったのである。

わたしたちは、生まれついて以来、文字世界に住み、伝承への不信の目に馴らされている。近代的合理主義と啓蒙主義の厚い霧が、時としてわたしたちの純真な目をおおってきたのではあるまいか。この問題をさらにハッキリとした、回避できぬかたちで、わたしたちにつきつけたのが、ドイツの異端的古代探究者シュリーマンである。

シュリーマン以後

もはやあまりにも有名なハインリヒ・シュリーマンの業績について、今ここで詳しくのべる必要はあるまい。彼自身による自叙伝（『古代への情熱』）もあり、まして彼について記された書物は数多いのであるから。ただ、わたしは今、彼のなしとげた仕事が古代史研究に与えた革命的な意味をしっかりとつきとめ、確認してみたいのだ。

一八七一年十月、彼がトルコ、ダーダネルス海峡のほとり、ヒッサリクの丘に鍬を入れてから、一八九二年、ドイツのW・デルプフェルト（シュリーマンの協力者）の手がたい発掘、さらに一九三二年、アメリカの考古学者C・ブレーゲンらによる緻密な発掘にいたるまで、この約六十年間にわたるトロヤ遺跡の発掘は、ホメロスの古代叙事詩『イリアス』『オデュッセイア』に対する長年のイメージを一変させるものだった。

一八二九年の降誕祭、七歳の少年ハインリヒは、父親から与えられた『子供のための世界歴史』という本の中に描かれた〝燃えあがるトロヤ城〟という挿画に胸をときめかした。しかし、彼の期待に反し、大人とその大人たちの「常識」を提供している十九世紀前半の古代史学者たちの大勢は、これら叙事詩は要するに〝壮大な詩人の空想の産物〟だ、と見なし、実在の歴史にもとづくものとは、考えていなかったのである。〝そのころ、自分を嘲ることなく、支持してくれたのは、小作人の二人の女友達、十三歳のルイーゼと七歳のミナだけだった。〟——そのように、後年のシュリーマンは書いている。

たしかに、神秘な森で三人の女神から、美の判定のためにリンゴを手渡されたトロヤの王子パリスの話や、そのパリスがギリシャのミケネに和平交渉に行き、その成立前夜にメネラーオス王の美貌の王妃ヘレネを連れて城を脱出する話、あるいはギリシャ遠征軍のトロヤ包囲後、二人の英雄アキレウスとヘクトールの激突する話、またギリシャ軍の木馬の詭計でトロヤが一夜にして落城する話など、あまりにも面白すぎて、いい齢の大人には真面目にはうけとりかねる話だったにちがいない。

けれども、六十年の発掘は、疑いもなく示した。古代トロヤはヒッサリクの丘に実在し、紀元前四十世紀から紀元前後のローマ時代まで、七層以上に分かれて代々の都市が繁栄していたことを。そしてシンシナティ大学のブレーゲンらの研究によると、トロヤ第七市Aこそホメロスの歌った落城トロヤであり、家屋その他、明らかに人為的な破壊の跡を示していた、という。人骨が街上に散乱し、逃げるときに傷つき、殺されて、そのままにされた状況をとどめていたのである。その時期は、紀元前一二六〇年ころと推定された（村田数之亮『英雄伝説を掘る』参照）。

このさい重要なのは、シュリーマンがこの地を探りあてた、その方法である。

二つの候補地、ブナルバシの丘とヒッサリクの丘を、彼はつぎのようなやり方で比べた（いずれもダーダネルス海峡の南岸付近）。トロヤの位置は、『イリアス』に「二つの流れる川、シモエイスとスカマンドロス（新スカマンデル川）がその流れを交えているところ」〈五歌七七三行以下〉とあるから、いにしえの川の合流点の跡をとどめているヒッサリクの方が適している。また、逃げてゆくヘクトールを追うアキレウス、「……ふたりは三度もプリアモスの都（トロヤ城のこと）をぐるぐる廻って走る、それを揃って神々たちが眺め入られた」〈二二歌一六五行以下〉とあるから、丘を一周すると二時間もかかるブナルバシよりも、周囲五キロメートルのヒッサリクの丘の方が適している。こういったやり方でシュリーマンは土地を選定した。しかも、彼が日本に来たときの経験までひきあいに出され、彼が五人の日本の役人と横浜—江戸間三十八キロメートルを馬で走ったとき、六人の馬丁がついて走ってきた。だから、ヒッサリクの丘三周十五キロメートルの走破も、決して無理ではない、というのだ。わが江戸末期（一八六四～五年）の馬丁は、古代の英雄アキレウス、ヘクトールなみの健脚と見なされたわけである。

このような、無邪気とも無謀ともいうべき「方法」によって、彼は燦然《さんぜん》たるトロヤの大都城と黄金の財宝を、淋しいトルコの子供たちの遊び場の丘の下から実際に発掘した。それだけではない。同じ方法によって彼はアガメムノン王の大居城、ミケネのアクロポリスをギリシャのアルゴス湾岸の峡谷の中から発掘したのである（一八七四年）。そこには黄金のマスクをのせた男の遺骸や数百枚の黄金小板を身につけた女の遺骸などが葬られていた。

この後、ティリンスの城塞からピロスのネストル王の宮殿まで、古代ミケネ文化の特徴をもつ遺跡は輩出し（約八十）、ホメロスの描いた世界が確固として実在していたことをまぎれもなく証明したのである（さらに、イタリアのF・ハルブヘルやイギリスのアーサー・エヴァンズらの発掘は、先ミケネ文明としてのクレタ文明の遺跡クノッソス宮殿等を明るみに出した——一九〇〇年から十余年間）。

もちろん、ホメロス自身は紀元前八世紀ころの人であり、トロヤ戦争のあったミケネ時代より約五百年くらいも後に小アジアに生まれている。だから、ホメロスの叙事詩に描かれた「火葬」や「鉄器」は後代（ホメロスの時代）の知識が混入したもの、とされている（前掲『英雄伝説を掘る』八四ページ）。けれども、そのようないくつかの誤差現象をもとにして、〝だからホメロスの作品は信用できない。史的実在とは関係がない〟——そのように独断的に考えてきた十九世紀前半までのヨーロッパ古代史学の方法が、大きくあやまっていた、そのことを疑うことはできないのである。

してみると、真実に近くいたのは、十三歳の少女ルイーゼや七歳の少女ミナ、そして同じ年の少年ハインリヒの純真さの方であって、当代の大人たちや古代史の大家たちの懐疑と嘲笑の方ではなかったのである。

孤在の戦後史学

以上二つの印象的な事例によって、わたしがいおうとしていること、それはもはや察していただけるであろう。今、それを左に要約してみよう。

ルネサンス以後の絢爛たる「文字文化の成功」に眩惑されて、わたしたち近代人は、古代伝承のもつ記録性をあまりにも軽視してきた。〝なにしろ、われわれ近代人の文字記録とはちがって、古代人の「伝承」など、史実としては信用できた代物ではない。子供じみた「お話」としての面白さはあっても、それは、史実とは別物だ〟これが近代教養人の分別であり、たしなみとすらなってきたのであった（これを「啓蒙主義史観」と呼ぶこととする）。

これに対して、一八七一年、このような「穏和な近代的常識」への挑戦がヒッサリクの丘にシュリーマンの手で開始されたのである。その激震の余波はまだつづいている。一九三九年にはじまったアメリカとギリシャの合同調査団のエパノ・エングリアノスの丘（ピロス）発掘の研究報告が『ネストルの宮殿』第一巻（一九六七年）として出て以来、今もなお継続中であるように。

けれども、すでにつぎの一事は明白である。すなわち、十九世紀前半までの啓蒙主義的な古代史観がほぼその命脈を絶たれてしまった、という、その一事は。

十九世紀末葉から二十世紀前半にかけ、いちじるしい理論物理学の新発見が相次ぎ、それ以前の古典的な物理学を一変させた。ちょうどそのように、――奇しくもそれとほぼ時期を同じゅうして、――古代史観も、その面目を全く一変することを余儀なくされてしまったのである。このような目から、わが国古代史の戦後史学の姿を眺めてみよう。すると果然、右のような世界の研究史の現状況から、いわば〝孤在〟しているありさま、それがクッキリと浮かびあがってくるのではあるまいか。

津田命題によって、『記・紀』の中の説話は造作が多い、とされた。〝断片的な素材〟は別としても、全体としては七、八世紀の官人（近畿天皇家の史官）の制作によるものが多い。だから、『記・紀』の系譜や説話の多くは、決して史実にもとづいてはいない、というのだ。――果たしてそうだろうか？

神話とはなにか？

この問題を考えるうえで、不可避の一論点がある。それは「権力と神話との関係」だ。それは、つぎのような論点である。〝世界各地の神話・説話の伝承とは異なり、日本の『記・紀』の場合は、正確には「神話」とはいえない〟と。

その理由の第一は、『記・紀』の説話が権力（天皇家）の強い影響下に成立していることだ。つまり、素材としてはいろいろの民間伝承をふくんではいても、全体としては「天皇制を正当化するための政治思想」である、というのである。

その理由の第二は、右の具体的なあらわれとして、（津田史学の示したように）『記・紀』の主要な神話・説話は七、八世紀の天皇家の史官によって造作された、作為的な説話類である、という点だ（『日本神話の可能性』、「伝統と現代」叢書参照）。

これらの理由を検討してみよう。

第一に、「神話・説話の伝承」と権力との関係。この両者には、一般的にはむしろ、「必然の関係」がある、といっていいのではないだろうか。なぜなら、権力発生以前の、日本でいえば〝縄文時代以前の神話・説話を同時代の中国人が採集・記録した〟というのでもない限り、権力と無縁の神話・説話は、まず望みえないこと、それは必然であろうから。すなわち、一つの神話・説話が一つの権力・階級社会（たとえば弥生時代、古墳時代）の中で発生し、伝承されている限り、原則として権力者たちの利害によって、必ず〝歪められている〟のではないだろうか。

今わたしたちの見る世界各地の神話・説話の類は、一見〝無邪気な顔〟をしているけれども、それらはいずれも一定の政治社会の中で誕生し、伝承されてきたものである。そうである限り、その説話をとりまいた、その時代特有の状況をもはや見失ってしまった後代のわたしたちが無邪気に想像するほど、それほど〝非政治的なもの〟ではありえなかったのではあるまいか。

もっとハッキリいおう。少なくとも、その時代の権力者にとって不利だったり、有害だったりする神話・説話類は、決して保護もされず、伝承することを許されもしなかったであろう。わたしにはそう思われるのだ。

消された銅鐸神話

日本の場合、明白な事例がある。それは〝失われた銅鐸神話〟だ。近畿を中域としておびただしく出土するこの特異な古代青銅器が、それを産出したその時代の社会にとって、もっとも重大かつ神聖な宝器であったこと、それは一点の疑いもない（銅鐸の使途が、楽器であるか、祭祀用具であるかが、かつて論争されたことがあった。だがそれは、たとえば銅剣・銅矛・銅戈が武器であるか、祭祀用具であるか、と問うようなものであろう。「武器型の祭祀用具」であり、両性格は矛盾しない）。したがって、その社会では、この神聖な宝器は当然、おびただしい神話や説話群にとりまかれ、その真只中に存在していたはずだ。――わたしにはそれを疑うことはできない。

ところが、今天皇家の『記・紀』の中には、それらは一切姿をあらわさぬ（この点、後に詳述）。それだけではない。近畿を中域とする、「銅鐸圏」各地の民間伝承・口碑の類を渉猟しつくしてみても、「銅鐸神話」は一切姿をあらわさないのだ（これはたとえば、柳田国男以来の民俗学の成果を通観しても判明しよう）。

これは一体、どうしたことだろう。かりに、先にあげた〝銅鐸は、大陸製の銅剣・銅矛・銅戈の類を鋳つぶしたものだ〟という一仮説（本書六ページ参照）を採用してみても、到底解決のつくことではない。

答えは一つだ。――のちに天皇家という古代権力の主導した社会は、この「銅鐸を宝器とする社会」とは全く異質の、相容れざる祭祀圏であった。それゆえ、旧来の〝銅鐸をめぐる神話・説話群〟は、新しい権力（天皇家）によって根絶されてしまったのだ、と。わたしには、そう考えるほか道はない。したがって、銅鐸を出土する近畿を中心とする地域に現在住んでいる人々――わたしもその一人だが――は、かつて銅鐸神話の繁栄した大地で、しかし今はそのすべてがスッカリ根だやしにされてしまった、銅鐸伝承不毛の新世代の一人として、今ここに住みついているのである。

このように考えてみると、現在日本列島各地に生き残っている、いわゆる「民間伝承」でさえ、わたしたちが「夢想」するほど、〝非政治的なもの〟ではないことがハッキリするだろう。少なくとも、代々の権力による〝政治的選択〟にパスして、それらは今日に至っているのである。

すなわち、世界各地の神話・説話群も、基本的にはこれと同一の性格を帯びているのではあるまいか。いずれも、一定の政治権力社会内で生育し、そこを通過してきているのであるから。

してみると、『記・紀』の神話・説話群も、権力との関係において決して「万邦に隔絶して」いるわけではない。良きにつけ、悪しきにつけ、〝one of them〟(それらの中の一つ)にすぎないであろう。

たとえば、ホメロスの場合も、権力の影響を帯びぬ「純粋性」をもっていたから、史実を背景にしえたのではない。〝各時代の権力の影響と干渉下に誕生し、生育したにもかかわらず、史実を背景とする、という根本性格を失っていなかった〟――それがシュリーマンの率直な手にふれたのである。

いささか抽象的な議論になった。だが、これは大切な問題だから、もう少しだけ、のべさせてほしい。

権力と神話と

〝古代の神話や説話群は、古代権力の影響の真只中において、誕生し、伝承されてきた〟――この自明の真理を認めるとき、先の第二の理由も、『記・紀』と他地域の神話・説話群との本質的なちがいの問題ではなくなってくるであろう。

なぜなら、古代権力が一方で、異質の神話・説話群を根こそぎに絶滅させる「力」をもっているなら、他方で、伝承の許された自己と同質の神話・説話群に対しても、さまざまの干渉、つまり削除や新しき付加をおしつけるであろう。それは当然のことだ。

それゆえ、『記・紀』の中に天皇家の利害や大義名分に立つ削除や新しき付加の手が加えられていたとしても、それは決して不思議ではない。〝古代権力と古代神話・説話との間〟には一般的におこりうることなのである。たとえ『記・紀』の場合、権力の干渉がいちじるしく、かつ徹底していたとしても、それは「程度」の差である。決して本質の差ではない。

むつかしい議論になってしまったけれども、わたしのいいたいことはこうだ。

戦前のように、『記・紀』神話をそのまま史実としてこれに批判を許さず、権力が国民におしつけてきたのは、全く愚かしいことであった。いや、愚かしいだけではない。人間の理性、つまりひとりひとりの人間の考える力の尊厳に対する、不当な干渉、すなわち侮辱であった。

それゆえ当然ながら、戦後、『記・紀』に対する「不信用」が一挙に爆発した。さらに問題は一種政治的な〝熱い場〟に立たされたため、『記・紀』神話・説話群の史実性について、「シュリーマン以後」の立場から、徹底的にクール（冷静）に吟味し直すこと、その作業が今に至るまで欠落していたのではなかっただろうか。

日本神話の稀有の条件

では、どのようにして『記・紀』を検証したらいいだろうか。わたしは日夜この問題にとりくんでゆくうちに、時々つくづくと歎息をもらさないわけにはいかなかった。〝日本の神話や説話群は、なんとすばらしい幸運にめぐりあわせたものだ！〟と。

無論、戦前風な「日本神話の卓越性」の讃美などとはなんの関係もない。では、なぜ、そんなことをいうのか。それは、つぎの二つだ。

第一は、八世紀という、比較的に早い時期に記録化されていることだ。先のガンビアのキンテ家の歴史伝承など、実に二十世紀の口誦である。普通、神話学者や文化人類学者たちの「伝承採取」は、当然のことながら十九〜二十世紀の時点で行なわれているものが多い。その伝承中の「古代部分」の時期とは、あまりにも遠くかけはなれているのだ。これに対し、『記・紀』は八世紀時点だ。だから、たとえば三世紀段階のことでも、わずかに、なか四世紀間のへだたりしかない。ホメロスがトロヤ落城から約五世紀もへだたっていたことを思い出してみよう。これはすばらしい〝伝承の早期記録化〟だ。たとえば、八世紀時点で記録化されたアフリカ諸部族の伝承の書が今、見出されたとしたら、神話学者は狂喜するにちがいない。これらを考えてみてもわかるだろう。

またヨーロッパ世界でさえそうだ。キリスト教の「制圧」以前のゲルマン諸族の神話・説話類を彼等自身が早くから文字で記録化していたら！　それはすばらしい人類の宝となっただろう。もう、現在のヨーロッパでいくら民間伝承を採取しても、〝キリスト教以前〟の姿をそのまま純粋に保持している神話・説話類など、ほとんど望みえないのである。これらを考えてみてもわかるだろう。

第二は、すぐ隣に中国という、これこそかけ値なしに、世界に卓越した記録文化の持主がいたことだ（右の第一の事実も、この隣国から早く文字がもたらされたから、こそである）。その上、隣邦中国の代々の王朝は、日本列島の代表の王者（倭国）と実際に交渉し、そのてんまつをいちいち彼等の史書の中に記録していた。『漢書』『三国志』『後漢書』『宋書』『隋書』『旧唐書』といった代々の「正史」である。それらの多くは同時代史料（その著者の生きていた同時代の倭国のことを書いたもの）だから、史実としての信憑性はきわめて高い。それゆえ、そこに描かれた史実としての倭国像と、日本側の『記・紀』とを比べてみれば、『記・紀』の信憑性を検査するには、おあつらえむきなのである。

こう考えてみると、戦後史学の出発点において、井上光貞らの研究者が〝外国史料と『記・紀』の記述を比較する〟という方法を直截に採用したのは、正しかった。ただ中国側の描く倭国の王朝を、いきなり近畿天皇家の主柱たる天皇たちと比較しようとした。そこにとんでもないあやまりがあっただけなのである。

では、新しい接点はどこだろう。私の前の本（『失われた九州王朝』）で明らかにしたように、前二世紀から七世紀までの八〜九世紀のあいだ、日本列島の代表の王者として、中国を中心とする東アジア諸国から扱われてきたのは、近畿天皇家ではなかった。筑紫を原点とする九州王朝だったのである。

してみると、『記・紀』の中で、この王朝との新しい接点を探すとしたら、そのとき当然「九州」に目がそそがれねばならない！　それは自明の理だ。わたしにはそう思われたのである。

第三章　『記・紀』にみる九州王朝

熊襲《くまそ》の国とはどこか？

では、『記・紀』の中の九州とは、一体どんなところだろう。そこにはなにか注目すべき政治勢力がいた、と書かれているだろうか。——その通りだ。

そこには、熊襲《くまそ》国があった、という。近畿天皇家が日本列島を統一する上で、最大の難敵、それが熊襲だった。一応〝東の蝦夷《えみし》、西の熊襲〟ということになっているが、蝦夷の方は「天皇の親征」など記されていない。ところが、熊襲の方は再三「天皇の親征」があったとされ、後にのべるように天皇（仲哀）がその戦のさ中で賊の矢に当って戦死したという記事すらある。

〝それはその通りだ。しかし、〟と人々は反問するだろう。〝熊襲国は南九州を本拠としていた。これが定説ではないか。とすると、あなたのいう、北九州の筑紫を中心地とする九州王朝とはまるでちがうではないか？〟と。

では、この問題を吟味してみよう。たしかに〝熊襲は南九州〟という命題は、これこそ今まで疑われたことのない「定説」だ。では、この「定説」が生み出された、その史料上の根拠はどこにあるのだろう。それは、『記・紀』中ただ一つ。『古事記』のはじめ、国生み神話の中に出てくる、つぎの記事だ。

次に筑紫島を生みき。此の島も亦、身一つにして面四つ有り。……筑紫国……、豊国……、肥国……、熊曾国……。

なるほどこれは明瞭だ。この配置なら、疑う余地もなく、「熊襲＝南九州」という定理が成立できる。従来、疑われなかったのも、無理はない。

しかし、わたしは考える。〝蝦夷は東へ移動する〟という、有名なテーマがある。「蝦夷」というのが、東方における「天皇家の未征服民」を指す以上、天皇家の征服領域が拡大すれば、「蝦夷の住地」もまた、東へ移動するのは当然のことだ（そこで蝦夷と呼ばれているものの実体が、同じ種族であるか否かを問わず）。とすると、西なる「熊襲の住地」も、同じではあるまいか。時代によって、歴史の変転の中で、指す場所が変ってきているのではないか。つまり、〝北から南へ移動しているのではないか〟というわけだ。――この考えが、一つの突破口となった。

もし右のようだとしたら、『記・紀』を通じてたった一つしかないこの『古事記』の政治地図にあてはめて、『記・記』の全熊襲説話を解読してゆくとしたら、これは危険きわまりない。なぜか？　今、『記・紀』中の熊襲記事、三つの全部について考えてみよう。

① 景行天皇の熊襲大遠征（『日本書紀』のみ）
② 日本武尊の熊襲暗殺説話（『記』『紀』とも）
③ 仲哀・神功の熊襲遠征説話（『記』『紀』とも）

第一の問題は、さきの国生み神話政治地図の生まれた時期だ。それはまさか神代だというわけにはいかない。そこで今かりに、その時期が右の①―③の説話の生まれた時期すべてより前だった、としよう。とすれば、当然、この政治地図に従って①―③を読んでもいいことになる。

しかし、もし①と②との間に、この政治地図が生まれたとしよう。とすると、②以下はこの地図に従って読んでいいが、①は駄目だ、ということになる。

またもし、①—③以後の時期だったら、すべてこれらの説話をこの地図で読んではならないこととなろう。しかも、もしかりに〝熊襲の位置が北から南へ移動した〟と仮定してみた場合、この政治地図は、そのどんづまり（最南端）の形をあらわしているから、①—③以後である可能性も強いわけだ。

また史料上、気になることがある。それは、①の場合、『日本書紀』（以下、『書紀』と略称）にしかなく、この地図は『古事記』にしかない。これもなにか〝不安定さ〟を感じさせる史料状況だ。いきなり、この二つを結びつけていいのか？　これも疑惑だった。

第二は、この国生み神話は本当に近畿天皇家内で作られたのか、という問題だ（この一見突拍子もない疑惑のもっていた深い意味は、やがて本書の進行の中で明らかとなろう）。

要するに、この政治地図の生まれや素性、つまりこれがいつ、どこで、だれによって生み出されたかは、不明だ。これらを明らかにしない限り、この孤在した一枚の政治地図に頼って全熊襲説話を読解する、それは、史料操作のやり方として、慎重さを欠いている。——わたしはそう判断するほかなかった。

では、熊襲の位置を実際に判定するには、どうしたらいいか。この出自不明の地図は一応わたしの手もとに「保留」しておいて、これとは別個に、熊襲説話自身のさし示す熊襲の地理的位置を求めねばならない。——これがわたしの新しい方針となった。

仲哀天皇の敗死

では、三つの熊襲説話について、時間の順序の新しい方から逆にさかのぼりながら、検査してゆこう。まず、仲哀・神功の熊襲遠征説話だ。ここでは、ただ一つの地名が書かれている。「橿日《かしひ》の宮」だ。ここは北九州の福岡市の東辺に当る。現在の香椎宮《かしいぐう》だ。

ここで仲哀天皇は死んだ。ところが、死に方について二説ある。

㈠(a)其の大后息長帯日売命《おきながたらしひめのみこと》は、当時神を帰《よ》せき。故《かれ》、（仲哀）天皇筑紫の訶志比宮《かしひのみや》に坐《ま》し、将《まさ》に熊曾国を撃たんとせし時、天皇御琴を控《ひ》きゐて、建内宿禰《たけうちのすくねの》大臣、沙庭《さにわ》に居て、神の命を請ひき。……（中略）……爾《しかる》に稍《やや》其の御琴を取り依りて、那摩那摩邇《なまなまに》控《ひ》き坐《ま》しき。故、未だ幾久《いくだ》もあらずて、御琴の音を聞かず。既《すなわ》ち火を挙げて見れば、既に崩じ訖《おわ》んぬ。〈『古事記』〉

(b)（仲哀）天皇忽《たちま》ち痛身有りて、明日崩ず。〈『書紀』本文〉

㈡一に云ふ、天皇親《みずか》ら熊襲を伐ち、賊の矢に中《あた》りて崩ずるなり。〈『書紀』「一云」〉

つまり、『古事記』は「神がかり死」もしくは「自然死」といったかたちで書いてある。『書紀』本文は「病死」の態《てい》だ。この二つはまずは似ている。それに対して、㈡の『書紀』「一に云ふ」の方は、ちがう。簡明直截に、敵の矢に当っての戦死だ。どちらが本当だろう。いいかえれば、どちらが本来の伝承だったのだろうか。

わたしは「戦死」の方だ、と思う。この点、あるいはある人々には、論証などなくとも、直観の力で賛成していただけるかもしれぬ。しかし今必要なのは、論証だ。煩をいとわず、吟味してみよう。

わたしは『記・紀』を見る場合、つぎの二つの原則を大前提とする。

(1)『記・紀』は、天皇家中心の「大義名分」に貫かれた本である。

(2)したがって『記・紀』は古来の伝承に対して、天皇家に「有利」に改削・新加（新しく付加）することはあっても、「不利」に加削することはない。

まず、(1)について説明しよう。

すでに前の本で詳しくのべたように、〝天皇家は永遠の昔から、この日本列島の中心の存在だったのだ〃という「大義名分」が『記・紀』を貫いている。それは「歴史事実の実証」以前の、いわば「観念」としての大前提なのである。それは国内問題だけではない。たとえば、

冬十月に、呉国、高麗国、並に朝貢す。〈仁徳紀五十八年〉

夏四月に、呉国、使を遣して貢献す。〈雄略紀六年〉

とあるように、中国（や高麗）との通交さえ、あちらが日本の天皇家に臣従し、朝貢してきたように書いてあるのだ。だから、これは「朝貢」の事実を示す記事ではない。『記・紀』の大義名分に立った筆法なのである。

⑵については、健康な常識をもってすれば自明の判断だといえよう。もっともなにが有利か不利か、理屈をいえば種々疑いが生じよう。たとえば〝これは一見「不利」に見える。しかし、そのような「不利」な事件をのりこえてきたところに天皇家の歴史のすばらしさがあると見えるように、わざと一見「不利」に造作したのだ〃といった風に。

しかし、『記・紀』はトリックにみちた近代の推理小説ではない。天皇家が公的に開示した正規の史書（ことに『書紀』の場合）なのだから、あまりまわりくどくひねた解釈で強いて〝「有利」をとる〃のではだめだ。簡明率直、万人に与える直截な印象が問題なのである。

以上二つの自明の命題、これをわたしは「二つのフィルター」と名づけよう。『記・紀』という本の記述には、すべてこの二つのフィルターがかかっている。だから、わたしたちは逆にいつもこの〝フィルター越し〃に、問題の真相を見つめねばならないのだ。この本の進行の中でいつも、この方法を厳正に適用してゆくとき、この方法のもつ「深い意味」をわたしたちはくりかえし思い知らされることとなるだろう。

さて、当面の問題にたちかえろう。

まず、『古事記』や『書紀』本文の、一種神秘的な「自然死」や「病死」の方が〝本来の伝承〟だったとしよう。ではなぜ、後代の官人が天皇の戦死という〝不名誉な話〟を造作したのだろう。なんらかの意味で右の「自然死」や「病死」伝承をきらったとしても、それなら「天皇は英雄的に賊を討伐したのち、帰途の道すがら病没された」とでも、造作すればいいのではないだろうか。

近畿からの古代遠征軍の主導者たる天皇自身が、その敵の矢に当って死んだ、というのでは、ハッキリいって「敗死」の印象をさけがたい。それゆえ、先にあげた「第二のフィルター」から見ても、「敗死」造作説は成立できない。

逆の場合を考えよう。本来の伝承事実は「戦死」の方だった。しかし、その〝敗戦〟の印象をきらい、「自然死」や「病死」めいた説話が作られた。――これなら理解できるのである。

もっとも、この神がかりという神秘の場で〝突如おとずれた死〟というテーマについて、神話学者はさまざまに論じてきた。要するに、古代信仰と古代儀礼にふさわしい、というのである（たとえば、三品彰英『増補日鮮神話伝説の研究』）。けれども、そのことは決して「戦死→自然（病）死」という先後関係に矛盾しはしない。ただ、神のたたりによる「自然死」や「病死」説話の成立が意外に〝古い〟、そのことを示しているのである（「戦死」の時点にひきつづく時期と見てもよい）。後代の『書紀』の編者は「自然（病）死」説話と「戦死」記事を並載しているのであるから、この「自然（病）死」説話の造作者でないことは明らかである。

死の伝承は変貌する

このように王や偉人の死の真相を、その作者の所属集団の心情にあわせて書き改める、このような事例は決して珍しくない。

たとえば、前著（『失われた九州王朝』）で書いた磐井《いわい》もそうだ。

(一)(a)此の御世に、竺紫《つくしの》君石井、天皇の命に従はずして多く礼无《な》し。故《かれ》、物部荒甲《もののべあらかい》の大連《おおむらじ》、大伴の金《かな》村《むら》の連《むらじ》二人を遣はして、石井を殺すなり。〈『古事記』継体記〉

(b)遂に磐井を斬りて、果して疆場《さかい》を定む。〈『書紀』継体二十年〉

(二)俄《にわ》かにして官軍動発し、襲はんと欲するの間、（磐井）勢、勝たざるを知り、独り自ら遁《のが》れ、南山峻嶺の曲に終る。〈『筑後国風土記』〉

『筑後国風土記』の方では、まるで「自然死」のような描写だ。しかし、事実は『記・紀』の方にあろう。それを現地（筑後）側の伝承では、露骨にいうをはばかり、一見「自然死」のように婉曲に表現しているものと思われる（この点『失われた九州王朝』第四章一参照）。

他の例をあげよう。福音書中の「イエスの死」だ。

(A)そして三時に、イエスは大声で、「エロイ、エロイ、ラマ、サバクタニ」と叫ばれた。それは「わが神、わが神、どうしてわたしをお見捨てになったのですか」という意味である。……イエスは声高く叫んで、ついに息をひきとられた。〈マルコ伝。マタイ伝もほぼ同じ〉

(B)そのとき、イエスは声高く叫んで言われた。「父よ、わたしの霊をみ手にゆだねます」こう言ってついに息を引きとられた。〈ルカ伝〉

ここにも二つの異なった伝承がある。いずれがより古い伝承であろうか。〝キリスト教信者の信仰の目〟から見れば、当然、ルカ伝の方が「イエスの死」に似つかわしい。もしこの方が〝より古い伝承〟であったなら、後代のイエス信仰の中にいた誰人が、マルコ・マタイ伝のように「書き変える」であろうか。これではまるで、イエスが神に訴える、というより、神を〝詰問〟しているように聞えるではないか（もちろん「神学」的には種々の解釈がなされよう。だが、今はわたしは一素人として、つまり一個の人間として、率直な印象をのべているのである）。

逆にマルコ・マタイ伝の方が本来の伝承であったとしよう。後代の敬虔な信者にとって、これではなにか〝似つかわしくない〟ように感ぜられた。そこでよりふさわしく、ルカ伝のような伝承が産み出されたのである（福音書研究のうえからも、ルカ伝はマルコ・マタイ伝よりあとの成立とされている）。

わたしには仲哀の死の場合も、転移の経過はこれと同じだ、と思われる。

もっとも、なお慎重に論ずれば、仲哀の場合、いわゆる「自然（病）死」と「戦死」とは〝矛盾しない〟死に方だとも考えられる。なぜなら、賊の矢に当って〝即死した〟とは限らないから、いったん癒えたかに見えていたのに、〝たまたま琴をひいていたとき死んだ〟というケースだ。この場合、死因は遅効性の毒矢か破傷風菌のせいだということとなろう。

しかし、こんな〝親切な〟理解をしてみたところで、結局のところ、『古事記』や『書紀』の本文が「賊の矢」の件を〝隠して〟いることは、否めない。

熊襲と新羅との間

さて、まわり道をしたあと、本筋にたちかえろう。

仲哀が賊の矢に当って戦死したとすると、橿日宮《かしひのみや》の地で、仲哀は賊と「接戦」していたこととなる。とすれば、南九州の熊襲とどうやって接戦できるのであろう。橿日宮と南九州との間の戦場名など一切出現しないのであるから。とすると、「熊襲＝南九州」という先入観なしに、端的にこの説話内容自身を読めば、この熊襲は〝北九州の存在〟に見えてくるだろう。もっと切りつめていえば、博多湾岸（太宰府、基山付近をふくむ）を本拠とする熊襲に対し、近畿から襲来した仲哀軍が、博多の東の側面に当る橿日宮領域まで接近し、そこで「接戦」した。そしてその接近戦の中で、指揮者仲哀は戦死した。——このように考えると、この説話はまことに現実的《リアル》な、緊迫力を帯びてくるのではあるまいか。

そして古来、戦闘と戦死の説話は、紀元前の『イリアス』から、はるか後代の『平家物語』まで、いずれも、緊迫した現実的《リアル》な臨地性、それを生命としているのではあるまいか。

第二の局面に進もう。

『書紀』本文によると、仲哀の死の前、神功皇后が神がかりしたとき、神はつぎのようにいったという。〝熊襲討伐がうまくいかないといって心配することはない。この国以上の宝ある国が海の向こうにある。新羅の国だ。自分（神がかりした神）をよく祀ったら、平和的にその国は従うだろう。そしてまた、熊襲も自然に従うだろう〟と。いいかえれば、熊襲討伐がうまくいかないのは、新羅がその背後にあるからだ、といわんばかりの口吻である。少なくとも全く無関係の二国ではないように見える。

では、〝新羅と熊襲を結ぶ〟具体的な関係はなんだろうか。たとえば、軍需や物資の交流があったのだろうか。そしてなによりも、そのさいの地理的関係はなんだろう。

このさい、かりに熊襲を南九州の存在とした場合を考えてみよう。はるか九州の西方海上を通じて連絡しあっていたのだろうか。それではあまりにも、迂遠な関係であり、「熊襲討伐難渋」の背景とはなりにくい。

それに対して、この熊襲を博多湾岸に本拠をもつ存在として考えてみよう。

狗邪韓国《こやかんこく》（釜山近辺）——対海国（対馬）——一大国（壱岐）——末盧国《まつろこく》（唐津）——伊都国《いとこく》（糸島郡）を結ぶ、古来の幹線道路〈『三国志』魏志倭人伝〉があって、博多の西側に通じている。だから、いくら仲哀軍が東から切迫して、攻撃しても、この西のルートの確保されている限り、熊襲は容易に陥らないのである。こうしてみると、〝熊襲討伐の難渋〟から、その背後の新羅の存在へと目をむける、いわば必然性があるのではあるまいか。

このようにみてくると、旧来の〝熊襲＝南九州〟説に立った場合、この説話の全体はなにかピントがボケている。ちょうどわたしたち素人が時々やらかすピンボケの写真でも見せられているように。ところが、いったん〝熊襲＝北九州（博多）〟という目から見た瞬間、説話全体はにわかに生動し、各部分は必然の脈搏をうちはじめる。――それをわたしは疑うことができない。

授号の公式

つぎは日本武尊の熊襲暗殺説話だ。

これは、小碓命《おうす》が熊襲国へ行き、少女に変装してその国の首長の酒宴にもぐりこんだ。そして油断に乗じて熊襲の首長兄弟を刺殺した、という話だ。この説話には「地名」は出現しない（『書紀』の場合、熊襲の首長は「川上梟帥《たける》」と呼ばれているが、この「川上」についてはのちにのべる）。

しかし、それに代って注目すべき点が二つある。

その第一は、熊曾建《くまそたける》（『古事記』）が死のまぎわに、暗殺者たる小碓命に「倭建命（日本武尊）」という名を贈ったという、有名な話だ。

①熊曾建白《もう》す、「西の方に吾二人を除き、建《たけ》く強き人無し。然るに大倭《おおやまと》国に吾二人に益《ま》して建き男坐しけり。是を以て吾、御名を献《たてまつ》らむ。今より後は、応《まさ》に倭建御子と称すべし」と。是の事白し訖《おわ》れば、即ち熟苽《ほぞち》の如く振り析《た》ちて殺すなり。〈景行記〉

②即ち啓《もう》して曰く、「今より以後、皇子を号して応に日本武《やまとたける》皇子と称すべし」と。言ひ訖りて及ち胸を通して殺しき。〈景行紀〉

問題は〝名前の献上〟という行為だ。このようなテーマは、『記・紀』ではほかに出現しない。そこで当然学者たちはこの点に疑惑の目をむけた。津田左右吉の場合は、「ヤマトタケル」（ヤマトの勇猛な人）などという抽象的な名前のつけ方から見ても、これは後代の大和朝廷の官人の造作にちがいない、と無造作に否定した。さらに細かく論をつめたのが吉井巖だ（「ヤマトタケル物語形成に関する一試案」、『天皇の系譜と神話』所収）。吉井はまずつぎのような例をあげた。

①天皇ここに将軍八綱田の功をほめたまひ、その名をなづけて倭日向武日向彦八綱田と謂ひき。〈垂仁紀〉

②天皇勅して、漁人に椎檣《しいさお》の末を授けて、執らしめて、皇舟にひきいれ、海導者と為し、特に名を賜ひて、椎根津彦と為したまひき。〈神武紀〉

③汝忠《ただ》しくまた勇めり。また能く導きの功あり。この故に、汝が名を改めて道臣となせ。〈神武紀〉

ところが、これらはいずれも〝上位者から下位者への授号〟のケースだ。これに対して、下位者が上位者に対して名を献上する例は、熊曾建――『書紀』では川上梟帥――の場合をのぞいては見当らない。そこで吉井は熊曾建が「大和国に対立する西の国の強力者」だったと想定するが、それでもやはり彼（熊曾建、または川上梟帥）は「大和国については、何らの所有もまた権威をも本来もってゐなかった筈《はず》」とする。そこで上・下関係のない両者間でこの「名前の献上」といった行為があるのは不自然だ。だから、この話は「大和在住の作者が案出した」もの、とし、結局津田説の結論に同調している。この吉井の問題提起はまことに鋭い。しかし、その結論はわたしにはうなずけない。その理由をのべよう。

吉井ものべているように、『記・紀』において名前が「A→B」と渡される場合は、「上位者→下位者」という一方向の例にみちている。その中で、なぜ、後代の官人がこれに反する話を造作したのか。それが問題である。七、八世紀段階で〝地方豪族が天皇に名前を献上する〟といった慣例ができていた様子もないから、これは変だ。〝日本武尊の方が相手（またはその子）に熊襲建という名前を与え、以後、彼等はよく服従した〟といった話なら、いい。だが、これは話が逆なのである。この点、「後代造作」説には、致命的な矛盾があるのではないだろうか。

これに対する、わたしの考えをのべよう。

(一) まず、〝名前の献上〟というときの「献上」という言葉。先にあげた例（本書四三ページ）で、中国の天子から「朝貢」をしてきた、と書かれていた。これと同じく、天皇家の方が〝得た〟ものは、『記・紀』ではすべて「献上」なのである。だから、このような大義名分上のイデオロギー用語を根拠にして、両者間の実際の上・下関係を論ずることはできない。

(二) だから、要は「熊曾建→小碓命」という方向で、名前（日本武尊）が贈られたのである。

(三) このことは、『記・紀』全体の授号の定式（上位者→下位者）から見ると、この説話は〝熊曾建（川上梟帥）が上位者であり、小碓命（日本武尊）が下位者である〟という上・下関係を背景にして成立していることとなる。

これは、従来千有余年の天皇家至上主義の「常識」から見れば、まことに驚倒すべき〝非常識〟であろう。しかし、〝古代説話は古代通念の中で理解する〟――これを、わたしは自明の真理と考える。そしてこの場合の「古代通念」とは、『記・紀』の示すところ、〝名前は上位者から下位者に与える〟という不動の命題にあった。

『記・紀』だけではない。中国の天子にとって、夷蛮の王に「称号を与える」ことは、その重要な権限だった。このことは、「漢の委奴《いぬ》の国王」という志賀島の金印や「親魏倭王」という卑弥呼への称号授与の例に見る通りだ。そして他の何人にも天子はこの権限を許さなかった。『三国志』によると、遼東の公孫淵《こうそんえん》がみずから「百官を置い」たとき、魏の明帝は断乎、これを討伐したのである。これと同じ例は『記・紀』自身の中にさえ見出される。菟狭《うさ》の川上にいた「鼻垂《はなたらし》」は、「妄《みだ》りに名号を仮した（勝手に名前を名乗り、授けた）」として討伐されたのである（景行紀十二年項——この点、のちに再びのべる）。

このような「古代権力社会における厳格な授号の論理」から見ると、わたしは「日本武尊」の名号問題も、この論理にもとづいて考えるほかはない。

第二に注目すべき点は、『古事記』によると、この熊曾建が兄弟で統治している、と見られることだ（『書紀』についてはのちにのべる）。

（天皇）「西の方に熊曾建二人有り。……」……爾に熊曾建兄弟二人、其の嬢子《おとめ》を見感《みめ》でて……。

すなわち、「兄弟統治」の形で描かれているのである。先の熊曾建末期《まつご》の言葉にも、「吾二人」という言葉が再度にわたって出現していた。

九州王朝との比較

以上の説話内容を、前著『失われた九州王朝』で明らかにされた九州王朝の史実と対比してみよう。

まず、九州王朝が一方では、中国の天子に対して「臣」と称しながら、他方では、国内に対して「仮授の権（称号や名前を授ける権限）」を行使していたことは明らかである。

窃《ひそ》かに自ら開府儀同三司を仮し、其の余は咸《み》な仮授して、以て忠節を勧む。

〈倭王武の上表文、『宋書』倭国伝〉

この点、熊曾建が小碓命に称号（「ヤマトタケル」は、ヤマトの国で一番強い者の意）を贈った、とされ、「仮授の権」の所持者として描かれていることと、よく相応しているのである。

つぎに兄弟統治の件。前著『失われた九州王朝』（朝日文庫）にのべたように、九州王朝は「兄弟執政」をその政治形態の一つの特徴としていた。卑弥呼が「男弟」と共に統治していたことは有名だ。

(1)名づけて卑弥呼と曰う。……男弟有り、佐《たす》けて国を治む。　〈『三国志』魏志倭人伝〉

(2)（俀国の使者言う）「俀王は天を以て兄と為し、日を以て弟と為す。天未だ明けざる時、出でて政を聴き、跏趺《かふ》して坐し、日出ずれば便《すなわ》ち理務を停《とど》め、云う『我が弟に委ねん』と」　〈『隋書』俀国伝〉

(3)戊寅（五五八年）、兄弟と改元す。　〈『海東諸国記』〉

(1)は、卑弥呼の「姉弟統治」として著名の一節である。

(2)は、九州王朝七世紀前半、「日出ずる処の天子」の自称で有名な多利思北孤（タリシホコ）の使者の言である。兄は未明の宗教的祭祀権、弟が昼の行政権をそれぞれ分担しているさまが描かれている。

(3)は、前著『失われた九州王朝』で明らかにした「九州年号」の一つである（本書三五五～三五八ページ）。

このような「兄弟執政」の点もまた、九州王朝は熊襲説話の所伝とよく一致しているのである。

暗殺の公理

以上によって、(一)地理的位置（北九州博多湾岸）(二)大義名分（授号権）(三)統治形態（兄弟執政）の三点とも、中国史書の中から分析された史実としての九州王朝と、『記・紀』の所伝の熊襲の性格と、両者一致していることがハッキリした。

なお、問題点をさらに立ち入って追跡しよう。

この説話が「日本武尊の熊襲征伐」と呼ばれることがしばしばある。わたしのように戦前に小学校を出た者には、ことに教科書で〝おなじみ〟の表現だ。しかし、これは「神功皇后の三韓征伐」と同じく、説話内容の事実からはなれた、いかにも軍国主義好みの〝誇大宣伝〟だ。天皇家の皇后や皇子に、やたらといさましい「征伐」を行なわせたいのだ。

ことにこの日本武尊の場合、単独でのりこんで「刺殺」したのであるから、〝遠征軍を派遣して攻略する〟意の「征伐」とは、およそかけはなれている。要するに「熊襲の首長暗殺譚」なのである。

さて、「暗殺」のさいの「公理」はつぎのようだ。

Aが Bを「暗殺」するとは、第一にAの実力はBより劣であり、第二に、したがってAは通常の方法（大軍派遣）による攻撃を、強力なるBに対してなしえない。そういうときに行なわれる行為ではないだろうか。つまり「征伐」と「暗殺」とは、その意味では反対語なのである。

いいかえれば、この段階では、天皇家は実力においていまだ熊襲に及ばなかったのである。つぎの段階の仲哀でさえ、遠征軍を主導したけれども、勝つことができず、みずから「敗死」してしまったのである。すなわち、筑紫の九州王朝は近畿の天皇家に対して、大義名分をもつとともに、軍事力においてもまた、まさっていたのである。

さらに、暗殺に関する第二の「公理」がある。〝暗殺によって大義名分は移動しない〟。これをわたしは自明の真理だと考える。すなわち、

㈠　この暗殺によって大義名分は近畿天皇家（近畿の強大豪族）に移動しはしなかった。つまり、依然として、この後も、客観的には大義名分は熊襲の側にとどまっていた。

㈡　ただ、この伝承は〝この事件によって大義名分は天皇家側に移ったのだ〟と、天皇家側が主観的に主張しようとしている説話なのである。そこに、瀕死の熊曾建に苦しい「断末魔の授号」を行なわ

せねばならなかった、この説話の苦肉の秘密がある。

第四章　蔽われた王朝発展史

景行遠征、五つの謎

つぎは景行天皇の熊襲遠征説話だ。

この説話は、今までの仲哀天皇・神功皇后の熊襲説話や日本武尊の熊襲説話とは、全くちがった性格をもっている。

その第一は、景行の場合、『書紀』にだけあって、『古事記』には全く姿を見せないことだ。この点、最後に詳しく追究しよう。

第二は、ここでは地名がやたらに出てくる。発進地の周芳《すは》（すおう）の娑麼《さば》（山口県防府市佐波付近）をはじめ、九州内部約二十個の地名が進路順に次々とハッキリ書いてある（本書五七ページの地図参照）。後代の研究者であるわたしたちにとって大変ありがたい話なのだが、実はそのことが変なのである。なぜなら、時代的にあとに出てくる日本武尊（景行天皇の代）や仲哀・神功の方に地名がたった一つしかあらわれないのに、より古い景行の方はこんなに詳細をきわめているとは！　率直にいえば、日本武尊や仲哀・神功の方はたしかに古代説話らしい無邪気な大らかさ（粗放さ）をもっているのに、こちらの方はこれではまるで逐一の〝遠征記録〟だ。少なくとも伝承の素朴と記録の精緻と、両者はすっかり性格がちがうのである。

さらにこのほかに、この説話自身の中にも不可解な箇所がいくつもある。それらをあげよう。

その一は、「筑紫の空白」問題だ。景行の遠征路は九州東岸一帯（大分・宮崎県）と九州南岸（襲《そ》の国（鹿児島県））と九州西岸（熊本県、長崎県（島原半島））という風に、ほぼ九州の全域にわたっている。だのに筑紫だけはほとんど全く立ち入っていないのである。それも、福岡県と熊本県の接点、つまり筑紫南辺はくりかえし往復していながら、肝心の筑紫中心部へは入っていない。筑前はもちろん、眼前の筑後中心部（久留米市・甘木市付近）さえ、全く立ち入っていないのである。この奇怪な「筑紫の空白」は一体どうしたことだろう。

従来の論者も、この問題に時としてふれている。そしてつぎのようにいう。〝筑紫はもはや天皇家にとっては安定した勢力範囲となっていたので、今回の討伐の対象ではなかったからだろう〟と。しかし、この理由づけは、よく考えると一層おかしい。なぜなら、近畿からの遠路の征討軍だ。筑紫がそんなに安定した領地だったのなら、まずここに立ち寄り、遠路の疲れをいやし、補給をすませ、ここを根拠地として、九州の東・南部への征討に出発するのが当然ではないか。また、もしかりに先を急いで筑紫に立ちよらず、直ちに九州東・南部で征討戦を行なった、としよう。それなら、それが完了したあとは、その〝安定した領域〟たる筑紫へ堂々と凱旋して、当地の大歓迎をうけるべきではあるまいか。それもせず、目と鼻の先の「浮羽《うきは》」から、そそくさと日向へひきかえすとは！　不自然きわまりない。こう考えると、従来の論者の説明は、率直にいって〝説明になっていない〟のではあるまいか。

しかも、大切なのはつぎの点だ。すなわち、このような大矛盾は、例の津田学説――戦後史学の得意

景行の九州遠征行路図

岩波の日本古典文学大系本参照。

（　）内は現在地名。
関連地名の中心部

とする後代造作説をもち出してみても、なんの解決にもならない、という一点である。〝七、八世紀の大和朝廷の史官など、こんな矛盾にも気づかぬ、そんな程度の頭のやからだ〟――もし、こんな〝軽侮〟の概念をもちこんで解決するとしたら、それは史料解読上、フェアではない。

第三は、「浮羽――日向」間の大飛躍問題。

右にのべたように、「娑麼――浮羽」間は、順を追って進む地名が約二十も列記されている。ところが、最終点の浮羽に来て突如、「天皇、日向より至る」〈景行紀十九年項〉という文面に転換している。「浮羽――日向」間は距離も相当遠い上、その間は阿蘇山地にさえぎられている。それなのに、途中のルートや経過地を全く書かず、いきなり「日向より」では、あまりにも唐突だ。これまでの詳密な地名列記と、鋭い断層がありすぎるのである。これも奇怪というほかはない。

第四は、「討伐と巡行」問題。約二十の遠征路は前半（討伐）と後半（巡行）に分かれている。

［討伐］＝娑麼（山口県）→襲の国（鹿児島県）→日向（宮崎県）
［巡行］＝日向→葦北《あしきた》（水俣市付近）→高来県《たかくのあがた》（島原半島）→浮羽（福岡県）

つまり、前半の九州東・南岸部は「討伐」、後半の九州西岸部は「巡行」という形である。これは変だ。なぜなら、もし近畿の都を原点として見た場合、この逆ならば自然であろう。より近い地域が巡行、より遠い辺境が討伐となるべきだからだ。〝このようなケースもありうる〟といってみても、なにか不自然である。

第五は、「日向、非聖地」問題だ。

『記・紀』の神武紀（記）では、日向は神武東征の地としても印象深い。ところが、景行はその日向へ来ても、一度もそれらしい言葉をのべないのだ。シーザーの名句「来た、見た、そして勝った！」ではないが、〝わたしは今、わが祖先の発進の聖地に来た！〟こういったたぐいの感激の辞が一行くらいあってもいいではないか。ところが、一片すらない。

津田左右吉も、この点を疑い、「あの物語を書きとめた人の頭には、さういふことが思ひ浮ばなかったものと見える」（『古事記及び日本書紀の新研究』五一四ページ）といっているが、『記・紀』の中でもっとも印象的な大叙述「神武東征」の発進の地について、「思い浮ばなかったものと見える」という、安易な消し方で果たしてすむことだろうか。ここには重大な謎がいまだに生きているのである。

また、この景行紀に日向聖地記載のないことから、神武東征説話の方が新しい成立である証拠だ、とする方法もある。つまり、古く景行説話が成立した時点には、まだ神武東征説話は成立していなかったのだ、とするのである。この見地は、たしかに深い示唆をふくむ（この点、以下の論証で明らかにされる）。

しかし今、〝では、七、八世紀の『記・紀』の作者はなぜ、そこに「造作」の手をのばし、前後つじつまのあうようにしなかったのか？〟と聞かれれば、たちまち窮しよう。またもや津田流の〝思い浮ばなかった〟説に逃避するほかはない。この点、七、八世紀の「後代造作説」の論者にとって〝自縄自縛の謎〟となるのである（従来、日向の地とされてきた「天孫降臨説話」からも、同じ問題がおきよう）。

それなのに、津田の論断に安住して、〝すべて解決ずみ〟のように見なしてしまい、これを再び疑いかえすことがないとしたら、それは探究心の大いなる怠慢というほかないのではあるまいか。

「巡狩《じゅんしゅ》」の鍵

この謎への新しい解明の光は、つぎの一句から見出された。これは前半の「討伐」終了直後、後半の「巡行」開始の直前、つまり両者の中間にある文だ。

（十八年春三月）天皇将㆔向㆑京以巡㆓狩筑紫国㆒。

（天皇、将《まさ》に京に向ひ、以て筑紫国を巡狩せんとす）

（岩波、日本古典文学大系本等は、「天皇、京《みやこ》に向《いでま》さむとして、筑紫国を巡狩《めぐりみそなわ》す。」と読んでいるが、「巡狩」はこの文の後におこる問題だから、未来を示す「将」〔まさに……せんとす〕の語は、最後までかけて読む方がいいであろう。）

この文のポイントは「巡狩」の語だ。「巡狩」とは「天子が辺境を巡行すること」であり、中国の史書に頻出する言葉だ。

天子、方を省《かえりみ》る。之を巡狩と謂うなり。〈『左氏』荘、二十一、注〉

天子、諸侯に適《ゆ》く、巡狩と曰う。巡狩は守る所を巡るなり。〈『孟子』梁恵王篇下〉

さて、導きの糸はこうだ。この「京」は、近畿の都のことだとすると、近畿を原点として、「筑紫国」を「巡狩」する、というのなら、当然筑紫国自体を「辺境」と見なしていることとなる。とすると、筑後から筑前にむけて、つまり筑紫国を南北に巡るのでなければ、この語の内容にふさわしくない。

ところが、巡行の事実は、熊本県から島原半島へ行き、このあと「筑紫の南辺」（福岡県の南辺）を往復しているのである。「筑紫の南辺」だけをめぐることが、なぜ「筑紫国巡狩」となるのだろうか。変だ。

この問いを正確に見つめて、論理的におしつめてゆくと、その帰着は意外な地点にゆきつく。——これは、筑紫の中央部（たとえば太宰府近辺）を原点として、筑紫国の辺境たる「南辺」を「巡狩」しているのではないか、と。そう考えると、「巡狩」の語の用法にまさにピッタリだ。すなわち、この場合「京」とは、筑紫の中央部にあるのである（この文は、率直にいって、「京」に向かう、その行路の途中に「筑紫国南辺巡狩」がある、そういった感じだ）。

五つの疑いを解く

わたしはこういう「新しい視点」に立ったとき、はじめて五つの疑いの糸が次々とほどけてゆくのを見た。

第一、「筑紫の空白」は当然だ。この謎の遠征軍の、真の出発地は「筑紫」そのものだったのだから。筑紫を「本国」とする遠征軍なのだ。筑紫は現在の福岡県が示しているように奇妙な形をしており、その東端は関門海峡にとどいている。当然、この海峡をおさえるため、両岸を占拠していたであろう。とすると、その東岸（山口県西部）に「周芳の娑麼」という、この遠征軍発進地があったこととなるのである。

第二に、九州東・南岸は「討伐」、九州西岸は「巡狩」という形態もなんら不思議ではない。この筑紫国は、熊本県をすでに「安定した領域」としており、未征服地たる東・南岸を討伐するのが、この遠征軍の目的なのである。

第三に、「浮羽」がこの大遠征の終着点になっているのも当然である。「辺境巡狩」はここで目的を達した。あとは辺境でなく、「京」である筑紫中央部（たとえば太宰府近辺）に入れば、それでいいのだから。すべてきわめて自然な巡路だ。いきなり阿蘇山地群を大飛躍して「日向」から再出発する必要などいささかもない。

第四に、「地名の詳述」という点。日本武尊命や仲哀天皇・神功皇后の説話は明らかに近畿天皇家を原点とする説話だ。出現地名も乏しい。ところが、それと全く異質の地名群詳述。それは異質の系列の説話記録であることを物語る。つまり、これは筑紫を原点とする、筑紫の王者の九州東・南岸平定譚だ。だから、九州内部地名にきわめて詳しいのも当然なのである。

筑紫を原点として

さらに第五に、以上の〝景行天皇の熊襲遠征説話は本来近畿天皇家の説話でないものを、あとからはめこんだものだ〟という命題には、最大の証拠がある。それは、この説話が『古事記』に全く出現しない、という、その一事である。

考えてみよう。この説話は『記・紀』の中で全く異色の存在だ。なぜなら「神武東征」をのぞけば、近畿なる天皇家にとって、天皇自身による、最初にして最大の遠征譚、しかも唯一の完全勝利譚だ。先にのべたように、日本武尊の場合は「暗殺譚」にすぎない。仲哀遠征の場合は「天皇敗死譚」だ。これらに比べて景行遠征の場合は文句のつけようがない〝輝かしき大武功〟だ。

それなのに、なぜ『古事記』はこれを載せないのだろう。もし、この伝承が真に「近畿天皇家内伝承」として七、八世紀まで伝承されていたのなら、なぜ、だれが、これを削除するだろうか。近畿天皇家自身の庭の真只中で。

天武天皇が「削偽定実」だ、といって削るだろうか。この「実」とは天皇家中心主義という大義名分上の「実」である。それなのになぜ、この輝く大武功を削る必要があろうか。稗田阿礼が暗誦し忘れたというのか。考えられない。太安万侶が独断で削ったのか。それも到底許されることではない。

その答えは一つ。——この説話は本来、近畿天皇家内の伝承には存在しなかったのである。それは、先にあげた「利害のフィルター」を通して見ても、疑いえぬ、自明の帰結である。

では、どこから〝取って〟こられたのか。それはこの説話内容の示すところ、筑紫を原点とする「九州王朝の説話」でしかありえない。すなわち、まず筑紫を基盤とし、その上でさらに九州一円を勢力範囲におさめた、その時点の征服譚にほかならないのである。

神功紀の謎

今、わたしは『書紀』の謎を解きはなつための重要な武器を手に入れたようである。『書紀』にだけあって、『古事記』にない説話——そのような説話に対しては、原則として〝重大な疑い〟が向けられねばならぬ。これが新しい定理だ。このような目から「神功紀」を見ると、同じような問題がここにも横たわっているのに気づくだろう。それは、神功皇后の筑後平定説話だ。

仲哀天皇の戦死後、突如、熊襲は「自服（おのづからに服《まつろ》ひぬ）」した、とされている。そこで神功皇后は筑後に向かい、御笠《みかさ》（太宰府付近）を通って松峡宮《まつお》（朝倉郡三輪町）へ進んだ。そこから発して羽白《はしろ》熊鷲《くまわし》（荷持田村《のとりたのふれ》〔今の福岡県甘木市か、もしくは長崎県島原市か〕）と戦った。そして層増岐野《そそきの》（糸島郡雷山付近）でこれを討ちとり、安《やす》（夜須郡《やす》〔今の朝倉郡北部、甘木市〕）に凱旋した、という。さらに筑後山門《やまと》（邪馬台国「山門」説で有名になったところ）に向かい、この地の土蜘蛛《つちぐも》、田油津媛《たぶらつひめ》を誅殺した（兄の夏羽《なつは》は妹の殺されたことを聞いて逃亡〔次ページ地図参照〕）。

この筑後平定譚の第一の奇妙な点は、〝仲哀の戦死〟という、遠征軍の敗色が決定的になったその当の時点で、いきなり「熊襲自服」と称する、その唐突さである。一応〝神の加護〟をもち出して〝合理化〟してあるけれども、到底人を納得させうる物語の進行ではない。

これに対し、史料批判上もっとも重大な点。それはこの筑後平定説話が『古事記』に全く出現しないことだ。先の定理によれば、これもまた本来の近畿天皇家伝承に存在せず、ほかから〝取って〟つけたものだ、と判定するほかない。

事実、『古事記』で見る限り、仲哀はいわば〝死にっぱなし〟の態だ。つまり、熊襲に対する限り、〝敗けっぱなし〟なのである。これにつづく新羅接触譚の華やかさの陰にかくされてはいるけれども、この〝対熊襲敗戦〟という結末自体はハッキリしている。

これに対し、『書紀』の方では、仲哀の死後「筑後平定譚」が添加され、〝仲哀の死にもかかわらず、熊襲平定は成功した〟かのような形になっているのである。

この二者のうち、いずれが本来の説話なのか。「利害のフィルター」による限り、疑う余地はない。「熊襲討伐成功譚」を「失敗譚」に書き改める——こんなことはありえないのである。真実の進行は逆だ。

近畿天皇家内の伝承では、本来「失敗譚」だった。それを『書紀』は、ほかから「筑後平定譚」を〝取って〟つけることによって、見事に「成功譚」に切り換えたのである。あたかも、超能力の接木師のように。一見信じがたいことだが、今まで採用してきた方法の示すところ、これも〝他からの挿入〟だ。それ以外の帰結はない。

　では、この「筑後平定譚」自身の原点はどこだろうか。神功の進路は、「橿《かし》日宮《ひのみや》→御笠→松峡宮」となっている。この間には、戦闘はない。すなわち、ここは「討伐対象」ではなく、いわば自己の勢力圏内なのである。

しかし、橿日宮は、先の仲哀の戦死した遠征軍の本営だ。ここにいた神功の話と連接させるためにすぎないとも、一応考えられよう（この点、後に論ずる）。だが、少なくとも「御笠」が〝接ぎ木〟部分に属することはまちがいない。ここは御笠川の上流、須玖遺跡から太宰府にかけての領域である。ここから松峡宮にすすんで、敵の羽白熊鷲たちと対戦したのである。この朝倉郡（今の三輪町付近）は、筑前の最南端である。このあたりは、「太宰府―基山」峡谷の頸部《ネック》を南下し、いわば筑後川の上流だが、実は「筑前」となっている（古くからの行政区画の反映であろう）。こうしてみると、この討伐説話の正体は、筑前（御笠―松峡宮）を原点とした、筑後討伐譚である。いいかえれば、筑紫一円平定説話なのである。

このように分析してくると、すぐ先の景行遠征譚、実は九州一円平定説話と、この説話とが有機的な先後関係をもっていることが判明する。つまり、

①　筑前→筑後討伐（筑紫一円平定）

②　筑前→九州東・南岸討伐（九州一円平定）

という関係なのである。つまりこの二説話相呼応して「御笠――朝倉」近辺を原点とする、筑紫一円および九州一円平定譚なのだ。すなわち〝九州王朝成立の原歴史〟が、ここにまざまざと浮かび上がっているのである。

タイム・マシンの逆転

なお、ここで一つ吟味しておきたいことがある。それは『書紀』の記載順序に従うかぎり、「景行紀」の方が先で、「神功紀」があとだ。つまり、時間の先後関係が逆なのである。〝では、やはり右のような結びつけは無理だ。〟そう考える人もあろう。わたしも疑ってみた。しかし、前の本（『失われた九州王朝』）で明らかにされた『書紀』の編述の方法をふりかえ

ってみると、これはなんら不思議ではない。

たとえば「神功紀」を例にとろう。

（摂政五十二年）七枝刀・七子鏡の記事（「七支刀」泰和四年〈三六九〉。四八〇年説もある）。

（摂政六十六年）晋の泰始二年十月、貴倭の女王、重訳を遣して貢献（「泰始二年」は二六六年。壱与の奉献の年）。

右のように、実際の時間の順序を全く逆転させて挿入しているのである（摂政三十九、四十、四十三年項には卑弥呼の記事）。これを見ても、筑紫平定説話と九州平定説話とが、『書紀』の挿入において時間的順序が逆になっていても、なんら怪しむに足りないのである。

その上、実は説話内容自身からも、両説話の先後関係が判明する。筑後平定説話の場合、羽白熊鷲について、つぎの描写がある。「身に翼有りて、能く飛びて高く翔《かけ》る。」つまりこの敵は神話的な〝超人間〟なのである。これに対し、景行遠征の方は、どの敵も皆、〝普通の人間〟として描かれている。これによってみると、筑後平定説話の方は神話的段階、九州東・南部平定説話の方は人間段階の説話である。これによっても、本来の先後関係は明白だ。現在の『書紀』のそれぞれの挿入時点の先後とは逆であることが判明する。

木に竹をつぐように……

〝筑紫一円より九州一円へ〟、その平定説話の各部分が切りとられ、近畿天皇家の業績としてすりかえられている。――この驚くべき事実を平明な真実として承認したとき、今までの謎は次々と氷解してきた。たとえば、〝日向を神武発進の聖地とする〟視点の存在しないことなど、むしろ当然至極なのである。なぜなら、それはもっぱら近畿天皇家の伝承の問題であり、九州王朝の歴史とは本来かかわりがないことなのであるから。それをまさに〝木に竹をつぐように〟接合していたのである。

〝しかし……〟と、なお疑う人があろう。〝本当にそんな無茶が実際にやられたのだろうか？〟そう疑う人は思い起こしていただきたい。前著（『失われた九州王朝』）で明らかにしたように百済系三史料（「百済記」「百済新撰」「百済本記」）が『書紀』の本文の中に接合されていたその「手口」を。この場合も、史実としては「九州王朝と百済との間の歴史」であったものを、あたかも近畿天皇家と百済との間の関係であるかのように、大量の本文記事として「転用」して〝接ぎ木〟されていたのである。

一方、〝天皇家内伝承の書〟たる『古事記』の方には、それらの記事は一切存在しないのである。

こうしてみると、今摘出された「九州王朝内部の発展史」についても、やはり切り取り・接合の「手口」が見出されたとしても、なんの不思議もないのである。一は隣国との国交史であり、一は国内の征服統一史なのであるから。同じ手口が同じように両者に対してほどこされているにすぎない。

その名は「日本旧記《にほんきゅうき》」

〝しかし……〟と、さらに人は問うであろう。〝百済系三史料の場合は、ちゃんと書名が出ている。それからの直接引用の文もあるのだ。だのに、この「九州王朝発展史」なるものの場合、具体的には一体、どんな本があるのだ？〟と。

その通り。よき問いはよき道を見出させる。わたしは、その本、つまり「九州王朝の史書」の名を、ほかならぬ『書紀』自身の中に見出すことができたのである。

日本旧記云「以二久麻那利一、賜二末多王一。」蓋是誤也。久麻那利者、任那国下哆呼唎県之別邑也。

（日本旧記に云ふ。「久麻那利《くまなり》を以て末多王に賜ふ」と。蓋《けだ》し是《これ》、誤りならむ。久麻那利は、任那国の下哆呼唎《たこり》県の別邑なり）　〈雄略紀、二十一年項〉

この条の本文をつぎに記そう。

二十一年の春三月に、天皇、百済・高麗の為に破れぬと聞きて、久麻那利を以て汶洲《もんす》王に賜ひて、其の国を救ひ興す。……

この百済大敗は、「漢城の落城」として知られる事件だ。この条の直前〈二十年項〉に「百済記」からの有名な引文がある。

百済記に云はく、「蓋鹵《こうろ》王の乙卯年の冬に、狛《こま》の大軍、来りて、大城（漢城――百済の都）を攻むること七日七夜、王城降り陥りて、遂に尉礼（いれ、百済の雅称か）を失ふ。国王及び大后・王子等、皆敵手に没す」と。

つまり、この漢城の落城（四七六年）のさい、日本の天皇（『書紀』は雄略にあてる）は任那の一部「久麻那利」を割き、汶洲王（『書紀』の註では、蓋鹵王の母の弟。蓋鹵王の敗死後、熊津を都として百済王室を継ぐ）に贈った、というのである。

この記事を本文に記したあと、『書紀』の編者は註記に「日本旧記」なる書物から引文した。それが「（日本の天皇は）久麻那利を末多王に賜うた」という一句である。そしてこれに対して『書紀』の編者は「蓋し是、誤りならむ」と批評している。〝久麻那利を贈った相手は、本文のように汶洲王であって、「日本旧記」のように「末多王に賜うた」というのは誤りだろう〟という判定を付しているのである。

しかし、わたしの観察では、これは「誤り」ではない。雄略二十三年項にあるように、このとき末多王は日本に来ていた。「日本の天皇」は王の聡明を愛していた、という。そこで、この末多王に祖国の存亡にさいして、「久麻那利」を贈ったのである。ところが、百済側から見れば、これは進物などではなく、「領土割譲」であるから、時の百済王たる汶洲王に贈られたものと解したのである。これは当然だ。それが「百済記」に書かれていた。それを、国内史料と外国史料が矛盾すると外国史料の方を採用する『書紀』の編者（この点『失われた九州王朝』第四章一及び四参照）は、「百済記」に従って本文を作った。そして「末多王に賜う」とした日本側史料を非としたのである。

しかし、「日本旧記」の場合、直接贈った当人名たる「末多王」をあげているのであって、「百済記」側の「汶洲王」となんら矛盾していない実質内容なのである。むしろ、同一の事件を、海の向こうとこちらとの両側から記している。つまり、それぞれの立場においてそれぞれ正しいのだ。これを一言でいえば、直接の被贈与者は「末多王」、大義名分上の被贈与者は「汶洲王」である。

この両記事の興味深い相関関係を『書紀』の編者は見落した。そのため、いわば余計な批評の短文を付記した。しかし、そのときここに引用された当の一句は、わたしに問題の重要な入口の扉、その隠された鍵を示したのである。

なお、この『書紀』の編者の誤解自体、この事件が九州王朝と百済との間の事件であって、近畿天皇家の史実ではなかったことを証明する。なぜなら、この事件から『書紀』の編纂期まで、わずか二百年余だ。大化の改新までなら、百五十年余である。こんな重大な「領土割譲」事件の真相が〝忘れ去られる〟はずはないからである。

「日本」という国号

さて、本筋にもどろう。前著（『失われた九州王朝』）で明らかにしたように、「百済記」等の百済系三史料がいう「貴倭・倭国・日本」「天王」「日本の天皇」等の名称は、いずれも九州王朝のことである。近畿天皇家のことではない。

とすると、「日本旧記」という場合の「日本」も、当然、九州王朝のこととなるほかない。

この「日本」という国号について、前の本をふりかえってみよう。近畿天皇家が「日本」という名称を使いはじめたのは、七世紀の半ば、もしくは八世紀のはじめからだ（『三国史記』によると六七〇年。

『史記正義』によると、八世紀初頭、則天武后のとき）。そこで従来の論者は、「日本」という国号の使用自体、七世紀以前にはなかった、と信じてきた。これは、近畿天皇家至上主義と唯一主義の大わくの中にみずから知らずして、しっかりととらえられてしまっていたからである。

九州王朝史書の成立と性格

では、「日本旧記」の成立はいつだろう。その直接引用文は今あげた一回だけだ。漢城の落城（四七六年）直後の時期である。したがって上限として、この時点以後の成立であることは明らかだ。下限はいつか。それは厳密には解きがたいが、百済系三史料の成立を推定したときと同じ方法を用いてみよう。

「百済記」「百済新撰」「百済本記」はそれぞれの最終引用記事年次から約五十年位のちの成立と考えられるのだ。それでないと、そのあとの時期の引用文があらわれず、つぎの本の引用に移ってゆく（「百済記」のつぎが「百済新撰」、そのつぎは「百済本記」）、という史料出現状況が説明できないからだ。

この方法によって考えると、四八〇年ころを最終記事（一回）とする「日本旧記」の場合、それから約五十年とすると、五三〇年ころとなる。つまり六世紀中葉のころ、成立した本だということとなろう。これはちょうど、先ほどのべたように九州王朝がすでに「日本」と名のっていたときなのである（「百済本記」は、五三一年に敗死した磐井のことを「日本の天皇」と書いている）。

右のように国号をめぐる、いわば一般論だけではない。ここに記された「久麻那利」割譲の事件は、前著『失われた九州王朝』で明らかにしたところでは、「九州王朝――百済」間の事件だ。その事件について、「久麻那利を以て末多王に賜ふ」という文脈で書いているこの史書。すなわち、これが〝九州王朝側が九州王朝の立場に立って書いている〟ことは明らかである。いいかえれば、これは、まがうかたもなく、「九州王朝の史書」なのである。では、この史書はどんな性格の本だろう。それを探るため、

「旧記」（きゅうき。「くき」という訓もある）という言葉を分析しよう。

わたしたちは、これと相似た名前をもつ二つの本を知っている。『古事記』と『旧事紀』（先代旧事本紀）だ。『古事記』は八世紀初頭（和銅五年、七一二年）に成立した本だが、天地開闢より推古朝までを記載対象としている。つまり、六二九年の舒明《じょめい》朝以後（約八十年間）は、「今」に属し、それ以前が「古」なのである。「古・今」という歴史二分法にもとづいているのである。わたしたちの使う、「古代・中世・近世・近代・現代」といった区分法とは異なる分け方だ。

この点、『旧事紀』の場合も、ほぼ同じだ。天地開闢より推古朝（帝王本紀の最末）までを内容としている。序文では推古二十八年、「聖徳太子・蘇我馬子等撰」とあるが、その実、その後の記事を含有しているため、平安初期の撰録とされている。

このような類例から推して考えると、「日本旧記」の場合も、「天地開闢」にはじまる〝九州王朝の創始と発展の全史〟をふくんでいたのではないか、と思われるのだ。

重要なのは、『書紀』の編者の手法である。百済系三史料を例として考えてみると、一方で「直接引用」の形で使う。たとえば、「百済記に、職麻那那加比跪《ちくまなながひこ》と云ふは、蓋し是か」といった風に。と同時に、それに何倍もの量を『書紀』の本文として使っているのである（たとえば、先にあげた「七枝刀」の件もその一つ）。『失われた九州王朝』（第四章四、復刊版、三七六ページ）でのべたように、多量の記事をもつ「欽明紀」など、実にその約七割弱が「百済本記」にもとづく記事の「本文化」と見られるのである（直接引用は十四個）。

要するに、『書紀』の編者は九州王朝の対隣国史について、「直接引用」とそれに勝る多量の文の「本文化」という二つの方法で利用し、これを近畿天皇家の歴史の中に「接合」しているのである。

とすると、九州王朝の国内史書たる「日本旧記」についても、同じく二つの方法で利用していることが当然、予想される。そして「直接引用」は、すでにある。したがって、それを上まわる「本文化」された記事もまた、必然に存在するはずだ。——このように論理をおしつめてくると、もはや明らかとなる。先の九州王朝の「筑紫平定説話」や「九州一円平定説話」の真の出典が、ほかでもない、この「日本旧記」なのであった。

真理の断崖

〝理屈をおしつめていけば、そうかもしれない。しかし、あまりにもひどすぎるではないか。天皇家の正史『日本書紀』がそんな詐欺師めいた手口で、いつわりの天皇家の歴史を「創作」したとは！〟——前節までの帰結に到達したとき、わたしの耳には、このようになじる人々の声がまざまざと聞えるような気がしたのである。

たしかに、今までの「常識」に半歩を加える程度の〝進歩的意見〟には耳をかたむけることはできても、全然ちがった、真に新しい視点には目と耳とをしっかりとつぶろうとする。人間の中にはそのような、本能的な「保守性」が存在するのかもしれないから。

だが、〝だって、大地は現に動いてはいないではないか？〟、かつてそのようにガリレオに対し自信に満ちて反論した「既成の常識」もついには空しかった。新しい真実に到達するその寸前には、古い常識をキッパリと捨て去り、それこそ〝真理の断崖に身を投じる〟、そんな時があるのではないか。——わたしはそのように思い、意を決したのであった。

「三種の神器」圏

この謎の焦点をもっとクッキリと浮かびあがらせるため、一つの興味深い問題点を抜き出してみよう。

仲哀天皇・神功皇后の熊襲遠征のはじめ〈仲哀紀〉につぎのような記事がある。

(A)時に岡県主《おかのあがたぬし》の祖《おや》熊鰐《わに》、天皇の車駕《みゆき》を聞きて、予《あらかじ》め、五百枝《いおえ》の賢木《さかき》を抜き取りて、以て九尋《ここのひろ》の船の舳《へ》に立てて、上枝《かみつえ》には白銅《ますみの》鏡を掛け、中枝《なかつえ》には十握《とつかの》剣を掛け、下枝《しもつえ》には八尺瓊《やさかに》を掛けて、周芳《すわ》の沙麼《さば》の浦に参り迎ふ。　〈仲哀紀八年〉

(B)又、筑紫の伊覩県主《いとのあがたぬし》の祖五十《い》迹手《とて》、天皇の行を聞き、五百枝の賢木を抜き取り、船の舳《もと》艫《へ》に立て、上枝には八尺瓊を掛け、中枝には白銅鏡を掛け、下枝には十握剣を掛けて、穴門《あなど》の引嶋《ひきしま》に参り迎へて献る。　〈向右〉

要するに鏡と剣と玉と、「三種の神器」めいたものを舟に飾って天皇を出迎えたというのだ。「三種の神器」といえば、戦前の人にはおなじみだ。〝天皇が神の子孫である証拠に、代々「三種の神器」が伝えられてきた〟と戦前の教科書では教えられた。が、戦後史学ではうってかわって〝評判〟がわるい。例の「後代造作説話」では、いつも槍玉にあげられている（たとえば、直木孝次郎『神話と歴史』参照）。しかし、戦後史学にとって、いささか〝気になる〟事実がある。それは、筑前、つまり九州北岸の古い地層から次々とこの「三種の神器」の組み合わせで遺物が出土してくるのだ。しかも、現代の考古学で漢代（紀元前後）と見なされている古い遺跡から、なのである（たとえば、原田大六『実在した神話』、森浩一『古墳』参照）。

だから、右にあげた岡県主（遠賀《おんが》川付近）や伊覩《いと》県主（糸島郡）は、それらの遺跡の、いわば〝御当地〟なのだ。とすると、〝どうせ、後代の造作さ！〟と一笑に付することのできぬ真実味《リアリティ》をもっているのである。

やりきれぬ『書紀』の手口

さて今は、わたしの史料批判の立場にたちもどろう。

右の(A)・(B)の記事は、共に『書紀』の記事だ。『古事記』には一切出現しないのである。だが、従来の見地に固執する論者はいうだろう。〝神功の筑後平定譚とちがって、こんな個所まで「近畿天皇家の説話であることを否定しなくてもいいではないか。だって、現に仲哀・神功は橿日宮までは行ったのだから、そこにはじめから付属していた説話と見てもいいではないか?」〟と。

ところが、そうはいかない。つぎの例を見ていただこう。

(C)（景行十二年、九月、周芳の娑麼）爰《ここ》に女人有り。神夏磯媛《かむなつそひめ》と曰ふ。其の徒衆《やから》甚だ多し。一国の魁帥《ひとごのかみ》なり。天皇の使者至るを聆《き》きて、則ち磯津《しつ》山の賢木《さかき》を抜きて、以て上枝には八握剣を挂《か》け、中枝には八咫《やたの》鏡を挂け、下枝には八尺瓊を挂け、亦素幡《しらはた》を船の舳に樹《た》てて、参り向ひて啓して曰く、……。〈景行紀〉

このⒸが先のⒶ・Ⓑと全く同じタイプの説話であることに、異論はないだろう。ハッキリちがうのは、舟の上の三つの枝に飾る宝器の順序だけだ。

	上	中	下
(A)	白銅鏡	十握剣	八尺瓊
(B)	八尺瓊	白銅鏡	十握剣
(C)	八握剣	八咫鏡	八尺瓊

わたしはこの表を見ると、「魏志倭人伝」のつぎの文面を思いおこす。「男子は大小と無く、皆黥面《げいめん》文身す。……諸国の文身各々異なり、或は左にし、或は右にし、或は大に或は小に、尊卑差有り」つまり、「黥面文身」という点は共通していながら、各地方や階級でタイプがちがっている。逆にいうと、そのタイプを見れば、どの地方かなんの階級かわかる、というわけだ。

今の「三種の神器」の場合も、「三つでワン・セット」という点は共通しながら、各地方でかけ方の位置や呼び名に、それぞれの流儀をもっているのである。

ところで、景行の熊襲遠征譚の場合、その全体が近畿天皇家とは全く関係がないことはすでに立証した。景行は九州へなど全く足もふみ入れていないのだ。とすると、(C)は当然、景行とは関係がない。九州一円平定を行なった九州の王者「X天皇」を迎えた説話、つまり「日本旧記」の一節だ。この(C)もまた、『古事記』には全く姿を見せぬ説話なのであるから、今まで辿りきたった論理の進行上、これは不可避の帰結である。とすると、この(C)説話と同タイプ、ワン・セットの説話である(A)・(B)説話も当然その運命を共にするほかはない。「日本旧記」からの〝移植部分〟なのである。

では、この(A)・(B)・(C)三説話は「日本旧記」の中においてどちらの平定譚に属していたのであろう。筑後討伐譚か、九州東・南部討伐譚か。

思うにこの答えは容易である。後者である。なぜなら、筑前を原点にして筑後を討伐する場合、三者が「舟で迎える」必要はない。全陸路の討伐だ。これに対し、九州東・南部討伐譚の場合、筑紫（「御笠─朝倉」を中心とする）から周防の娑麼までの行路は舟だ。海路なのであるから（九州東岸各地の転戦にも舟が用いられたことであろう）。

(A)・(C)とも、例の発進地「周芳の娑麼」に来て「天皇」を迎えている。(C)の「磯《し》津《つ》山」は北九州市と京都郡との間の貫山（芝津山）か、とされる（岩波、日本古典文学大系本）。(B)は「穴門の引嶋」（下関市彦島）だが、これも近辺だ。筑紫から周防の娑麼に向かうときの、重要な中継地（関門海峡）なのである。──こうしてみると、筑紫の「X天皇」の九州東・南部討伐軍に、この三者が舟をもって集い、前途を祝したことを示しているのである。

このように分析し、原型を復元してみると、「日本旧記」中においては同一事件の冒頭を飾っていたはずの一連の説話を二つに分解して、それぞれ景行紀と仲哀紀に分配し、配置したこの『書紀』の編者の手口――わたしはそのあまりのやり方にやりきれぬ〃憤り〃さえも覚えたのだった。いかに〃近畿天皇家の威光〃を示すために恰好な道具立てとはいえ、こんなやり方が許されていいものだろうか。

さて、ふたたび冷静にかえって分析の手をすすめよう。

以上の説話復元作業によって、わたしはこの説話が考古学上の遺跡発掘の事実と対応する理由を知ることができた。これは九州王朝発展史の中の重要な説話であり、筑紫で成立した説話であった。そしてその説話はしっかりした歴史的事実を背景にもっていたのである。

それは、九州北岸が「三種の神器」の共同祭祀圏に属していたこと、しかも各地方の部族ごとに、微妙に名称や祭祀形式（配置方式）を異にしてそれぞれの個性を保っていたことである。まことにシュリーマンの示したのと同じように、「筑前なる共同祭祀圏」の原存在という点、説話内容と遺跡の発掘事実とは、見事な相応と一致を示していたのである。

さらに、この問題の奥へ切りこんでゆこう。

「熊」の論理

その第一は、筑前と筑後の差異だ。筑前は相和した共同祭祀圏であるのに対し、筑後は討伐の対象なのである。すなわち、この筑紫の王者の「本国」は、筑後ではなく、筑前であること、これが明瞭となってきたのである。

なお、歩をすすめよう。わたしは筑前の岡県主が「熊鰐」と呼ばれていることに注目したい。ちょうど筑後の討伐の対象「羽白熊鷲」にも「熊」がついているように。また、九州東・南部の討伐説話において主たる討伐目標は九州南部（鹿児島県）の「襲《そ》の国」だった。そしてここが「熊襲」と呼ばれていたのである（この点、『古事記』の国生み神話九州四分図との関係は、のちに論ずる）。このような例からみると、異域、討伐の対象といった場合、これに「熊」を付して呼んだようである（先の「日本旧記」の直接引用部分中の「久麻那利」（熊成）の場合も、その一例とも見られよう）。してみると、岡県主熊鰐と伊覩《いと》国の五十迹手《いとて》とを比べた場合、大きなちがいが見出される。前者は「熊」つきであり、後者はそれがないのである（神夏磯媛の場合は、後にのべる）。

そうしてみると、伊覩国の五十迹手は、「X天皇」（御笠―基山・朝倉）と、地理上、祭祀上、血縁上においてもっとも親近した、古くからの連帯関係にあったのではないか、と思われるのだ。すなわち、「博多湾岸とその周辺――糸島郡」原初連合国家の存在である。

花咲ける「二国連合」

　このようなA国とB国との二国連合の形態は、この「景行の熊襲遠征説話」の中にも出現する。

残賊なる者有り。一に鼻垂（はなたらし）と曰ひ、妄《みだ》りに名号を仮し、山谷に響《おとな》ひ聚《あつま》りて、菟狭《うさ》の川上に屯結《いわ》めり。二に耳垂（みみたらし）と曰ふ。残賊貪婪《どんらん》、屢《しばしば》人民を略す。是れ御木《みけ》の川上に居す。

〈景行紀十二年、九月〉

　これは神夏磯媛が、景行天皇に報告する大分県内の四人の敵対勢力の中の、最初の二人だ。この「鼻垂」「耳垂」について、岩波、日本古典文学大系本は「はなたり」「みみたり」と読み、つぎのように註解を付している。「鼻垂は、大きく鼻が垂れる意か。次行の耳垂は、大きく耳の垂れる意」と。しかし、「垂」は「たらし」あるいは「たりし」であり、たとえば、神功皇后の気長足姫尊（オキナガタラシヒメノミコト）の「タラシ」と同形であろう（この「鼻垂」の「垂」の読みは、直木孝次郎『日本古代の氏族と天皇』二〇七ページ参照）。

　さらに「鼻」は、実は「花」だ。つまり「花足らし」、この名は〝花のいっぱい咲き満ちた〟という意味の美称である（神夏磯媛と同じく、女王であるかもしれぬ）。その上、先にのべたように、自立して「仮授権」を行使していたのである。それを「残賊」つまり敵対者であるため、このような「卑字」で表現したものと思われる。

同様に「耳垂」（みみたらし）の「耳」は「天忍穂耳尊」（アメオシホミミノミコト、天照大神の子）などと同じ尊称「ミミ」である。また『三国志』魏志倭人伝では、投馬国の長官を「弥弥《みみ》と曰う」と記しているのである。

すなわち、筑紫の王者の討伐をうける以前は、この「鼻垂」「耳垂」の両者は相結んでこの地方に君臨していた主権者であった。そしてここにもやはり、「二国連合国家」の形態があらわれているのである。この時期の国家形態の、一つのタイプだったのではあるまいか。そして筑紫の場合、「筑前二国連合」という中心地の上に立っていたのが、この「X天皇」だったわけである。

では、このような『記・紀』中に挿入された「日本旧記」の語る九州王朝の由来は、果たして史実として確認できるものだろうか。

血縁の伊都国

ここで対照されるのは、『三国志』魏志倭人伝だ。わたしはその分析によって、卑弥呼の国、邪馬壹国が博多湾岸とその周辺に存在したことを知った。この博多湾岸とその周辺とは、御笠川の流域（須玖遺跡、太宰府）および基山《きやま》および朝倉付近をふくんでいる。今の問題は伊都国との関係である。「（伊都国）世々王有り。皆女王国に統属す」、ここで注目すべきは左の二点だ。

㈠　女王国領域内で「王」有りとされるのは、この一国だけであること（「狗奴国王」は女王の敵対者）。

㈡　代々、博多湾岸なる女王国に「統属」してきている、として、両国の特殊関係を表記していること。

今、「統属」の意義を探ろう。

前著『失われた九州王朝』で、この語を「統合下に属する」と一応解した。しかし、なお考えてみると、ただこれだけの関係なら、女王国統治下のすべての国（二十九国）がそうだ。とくにこの伊都国だけのことではない。だが、伊都国は他の二十八国とちがっていた。その第一は「王」の存在したことであり、その第二は女王国との関係が古来（三世紀を「今」として）から継続してきたことである。また、このことはいいかえれば、他の二十八国はより新しい段階で次々と女王国の統治下に、討伐と帰服によって、編入されてきたことを示している。

さらに新しい探究によって、「統属」の用語が実は『漢書』の左の用例を背景にしていることが判明した。

属《シ》レ統《ニ》、垂《レ》レ業《ヲ》、物鬼変化、天命之符、廃興何如《イカン》。　〈『漢書』公孫弘伝〉

この「属レ統」は〝トウヲツグ〟であり、〝血すじをうけつぐ〟の意だ（諸橋轍次『大漢和辞典』）。「統、系なり」〈正字通〉というように、「統」は〝血すじ〟の意味なのである。「血統」の「統」だ。

つまり、伊都国は、他の二十八国とちがって、血すじの系列の上から、女王国につながっており、そのため、みずから「王」の称号が許されているとともに、古えより代々女王国に所属してきている、というのである。すなわち、ここには〝二国連合の伝統の古さ〟が説かれているのである。このように、三世紀時点において、中国側の採取した「倭国の王朝史」、その史実は、先に「日本旧記」の物語るこの王朝の歴史的淵源の説話とピッタリ一致して間隙がないのであった。

始源の王者

以上の分析から、九州王朝の歴史とその淵源が明らかとなってきた。筑前を本拠とし、筑後を討伐してその傘下に収め、やがて九州一円に及んだのである。

田油津媛《たぶらつひめ》の本拠、筑後山門は江戸時代、新井白石が邪馬台国の地に比定してより、にわかに脚光をあびてくることとなった地である。しかし、田油津媛を討伐したのは、神功皇后ではない。九州王朝の神話時代の伝説的王者であった。

したがってこの田油津媛の存在を卑弥呼の本拠地「山門」説と結びつけてイメージしてきた筑後山門論者は、大きな錯覚の中にいたのである。ここはいわば「被征服地」ではあっても、筑紫の王者の本拠地ではない。

さて、この王者の事績は、『書紀』の編者によって「神功皇后」の項に挿入されている。この点からみると、この人物は「女王」だったのではないかと思われる。なぜなら、「卑弥呼・壱与」等の女王が神功皇后の項に挿入された、その第一の理由もまた〝彼等が「女王」である〟という一点にあったことは疑いないであろうから。

この点、さらに吟味してみよう。

神功皇后を「摂政」ながら、「一代の治世」として独立させる、というこの手法は、『古事記』にはなく、『書紀』だけだ。〝『古事記』にない系譜〟――この点、前述来の論理に従えば、〝天皇家内伝承においては、本来女王は存在しなかった〟のである（『書紀』成立の七、八世紀段階は除く）。

ではなぜ、『書紀』は神功皇后紀を事改めて新設しなければならなかったのだろうか。その理由は、ほかでもない。「日本旧記」の語る九州王朝の歴史を切り取って、近畿天皇家の歴史に「挿入」しようとしたとき、そこには大きな困難があった。それは、この王朝にはしばしば「女王」が在位していたことである。これに対し、みずから（近畿天皇家）の古代系譜の中には、それ（女王の治世）がなかったのである。まさか、仲哀や応神といった男性天皇の項にハッキリした女性王者（卑弥呼・壱与）の項目

（『三国志』等の）を切り取って、トンチンカンに〝はめこむ〟わけにはいかない！　そこで真に〝やむにやまれぬ〟理由によって、唯一の「女王の時代」たる神功紀が〝新設〟された。そしてそこに「日本旧記」の中の各女王の項目が、いわば〝投げこまれた〟のである。

以上の分析は、あるいはあまりにも〝強引な〟理解だと見えるかもしれぬ。しかし、問題の筋道を見つめてみよう。焦点は一つだ。『古事記』の形を〝本来の系譜伝承〟と見るか、『書紀』のをそう見るか。二つに一つだ。この問いは必然である。

わたしは前述来の論理から、前者の立場に立たざるをえなかった。とすれば、当然〝ではなぜ、『書紀』は神功紀を「特設」したのか？〟という、第二の問いは不可避である。

ここには、「卑弥呼・壱与」の記事が、二人の実名を伏せ、「倭国の女王」という抽象的な表現で、つまりあたかもこの二人が「一人の女王」であるかのように見える形で、挿入されている。この史料事実を見つめるとき、『書紀』の編者の「新規治世」特設の〝設立趣意書〟第一項目が、ほかならぬ「女性である主権者の存在」という、〝性〟の問題にあった、と考えざるをえない。このように論理を追ってくると、九州王朝のはじめ、まず筑紫一円を平定した燦《さん》たる始源の王者が「日本旧記」中で女王として書かれていたのだ、という命題に必然的にたどりつかざるをえない。

さて、筑後山門の田油津媛は、この筑前の女王と同時代の人であった。この田油津媛の存在自体も、当時筑紫の地が〝女王活躍期〟であったことを示している。では、この時代はいつごろであろうか。もちろん、この説話自体から決めることはできないけれども、一つの目安がある。それは、中国史書に記録された三世紀卑弥呼の存在だ。彼女は筑前を本拠として三十国に君臨していた。その三十国は九州を中心として瀬戸内海西域に及んでいたのである（『失われた九州王朝』第五章三参照）。

したがって卑弥呼は、筑後を討伐し、はじめて筑紫一円を定めたこの神話的女王とは、もちろん同一人物ではない。はるか後代の存在である。逆にいえば、この筑後討伐の女王は、三世紀よりはるか古えの時期の人物として語り伝えられていたのである。

この点、『三国志』魏志倭人伝に示唆に富んだ叙述がある。

其の国、本亦男子を以て王と為し、住《とど》まること七、八十年。倭国乱れ、相攻伐すること歴年、乃ち共に一女子を立てて王と為す。名づけて卑弥呼と曰う。

つまり、現在（三世紀）は女王だが、本はやはり（中国や東夷の諸国と同じく）男王の時代が七、八十年（二倍年暦であるから、実際は三十五～四十年〔『失われた九州王朝』、復刊版、三六～三九ページ参照〕）あった、というのである。

卑弥呼という女王の時代、わたしたちはそれを〝太古の女権時代〟と錯覚しがちだ。しかし、実はその時期はすでにすぎ、この国もいったん男王期に入っていたのである。

ではなぜ、この「相攻伐すること歴年」という乱世の中で、女王が「共立」されたのだろうか。それは、はるか過去（男王期以前）に〝偉大なる名女王の時代〟が倭国の歴史上に存在していたからだ。わたしには、そう思われる。その輝かしい時期の女王説話は、統合の王者として人々の間に深く広く語り伝えられ、一個の「共同幻想」と化していたのである。その神話的・伝説的時代の「偉大なる女王」の記憶に頼って、人々は〝分裂からの脱出路〟を見出そうとした。そしてそれが〝卑弥呼と名のる一女子〟に託せられることとなったのである。その方法――巧妙な「共同幻想」の利用――は成功した。いささか推定の力に頼りすぎたようであるけれども、従来から、わたしにはすでにそのように思われていた。

ところが、果然、いま偉大なる筑紫統合の始源の女王の姿を、わたしはこの神話伝承の中にかいま見ることとなったのである。

橿日宮の女王

では、この神話的女王の本拠はどこだろうか。さきに、わたしは「筑前」といった。その中のどこだろう。もっときりつめることはできないだろうか。

わたしはこのように思いつつこの説話を検査するうち、新しい通路を見出したのである。神功皇后の進路をもう一回見直してみよう。

①橿日宮《かしひのみや》→②御笠《みかさ》→③松峡宮《まつおのみや》

このように進んでいる。先ほどこの女王の発進地を「御笠付近」と見た。その理由はこうだ。〝橿日宮は神功のいた場所だ。すると、これに接ぎ木された筑後討伐譚の固有部分は②の御笠以降となる〟――こう考えたのだ。

しかし、新しい問題につきすすもう。問題の箇所を左にあげる。

(A)戊子、皇后、熊鷲を撃たんと欲す。而して橿日宮より松峡宮に遷る。時に飄風《つむじかぜ》忽ち起り、御笠堕《ふけ》風《おと》されぬ。故に時人其の処を号して御笠と曰ふなり。〈神功紀〉

(B)辛卯、層増岐野《そそきの》に至り、即ち兵を挙げて羽白熊鷲を撃ちて滅す。左右に謂ひて曰く、熊鷲を取り得て我が心則ち安し、と。故に其の処を号して安（やす）と曰ふなり。〈同右〉

問題は(B)の傍点部である。これは地名説話だ。ところが、この領域へは神功は一切来ていないのだから、当然、この説話は「日本旧記」中に記載されていたこととなる。つまり「我が心則ち安し」の主人公は筑前の神話的女王だ。

すなわち、この「日本旧記」は地名説話つきだったのである。このことは、たとえばいわゆる「景行」が「日向」に行ってこの地名を命名した、という説話にもよくあらわれている。これも〝九州一円平定の筑紫の王者〟にまつわる地名説話だったのである。とすると、この問題は同じく(A)の傍点部にも及ぶこととなろう。すなわち、この説話の中で「御笠」を風に飛ばされたのは、神功ではない。神功は、松峡宮などへは行かなかったのだから。当然、この「御笠」の主は、同じ筑前の神話的女王である。すなわち、この「御笠」の話もまた「日本旧記」の中の地名説話なのである。とすると、松峡宮へ向かう途次、今の御笠の上流（太宰府付近）で「御笠」を飛ばしたこの女王の真の発進地はどこだろう。

右の文面の示すところ、そこに「自二橿日宮一遷二于松峡宮一」とあるように、橿日宮、その地しかない。つまり、「日本旧記」の原文面にこの筑前の女王の発進地が「橿日宮」となっていたのを奇貨として、『書紀』の編者は、この地に来た神功との「接合」を企図したのである。

このような論理の帰結をささえる、側面の証拠がある。

（景行十二年）十一月、日向国に到りて、行宮《かりみや》を起し、以て居す。是を高屋宮と謂ふ。〈景行紀〉

つまり、ここでは現地（日向）において仮の宮処を作り、それを「高屋宮」と命名している。

（仲哀二年）九月、宮室を穴門《あなど》に興して居す。是を穴門豊浦宮と謂ふ。〈仲哀紀〉

ここでも、現地（穴門（下関市））に宮室を作り、宮室名をつけているのだ。これに対し、「橿日宮」はちがう。

（仲哀二年）己亥、到二儺県《なのあがた》一、因以居二橿日宮一。

（己亥、儺県に到りて因りて以て橿日宮に居す）〈仲哀紀〉

「因りて以て」の一句が的確に示しているように、ここでは新たに宮室を造営したのではない。〝すでにそこにあった橿日宮〟に入り、そこを現地における拠点とした、というのである（この点、松峡宮も同じ）。

すなわち、近畿遠征軍が占拠したその地こそ、九州王朝の創始期、神話的女王発進の聖地とされていた宮殿であった。

ではなぜ、この地が「発進の聖地」とされたのであろうか。北は海に面し、東に遠賀川流域、西に伊都国を望む地理上の位置のせいか、それとも宗像神社の遠大な海上神域を背景にした宗教上の聖地であったからか。おそらくそのいずれをもふくんでいたであろう。だがそれは、推定たるにとどまる。

確かなこと、それは、この神話的女王が「橿日宮に天の下しろしめす君」であったという、その一事である。

九州統一王

つぎに九州一円平定の王者について分析しよう。この説話の最後に興味深い一段がある。

（景行十八年）秋七月の辛卯の朔甲午に、筑紫後国の御木《みけ》に到りて、高田行宮に居す。時に僵《たお》れたる樹有り。長さ九百七十丈。百寮、其の樹を蹈《ふ》みて往来す。時人歌ひて曰く、

朝霜の　御木のさ小橋　まへつきみ　い渡らすも　御木のさ小橋

爰《ここ》に天皇、問ひて曰く「是、何の樹ぞや」と。一老夫有りて曰く、「是の樹は歴木《くぬぎ》なり。嘗《かつ》て未だ僵れざるの先、朝日の暉《ひかり》に当りて、則ち杵嶋《きしまの》山を隠す。夕日の暉に当りては、亦阿蘇山を覆《かく》すなり」と。天皇曰く「是の樹は神木なり。故に是の国は宜しく御木《みけの》国と号すべし」と。　〈景行紀〉

ここで注目すべき語は「百寮」の一語だ。

左に庭中胡堂百寮の位有り。（注　向曰く、寮、官なり。）　〈班固『西都賦』〉

百寮を摠率《そうそつ》し、以て社稷《しゃしょく》を寧《やす》くす。　〈『魏志』斉王伝〉

このように〝天子のひきいる、朝廷内のすべての官僚群〟を指す用語だ。「百官」「百僚」と同じである。

景行遠征の場合、これは全く「不明の一語」だ。なぜなら、近畿からの長途遠征のはずなのに、ここに突如〝朝廷の全官僚群〟が出そろうとは!

しかしこの奇怪な一語も、今新しく切りひらききたった史料批判の視点からは、なんの不思議もない。なぜなら、都は筑紫の中央部にあった。それで長途の遠征を大成功裡に終えて凱旋した筑紫の王者に対して、この筑紫南端の行宮に「百寮」が来り参じて出迎えたことは当然であるから。

ここは例の筑後山門と隣接している。しかし、ここはこの王者の「本拠」ではない。それは、「高田行宮」の語が証明するであろう。「行宮」とは〝天皇の仮宮〟のことであるから。では、本拠はどこだろう。このあと、この遠征軍は八女《やめ》国(今の八女市)を経て浮羽《うきは》(今の浮羽郡)に向かう。先にのべたように、ここでこの遠征軍の記事は突如終っている。では、ここが最終目標地だろうか。つぎの文面を見よう。

(景行十八年)八月、的邑《いくはのむら》に到りて食を進む。是の日、膳夫等盞《うき》(酒杯のこと)を遺《わす》る。故に時人、其の盞を忘れし処を号して浮羽と曰ふ。今、的《いくは》と謂ふは訛《なまり》なり。昔筑紫の俗、盞を号して浮羽と曰ふ。

ここは的(生葉《いくは》)の「邑」であって、「京」ではない。その上、「進食」(食物を進める)の用語が用いられている。

進食之礼。〈『礼記』曲礼上〉

つまり、この語は〝主人が客をもてなす〟ときに使う語だ。このさい「客」は遠征軍の主たる王者であり、「主人」は浮羽の邑の邑長・邑人たちである。してみると、ここはいまだ王者の都城の地ではない。では、それはどこだろう。この最終行路で、経てきた領域を考えよう。

御木（三池）→八女（八女）→浮羽（浮羽）

筑後の南西端から東北方にむかい、筑後の北東部に達している。ここは筑後の北辺である。そしてそのさらに北は――筑前だ。

先に「筑紫の空白」といったが、より厳密には「筑前の完全空白」なのである。その筑前南辺には筑後討伐の根拠地となった松峡宮（朝倉郡三輪町付近）がある。さらに北のかた、太宰府から橿日宮に通ずる道もある。これらがすなわち真の空白部、〝遠征軍の故国〟たる都の地だったのである。

以上によってこの九州平定の王者の〝京城の領域〟は判明した。しかし、もっと煮つめることはできないだろうか。

その名は「前つ君」

わたしは先にあげた「御木の説話」中の歌謡の中に、奇妙な語句を見出したのである。それは「魔弊《まへ》菟者瀰《つきみ》」の一語だ。岩波の日本古典文学大系本では、これを「群臣《まへつきみ》」と訓読している。「まへつきみ」は表音そのままだが、「群臣」の方は解釈である。

河村秀根・益根の『書紀集解二』はこの語について、「按ニ魔弊ハ前、耆瀰ハ君。謂二群臣一。」と書いている。現代の学者はこの解に従ってきたようである（武田祐吉校註「日本古典全書」朝日新聞社、丸山林平編『定本日本書紀』等も同じ）。

そして『書紀』全文に頻出する「群臣」「群卿」「卿大夫」「公卿」「侍臣」の類にすべて「マヘツキミ」と訓読している（総計約二二〇例（岩波古典文学大系））。ところが、『書紀』中、「マヘツキミ」という〝音表記〟が出現するのはあとにもさきにもただ一箇所、ここだけである。だから、まず、ここに出てくる「魔弊菟者瀰《マヘツキミ》」の意味を「群臣」の意に解し、そしてこれを根拠として、全文中の「群臣」の類の成語について、すべて「マヘツキミ」と読むこととした。――こういう手順なのである。
しかし、「マヘツキミ」とは、本当に〝群臣〟のことなのだろうか？　この歌謡の直前に例の「百寮蹈㆓其樹㆒而往来（百寮、其の樹を蹈みて往来す）」がある。「群臣及百寮」〈神功紀冒頭・仁徳紀十二年〉といった風に、この二つの語は時として対句に使われる。そして「群臣」の方が「百寮」より格が上だ。そこで、文中の「百寮」を足がかりにして、この歌謡中の「マヘツキミ」を、当の文中にもない「群臣」の意にとったのだ。
しかし、わたしが前著（『失われた九州王朝』）で明らかにしたように、「筑紫君」とは九州王朝の君主を指した表記だった。

筑紫君葛子《くずこ》　〈継体紀二十二年〉
筑紫君薩野馬《さちやま》　〈天智紀十年〉

またこの表記は「百済本記」中にも出現する。

百済本記に云ふ。「筑紫君の児、火の中の君の弟」と。（「筑紫の火の君」に対する註記）
〈欽明紀十七年〉

以上は六世紀の呼称である。
さらにもっとも重要な史料は『隋書』俀国伝だ。

開皇二十年、俀《たい》王有り。姓は阿毎《あめ》、字《あざな》は多利思北孤（タリシホコ）、阿輩雞弥《あはきみ》と号す。……王の妻は雞弥《きみ》と号す。

つまり「阿輩君」とは「日出ずる処の天子」と誇称した君主（天《あめ》の足《た》りし矛）の尊称であり、その后は「君」と呼ばれていた。――これが七世紀前半の九州王朝である。しかるに、六世紀中葉に成立したと見られる「日本旧記」に「百寮」と並ぶ「群臣」といった朝廷の官人連をひっくるめて「……の君」と呼んだとは！　わたしには到底理解することができない。

七、八世紀以降の後代において、その使用法が「下落」し、天皇のもと「……のキミ」が氾濫し、いわば〃「キミ」のインフレ〃状況となっていた近畿天皇家、たとえば「キミタチ＝キンダチ（公達）」という言葉さえ横行していた、そのころの通念をもって解釈してしまったのが「マヘツキミ＝群臣」説ではないだろうか。だが、「キミタチ」ならまだよい。しかし、「マヘツキミ」の場合、率直な印象として、〃単数の呼び名〃ではないだろうか。

では、その〃単数〃とはだれか。ズバリ「筑紫の君」だ。すなわち、この遠征軍の唯一の主導者、筑紫の王者の呼称以外にない。

この主格に対する「い渡らすも」という述語の荘重な響きも、この理解を支持するであろう。

やすみしし　わご大君（天皇）の……　夕には　い倚《よ》り立たしし……
〈『万葉集』巻一、三〉

懸《か》けまくは　あやに畏《かし》し　足日女《たらしひめ》（神功皇后）、……い取らして　斎《いわ》ひ給ひし　真珠《またま》なす……
〈『万葉集』巻五、八一三〉

「前つ君」の本拠

では、「マヘツキミ」とは、一体どういう意味だろう。この説話の直後に「八女津《やめつ》媛《ひめ》」という名前が出ている。

時に水沼県主猿大海《さるのおほみ》、奏して言ふ。「女神有り。名は八女津媛と曰ふ。常に山中に居す」と。故《かれ》、八女国の名、此れより起るなり。
〈景行紀〉

「八女津媛」の「津」は、字面通りとれば、港の「津」だが、「常に山中に居す」というのだから、むしろ所有格の「の」と同じ用法の「つ」であると見るべきであろう。この場合、この人名は、

八女（地名） ＋ つ（所有格） ＋ ひめ（身分）

という構造になっている（「ひめ」も、女性すべての総称ではなく、〝一定の身分〟を示すものであろう）。

これと同様の人名例を、同じこの「景行遠征譚」の中から示そう。

速津媛――速見邑（「速見」は「速海」であろう）

熊津彦――熊県

阿蘇都《つ》彦
阿蘇都媛 ――阿蘇国

やはり、「地名」＋「つ」＋「身分」の形だ。

これによって考えると、

まへ ＋ つ（所有格） ＋ きみ（身分）

の「まへ」もまた、地名だということとなろう。

では、筑紫（ことに筑前）に、この「まへ」という地名はあるだろうか。――一つ、ある。それは平原遺跡等で有名な、糸島郡の「前原《まえばる》」だ。博多湾岸から糸島郡にかけては「――原《ばる》」の形の地名の氾濫である（「春日原《かすがばる》」「白木原《しらきばる》」「屋形原《やかたばる》」「女原《みょうばる》」「飯原《いいばる》」「川原《かわばる》」等）。だからこの「原」は地形もしくは集落を示す地名接尾辞であり、固有名詞部分は、その上の語だ。つまり、「前原」の場合、「前」が本来の固有名詞部分なのである。

この場合、慎重に吟味しておかねばならぬことがある。これは「前原」という地名の〝古さ〟だ。もし、これが江戸時代あたりからはじまった地名だったとしたら、この地名比定はナンセンスだからだ。たしかに「前原」という地名は『和名抄』など十世紀（九三四年ごろ、平安朝）に京都で作られた本には出ていない。ところが、注目すべきはこの「——原《ばる》」という地名接尾辞だ。『和名抄』の怡土郡の部に、

久毛春（高山寺本）
久毛波留（刊本）

とあるように、この地名接尾辞の古いことが確認される（右の「久毛」は「三雲遺跡」「雲治《はる》郷」の「雲」だ）。したがってこの領域の「——原《ばる》」群も、その由来は相当に古いのではなかろうか。

つぎは、この「前つ君」という単語の出てくる「日本旧記」と現存地名との〝連続性〟の問題だ。「日本旧記」そのものは近畿天皇家の史書ではない。だから、現存地名とそのまま連続している、と考えていいのか、という問題がある。

史料事実を見よう。「景行」の九州一円平定説話、「神功」の筑紫平定説話中の詳密な地名を見ると（本書五七、六四ページ地図参照）、驚くほど現存地名と一致している。その理由は、

第一、「日本旧記」は九州内部で作られた史書だから、九州内部の地名と一致していて当然である。

第二、近畿天皇家は「日本旧記」の記事に対し、主格（近畿天皇家と九州王朝）を切りかえることによって「転用」をはかった。

第三、したがって「日本旧記」内の出現地名そのものは、ほぼ〝原形のまま〟使用されている。

こう考えると、なんの不思議もない。すなわち、「前つ君」と「前原」とを結びつける、この方法は決して恣意的ではないのである。

つぎに地勢上の位置を見よう。先に筑後討伐の王者は博多湾岸東側の橿日宮を遠征軍の発進地として

いた。この九州東・南岸討伐の王者は同じく博多湾岸西側の前原（現、糸島郡の中心地）に宮室を築いていたのである（今かりにこれを「前つ宮」と呼ぶこととしよう）。いいかえれば、今回の九州一円平定軍の真の発進地はこの前原であった、ということとなるのである。

先にのべたように、この遠征軍は、まず伊観《いと》県主五十迹手《いとて》が穴門（下関市）に、岡県主熊鰐が周芳の娑麼《さば》（防府市）に、おのおの出迎えた、という。しかし、これは実はこの両軍が先遣隊としてそれぞれの現地に到着していて、本隊をそこで〝出迎えた〟のではないだろうか。すなわち、「前つ君」にひきいられた全筑紫連合軍である。

この点、さらに一つ注意しておきたいことがある。それは「前つ君」と「怡土《いと》県主」との関係だ。同じ領域であるから、当然密接な関係はあろう。しかし、両者の身分は別だ。一はこの地の「県主」であり、他は筑紫全体の王者である。橿日宮と同じく、ここにいわゆる「前つ宮」をおき、遠征後は全九州に君臨するに至ったのである。

一大率の秘密

このような論理の帰結点に立ちいたったとき、わたしはどうしてもあの有名な文面を思い出さざるをえなかった。

女王国より以北には、特に一大率《そつ》を置き、諸国を検察せしむ。諸国、之を畏憚す。常に伊都国に治す。

〈『三国志』魏志倭人伝〉

つまり、伊都国には女王国の軍事的一大拠点がおかれていた、というのだ。ところが、この存在の具体的なイメージがなかった。なぜ、ここにこのような軍事拠点がおかれていたのかが不明だった。そのもっとも大きな理由は、これが「一大率」つまり〝一つの大きな軍団〟というだけの普通名詞だったからである。

けれども、この普通名詞表記という史料事実の意味は、意外にも大きいのである。なぜなら、魏使たちはそこ（伊都国）に〝駐《とど》まっていた〟さい、現にその一大軍団の存在を目撃したことを示しているのである。目に見ず、ただ耳で聞いた話なら、当然倭国側のその一大軍団の名称が記されているはずだからである。つまり、この一大率の存在を魏使は"見てしまった"のである。

だが、この一大率をめぐってさまざまの説をなす論者が生まれている。たとえば〝これは中国（魏）側の設置した、中国側の軍団だろう〟というような解釈さえ生まれた（松本清張『古代史疑』）。

けれども、これがもし本当に中国側の任命による存在であったのなら、『三国志』は中国側の史書だから、当然中国側の官庁名、官職名がここに記載されているべきではないだろうか。しかし、それはない。してみると、やはり通説通り、女王国（邪馬壹国）側の任命による一大軍団だと見るほかない（倭国側の軍団名について、記載資料がなかったから陳寿は書かなかったのである）。

その名称が中国側の史書（『三国志』）に伝えられていないだけではない。なぜここにそれがおかれていたのか、その歴史的由来も一切書かれていない。ただ現実に、この一大軍団の「検察」を〝諸国が畏憚した〟その実情だけが記載されているのである。では、その「諸国」とはどこだろうか。倭人伝で「自二女王国一以北」（女王国より以北）と書かれているのは、つぎの八国だ。

そしてこのほかの国（二十一国）については、つぎのように書かれている。

女王国より以北、其戸数・道里は略載す可きも、其の余の旁国は遠絶にして詳かにす可からず。

ただ右の八国中、いささか例外的な国が二つある。その一つは、狗邪韓国だ。これは「戸数」が書かれていない。もう一つは投馬国だ。「道里」のかわりに「日数」（水行二十日）が書かれている。そして投馬国の場合の最大の問題は、帯方郡治（京城付近）から南へ、東南へ、と進んできた行路文上は「女王国より以北」であるけれども、実際の地理上は、「（南）水行二十日」の指示の示すように、女王国の南方にある、ことだ。だから「女王国より以北」という場合、地理的には当然、投馬国は入らないことになる。しかし、これを政治・軍事上から見ると別だ。この一国だけを「諸国」から除外し、一大率の「検察」外とし、〝この国だけは一大率を「畏憚」していなかった〟とするなら、文勢上無理な理解としかいいようはない。

とすると、投馬国は、実際上の地理的位置は遠く離れていたにもかかわらず、この伊都国に拠点をもつ女王国の一大軍団「一大率」の「検察」をうけ、これを「畏憚」していたこととなるのである。では、なぜであろうか。

この答えは、今のわたしにはもはや、むつかしくはない。そこはかつて筑前の女王国が九州全円を平定したときの発進地、「前つ君」の本拠であった。その九州東・南岸討伐の最終目的地は「襲《そ》の国」にあった。鹿児島県の鹿児島湾北・東辺だ。すなわち、わたしが前々著『「邪馬台国」はなかった』において「投馬国」として比定した領域である。

こんな「暗合」は、同書の中での探究のときは、わたしは思いもしなかった。ただ、「水行二十日」という日数を里数に換算してみたとき、従来の九州説で多くいわれていた宮崎県の妻町付近では〝近きにすぎる〟と見なさざるをえなかった。また不弥国（博多湾岸西端）を原点とした場合、「南」というより「東南」に当っている。そこで換算数値（水行一日――四五〇里。一里＝七五～九〇メートル）を正確に九州東岸沿いに辿ったとき、「妻町」をはるかに過ぎ、大隅半島の南端をまわって鹿児島湾内深く入ることを見出したのである。そしてそこ（サツマ）は、ちょうど博多湾岸から「南」に当っていたのである（『「邪馬台国」はなかった』、復刊版、二〇九～二一〇ページ参照）。

しかるに今、一方で伊都国の一大率の「検察」、他方で鹿児島県国分市付近の「投馬国」の「畏憚」、この関係が偶然ではなかったことをわたしは知った。それは三世紀以前、女王国の九州一円征服のさいの「前つ君」の「襲の国」討伐の歴史、その征服史を背景としていたのである。このようにして、わたしはふたたびここで「日本旧記」の記述が三世紀の中国史書に採取された史実とよく対応している、という事実を見出すこととなった。

『日本書紀』ならぬ「日本旧記」の記載していた「前つ君」をめぐる古代説話と古代歌謡——それはちょうどあのホメロスの『イリアス』のように、古代国家の征服戦争史を、真実《リアル》な背景として成立していたのであった。

「鹿文」の盗用

さて、「景行の熊襲遠征説話」以外にも、景行紀には「日本旧記」からの「挿入」がある。それを指摘しよう。

（景行二十七年）（日本武尊）十二月に、熊襲国に到る。因りて以て、其の消息及び地形の嶮易を伺ふ。時に熊襲に魁帥《たける》なる者有り。取石鹿文《とろしかや》と名づく。亦川上梟帥《たける》と曰ふ。〈景行紀〉

これは『書紀』における、日本武尊の熊襲説話の冒頭部分だ。ところが、この内容は『古事記』と全くちがう。ことに「取石鹿文」「川上梟帥」というような固有名詞は、『古事記』には全くないのである。では、『書紀』の編者は、どこからこれをえたのであろうか。

まず「川上梟帥」について考えよう。「川上」は〝川のほとり〟という普通名詞としても使われている（たとえば豊前の「鼻垂」「耳垂」等も、菟狭《うさ》・御木《みけ》・高羽・緑野などの各「川上」にいたとされる）。が、ここは普通名詞では意味をなさない。固有名詞（地名）でなければならない。この地名は大隅国肝属郡《きもづき》にある。

肝属郡河上明神　〈天嘉二年二月廿七日太宰府符案〉

（他にも「薩摩の河辺」「肥前の基肄《きい》」「肥前の小城《おぎ》」等にある。）

ここの「川上」は、右の南九州の鹿児島県、大隅の地名と見られる（この点、以下の論証によって判明する）。しかし、それでは先にのべた〝「日本武尊の熊襲説話」の熊襲は、博多湾岸だ〟という命題に反するではないか、という反問があろう。

問題はつぎの「取右鹿文」だ。「取石」が個人名であると見られるのに対し、〝地方色豊かな個性的名称〟となっているのは、「鹿文」だ。ところが、この「鹿文」は「景行の熊襲遠征説話」（「前つ君」の九州一円平定譚）の中の九州南岸部の説話に頻出する。

Ⓐ　厚《あつ》鹿文・迮《さ》鹿文（襲国）
Ⓑ　市《いち》乾《ふ》鹿文・市《いち》鹿文（熊襲梟帥の娘）

ことにⒷの場合の文面を見よう。

時に一臣有り。進みて曰ふ。「熊襲梟帥、二の女《むすめ》有り。兄《え》を市乾鹿文と曰ふ。弟《おと》を市鹿文と曰ふ。……因りて以て其の消息を伺ひ、不意の処を犯さば……。」

これは「日本旧記」の文だ。ところが、この傍点部「因以、伺㆓其消息㆒」の文形は、先の日本武尊の熊襲説話の中の、「因以、伺㆓其消息及地形之嶮易㆒。」と全く同質の文だ。その上、両者とも「――鹿文」という、この地方の特色ある名称が出現している。

真相は、もはや明らかだろう。『古事記』にな《・・・》くして『書紀』にだけ出てくるこの文面は、これもまた「日本旧記」中の一節を〝切り取って〟日本武尊説話の冒頭部に転用していたのである。

こうしてみると、『古事記』では兄弟だった「熊曾建」が、『書紀』では「川上梟帥」一人に〝統一〟されている理由も判明しよう。『書紀』が「他からの転用文」をもって、原伝承に代えたからである。わたしは、この『書紀』の編者の、あまりの「手口」に呆然とするほかはない。

とっておきのカード

手もとのカードをとり出すときがきた。

それは『古事記』の国生み神話に出てくる政治地図だ。熊襲説話の検討に入る前に、それがいつ、どこで生まれたか、その素性がわからないから、一応保留する、といった。今それをとりだして、見つめ直してみよう（本書三九～四一ページ参照）。

これは、まさに景行の熊襲遠征説話（「前つ君」の九州東・南岸討伐譚）の示す熊襲国の位置とピッタリ一致している。「九州東・南岸」の討伐といっても、東岸は経過地であり、いわば途中のつ《・》い《・》でだ。豊前の鼻垂・耳垂なども「熊襲」とは呼ばれていない。日向に来て、ここから大隅半島・国分市近辺の襲の国を討つとき、はじめてこれを「熊襲梟帥」と呼んでいるのである。また『書紀』の日本武尊の熊襲説話に〝切り取って〟挿入してあった一段にも「熊襲国」とあった。これも先に論証したように「鹿文」の尊号をもつ領域「熊襲魁帥」の国なのである（大隅の「川上郷」）。

こうしてみると、ここではまさに南九州、大隅半島・国分市の領域こそ、「熊襲国」であり、『古事記』の国生み神話の政治地図とピッタリ一致するのである。

このことは一体、なにを意味するだろうか。それはほかでもない。すなわち、この政治地図は本来、「日本旧記」にあった政治地図であり、それをここに〝切り取って〟転載しているのだ。――そう考えるほか、道はない。

九州内進展のあと

さて、今までの論証において、『古事記』は一見純潔――傷つかず――であった。『書紀』の方がすさまじい〝切り取り〟行為を連発しているのに比べ、こちらは本来の天皇家内伝承を保存している、とされてきた。ところが、けっして『古事記』も無垢ではない。同じような「汚染」を身につけている。そのことが今、分析の光の中に浮かび上がってきたのである。

しかし、これは両書が同じ天皇家内で、ほぼ同じ時期に作られたことを思うと、むしろ〝当然〟のことではないだろうか。同じ天武の「削偽定実」の精神に導かれているとき（この点後述）、むしろ両者の立場が一〇〇パーセント完全に相反していたとすれば、そのことの方がかえって不自然なのではあるまいか。

従来からも、つぎの点が研究者たちによって指摘されていた。『古事記』は神代の巻において、とくに〝造作・加重〟の手が目立つのである。たとえば、冒頭で、

（天之御中主《あめのみなかぬし》神・高御産巣日《たかみむすひ》神・神産巣日《かみむすひ》神）此の三柱の神は、並独《みなひとり》神と成り坐《ま》して、身を隠すなり。

（宇摩志阿斯訶備比古遅《うましあしかびひこじ》神・天之常立《あめのとこたち》神）此の二柱の神も亦《また》、独神と成り坐して、身を隠すなり。

上の件《くだり》の五柱の神は、別天《ことあま》つ神。

というように、三・二・五といった風にきっちりと整理されている。これは『書紀』にはないことだ。

また、

〈男〉　〈女〉

宇比地邇上《うひじにの》神――妹須比智邇去《いもすひじに》神

角杙《つのぐひ》神――妹活杙《いくぐひ》神

意富斗能地《おほとのじ》神——妹大斗乃弁《ほほとのべ》神
於母陀流《おもだる》神 ——妹阿夜上訶志古泥《あやかしこね》神

という風に、陰陽（男女）にハッキリと分別されている。これも『書紀』にはない。『書紀』の方がむしろ素朴なのだ。

この点は、実は『古事記』序文に、「二気の正しきに乗じ、五行の序を斉《ととの》へ、……潭《ふか》く上古を探り、……明らかに先代を覩《み》き」と書かれた天武の性格とピチッと合っているのである。こうしてみると、『古事記』における天武「改削の手」は、神代の巻に対してことに鋭くむけられていたのではないかと思われる（この点、後に再説する）。

さて、この『古事記』の国生み神話に挿入された政治地図を「景行（前つ君）の熊襲遠征説話」と仔細に比べてみよう。熊襲国の位置が一致する、という、一方の最も重大な共通点と共に、他方興味深い差異点が見られる。

この説話の中の国名には二種類ある。一は、〝「前つ君」がこの討伐のさい、この国名を、現在名のようにおつけになったのだ〟といった類の地名説話の形のものだ。

㈠　Ⓐ碩田《おおきた》国（大分）・阿蘇国・御木国（三池郡）・八女国（八女市）
　　Ⓑ日向《ひむか》国・火国（肥）

がこれに当る。

これに対し、この討伐のさい、すでにあった既定の国名、とされているのが、つぎの四つだ。

㈡　筑紫国・筑紫後国・豊前国・熊襲国

さて、㈠の表中、Ⓐ・Ⓑ二群の国名がある。Ⓐは小単位だ——「筑紫後国の御木」という表記があるように。これに対し、Ⓑの方は一応㈡の方と肩を並べられる単位だ。しかし、既存の㈡に対し、〝新しい呼称〟として語られている。つまり、古い形は、

筑紫国（及び筑紫後国）・豊国——二国 ｝計三国
熊襲国（敵対者）——一国

だったことになる。

これに対し、例の『古事記』の九州政治地図を見よう。

(イ) 筑紫・豊・火の三国
(ロ) 熊襲（曾）国

だ。新しく成立した「火国」がさらに付加された形なのである。すなわち、この方がより新しい政治地図なのである。このあと、さらに「日向国」が付加されたのである。

右のような九州内進展史の経過がここに浮かび上がってきたのである（この点、後述の分析によって、さらに鮮明化しよう）。

以上の経過を図示しよう。

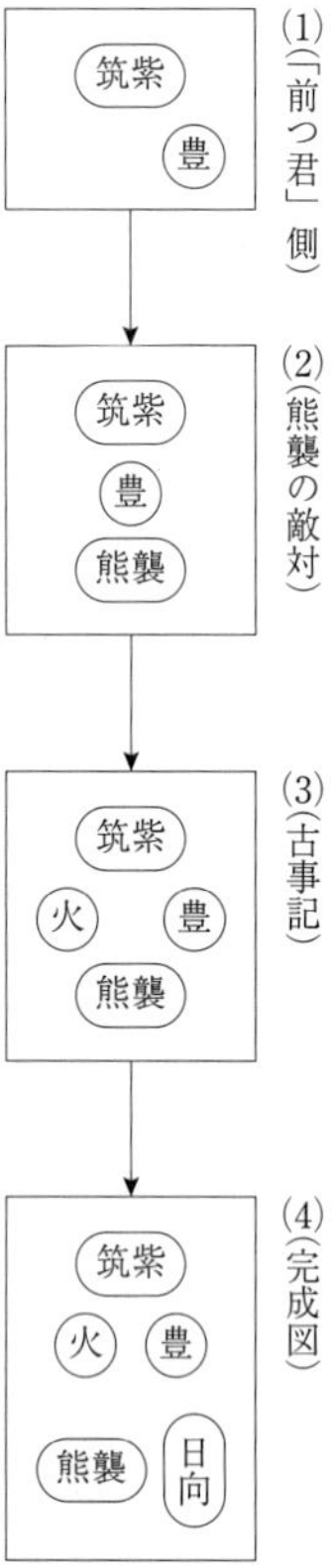

第五章　「盗作」の史書

「一書」の真相

いよいよ『日本書紀』という本の最深の秘密にふれるときがきた。それは神代紀の構成だ。そこは〝「一書」の氾濫〟だ。はじめ（七〜八ページ）に書いたように、総計五十八もの「一書」が引かれている。本当に近畿天皇家は『記・紀』以前に、こんなにたくさんの史書をもっていたのだろうか。これは今まで解けぬ謎だった。

しかし、わたしたちはすでにこの謎を解く真実《リアル》な武器を手に入れている。それで解いてみよう。

最大の鍵。それは、このような構成が『書紀』にだけあって『古事記』にない、という一点だ。『古事記』によれば、天皇家内の神話伝承はこの〝一通り〟しかなかったことになる。いいかえれば、もし『書紀』の伝えるような多種類の神話系列が実際に天皇家内に存在していたとしたら、『古事記』はそれらに一切目をつぶって、その中の一つだけを伝えたことになる。単なる一氏族の伝承ではなく、天武天皇のお声がかりの成立をもつ『古事記』として、これは不審なことだ。

さらに、その〝一通り〟以外をカットさせた人物はだれだろうか？　天武か、稗田阿礼か、太安万侶か。なぜカットされたのか？　『書紀』の神代紀の内容は、天皇家の立場から「偽」と見なされて「削」

られたのか？（「削偽定実」――天武の詔）それなら、なぜ『書紀』が正史とされたのか？　わたしたちはここでも、渦まく謎の霧の中にたたずむほかない。

しかし、その霧の中で静かに目を開いて見よう。惑わぬ論理の道を見つけよう。『古事記』にない――この事実はなにを意味するだろう。今まで辿りきたった論理に従えば、〝それは天皇家内伝承にはなかった！〟ということだ。

では、天皇家内伝承の中にないものが、なぜ『書紀』にあらわれたのだろう？　これも、今までの論証のさし示すところ、〝他から取ってきて挿入されたもの〟だ、――この帰結しかない。

天皇家の神話伝承として、だれ一人今まで疑わなかった『書紀』の神代紀、それまでが、他からの「接ぎ木」だとは！　ある人は失笑しよう。ある人は怒りだすだろう。しかし、論理の筋道は厳としてその一点を指さしているのである。

「接ぎ木」の史書

それをささえる論証がある。その一つは、神代紀とは要するに〝九州を中心舞台とした物語だ〟ということである。なぜなら、それは神武東遷以前の物語である。つまり、〝近畿来襲〟以前の物語だから、場所は当然九州だ。その中に出現する出雲の物語も、要は〝九州を原点として〟の、出雲との交渉譚をのべたものにすぎない。

その二つ。その九州を舞台とする部分（神代紀）には、「一書」群が叢《くさむら》のように群立し、いいかえれば九州が舞台でなくなったとたん（神武以降）それらの「一書」群は一切、煙のように姿をかき消してしまう。いったいなぜか？　それはズバリ、この一線を境として源流をなすよりどころ（依拠史料）がすっかりちがっている、という動かせぬ一事をさし示しているのだ。

ところで、『書紀』の場合も、「神武以降」が〝天皇家内の一通りの伝承〟であることは疑いない。では、神武以前は？——やはり九州を舞台にした他の史料〈伝承でなく、本——「一書」群——としてすでに成立していたもの〉から〝取ってきて挿入した〟と見なすほかないのである。

その三つ。疑いようのない事実がある。それは『書紀』自体の示すところ、天皇家内でこんなにたくさんの歴史書が『書紀』以前に作られていた、という保証はどこにもないことだ〈この点、後に詳述〉。たしかに有名な聖徳太子の天皇記・国記等の作成記事はある〈推古紀二十八年〉。しかし、それは蘇我《そが》蝦夷《えみし》の滅亡のとき焼いてしまった、という。とりだされたのは、わずかに国記だけだったと書かれている〈皇極紀四年〉。しかし、それとこれとはちがう。それはかりに一歴史書が伝来していたことを示したにしても、〝おびただしい「一書」群〟の存在を決して示しはしない〈持統紀五年の〝十八氏の墓記上進〟記事も、「神代だけの一書群」にはあてられない〉。

すなわち、『書紀』内の七、八世紀の〝史実〟自身が、〝神代紀内のおびただしい「一書」群は天皇家内の歴史書ではない〟——この事実を赤裸々に告白しているのである。いったん眼《まなこ》のうろこを静かにはずしてみれば、これは明々白々の道理ではないだろうか。

「日本旧記」は古記録の集成書

では、「天皇家内」以外の、どこから取ってこられたのだろう。その本の名前は？この問いに対するとき、今までの論証の道を辿ってきたわたしには、当然浮かび上がってくる本の名がある。ほかでもない——九州王朝の史書、「日本旧記」だ。

この本の性格を一段と精細に分析してみよう。

(一) 先にのべたように、『古事記』や『旧事紀』の内容と比べてみると、この「日本旧記」も、当然〝九州王朝の神話と草創と発展の全史〟がのべられてあったはずだ。その「草創と発展」についてはすでにのべた。その前の神話部分〈神代〉も当然存在していたはずだ。すでに草創期の筑後平定説話の中で、敵の羽白熊鷲が〝空を自由に飛ぶ男〟という神話的な姿で描かれていたのをわたしたちは知っている。すなわち、この草創期は神話の時代に相接していたのだ。

㈡　ただ、『古事記』と「日本旧記」との間には、大きなちがいが一つある。それは前者が「古事の記」「旧事の紀」という書名をもつのに対して、後者はズバリ「旧記」である点だ。つまり、前者の場合〝古事や旧事を今記した書〟という意味だ。ところが、後者の場合、「旧」は「記」にかかっている。つまり、〝古い時点ですでに記録された本の類集〟〝古い記録類の集成書〟という意味をもっているのだ（「古くから書かれた一冊の本」そのものなら、今あらためて「旧記」と呼ぶ必要はない。もとの書名のままでいい。「旧記類の今の類集書」であるからこそ、今「日本旧記」と名づけられたのである）。

いいかえれば、この本の成立自体は先にのべたように六世紀中葉だ。だが、その「六世紀中葉」という「今」において、旧来の伝承を記録した、そういう本ではない。六世紀中葉から見て、より古い時代にすでに記録されていた資料類がその内容だ。だから少なくとも五世紀段階に成立していた多くの記録類を「今」（六世紀中葉）の時点で集大成した、――そういう性格を示す書名なのである。

上表文の語るもの

㈢　〝そんな古くから記録類が成立していたなんて。まるでばかげた話だ！〟今までの古代史家や歴史通なら、きっとこういって冷笑するだろう。わたしにはそれが目に見えるようだ。しかし、ここでも冷静に事のすじみちを見つめてみよう。そのために、あの『宋書』に書かれた倭王武の上表文を思い出してみよう。「封国は偏遠にして、藩を外に作《な》す。昔より祖禰《そでい》躬《みずか》ら甲冑を擐《つらぬ》き、山川を跋渉《ばっしょう》し、寧処《ねいしょ》に遑《いとま》あらず」（昇明二年、四七八）

この堂々たる漢文は「文字の認識」なくして書けるものだろうか。さらに、一方でこのような対外向けの外交文書を書きながら、他方、国内で自国の歴史や諸記録を一切文字を用いて記さない。それこそ、そんな〝ばかなこと〟があるだろうか。

しかも、注意してほしい。右の文面にも歴々と自国の成立発展史が要約されてあるではないか。すなわち「歴史意識」が成立しているのである。右につづくのが有名な、

東は毛人を征すること五十五国、
西は衆夷を服すること六十六国、
渡りて海北を平ぐること九十五国。

の文だ。この一連の文はすなわち「倭国の史書」の内容要約だ。率直にいって、この上表文の叙述には「倭国内の史書」の存在が前提となっている、というべきなのである。

〝いや、あれは「帰化人」の作だ、日本人のではない！〟旧来の論者がそんなことをいってもだめだ。なぜなら、もしかりにそうだとしても、その「帰化人」に依頼して在来の自国の歴史・伝承を文字化して書いてもらえばいいだけのことなのだから。それとも、上表文を出すときだけ、急遽朝鮮半島から百済人や新羅人を呼びよせ、彼等は急ぎ上表文を書いたのち、所用でそそくさと帰国した。そのため、国内の歴史や記録までは文字化することを頼めなかったとでもいうのだろうか。児戯に類する想定だ。

また『宋書』倭国伝の冒頭に、「太祖の元嘉二年（四二五）、讃、又司馬曹達を遣わして表を奉り方物を献ず」、として、「奉レ表」の文字がある。この一句に目をそむけたり、〝見て見ぬふり〟をしないかぎり、五世紀初頭に倭国に文字使用の存在したことは疑いえない。この一句が空文でないことは、今あげた昇明二年（四七八）の倭王武の長文の上表文が証明する。この時点で、これだけの堂々たる文章が書ける。それなら当然、その五十三年前にも、すでにかなりの程度には文章が書かれていたはずだ。それが事の自然なのである。

ほかの面から見よう。もしこの一句を中国側の「造作・空文」だというなら、『三国志』の卑弥呼・壱与の貢献記事の中に一言も「奉レ表」の類の記事がない。これはなぜだろう。

つぎの例を見よう〈神功紀六十六年項、晋の起居注〉。

貴倭の女王、重訳を遣して貢献す。〈泰初二年（二六六）十月、晋の起居注〉

この「重訳」（訳を重ねること）の語。これは「倭語→韓語→中国語」といった形の、通訳つきの口頭で貢献してきたことを、中国側が正確に記録しているのである。この例と対比しても、四二五年の「奉表」を中国側の造文として軽率に処理することは許されない。

第一、中国側が〝倭国は「上表文」をもってきた〟などと、ありもしない〝うそ〟を記載してなんのとくになるだろう（倭王武上表文の〝中国側手直し〟説も同じ）。そういう恣意的な推定操作こそ、後代論者の頭脳が、『記・紀』の記載にガンジガラメにしばられ、自然で自由な論理的思考ができなくなっている、その事実をまざまざと証明しているのではないだろうか。

「帰化」とはなにか

ここで一見横道ながら、「帰化人」という言葉について、一言させていただきたい。

第一に、最近この用語を五世紀以前について否定する見解がのべられている。その理由は〝古代天皇家の統一権力が成立する以前にこの用語を使用するのは不当だ〟というのである（たとえば金達寿『古代文化と帰化人』、〝「帰化人」をめぐって〟金達寿ほか『古代日本と朝鮮』所収）。

この用語の不当性に批判の目を向けたのは鋭い。しかし、わたしはこの用語はいつの時点においても不当だと思う。

化に帰し、義を慕う。〈『論衡』程材〉

四夷帰化。〈『旧唐書』職官志二〉

「帰化」は「王化に帰する」の意で、「王化」とは「中国の天子の徳化」のことだ。つまり〝中国の天子に帰順して治下に入り来る周辺の夷蛮〟という古代的民族差別の上に立った、中国中心の大義名分の立場からのイデオロギー用語なのである。このミニチュア版が『日本書紀』内の使用法だ。

（新羅の王子、天の日槍）己が国を以て弟の知古に授けて化帰す。〈垂仁紀三年、「一云」〉

この用語を明治の天皇制国家が援用し、新憲法にさえ旧態依然使用されている。「国籍の取得」という、本来、人間の基本的権利、本源の自由に属する事がらを、国家権力側の恩恵のように見なす。――まさにそのような見地にふさわしい用語なのである。だから、わたしは統一権力成立以前と以後とにかかわらず、この用語を不当な「差別用語」と見なす。それゆえ「　」なしでは使用しない。

九州王朝は少なくとも前一世紀には、相応の範囲（銅剣・銅矛・銅戈圏）をバックにした統一権力を樹立し、それが「志賀島の金印」という形で中国の天子の〝認承〟をうけていた。六世紀には自立の道を歩んでいた。だから、たとえばその王朝が「帰化」という語を使用するのは、いわば当然だ。しかし、それは彼等権力者のイデオロギーの問題であって、現代のわたしの立場とは、反する。

第二は、いま肝心の問題。古代史家がこの用語を使うときの使用目的である。〝倭王武の上表文は帰化人の作だ〟と称することによって、「五世紀倭国文盲説」とつじつまをあわそうとするのだ。しかし、その証明はなにもない。

よく考えてみよう。志賀島の金印が五七年に漢からもたらされたとき、これをうけた倭国の王朝内に文字への注意が喚起されなかったはずがあろうか（すでにその前から、倭国の使節は「大夫」と自称していたのである）。

さらに三世紀前半（景初二年十二月―正始元年）、魏の明帝の長文の詔書が卑弥呼にもたらされた。倭国側では、それを〝読めなかった〟のだろうか。猫に小判、豚に真珠だったのか？　そんなことはない。当然読んだのだ。――これは「推定」というより以上の、自然の帰結だ。つまり三世紀の倭国には、すでに文字の読解能力があったのである。

もしかりに、このとき渡来人（いわゆる「帰化人」）がいて、代って読んで内容を説明してくれたとしよう。（実際上は、倭国人と渡来人との両者を現代風にキッチリと一線を画すること自体が問題だが、それは今は論ぜぬとしても）それなら、倭国の権力者はつぎにはみずからの中に、つまり倭国人の中にその文字の能力をもつ者を養成しようとしなかっただろうか。当然、その渡来人に倭国の青年学徒をつけ、学ばせるであろう。半世紀もたたぬうちには、何人か、あるいは何十人かの文字使用能力のある倭人を作り出すことは、権力にとって難事ではないはずだ。また、中国への帰属と国交を熱烈に求めていた倭国の権力が、この緊急の必要事を長い間怠ったとは考えられないのである。こうしてみると、四世紀中に倭国の文字使用能力は増大し、読解能力から作文能力へとすすみ、それが四二五年の上表文として結実した。そう考えるべきではないだろうか。

このように論理の自然の理路を追うてくると、少なくとも五世紀において、倭国が自国の神話・伝承や歴史を文字化しようとすることは必然だ。その実績が倭王武の上表文の背後に存在するのである。

こうしてみると、六世紀中葉に成立した「日本旧記」が、「すでに旧《ふる》くあった記録の集成書」という意味の書名をもっていること、それになんの不思議もない。

『書紀』編者の手法

さて本題に帰ろう。

つぎに重要なのは、『書紀』編者の手法だ。百済系三史料の例でハッキリしているように、直接引用以外に大量の資料を三史料から切り取って『書紀』の本文としている。記事量の多い欽明紀では、約七十パーセント弱がそれである。ところが、その内実は「九州王朝―百済」間の〝史実〟なのである（『失われた九州王朝』、復刊版、三七〇ページ以下参照）。

このような『書紀』の史料性格から見ると、〝その王朝にとってもっとも重要かつ神聖なはずの神代記事までゴッソリ他王朝のものを切り取っていただく〟――これは従来の常識にとって、信じがたいことだけれども、しかし、論理の刃は冷徹にその事実をさし示しているのである。

第一、実名を秘して「一書」とはなんだろう。書物であれば、必ず書名があるはずだ。そして『書紀』の編者がそれを引用したなら、彼は当然その実名を知っていたはずだ。では、なぜ、それを隠そうとするのだろう。〝いちいち面倒だから〟では答えになるまい。その理由は一つだ。「他王朝の歴史書」であることが一目瞭然、バレてしまうからである（「神武紀」以降の数少ない「一云」は、神代紀の「一書」形式に形式上の統一をはかったものと思われる）。

「日本旧記」自体には当然、各旧記の書名をいちいちあげてあったにちがいない。そこにはそれぞれの題名をもった史書が並んでいたはずである。それを近畿天皇家内の編者は適宜切り取って、今の『書紀』の神代紀のような形に「一書」形式で並べたのである。

さて、このような分析の刃を一度下において、山上から一望するように思いめぐらしてみると、ただちに一つの重大な事実につきあたる。それは、「日本旧記」の伝える神話（『書紀』神代紀）と天皇家内伝承の神話（『古事記』）と、両者大筋において相似た神話内容だった、という一事である。〝矛の独裁する大八洲《おおやしま》国生み神話〟といい、天照大神（あるいはそれに当る「大日孁貴《おおひるめのむち》」「日神」等）の光り輝く存在といい、いずれも両者に共通している。巨視的にいえば、同一の神話圏の産物であることは疑いない。これはいったい、どういうことだろう？（この問題の真相は、読者がこの本を読み終えられたときに全貌が明らかとなろう。）

「帝王本紀」の存在

けれども、かえって両神話系のちがいは、今までよく論じられてきた。概括して大まかにいえば、『書紀』の伝える神話の方がより古い、原初的な形態をとどめているのに対し、『古事記』の方がより新しい、後代の十二分に発展した形であることが多い（この点、梅沢伊勢三『記紀批判』、鳥越憲三郎『古事記は偽書か』参照）。たとえば、

一書に曰く、伊奘諾《いざなぎ》・伊奘冉《いざなみ》、二神、高天原に坐《ま》して曰く「当に国有るべきか」と。乃ち天の瓊矛《ぬぼこ》を以て磤馭慮嶋《おのごろ》を画《か》き成す。〈神代紀、第四段、第三、一書〉

この一書はこれだけだ。もっとも原始の姿である。これはすなわち、「日本旧記」の方が、天皇家内伝承（『古事記』）に対して、より古く、より多種類の各伝承の姿を、より早い段階において文字化していた。――そのことを物語っているのである。一言にしていえば、両者同根ながら「日本旧記」の方がより原初的かつ、より豊富である。――そういう結論だ。

その際、一つ注意すべきことがある。それは『書紀』の神代紀の一〇〇パーセントが「日本旧記」ではない、という点である。なぜなら、神代紀の一書群の中に一系列だけ、『古事記』とよく対応する「一書」の存在することは従来からよく知られていた。たとえば国生み神話について見よう。

一書に曰く、先づ淡路洲を生む。次に大日本豊秋津洲《おおやまと》。次に伊予二名洲。次に億岐洲《おき》。次に佐度洲。次に築紫洲。次に壱岐洲。次に対馬洲。〈第七、一書〉

この八洲指定は『古事記』と同じだ（三〜四ページ参照）。ところが、『書紀』の他の一書はちがう。「壱岐・対馬」がなく、「吉備子洲《きびこ》」「越洲」「大洲」といった名があらわれているものが多い（後出、一

二八ページ参照）。

例の天孫降臨の「三種の神器」の件もそうだ。『古事記』では、「八尺の勾璁《まがたま》、鏡、及び草那芸《くさなぎの》剣」が降臨のとき随伴されている。ところが、同じく三つの宝器をあげるのは、『書紀』では「第一、一書」だけだ。

天照大神、乃ち天津彦彦火瓊瓊杵《ほににぎ》尊に、八坂瓊《やさかに》の曲玉《まがたま》及び八咫《やた》鏡、草薙《くさなぎ》剣、三種の宝物を賜う。〈第一、一書〉

他の一書にはこのような記載はない。今、『書紀』神代紀中、『古事記』と対応する「一書（本文をふくむ）」系列について、その全体を表示しよう。

〈神代紀〉

（段）	㈠	㈡	㈢	㈣	㈤	㈥	㈦	㈧	㈨	㈩	(十一)
	第四の「又曰」	本文	本文	第七	第五、第六	本文	第一	第六	第一	第二	本文

このような史料の姿は、いったいなにを意味するだろう。それは、『書紀』の成立以前に、天皇家内の史書として、たしかに〝一つの本〟だけはすでに存在していた、ということだ。

これは考えてみれば当り前のことだ。なぜなら、神武紀以降は原則として〝一通り〟がずーっと存在していたのだから。この〝一通り〟の部分が〝頭なし〟、つまり「神代」抜きだったはずはない、やはり、以下の胴体と相応した「頭」がついていたはずだ。それが、先の『古事記』と相対応した一書（本文をふくむ）系列だったのである。

では、『書紀』以前の、天皇家内史書とはなにか。それは『書紀』内部に明白に書名が出ている。

帝王本紀、多く古字有り。撰集の人、屢《しばしば》遷易を経《ふ》。後人習読、意を以て刊改す。伝写既に多し。遂に舛雑《せんざつ》を致す。前後、次を失し、兄弟参差《けいていしんし》（ふぞろいで入りまじるさま）。今則ち古今を考覈《こうかく》し、其の真正に帰す。一往識り難き者、且《しばらく》一に依りて撰し、而して其の異を註詳す。他は皆此に効《なら》へ。

〈欽明紀二年三月〉

『日本書紀』成立論で必ず引用される有名な一節だ。ここに見るように、たしかに『書紀』以前に〝一つの史書〟が存在し、『書紀』はそれをうけて成立したのである。

この点、天武紀にあるつぎの記事との関連が注目される。

宙に浮いた史書

（天武十年、三月）天皇、大極殿に御し、川嶋皇子（以下、十一人略）に詔し、帝紀及び上古の諸事を記定せしむ。大嶋、子首《こびと》、親《みずか》ら筆を執りて以て録す。

右の帝紀は「帝王の本紀」のことだ。

帝紀の百事を籠《こ》むるは、乾象《けんしょう》の六爻《りくこう》を包むが如し。

〈『南史』周捨伝〉

ここは、「文帝紀」をさして用いられている。中国の史書は本紀と列伝に分かれ、その本紀は帝王の事績をのべている。すなわち「帝王本紀」を略称すれば「帝紀」となるのである。したがって『書紀』内にうけつがれ、『書紀』編纂の重要な「前史書」となった「帝王本紀」について、『書紀』自身の記すこの記事と切り離して理解することは、なんとしても不自然なのである。

ところが、従来この「帝紀」は、〝史書といった、たいそうなものではなく、せいぜい歴代天皇の系譜といったところだろう〟と考えられることが多かった（岩波、日本古典文学大系、日本書紀下、補註29の一七）。それは、左の『古事記』序文の解釈からだ。

(A)是に（天武）天皇詔す「朕聞く、諸家の賷《もたら》す所の帝紀及び本辞、既に正実に違ひ、多く虚偽を加ふ。当《まさ》に今の時に当りて其の失を改めずば、幾年を経ずして其の旨滅びなんと欲す。斯れ乃ち、邦家の経緯、王化の鴻基《こうき》なり。故惟《かれこ》れ、帝紀を撰録し、旧辞を討覈《とうかく》して、偽を削り、実を定めて、後葉に流《つた》へむと欲す」

(B)時に舎人《とねり》有り。姓は稗田、名は阿礼。年は是れ廿八。人と為り聡明にして、目に度《わた》れば口に誦《よ》み、耳に払《ふ》るれば心に勒《しる》す。即ち、阿礼に勅語して、帝皇の日継及び先代の旧辞を誦習せしむ。

右の(A)の中に二回出てくる「帝紀」——特に後者の——は、当然、『書紀』の天武十年項の「帝紀」と関連させて理解すべきだと思われる（ことに、同じ天武天皇のことだから）。これはやはり、史書のことなのである。

これに対し、(B)の方は、右(A)の大事と関連した基礎作業として、伝承、記録類の「誦習」が行なわれたのである。ここにあらわれる「帝皇の日継」は、正規の史書といった大げさなものでなく、それこそ歴代天皇の系譜だ。要するに『古事記』の内容は、この(B)の中の「帝皇の日継及び先代の旧辞」という表現に、よく合致しているのである。

わたしは以上のように理解する。わたしのような一素人の目には疑いようのない理解だ。

しかし、研究史上の主流はむしろ逆だった。『古事記』序文の(B)を中心とし、(A)の中の二回の「帝紀」をこれと同意味だとした。その上、『書紀』の天武十年項の「帝紀」まで、〝史書ではなく、せいぜい歴代天皇の系譜〟として考えてきたのだ。

そのため、『書紀』の欽明二年項の註記で〝帝王本紀がすでに存在し、それをもとにこの書紀は書かれた〟といっている、その「帝王本紀」がまるで宙に浮いてしまい、実体不明の名辞（史書）となってしまったのである。

今の話の本筋からは一見脇道だが、このさい前にもふれた「天皇記・国記」問題を考えておこう。

天皇記・国記の運命

（推古二十八年、六二〇年）是歳《ことし》、皇太子・嶋大臣（蘇我馬子）共に議《はか》りて、天皇記及び国記、臣連伴造国造百八十部幷《あわせ》て公民等の本記を録す。〈推古紀〉

推古朝に作られたこれら歴史書がつぎに記事としてあらわれるのは、大化改新のときの蘇我氏滅亡のさいだ。

（皇極四年、六四五年六月）蘇我臣蝦夷等、誅に臨み、悉く天皇記・国記・珍宝を焼く。船史恵尺《ふねのおびとえさか》、即ち疾《と》く、焼かるる国記を取りて中大兄に奉献す。〈皇極紀〉

この記事によると、天皇記は焼けたが、国記は残ったこととなる。ではなぜ『書紀』の中に「国記に曰く」という引用がないのだろう。それに第一、天皇記や国記が蘇我氏の邸内にだけあって、肝心の天皇家にないなどという、そんな変てこなはずはないではないか。天皇記が『書紀』編纂の時点まで伝わっていない説明としては、この記事は全く不十分だといわざるをえない。

これに対する答えは二通りある。

一つは、これらの記事がはじめから架空だ、という論（造作もしくは他からの挿入）。これなら簡単だ。

二つは、〝壬申の乱による散亡〟である。『書紀』（天武紀上）では、天武については壬申の乱以前から「天皇」「朕」という言葉が用いられている（たとえば天武元年項）。これに対し、このときの現実の天皇だった「弘文天皇」は「大友皇子」と記されている。

是に、大友皇子、走りて入る所無し。乃ち還りて山前《やまさき》に隠れて、自ら縊《くび》る。〈天武紀元年、七月〉

つまり、「壬申の乱」は、『書紀』の立場からいえば、〝「乱」をおこしたのは大友皇子（弘文天皇）だ〟

ということとなろう。このあと、近江の軍（弘文天皇の側）が「税倉」を悉く焚《や》いて皆散亡した話が記されている。しかし、焼いたのは税倉だけだったろうか。大津京の近江朝廷にあった記録類（天皇記・国記等もふくむ）も、すべて焼失してしまったのではないだろうか。

のちに柿本人麿が、近江京の廃墟で詠んだ有名なつぎの歌の示すように、その焼滅と荒廃は相当徹底的だったようであるから。

……天皇《すめろき》の　神の尊の　大宮は　此処と聞けども　大殿は　此処と言へども　春草の　繁く生ひたる

霞立ち　春日の霧《き》れる　ももしきの　大宮処　見れば悲しも

〈「近江の荒れたる都を過ぐる時、柿本朝臣人麿の作る歌」『万葉集』巻一、二九〉

しかし、天武後継王朝の中の史書たる『書紀』では、〝弘文天皇の近江朝廷が所持していた天皇記の類は焼けた。それゆえわたしたちクーデターの起し手（天武後継王朝）はこれを継承しえなかったのだ。すなわち、ここで「武力」による、王朝の正統性の断絶があったのだ〟などとは、率直に書くことがはばかられたのではあるまいか。

これらは無論、推定以上に出るものではない。しかし、推定でなく、史料上、動かせぬ事実がある。それは、『書紀』が「天皇記に曰く」「国記に曰く」といった引用を一切行なっていないという事実である。かりにもし、それらが存在していたとしたら、これらの、名誉ある本の名前を伏せて、わざわざ「一書」と書きかえる必要はない。百済系三史料や「日本旧記」の例を見ても、引用書や実名を出す、これが『書紀』の流儀だ。すると、『書紀』の編者の手もとには、すでに天皇記や国記はなかった。

――これが動かせぬ帰結である。

そこにこそ、それに代って天武が、「諸家」のもたらした史料をもとにして、「帝紀」や「上古の諸事」を新たに「記定」せねばならぬ、その必要の一つがあったのではあるまいか。そして〃焼けぬ史書〃として残っていた口誦伝承の類をもとに、事新しく阿礼に「誦習」せしめようとした、その基本の事情もまた、その点に横たわっていたのではあるまいか。

「譜第」

今までの論証を整理しよう。

『書紀』は二種類の前史書の上に立っている。それは(A)天皇家内史書と(B)天皇家外史書の二つだ。前者は「帝王本紀」と呼ばれ、天武十年にいったん成立した。後者は「日本旧記」など九州王朝関係の史書と百済系三史料だ。「日本旧記」は国内史書、百済系三史料は百済の史書である。『書紀』はこの(A)(B)両者の合成の上に立っているのである（この両者の関係の仕方については後述）。

なお、前者(A)の同類として、もう一つの書名が『書紀』中に姿をあらわしているから、それをあげておこう。それは「譜第《ふだい》」という本だ（神代紀第十一段第一―第四の一書の典拠と思われる）。

譜第に曰く、市辺押磐皇子《いちべのおしはのみこ》、蟻臣《ありのおみ》の女《むすめ》荑媛《はえひめ》を娶《めと》る。遂に三男・二女を生む。其の一、居夏《いなつ》姫と曰ふ。其の二、億計《おけ》王と曰ふ。更《また》、嶋稚子《しまのわくご》と名づく。更、大石尊《おおしのみこと》と名づく。其の三、弘計《おけ》王と曰ふ。更、来目《くめ》稚子と名づく。其の四、飯豊女王と曰ふ。亦《また》、忍海部《おしぬみべ》女王と名づく。其の五、橘《たちばな》王と曰ふ。一本に、飯豊女王を以て億計王の上に列叙す。蟻臣は葦田宿禰《あしだのすくね》の子なり。〈顕宗紀、冒頭〉

（このほか、「伊吉連博徳書」等の引用書については、前著『失われた九州王朝』に記した。また、高麗の沙門道顕「日本世記」〈斉明紀等〉については別稿に論ずる。）

「モタラス」の論理性

もっとも、このさい、さらに精細に立ち入って論じておくべき点がある。第一は、(B)の九州王朝関係史書の挿入接合時点の問題だ。これは養老四年（七二〇）成立の『書紀』編集のさい、はじめて挿入されたのではなく、天武十年の「帝王本紀」自体が(B)

の九州王朝関係史料挿入という形態の史書だった、と思われることだ。

なぜかといえば、その理由の一つは、『古事記』序文の中の天武の詔で「諸家の賷《もたら》す所の帝紀及び本辞」といっているように、天皇家外史料の上に立って新しく「撰録」を行なって、〝天皇家公定〟の「帝紀（帝王本紀）」を作ったことを示唆しているからである。

従来、このむつかしい「賷」の字を、「モタル」と読んできたが、これだと「モッテイル」の意だ。つまり〝諸家の秘蔵してきた〟といった感じに見える。しかし、この語の本来の意味は「モタラス」だ。「賷発《せいはつ》」（もたらしやる）、「賷《せい》表官」（上表の文を持参する係の官員）という熟語も示すように、〝have〟ではなく〝bring〟なのである。すなわち、この文字自身が、〝天皇家外→天皇家〟への移入を示唆している、一種〝微妙な〟文字なのである。

考えてもみよう。それらの「賷書」（もたらされた本）は「既に正実に違《たが》い、多く虚偽を加え」ていた、という。ここで「正実」とか「虚偽」とかいっているのは、現代風な〝実証上の真偽〟のことではない。あくまで〝天皇家を永遠の正系として叙述しているかどうか〟という、大義名分上の大事だ。そうでなければ（区々たる真偽の考証の類なら）、わざわざ「天武の詔」などで大仰にとりあげる必要はない。「邦家の経緯、王化の鴻基」という〝誇大文句〟も、宙に浮いてしまうであろう。すなわち、この詔こそ、当時〝天皇家以《い》外のものを正系とした史書（「帝紀」「本辞」）がすでに別在し、行なわれていた〟事実を明白に告白しているのだ。

この明らかな道理を、〝天皇家唯一中心主義のイデオロギーの光の中に盲《めし》いてきた〟従来の論者――本居宣長から現代の学者まで――は、決して見ようとはしなかったのである。

その理由の二つは、『書紀』を通視すると、九州王朝の史料を〝取りこむ〟うえで、二種類の態度が見える。その第一種は、問答無用、ズバリ他史料（「日本旧記」）から切り取って接合する、というやり方だ。今まで論証してきた景行紀の熊襲遠征説話（「前つ君」の九州一円平定説話）や神功紀の筑後平定説話（橿日宮女王の筑紫平定説話）がそれだ。なんのことわり書きもない。まさに百パーセントの盗用である（今、問題の神代紀もこれに属する）。

その第二種は、有名な継体紀末の記事だ。

或る本に云ふ。天皇、廿八年歳次甲寅に崩ず、と。而して此に廿五年歳次辛亥に崩ず、と云ふは、百済本記を取りて文を為す。……又聞く、日本の天皇及び太子・皇子・倶《とも》に崩薨す、と。此に由りて言へば、辛亥の歳は、当に廿五年なるべし。後に勘校《かんが》へむ者、知らむ。

〈継体紀二十五年、継体崩去の記事に対する註記〉

前著（『失われた九州王朝』第四章一）で詳述したように、これは百済側が九州王朝の磐井君を「日本天皇」として記述したものだ。ところが、この記事との接合にさいして、編者は率直な〝まどい〟を表明している。なにくわぬ顔の第一種の「盗用」とは異なっている。

このような二種類の編述姿勢が同一時期、同一の編者（団）によって行なわれたとは考えにくい。とすれば、これは、「帝王本紀」段階のものと『書紀』段階のものとのちがいなのではあるまいか。このように考えると、『書紀』の「九州王朝史挿入」という編述方針は、文字通り天武期の方針の継承と完成にあったこととなろう。

二段階の註記　第二は、神代紀を通覧すると、さきの表（一一一ページ）の〝『古事記』と対応する一書〟以外についても、かなり〝後代（近畿天皇家系）の手〟が加わっている箇所があることだ。つまり、「日本旧記」部分についても、原形そのままでなく、〝註記の挿入〟や〝用語の明白なさしかえ〟が見られることである。

もっとも明白な例は、神代紀第八段の素戔嗚尊《すさのお》の「草薙剣」問題だ。

（本文）時に素戔嗚尊、乃ち帯する所の十握《とつか》剣を抜き、寸《つだつだ》に其蛇を斬る。尾に至りて剣刃少し欠く。故《かれ》、其の尾を割り裂きて視れば、中に一剣有り。

(A)此れ、所謂《いわゆる》草雉剣なり。(B)草薙剣、此を倶娑那伎能都留伎《くさなぎのつるぎ》と伝ふ。(C)一書に伝ふ、本《もと》、天叢雲剣《あめのむらくも》と名づく。(D)蓋《けだ》し、大蛇居する所の上、常に雲気有り。故に以て名づくるか。(E)日本武皇子に至りて、名を改めて草薙剣と曰ふ。

右でまず注意されるのは、(A)が現在本文の形をとっているにもかかわらず、その実、後代の「添加註記」である、という点だ。なぜなら、「草薙剣」という名は、(E)にもあるように、ずっと後の景行紀の日本武尊の東国平定説話の中に出現した故事（相武《さがむ》の国の焼津で野火に囲まれ、その死地をこの剣で草を刈りはらい、難をのがれたという説話）によって、名づけられた名前なのであるから、いきなりここで出てくることは唐突である。ここでは、(C)にあるように「天叢雲剣」という名が妥当する。それが実は、後代名（編述者にとっての現代名）の「草薙剣」に当る、として註記を加えたのが(A)の文である。

すなわち、「第一次註記」は現在では〝本文化〟されているのである。これに対し、「第二次註記」に当るのが、(B)〜(E)だ。現在註記（小字）の形をとっているものだ。その中は四部分に分かれている。

(B)　右の「本文」中の草薙剣の読み。

(C)　「一書」によって本来の呼称を補記。

(D)　右の呼称のいわれについての、編者の推定。

(E)　「草薙剣」と新しく呼ばれはじめた時点の解説。

これを先にのべた『書紀』の構成「帝王本紀→日本書紀」から見ると、第一次註記が「帝王本紀」の編者に、第二次注記が『日本書紀』の編者に属することが知られよう。すなわち、『書紀』の編者は「帝王本紀」を単なる素材として扱い、新たに自由に〝書きおろした〟のではない。「帝王本紀」にあった部分は、基本的にはそれに依拠して、さらに注記を新しく追加しているのである。

これは「帝王本紀」が一私人の作ではなく、〝天武朝の編纂〟によるものである限り、当然の姿勢といえよう（ただ、配置がえや拡大展開等は当然行なわれた可能性がある）。以上を要約すればつぎのようだ。

(1)「日本旧記」の神代紀から切り取って「本文」や「一書」として使用する。――この手法はすでに「帝王本紀」の編者がこれを行なっていた。そして『書紀』の編者は、これを継承し、完成したのである。

(2)右の「帝王本紀」の付した注記（以後、「旧註」と呼ぶ）は、現『書紀』本では、「本文」の形で書かれている。これに対し、『書紀』の編者の新註が「註」の形（小字）で書かれている。

おきかえた草薙剣

今、「旧註」の実例として、第八段の「一書」を見よう。

（第二、一書）是を草薙剣と号す。此れは今、尾張国の吾湯市《あゆち》村に在り。即ち熱田の祝部《はふり》の掌る所の神、是なり。

（第三、一書）名づけて草薙剣と為す。此の剣、昔素戔嗚尊の許（もと）に在り。今尾張国に在るなり。

（第四、一書）此れ今、所謂草薙剣なり。

以上〝執拗〟なまで、この素戔嗚説話の大蛇の尾の剣と、草薙剣との同一性を力説している。この状況は、すなわちこの編者（「帝王本紀」）の関心の所在、〝立証〟のポイントを示していよう。

この「草薙剣」について面白い、もう一つの出現個所がある。それは先にあげた天孫降臨の段だ（一一一ページ）。『古事記』と『書紀』第九段、第一、一書（全文、「帝王本紀」のもの）と、ともにそのさい随伴した三種の神器の一つとしての剣を「草薙剣」と書いているのである。

日本武尊説話の段階で〝名づけられた〟ことになっているこの名前が、まだそんな話（相武《さがむ》の焼津の草薙の故事）のありもしない天孫降臨段階で「草薙剣」と呼ばれているのは、一見奇妙だ。おそらく天照大神も瓊瓊杵尊《ににぎのみこと》も、このとき（天孫降臨時点）には、この剣の「未来の名前」など夢にも知りはしなかっただろうから。しかし、後代名称（七、八世紀現在名）たる「草薙剣」でもってそれ以前の名（天叢雲剣）と〝置換〟して記述しているのである。これは一般に史書の上で必ずしも不思議な用法ではない。「日本の神武天皇」とか「中国の孔子」とかいって平気なのと同じだ（『失われた九州王朝』第一章二の中の「輪臺」の項、参照）。

このように「置換」や「註記」という形で古伝承や古記録と現在時点（七、八世紀）の名称とを等号で結ぶ――ここに「帝王本紀」が用い、『書紀』が展開した興味深い手法があるのである。

註記の形式

いささか叙述が〝しちめんどくさく〟なったことを許してほしい。これほどの「大事」をいうのである。大論理による、バッサリとした切りこみだけでは不足だ。いわば技術的な細部の吟味が少なくとも最小限は行なわれなければ、古代史の専門家や「通」の人々から〝なんだ、こんな点が矛盾するじゃないか〟と嘲笑されてしまうからだ。

要は〝「旧註」部分をゴッチャにして議論したのでは、論旨は混乱してしまう〟ということなのだ。この部分をとり出して、〝神代紀は天皇家内部の人間の作文だ〟という証拠だと考えてはならないのだ。「帝王本紀」の「旧註」と見なされる文をさらに例示しよう。

(a)此を用いて造り奉る神は、是即ち紀伊国に坐す所の日前神《ひのくま》なり。〈第七段、第一、一書〉
(b)此即ち伊勢崇秘の大神なり。〈第七段、第二、一書〉

(c)〈天穂日命〉此出雲臣・武蔵国造・土師連等が遠祖なり。〈天津彦根命〉此茨城国造・額田部《ぬかだべ》連等が遠祖なり。〈第七段、第三、一書〉

(d)即ち紀伊国に坐す所の大神、是なり。〈第八段、第四、一書〉

これらの文章には共通のタイプがある。(a)「是即――也」、(b)「此即――也」、(c)「此――也」、(d)「即――是也」といった文型である。これは、古記録（「日本旧記」）の原文面に対して、ここに書かれている、この固有名詞（神の名等）は今（七、八世紀）わたしたちの知っている「――神」のことだ。あるいは同じく、今の「――氏」の先祖に当る、と解説し、註記しているのである。

これによって、現存知名の神名や氏族の〝古き由来〟が示されているのだ。いいかえれば、この註記に登場し、登録されたことによって、これらの神々や氏族の〝由来の確かさ〟が、天皇の正史によって〝保証〟され、世に〝公示〟されたこととなるのである。

「新羅」の論証

一つの興味深い論証がある。それは〝新羅の論証〟だ。仲哀天皇が九州遠征のため、橿日宮に滞在したとき、神託があった。仲哀の死の直前だ。神が神功皇后に神がかりして西方の国（新羅国）の存在を告げ、〝自分を祭ってくれたら、その宝多き国が帰服しよう〟とのべた、というのである。ところが、仲哀はこれを信ぜず、「高地に登りて西方を見れば、国土を見ず、唯大海有るのみ」〈記〉、「朕周望するに、海有りて国無し。豈大虚《あにおおぞら》に国有らんや」〈紀〉といって斥けたという。

――以上の大筋は『記・紀』ともに変るところはない。

ところで、問題は『記・紀』における「西方の国」（新羅）認識だ。なぜなら、ここでは〝仲哀は西方の国（新羅）の存在を知らなかった〟という形で書かれている。では、『記・紀』の神話・説話の上で、仲哀以前の段階に、この国はどのような形で出てくるだろうか。

第一に『古事記』では、つぎの二つだ。

㈠故《かれ》、其の大年神、神活須毘《かむいくすび》神の女伊怒比売《いのひめ》を娶りて生む子。大国御魂神、次に韓神、次に曾富理《そほり》神、次に白日《しらひ》神、次に聖《ひじり》神。五神　〈神代、大年神の神裔〉

㈡此地は、韓国に向ひ、笠沙《かささ》の御前《みさき》を真来《まき》通りて、朝日の直刺《たださ》す国、夕日の日照る国なり。故、此地は甚だ吉《よ》き地なり。　〈神代、天孫降臨〉

㈠は、いわゆる出雲神話に出現する一節だ。この神統譜がきわめて意味深い性格をもつことは、あらためてのべる。今は、〝この記事からは直ちに韓国の位置は判明しない〟ことを認識すれば足りる。

㈡は、天孫降臨の段の一節だ。「竺紫の日向の高千穂の久士布流多気《くしふるたけ》」への降臨のさいだから、ここを起点として、「韓国に向ひ」の表現が出ている。ここではたしかに位置が指定されている。しかし、従来は、この降臨現地との位置関係は明白でなかった（この点、のちに分析する）。

その上、もっとも大事なポイントは右二つとも、いずれも「韓国」であって、「新羅」ではないことだ。〝韓と新羅は同じ朝鮮半島だ。韓の東半部がのちに新羅と呼ばれるようになったのだ〟と。――これはわたしたちにとって常識だ。けれども、『古事記』の仲哀記以前の記述では、そのような「常識」や「教養」は成立していない。要するに「新羅」という〝新しい〟国名は出現していないのである。これに対し、『書紀』はちがう。

是の時に、素戔嗚尊、其の子五十猛《いたける》神を帥《ひき》ゐて、新羅国に降り到り、曾尸茂梨《そしもり》の処に居《お》る。……然れども韓地に殖ゑずして尽く持ち帰る。　〈神代紀、第八段、第四、一書〉

ここには「新羅国」という国名がハッキリ出現する。そしてそれが古えの「韓地」であることも示されている。

以上の史料事実をバックにした問題提起はこうだ。仲哀天皇が「書紀神代巻」を知っていたら、「新羅の存在を知らぬ」ことなど、ありえない！　ということなのである。すなわち、〝仲哀にとっての天皇家内伝承とは、『古事記』の形であって、『書紀』の形ではなかった〟——これが率直な帰結である。

このことはさらに、つぎのようにいいかえることもできるだろう。〝仲哀説話の伝誦者（あるいは記述者）もまた、「書紀神代巻」を知らなかったのだ！〟と。なぜなら、もしそうでなければ、仲哀は天皇家内伝承に明白に出現する「新羅国」の名を〝不勉強のため知らなかった天皇〟だということになろう。これはあまりにも滑稽な概念ではあるまいか。

要するに、このようなゴタゴタは、〝「書紀神代巻」は、他から取ってきて「接ぎ木」されたものだ〟という、新しく樹立された概念に立つとき、はじめてスッキリと解決するのである。

以上をまとめてみよう。

(一) 神代の固有の天皇家内伝承は、『古事記』の示すような〝一通り〟の形であった。

(二) これに対し、外来先行の九州王朝の史書「日本旧記」は、豊富な各種の神代記事を内蔵していた。

(三) 右の内・外二種の神代伝承を総合した形で取捨記録したのが、「帝王本紀」だ。それは天武十（六八一）年に成立した。

(四) 右の方針をさらに拡大・発展したのが、養老四（七二〇）年に成立した『書紀』であった。

すなわち、九州王朝の史書内容を「盗用」するという〝伝統〟は、〝「帝王本紀」より『日本書紀』へ〟と、世襲されていたのである。

なお、他に「日本旧記」からの「盗用」と見られる興味深い記事を例示しよう。

〔一〕昔、伊奘諾尊《いざなぎのみこと》、此の国を目けて曰く、「日本は、浦安の国、細戈《くわしほこ》の千足《ちた》る国、磯輪《そわ》の上《ほとり》の秀真《ほつま》

国《くに》」と。〈神武紀〉

右は「国号始源譚」だ。解説しよう。

この中には、筑紫の地名がちりばめられている。安は夜須（筑前朝倉郡）だ。浦は心《うら》。神功（橿日宮の女王）の筑後平定譚にもとづく（本書六三ページ参照）。つま、は上妻・下妻（筑後）の「妻」だ。秀《ほ》（穂）は美称。磯《そ》輪《わ》の磯は曾で地形接頭辞。固有の地名部分は「輪」だ。一方、三輪（朝倉郡）も、三《み》が接頭辞である（後出、一六八ページ参照）。すなわち磯輪＝三輪だ。つぎに、「細戈の千足る国」は、「筑紫矛」の地、筑紫の美称だ（ただし、「矛」でなく、「戈」を用いている（後出、二二五〜二二六ページ参照））。

以上、「日本」の国号が筑紫（六世紀には筑前朝倉郡・筑後北部が中心）を指すことを示す（『失われた九州王朝』、復刊版、二八五ページ参照）——この問題は安本美典『高天原の謎』でもふれられている。

〔二〕（四年八月）始めて諸国に国史を置く。言事を記して、四方の志を達せしむ。〈履中紀〉

この記事は『古事記』には全くない。ということは、今までの論証の示すように、〝本来の天皇家内伝承にはなかった〟ことを示す。すなわち、これも「日本旧記」中の文面からの「盗用」と見なすほかはないのである。

〔三〕またこのほかに、顕宗紀の「日神・月神」記事（三年二月・四月）や垂仁紀の角力《すもう》の起源譚（七年七月。当麻蹶速《たいまのけはや》と野見宿禰《のみのすくね》）や埴輪の起源譚（三十二年七月。野見宿禰）等もこれに属する。興味深い問題であるが、別書で詳述したい。

第六章　蜻蛉《あきつ》島とはどこか

長い、息ぎれのしそうな坂を登っていよいよ見晴らしのきく峠に来た。冒頭にのべた「国生み神話」の解説だ。

七つの大八洲

例の「大八洲《おおやしま》」をなににあてるか。『書紀』と『古事記』でちがいがある。次ページの表を見よう。これらの地名がそれぞれどこを指すか。たいていわかる。が、不審な地名もある。たとえば「吉備子洲」や「越洲」だ。ふつう「きびのこしま」「こしのしま」と読まれている。ところが、これらは「島」ではない。本土の一部、地つづきだ。

だが、前者については、うまい説明があった。今でこそ岡山県の児島半島だが、昔は切れていた。だから文字通り「児島」だった、というのである。だが、この手口でさばき切れないのが「越洲」だ。ここも、能登半島が昔は切れていたのではないか。そういうアイデアで地質学者の調査に期待したが、第三間氷期（十五万～五万年前）以前ならともかく、それ以後は駄目だ、ということが判明した、という（岩波、日本古典文学大系、日本書紀上、八四ページ註）。わたしは失礼ながらこれを見て、なにかしらユーモアを感ぜざるをえなかった。

『記・紀』大八洲表

〔日本書紀〕〔本文〕	〔日本書紀〕〔第二〕	〔日本書紀〕〔第六〕	〔日本書紀〕〔第七〕	〔日本書紀〕〔第八〕	〔日本書紀〕〔第九〕	〔古事記〕
大日本豊秋津洲	同上	同上	淡路洲	同上	大日本豊秋津洲	淡道之穂狭別島
伊予二名洲	淡路洲	伊予洲	大日本豊秋津洲	同上	淡洲	伊予之二名島
筑紫洲	伊予二名洲	筑紫洲	伊予二名洲	同上	伊予二名洲	隠伎之三子島
億岐洲	筑紫洲	億岐洲	億岐洲	筑紫洲	億岐三子洲	筑紫島
佐度洲	億岐三子洲	佐度洲	佐度洲	吉備子洲	佐度洲	伊伎島
越洲	佐度洲	越洲	筑紫洲	億岐洲	筑紫洲	津島
大洲	越洲	大洲	壱岐洲	佐度洲	吉備子洲	佐度島
吉備子洲	吉備子洲	子洲	対馬洲	越洲	大洲	大倭豊秋津島
			〔古事記と同類——帝王本紀〕			

この一見解きがたい矛盾の輪の真の出口は簡単だ。問題は「越洲」を「コシノシマ」と読んだ点なのである。これは「コシノクニ」だ、とわたしには思われる。

於レ是、降二居彼嶋一、因欲下共為二夫婦一産中生洲国上。

（是に於て、彼の嶋に降居して、因りて共に夫婦と為り、洲国《くに》を産生せんと欲す。）

〈神代紀、第四段、本文〉

このように「洲国」は「嶋」（シマ——オノゴロ島）とは別の用語だ。一言で読めば、「シマ」ではなく、「クニ」なのである。その証拠に、先の表中、第七、一書の終りに「対馬洲」がある。従来のように「洲」を「シマ」と読めば、「ツシマノシマ」とダブッてしまう。そこで本居宣長はこれを非難し、「島島と重ねて云ッ名はあるべきことかは」（『古事記伝』五）といった。宣長はいつでも『古事記』（「津島」）を正しとし、それを前提とした。『古事記』では、八つともハッキリ「――島」だ。そして「島」と見えないもの（「吉備の児島」「越洲」）やいずこの島を指すか不明のもの（「大洲」）はアッサリ切り捨てられている。後代の整理整頓の結果である。

しかるに、宣長はこれを〝本来の形〟とした。そしてその「読み」に立って『書紀』をも読んだ。そして不可解の字面に見えた「対馬洲」をもって〝原文のあやまり〟としたのである。『古事記』を全面的に本来形なりとする自己の〝信仰〟に立って理路をすすめ、それに反する原文につきあたれば、その原文の方がまちがっている、といい切る、――ここに宣長の方法上の武断があった。そして明治以後の研究者もまた、その国学的方法を疑わず、今日に至ったのである。

「シマ」を捨て「クニ」へ

さて、宣長の読法を捨て、あらためて「洲」を「クニ」と読んでみよう。「洲国」の略である。そうすると、「対馬洲」は「ツシマノクニ」だ。なんの重複もない。その上、問題の「越洲」も「コシノクニ」となり、なんの不思議もなくなってしまうのである。第三間氷期などもち出す必要は毛頭ない。それだけではない。先の「吉備子洲」も「キビノコクニ」であって、別段〝半島の現形以前の、島の形だった時代〟に限る必要はないのだ。むろん、「島」であっても、さしつかえはない。要は、「吉備の国」（A）の中に「子クニ」（B）という一定領域があったのだ。ここで二つの重要な概念が得られる。

㈠「洲」（クニ）は、限定された「一定領域」を指す言葉である。

㈡「AのB」という形は〝A国の中のB領域〟という意味である。

「億岐《おき》の三子洲」も同様だ。〝億岐の国（A）の中の三子のクニ（B）〟の意味である。

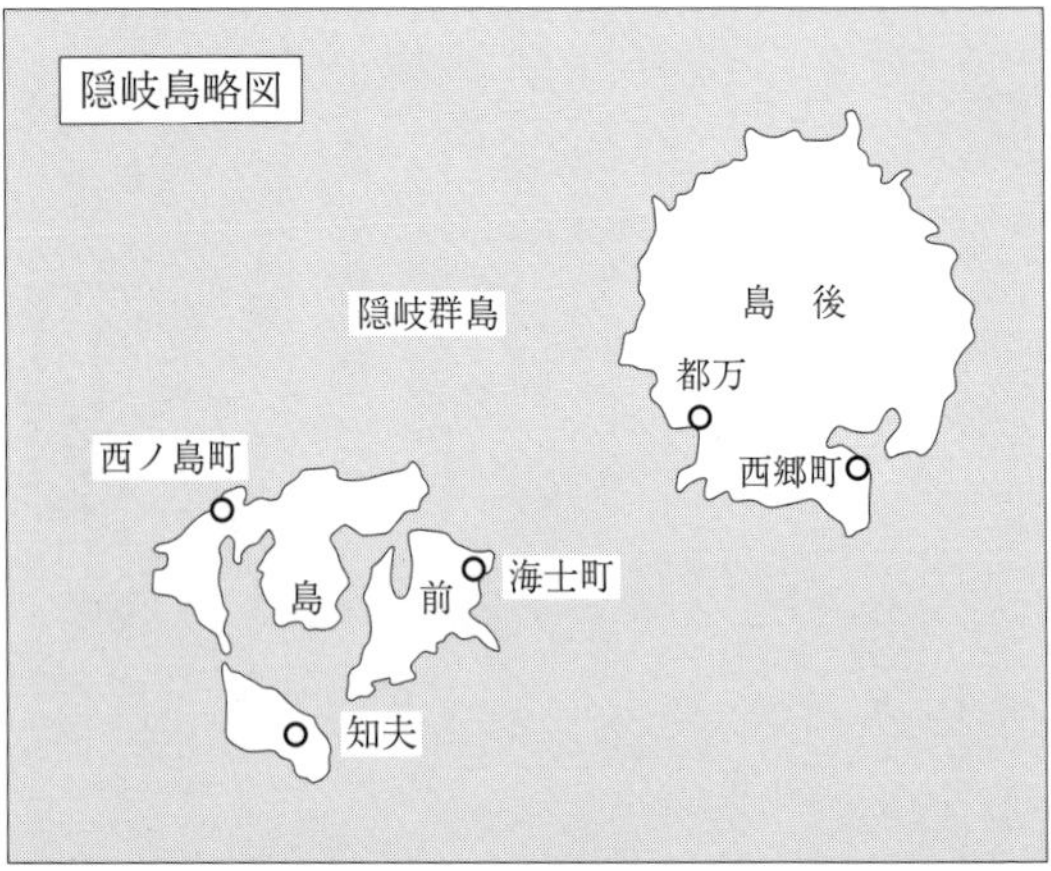

上図のように、億岐は本島（島後）と三小島（島前）との両者から成っている。だから、右の表記はやはり「A国中のB領域」と理解すれば、的確なのである。この点、ズバリ一つの島である佐渡島などとはちがう。

以上は、わたしにはごく自然な解読だと思われる。なぜなら、本来これは「島生み説話」ではなく「国生み説話」なのだから。

解読のルール

確かめておきたいことがある。例の「AのB」もしくは「AのBのC」という地名の連なり。わたしはこれを「Aの中のB」、「Aの中のBの中のC」と解した。〝大きな領域をまずあげ、つぎにその中にふくまれる小領域をあげる〟というやり方だ。これは現在の日本語でも、「京都府（の）向日市《むこう》（の）物集《もず》女町《め》」といったときのいい方と同じだ。

出雲之清地（出雲の清地《すが》）
出雲国簸之川上（出雲の国の簸《ひ》の川上）
出雲五十田狭之小汀（出雲の五十《い》田狭《たさ》の小汀《おはま》）

これらは出雲関係の地名の例だが、いずれも「出雲国」という大領域をまずあげ、そのつぎにその中の小領域を記す。この通常のルールに変りはない。

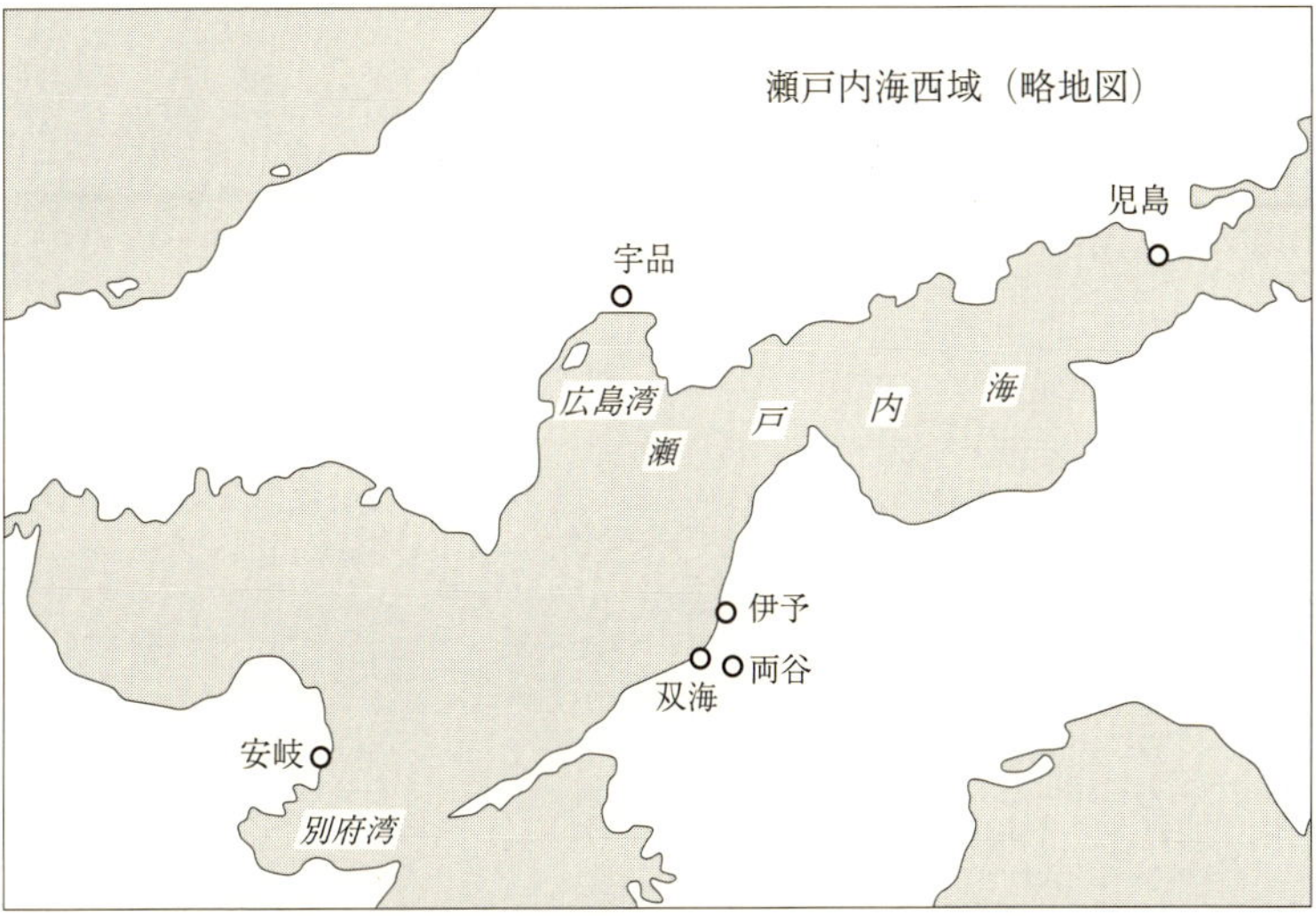

　このような表記様式からみると、問題の国生み神話の場合も、この同じルールに従って解読せねばならぬ。――これがわたしの方法だ。

　このような視点から、残された地名に目をむけよう。「伊予二名洲」、これは「伊予の二名のクニ」だ。つまり〝伊予の国の中の二名の領域〟である。では、伊予の国（愛媛県）の中に「二名《ふたな》」という地名があるだろうか。

　上図のように、伊予市のそばに「双海（ふたみ）」がある。この海《み》が地形詞であることは当然だ（熱海―静岡県、鳴海―愛知県等がある）。固有名詞部分は双《ふた》なのである。すなわちここは「ふた」と呼ばれる領域であったことが知られる。

　一方、国生み神話の方は「二名（ふたな）」だ。この「名《な》」とはなんだろう。この地の向かい（北岸）に宇品《うじな》（広島湾内）があり、そばに芦品《あじな》郡がある。いずれもわたしには子供のころからなじみ深い名だ。これらいずれも「な」が地名接尾辞であることを示している。すなわちこの「ふたな」の場合も、「な」

は地名接尾辞で、固有名詞部分は「ふた」なのである。このようにして、〝伊予の国の中の二名の地〟という、わたしの解読が不当でないことが判明する。

この点も、宣長は難路に踏み迷うた。「二名」を〝二並《フタナラビ》〟の意とし、〝四国(全島)は東西南北いずれから見ても、二国相並んでいるから、「弥二並島《いやふたならびのしま》」という意味で、「伊予双名」といったのだ〟という、一種奇妙な解釈を提示している。「伊予二名島」を四国全体とした『古事記』(天武側編者)の誤断を金科玉条としたため、苦しい解釈を強行せざるをえぬ袋小路に入ったのである。

残された、三つの問題がある。

その第一は、「大洲」だ。従来は「オホシマ」と読まれてきた。宣長の訓読法に従って。「大シマ」という名はありふれていた。それぞれの海域で目立つ大きな島が現地の漁民たちに「大シマ」と呼ばれるのだから。たとえば愛媛県の大島(今治《いまばり》の東北方)や山口県の大島(今の屋代島)のように。この「大洲」を後者にあてる見解もある(岩波、日本古典文学大系本、八二ページ註)。前者より後者の方がやや大きいからであろうか。

しかし、この読み方はおかしい。わたしはそう思う。なぜなら、右の各大島は、同じ島でも、壱岐・対馬・隠岐・佐渡とは比肩できぬ位の小島だ。その上、同名もおびただしい。だから、それらを指すときには当然「伊予の大洲」とか「周防の大洲」とか称されねばならぬ。それでなくては限定性がないのである。しかるにここには「大洲」とだけある。「筑紫洲」なみの扱いだ。これはなぜだろう。

今のわたしの方法に従えば、この読み方はハッキリしている。「洲」は「シマ」でなく、「クニ」なのだから。これは「大クニ」なのである。「大国主神」――そうだ。あの、出雲の有名な神。同じ出雲には「大国御魂《みたま》神」〈『古事記』〉もある。ここが「大クニ」と呼ばれる古名をもっていたことは疑うことができない。この地域なのだ。

考えてもみよう。『記・紀』神話でこの出雲の地が重要な一領域であることに異論はあるまい。それなのに、なぜ、国生み神話の「大八洲（オホヤクニ）」の中に出雲が入っていないのだ？　神話内容全体とのバランスがまるでとれていないではないか。西の筑紫はもとより、すぐ真北の隠岐、東の越、佐渡まで出ているというのに、肝心の出雲を欠くとは！　ここでも従来の〝宣長読み〟の欠陥はおおいがたい。さらにこれを削り去って〝スッキリさせた〟『古事記』編者（天武側）らの錯覚。それが明々白々とここに露呈しているのである。これを逆からいえば、「洲」を「クニ」と呼び、限定領域と見なす――この解読法の妥当性、いな、必然性が証明されているのである。

その第二は「筑紫洲」だ。これは「筑紫のクニ」であって、「筑紫のシマ」ではない。つまり、九州全土ではなく、福岡県なのだ。それも福岡県全体ではない。筑前をさすのだ。なぜなら、先の「九州」問題のところでいったように、景行の熊襲遠征（「前つ君」の九州一円平定）の中で、「筑紫国」に対する「筑紫後国」の称が用いられている。これは「日本旧記」の文面だから、同じ「日本旧記」からの挿入である『書紀』神代巻を同じ概念で理解するのは当然だ。つまり、筑前が筑紫国だったのである。

今は、もっと突きつめてみよう。その中心が筑紫郡だ。今の博多駅から太宰府にかけての地帯である（現在の春日市をふくむ）。その南端、基山のそばには筑紫町もある（『延喜式』に「筑前国御笠郡筑紫神社」がある）。このような博多湾岸の東域（須玖遺跡等を中心とする地域）こそ本来「筑紫洲《ノクニ》」と呼ばれた原地域だったのである。

以上のように考察してくると、筑紫洲とは、意外に限定された地域である。すなわち、この国生み神話の本来の形（「日本旧記」）は、西日本一帯の先進地域、もしくは中心拠点である。しかも、それらは

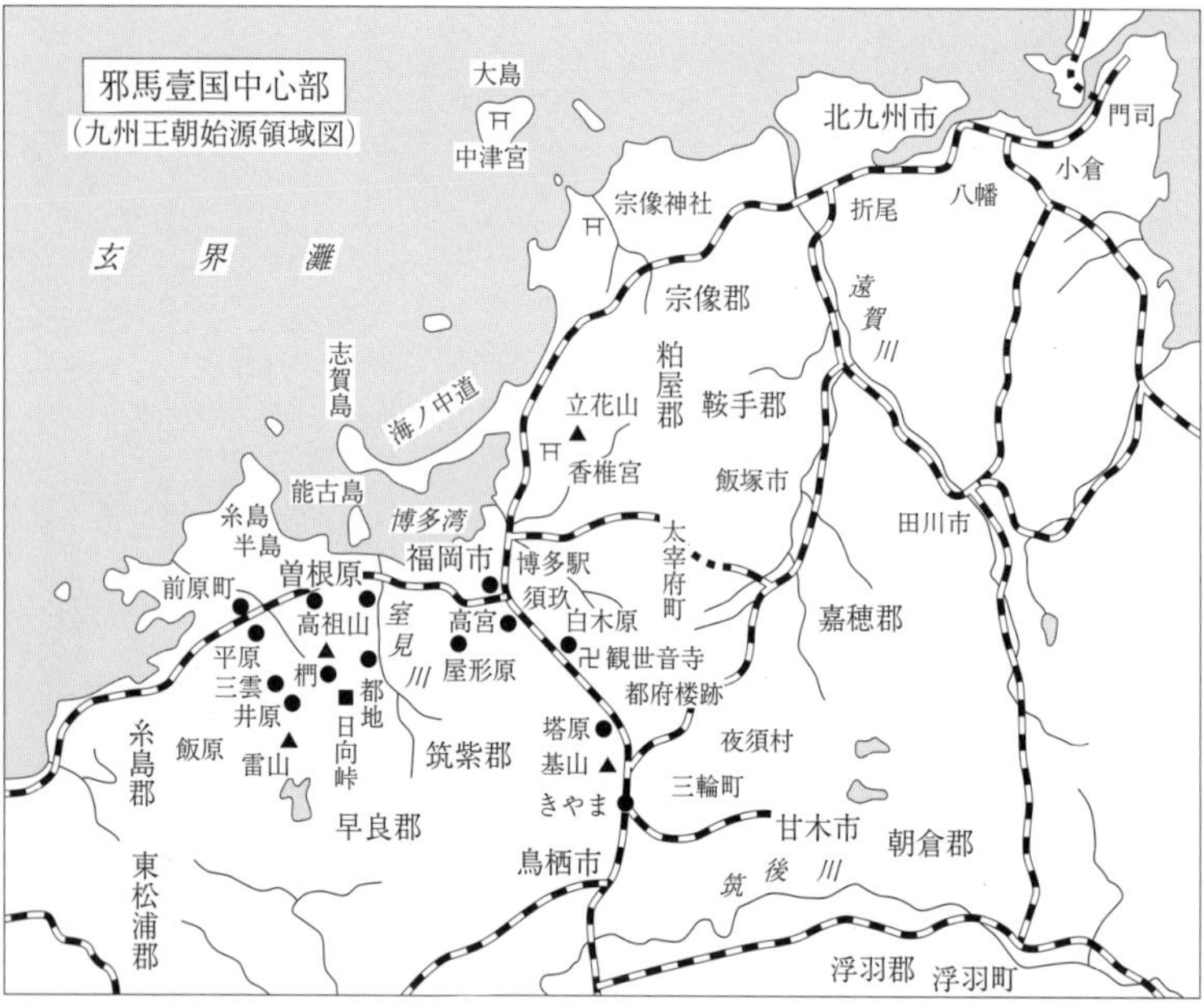

いずれも海に接した一地域・一地点なのである。

これを『古事記』は文字通りの「大八島」の国生み神話に転化しようとした。そのため、まず「洲」を「島」と書き変えた。そして不都合な「越洲」を切り、意味不明な「大洲」を削り、「筑紫洲」を「筑紫島」としてこれを九州全島を意味することとし、ために「二種類の筑紫」（福岡県と九州全土）という概念を〝創出〟したのである。

しかし、この方法のあやまりを決定的に証明するものは、「伊予二名洲」だ。『古事記』編者はこれを「四国全土」にあてた。ために後代の宣長をして迷わしめることとなった。先の分析で明らかなように、これは〝伊予の国の中の海岸の一拠点〟を指すものであった。これを「四国全土」にあてはめた強引なやり方の破綻――それはすなわち、「筑紫洲」を「筑紫島」と書き変えて「九州全土」にあてるやり方の破綻と同じ、いわば〝ワン・セットの手法〟なのだ。すなわち、両者は一蓮托生、その破綻の運命を共にする。――これが帰結である。

この帰結のもつ重大な意味は、この本の全進行の中でくまなく明らかにされることであろう。

豊秋津《とよあきつ》の真相

その第三は、最後に残された問題の地名、「大日本豊秋津洲」〈『書紀』〉だ。

まず注目を引くのは「大日本」の冠辞だ。これはいかにも〝ここが中心だぞ！〟という感じだ。だからかえって〝あとから付加されたもの〟という可能性が多い。とすると、分析のさいは、これはいったんとりのぞいておいて分析する方が無難だ。つまり、〝まずこれをとりのぞいておいて分析した〟結果、たしかに「大八洲」の中心はここだ、と確認されてはじめて、この冠辞は「後代の付加」でないものとしてあらためて認識できよう。この用意を欠き、他の「七洲」にない、この特殊な冠辞を、いきなり〝当初からのもの〟と頭からきめてかかるのは、史料批判上、危険である。

ところで、「大日本」を除いたあとの、「豊秋津洲」だが、これは日本列島の本州を指すとされている。少なくとも、『古事記』では明らかにそうだ。「大倭豊秋津島」とすることによって「島」とされているから、「大倭」という冠辞と相まって、完全に〝本州全体〟を指しているのだ。

その結果、この島（本州）の一部である「越洲」や「吉備子洲」（これが〝もと、島だった〟というのは、現代の学者の〝理由づけ〟であって、『古事記』の編者（天武ら）の目には、やはり児島半島だ。つまり「本州」の一部なのである）は削除されることとなった。そして明らかに「本州」とは別の島である「伊伎（壱岐）」と「津島（対馬）」が編入されたのである。

このように『古事記』では、「洲」を「シマ」と解したことによって、次々と相重なる「原文改削」という連続手術をふるわねばならなくなったのである。

これに対し、『書紀』編者（「帝王本紀」の祖述）は異なる。まず、「日本旧記」の神代巻をとり入れ、大幅に移植手術を行なった。そこにはレッキとして「越洲」や「吉備子洲」がある。ために「豊秋津洲」を「本州全土」とするという〝丸ごと一つの島〟ととるという冒険はさすがにできなかった（ただ『古事記』と同系列の第四段第八、一書を除く）。そのため、これを大和（奈良県）に見たてる地名説話が付加されたのである。

（神武天皇）「……内木綿《ゆふ》の真迮《まさ》き国と雖も、猶《なお》蜻蛉《あきつ》の臀呫《となめ》の如し」と。是に由りて始めて秋津洲の号有るなり。〈神武紀、三十一年〉

この地名説話のもつ意外な側面は、つぎの章で詳述する。今、必要なのはつぎの三点だ。

その第一。「秋津」の「津」というのはやはり「難波津」や「多度津」の「津」だ。港や湾形を示す地形詞なのである。だから海に面しない大和は全然失格だ。これに対し、難波をあてる説がある（岩波、日本古典文学大系、日本書紀上、補注1の三二）。これならたしかに「津」ではある。しかし、ここには「豊秋津」などという地名はない。かつてそう呼ばれたという痕跡すらない。ただ現代の学者が古代日本語の組み立てからみて、地形詞として末尾に来る「津」はやはり港だと考え（難波津の「八十島祭」の祭儀などと考えあわせ）、〝大和から、葦の生えた難波へ西遷せしめた〟だけなのであるから。けれども、この見地には矛盾がある。「大八洲」の中に難波を入れながら、その東隣の大和を入れない、とは何事であろう。瀬戸内海上、西への連なり多く、日本海岸は越から佐渡まで出現しているというのに……。難波に先立ってここ（大和）に少なくとも〝有力な勢力〟の存在したことを否定できる学者はいないのであるから、これはいかにしても変だ。この点からも、新しき「難波」説もまた、なんとも落ち着きが悪いのである。

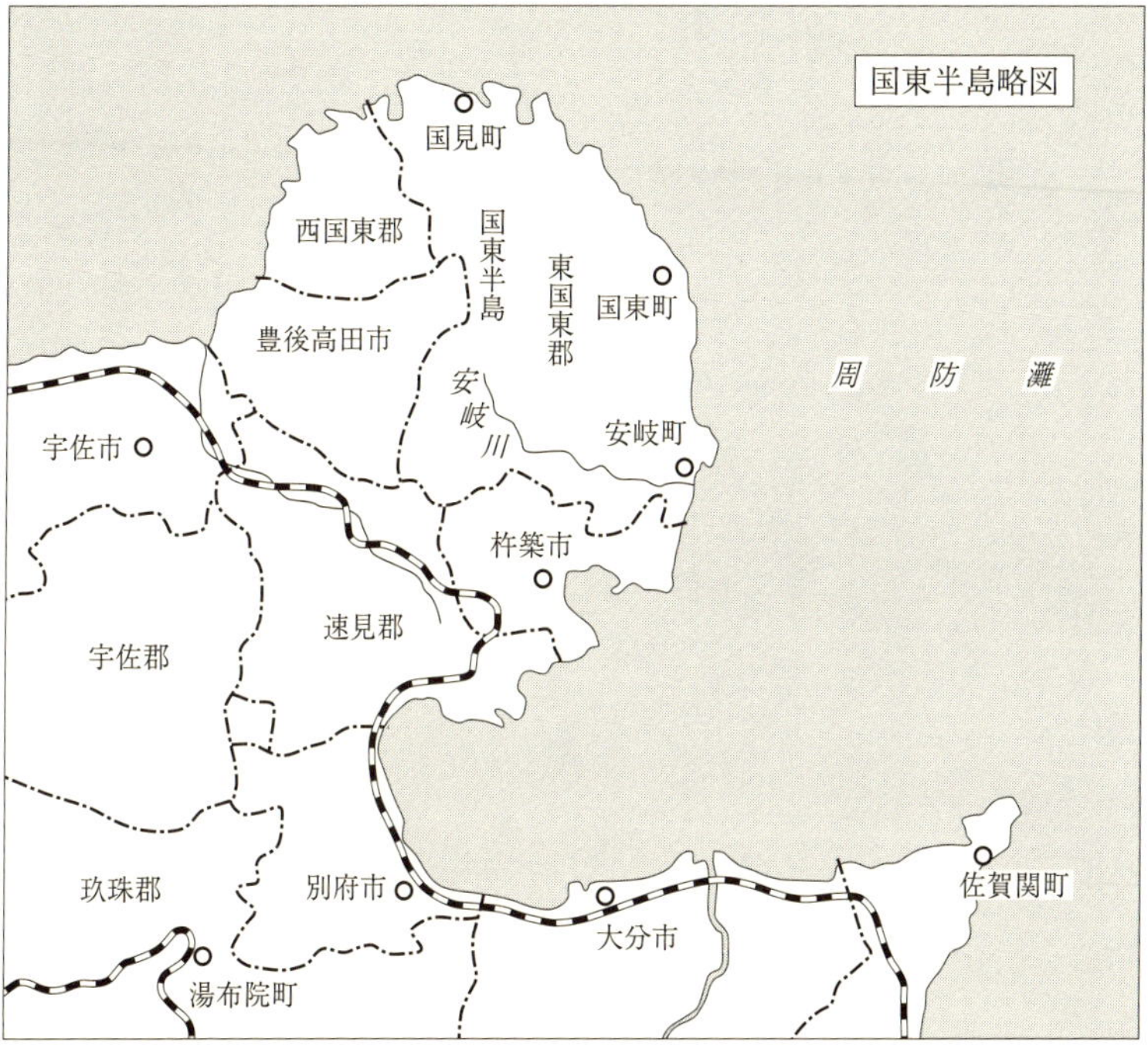

その第二。この本の冒頭に問うたように、「矛の独占神話」の中の「大八洲」がほぼ〝純粋な〟銅鐸圏にまたがる矛盾ならぬ矛鐸の謎は、大和でも難波でも大差ない。

その第三。もしこの大八洲の「中心」を大和や難波、つまり近畿が中心だと考えた場合、あまりにも明白な矛盾がある。それはこの「大八洲」が西方にばかりひろがっていて、東方（中部地方以東）が全くない、ということだ（第一の観点の延長）。〝近畿中心の統一〟が背景となっているとしたら、こんなおかしな話はない。この事実一つとってみても、〝どうも、この大八洲の中心はここ（近畿）ではないのではないか？〟このような疑問は何人《なんぴと》の——先入観なき小・中学生ならなおさら——頭をも一回はおそったことがあるのではあるまいか。しかし、従来の学界は、これに答えることができなかったのである。

さて、このような混迷の渦の中から抜け出る方法。それは一定の解読のルールを貫き通すことしかない。そして、もはやわたしはそのルールを確立している。

根本の問題はつぎの一点にあると思われる。「大八洲」の他の「七洲」はいずれも「A」もしくは「AのB」の形の〝純粋な地名〟だ。それなのに、この「豊秋津洲」だけ、〝ゆたかなトンボの国〟〝豊かな収穫の港の国〟といった普通名詞だというのは解せないのだ。思ってほしい。他の七洲は先の解読の示すように、明瞭な地名であるうえ、それらはすべて現存地名とピッタリ適合していた。つまり、この史料は現存地名との連続性・対応性がきわめて高いのである。それなのに、この一洲だけ、そうでない、なにか修飾の美辞の連続のように見なされてきた。そこに真の欠陥があるのだ。

では、わたしのルール通りに読んでみよう。「豊の秋津のクニ」、つまり〝AのB〟の形だ。Aは「吉備の子のクニ」「伊予の二名のクニ」といった風に、「吉備国」「伊予国」に当るのだから、ここは当然「豊国《とよくに》」となる。大分県だ。その「豊国の中のアキ津のクニ」――これが他の七洲と同一のルールによる解読結果だ。

では、豊国の中に「アキ」という地名が実際にあるだろうか。――ある。別府湾の入口、国東半島の南東端に「安岐《あき》」があり、「安岐川」の河口に当っている。『和名抄』にも豊後国国埼《くにさき》郡の条に「阿岐《あき》」として出現する古名だ。ここである。

安岐郷　〈安元二年二月、八幡宇佐宮符案。元暦二年三月、八幡宇佐宮女禰宜《ねぎ》大神安子等解案〉

しかし、「アキ津」という場合、これは別府湾全体を指すという可能性もあろう。なぜなら、「那の津」「難波津」というとき、「那」や「難波」をその一隅にもつ、博多湾や大阪湾全体を指すとすれば、この場合も、「アキ津＝別府湾」となろう。

これによって、わたしは今までの問いに一挙に答える解答を得たこととなろう。なぜなら、

㈠「AのB」の形の明瞭な地名表記であり、他の七洲と同質の表記である。

㈡ 他の七洲と同じく、現存地名に明晰な対応をもつ。

㈢ この「大八洲国」は、瀬戸内海領域では淡路島を東限とする分布となり、銅剣・銅矛・銅戈圏の東限に一致する。すなわち、「矛の独裁」神話という根本の性格にマッチする。

この三点、すべて適合するからである。

中心はやはり筑紫

以上の解読結果のさし示す意味をさらに追求しよう。

その第一は、大八洲の「中心」問題である。かつてはこの地名が他の七洲と異なり、〝美辞の連続〟であることが、かえってこの地名の特異性・特殊性を示すように感じられていた。すなわち〝大八洲の中心地名だからこそ、こんな変った表記なのだ〟というのが、従来の学者に共通した、暗黙の推論だったはずである。しかし、今や神秘の衣は剝がれた。これは他の七洲と等質の平明な二段地名にすぎなかった。それゆえ、決して八洲中、特別の位置をしめてはいないのである。では、八つが八つとも、皆同じあらわし方だろうか。ちがう。一段地名と二段地名とに分かれているのである。

Ⓐ【一段地名】　筑紫（洲）、大（洲）、越（洲）

Ⓑ【二段地名】　豊のアキツ（洲）、伊予のフタナ（洲）、吉備のコ（洲）、隠岐のミツゴ（洲）

Ⓒ【島名】　淡路洲、佐度洲、（壱岐洲、対馬洲〔『古事記』「帝王本紀」系〕）

【胞】としては「淡洲」あり。

右のⒸの島名は「越の佐度洲」といった風に二段国名で呼ばなくても、すぐわかる著名の島だ。だから、一段の形になっているだけである。したがって実質はⒷに準じて考えた方がいいだろう。

とすると、Ⓐと〈Ⓑ・Ⓒ〉とは、指示領域においてハッキリ広狭の差があることとなる。すなわち、前者Ⓐはいわば面であるのに対し、後者Ⓑ・Ⓒは点に近いのである。つまり、この大八洲説話の中心領域は日本海岸に面する三地域Ⓐであって、瀬戸内海岸ではない。

そしてこの日本海沿岸の三地域こそ、『記・紀』神代巻の主要舞台であることは、よく知られた通りだ(「日向」の問題は、後にのべる)。すなわち、この古代政治地図と神話内容と、両史料よく対応しているのである。

では、この主要三地域の中の中心はどこだろうか。それは、日本海流の流れゆく方向だ。

筑紫洲→大洲(出雲)→越洲

『記・紀』神代巻の神話内容の主方向もまた、この形の流れで関連づけられていることを、この本の展開によって読者は知るだろう。すなわち、三洲の原点は「筑紫」である。そしてそれはとりもなおさず「八洲の中心」となっているのである。

右の分析の帰結はまた、銅剣・銅矛・銅戈圏が筑紫矛の地、筑紫(ことに筑前)を最濃密の中心地としている、という考古学上の事実とピッタリと相応しているのであった。

「トンボの交尾」が左右した

この解説には、興味深い裏づけがある。

神武紀の末尾につぎの記事がある(一部分前出、一三六ページ)。

(三十一年)皇輿巡幸す。因りて腋上《わきがみ》の嗛間《ほほま》の丘に登り、国の状を廻望して曰く、「妍哉乎《あなにや》、国を獲《え》つ

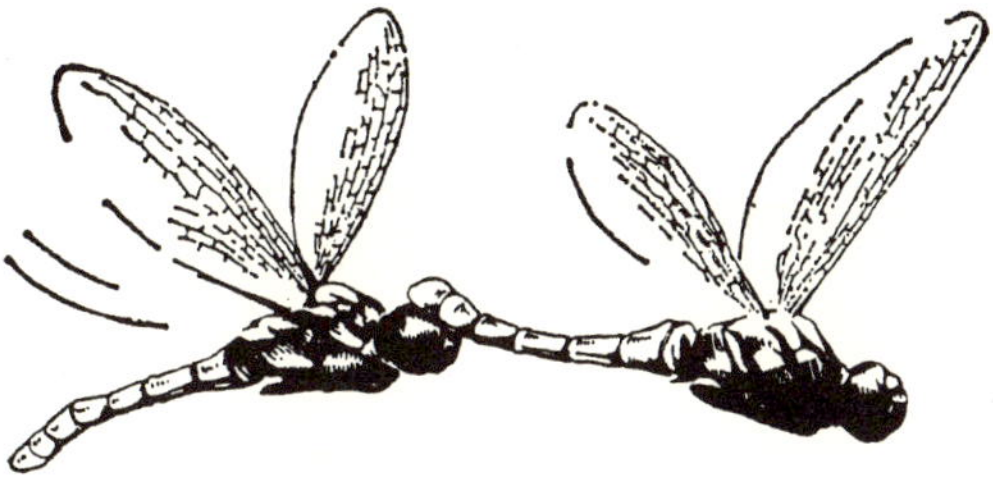

アカトンボのおつながり

ること。妍哉、此を鞅奈珥夜《あなにや》と云ふ。内木綿《ゆふ》の真迮《まさ》き国と雖も、猶蜻蛉《あきつ》の臀呫《となめ》の如し」と。是に由りて始めて秋津洲の号有るなり。

意味はこうだ。〝神武天皇は巡幸した。そこで腋上の嗛間の丘に登って大和の国のありさまをぐるりと見わたした。そしていった。「なんとすばらしいことだ！　わたしはこの国を（征服して）獲得したのだ。内木綿（意味不明）のまことに狭い国だとはいっても、まるで〈あきつのとなめ〉（トンボの交尾）のようではないか」と。この言葉によってはじめて大和の国を「秋津洲」と呼ぶようになった〟と。

　わたしは大和へ行ったことがしばしばある。比較的最近も、東京から来た友人の希望で奈良市へ行き、旧制高校時代の恩師を訪問した。そのとき、『記・紀』にとりくみはじめていたから、この一節を思い出した。しかし、どこを見ても、わたしにはこの美しい広大な盆地が、とても「トンボの交尾」のようには見えなかった。

　もし、これを「おつながり」という、メスのトンボがオスのトンボの尻にくっついて飛んでゆく姿（上図参照）だと解釈してみても、そんな、たくさんのトンボが奈良盆地の青垣なす四囲の山のように、ぐるりと壮大な輪をなして飛んでゆく姿など、わたしは一度も見たことがない。また、一対の「おつながり」の飛びゆく姿を山並の起伏に喩えた、というなら、日本のほとんどの山々がこの比喩に妥当しよう。なんら比喩の切実さ、つまり個性がない。結局、〝古代人の想像力なんて、なんと変てこなんだろう〟

湯布院町よりみた福万山（標高1,236メートル）（大野美智子氏撮影）

——けげんな思いでそうつぶやくほかはなかったのである。けれども、探究の進展とともに、この箇所は新しい光を帯びてわたしの目に映じてきた。その理由は二つだ。

㈠　この個性的な逸話は、『古事記』には出現しない。これが疑いの出発点だ（これに代って雄略記に「アキツ野」命名説話がある〔この点、後述〕）。

㈡　いま論証してきた「国生み神話」の解説によると、「秋津洲」は大分県別府湾であって、奈良県奈良盆地ではない。

そこで、わたしの方法に従って分析をすすめてみた。これもやはり他から切り取ってきて、〝接ぎ木〟した記事なのではないか。その〝他から〟とは、当然「日本旧記」だ。では、地理的にはどこからか。それは当然、大分県別府湾近辺が第一の着眼点となろう。そのさい、一つの鍵がある。それは、従来「真迮《まさ》き国」の枕詞ではないか、とされながら、〝意味不明〟とされてきた「内木綿《うちゆふ》」の一句だ。

わたしは『万葉集』で学んだことがある。原爆で亡くなられた中島光風先生の講義（旧制広島高校）だったろうか。初期には、枕詞はきわめて具体的だった。「剣《つるぎ》太刀《たち》身に副《そ》

福万山側よりみた朝霧の由布院盆地。正面は由布岳（大崎聡明氏撮影）

ふ　妹……」のように、身辺の「剣太刀」という具体性をもったものが、即座にとりあげられて枕詞的に用いられる。ところが、後期になるとちがう。たとえば「あしびきの」（「山」の枕詞）のように、意味不明で慣例化した枕詞が多くなるのである。このように万葉後期のようなケースとして、この『日本書紀』の文を見てよいのだろうか。これが六世紀以前の「日本旧記」ならむろんのこと、少なくとも〝『日本書紀』成立以前〟という時代性から見て、この語はもっと生き生きとした具体性をもっていたのではないだろうか。

　つまり、ここではズバリいって「地名」ではないだろうか、と。

　そこで「豊の安岐津のクニ」、大分県の地図をひろげてみた。あった！　別府湾の内側に山あいの温泉郷、「由布院《ゆふいん》」がある。その側に「由布岳」「由布川」があり、この一帯が「由布《ゆふ》」という地名であることは疑いない。

『和名抄』を見た。ここにもある。

。豊後国、速見郡、由布　〈和名抄〉
。由布駅（『延喜式』兵部省、高本駅名）
。豊国之木綿山　〈『万葉集』巻十、二三四〉
『万葉集』では、表記も同じだ。
「腋上の嗛間の丘」には手間どった。
気がついてみると、問題はこの〝読み〟そのものだった。奈良盆地の「掖上《わきがみ》」（御所《ごせ》市近く）の「本《ほん》間《ま》」にあわせて（似せて）従来は読んできていたのだ。
率直に字面を読もう。「腋上」は「腋《わき》の上《ほとり》」だ。「嗛」は「ふくむ」なのである。
音「カン」、読み〈フクム〉、意味は〝ほほばる〟（諸橋『大漢和辞典』）。
(a)嗛《カン》、口に銜《ふく》む所有るなり。　〈説文〉
(b)鳥、肉を嗛《ふく》む。　〈『漢書』大宛伝〉
右の(a)の「銜」は「ふくむ」だ。だから「嗛」も当然「ふくむ」と読むべき文字だ。(b)はズバリ「ふくむ」だ。だから、「嗛間」なら、当然「ふくま」となる。

しかし、それでは奈良盆地の「腋上」近辺にはない。そこで「ふくむ」と同じ意味の「ふふむ」「ほほむ」といった言葉を見つけ出してきて、強引に「ほほま」と読んで、「腋上」の近くの「本間」に結びつけようとした。これが従来の読解方法だったのである（だが、実際は「ホホマ→ホンマ」は音韻上、結びつけるのがむつかしい）。

ところが、今わたしが目を注いだ由布院盆地の西側には、文字通り「福万山《ふくま》」が聳えていた。その上、その山の中腹に当る横あいには「井手脇」という地名があり、ここは「腋の上《ほとり》」と呼ばれるにふさわしいのである。このあたりには「脇」のつく地名は多い。たとえば別府の裏山小鹿山のそばに「脇の岳」がある。

問題は「トンボの交尾」だ。わたしは幼いころ、広島県の呉湾のほとりで育った。別府湾と同じく、瀬戸内海に面している。そこでは、子供の遊び場はすなわち、トンボの大群の遊び場でもあった。「ようち」とわたしたちの呼んでいた小さな丘があり、そこでわたしはトンボと戯れ、トンボの生態を見つめた。それは子供の楽園だった。

わたしは小さな、トンボの写真集を買ってきた。その一枚一枚を見つめていると、彷彿と子供時代の夢がよみがえってきた。その一枚に交尾の写真があった（上掲）。

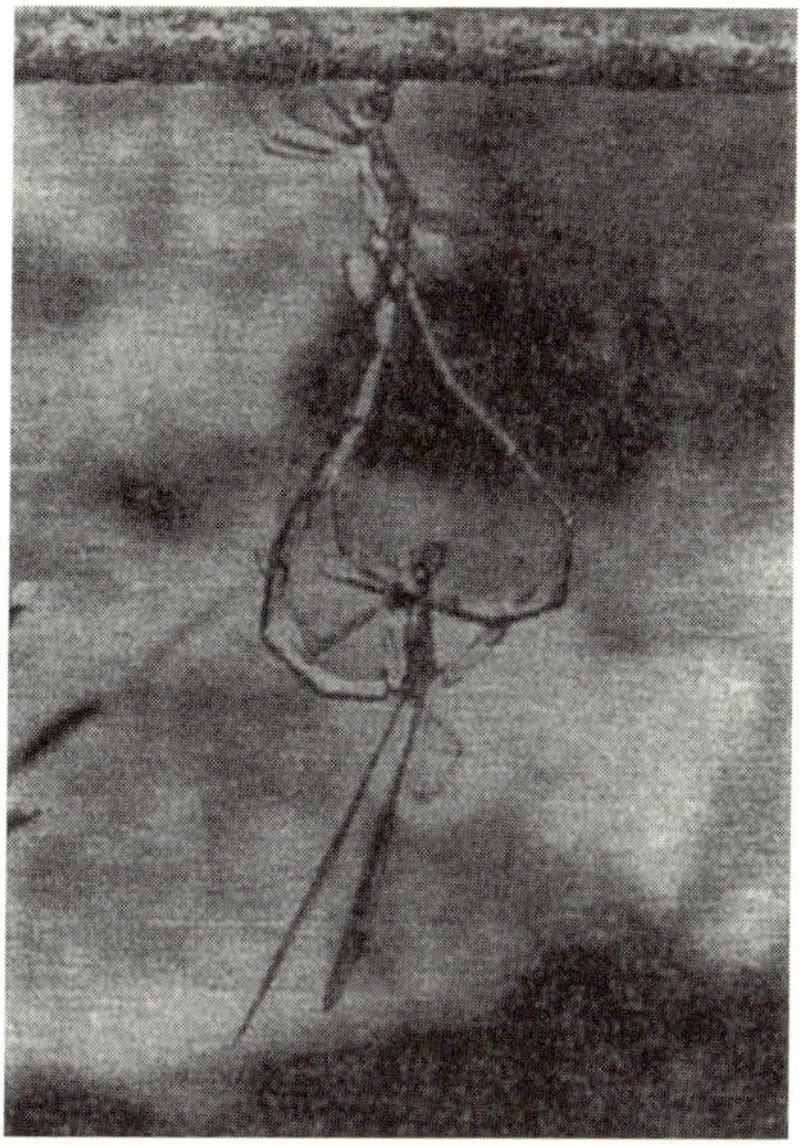

オオアオイトトンボの交尾（谷口育英氏撮影，朝日新聞社刊『日本の動物Ⅲ』より）

それは特色ある形だ。トンボのオスとメスのちがいは胸の下を見ればわかる。オスにはそこに突起がある。そこにメスのしっぽが交尾する。そしてメスの口のあたりはオスのしっぽの先端に接するのである。だから「となめ」そのものだ。なぜなら、「と」は「門」であり、オスのしっぽの先端なのである。それをメスが〝なめる〟恰好なのだ。この言葉を作った古代人は、トンボの現実《リアル》な生態を日常いつも観察していた。そのため、生き

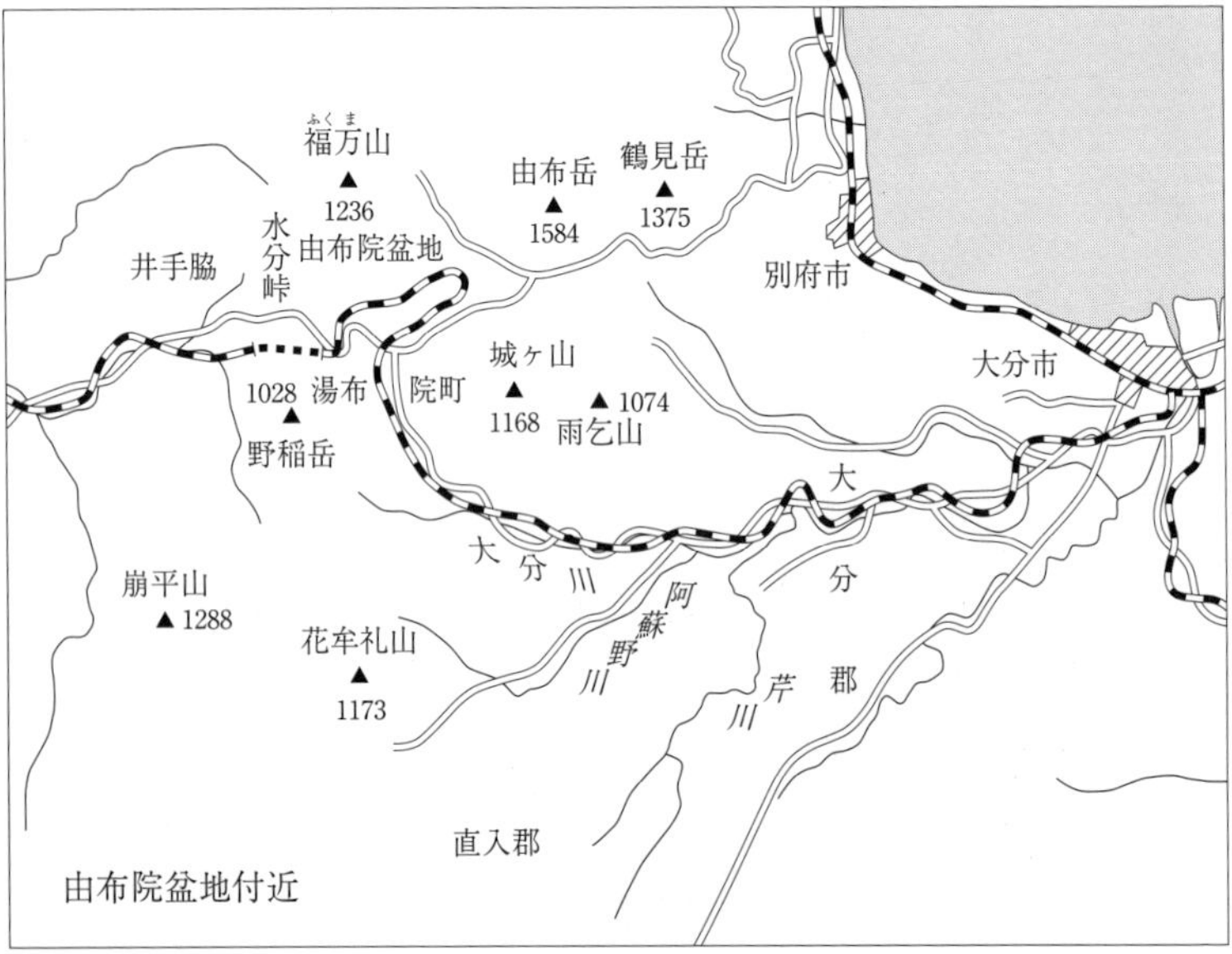

由布院盆地付近

生きとした言葉を作ることができたのだ。わたしにはそのように感ぜられる。

さて、その目で由布院盆地を見つめてみよう。ここはまことに見事に「トンボの交尾」図そのものだ。この盆地の形自身があの奇妙なトンボの生態（前ページ写真）そのものである上、ことに現実味《リアリティ》をそえるのは、大分川がその一端から流れ出していることである。

重要なことは、この盆地は東西（東の狭霧台と西の朝霧台の間）四キロメートル強だから、福万山など四囲の山の中腹に登れば、全盆地が一望のもとに収められる、という、この一点だ（横幅は最長部二キロメートル強、最短部〇・五キロメートル弱）。

右の「神武」の言葉には、眼下にくりひろげられた絶景に驚嘆した、その古代人の感動がありありと息づいているではないか。

これに対して奈良盆地はどうだろう。この盆地に向かって〝まことに狭い〟（真迮《まさ》き）という批評を放つ、というのは、中国大陸とまでいわなくても、せめて関東平野くらいに住む者の目から見たならば、あるいは妥当するかもしれぬ。しかし、たかだか〝日向から来た〟はずの神武の感想としては、全く不適切だとしかいいようがない。また奈良盆地を生活圏とした大和朝廷の人々がみずからの地を〝まことに狭い〟と称したとしたら、これも不思議である。

その上、奈良盆地の形も、先の「トンボの交尾」というには、適切ではない。むしろ、長方形に近いのだ。この盆地を見て、このような異形《いぎょう》の光景を〝思いつく〟としたら、それは〝古代人の想像力の豊かさ〟というより、むしろ〝想像過剰の病的感覚〟というべきではあるまいか。

さらに決定的なこと、それは、この盆地（奈良）をかりに右のように見なしたとしても、それは〝地図を開いてみて〟のことにすぎない。奈良盆地の一端（たとえば問題の本間丘）に立ってみても〝一望してそう見える〟というわけにはいかない、ということの一事だ。なぜなら、奈良盆地は南北（御所《ごせ》より山城まで）三十キロメートルもあり、由布院盆地（東西）の七倍強の長さだ。横幅（東西）は最長二十キロメートル弱あるから、面積は由布院盆地の三、四十倍もある。三十キロメートルと二十キロメートル弱を対角線とする、変形の菱形に近い。とても、〝眼下にその全景を収める〟というわけにはいかないのだ。ここに致命的な難点がある！

これに対し、由布院盆地はまさに〝猫のひたい〟のような「真迮《まさ》き」土地だから、例の〝流麗なる異形〟（トンボの交尾）が一望できるのである（現在の「狭霧台」「朝霧台」はこの盆地を一望できる名所として著名である）。

そしてこの〝内なる〟狭小な由布院盆地の外側には、豊国《とよくに》の広大なる安岐津（別府湾）が静かに横たわっているのである（一九七四年の十月末、福万山に登り、この奇異な形状の盆地を一望の下にわたしは見た。

同行して下さったカメラマンの西村久義さんと運転手さんの御苦労が忘れがたい。そのときの写真等、機を得てあらためて報告したい）。

由布院《ゆふいん》一望譚の出生

では、この〝由布院一望譚〟は、いったいだれの、どんなときの説話なのだろう。『書紀』は幸いにこれを見出す手がかりを内蔵していた。それは先にのべた「景行の熊襲征伐」、つまり〝前つ君の九州一円平定説話〟である。

この九州東岸・南岸の平定説話は、具体的には三地域が対象だ。(A)豊前（菟狭《うさ》、御木《みけ》、高羽、緑野）と(B)豊後（速見の石窟、直入県）と(C)熊襲国（襲の国）である。この中で(A)と(C)とは〝詭計〟をもって平定した話だ。(A)は四人の首長を賜与物をもって招き、謀殺した話。(C)は熊襲梟師《たける》の二人の娘の、長女を寵《ちょう》して彼女に父を殺させ、襲の国を平定する話である。これに対し、実際の流血の戦闘によって討伐したのは(B)だけだ。

石室の土蜘蛛《つちぐも》を襲ひて、稲葉の川上に破りて、悉く其の党を殺す。血流れて踝《くるぶし》に至る。……亦《また》血の流れし処を血田《ちた》と曰ふ。……時に賊虜の矢、横《よこしま》に山より射《い》る。官軍の前に流れること雨の如し。……皆自ら潤谷に投じて死ぬ。

〈景行紀十二年十月〉

この平定の出発点は速見邑（別府市近辺）であり、最大戦闘地は直入県（現、直入郡）だ。そしてふたたび速見邑方面へとひきかえすとき、ちょうどその帰路にあたるのが、「速見郡」に属している（『和名抄』）由布院盆地なのである。「国を獲たる」と神武がここでいっている「獲」の字は、

争取、獲と曰う。〈『礼記』典礼上、註〉

のように〝ぶんどる〟〝奪い取る〟の意だ。この血みどろの戦闘直後の言葉にふさわしい。

一方、この「日本旧記」には、前にものべたように、地名説話が多い。地名の起源そのものとしては、

付会（こじつけ）だ。要は〝既存の地名を九州王朝の君主の行為に結びつけて説く〟ことに意味があるのである。その上、〝この名の始めは……〟という始源説話も多い。

(A)遂に始めて筑紫より凡そ大八洲国の内、播殖して青山を成さざるなし。〈神代紀、第八段、第四、一書〉

(B)故《かれ》、八女の国の名は此れによりて起るなり。〈景行紀十八年七月、「前つ君」九州一円平定説話〉

また「国の状を廻望して」の類の表現もある。

(C)時に天皇南望して……其の状を察《み》せしむ。〈同十二年九月、「前つ君」の九州一円平定説話〉

のような文体特徴から見ても、このいわゆる「神武命名」とされる豊秋津洲始源説話が「日本旧記」からの「盗作」であることを、わたしは疑うことができない。この説話は、(A)の文面にもあらわれているように、国生み神話の「大八洲説話」と呼応し、「豊アキ津＝大分県別府湾」という、先述来のわたしの解読を裏書きしているのである。

そしてこの『書紀』の盗作の秘密をわたしに教えてくれたのは、わたしの幼い日の友、瀬戸内海岸の小さな丘のトンボたちの群れであったのかもしれない。

もう一つの秋津島

さらにこの問題を確定するため、もう一つの「秋津島」命名説話と比較しておこう（前出、一四二ページ）。

（雄略天皇）即ち阿岐豆《あきづ》野に幸して、御猟《みかり》の時、天皇御呉床《みあぐら》に坐す。爾《しかる》に蝈《あむ》、御腕を咋《く》ふ、即ち蜻蛉《あきつ》来て、其の蝈を咋ひて飛ぶ。蜻蛉を訓みて阿岐豆と伝ふ。是に於て御歌を作る。其の歌に曰く、

み吉野《えしの》の　袁牟漏《おむろ》が嶽《たけ》に……手腓《たこむら》に　蝈かきつき　その蝈を　蜻蛉早咋《ぐ》ひ　かくの如《ごと》　名に負はむと
そらみつ　倭《やまと》の国を　蜻蛉島とふ

故《かれ》、其の時より、其の野を号して阿岐豆野《あきづの》と謂ふなり。〈雄略記〉

『書紀』にも、右と同類の説話がある（雄略紀四年八月）。だから、神武紀の「秋津洲」〝神武〟命名説話とダブッているのだ。しかし、同一名称に対し、二人の命名始源者がいるはずはない。両説話は、いわば共存できないのである。本来の天皇家内伝承は、思うにこの「雄略記」〈紀〉の方だ。神武紀の「秋津洲」命名説話が、他（「日本旧記」――「前つ君」）から挿入されたものであることは、この点からも明白であろう。

この雄略命名説話の内実は、

〈原形〉		〈改作〉
(A) 筑紫中心の大八洲国 説話〈日本旧記〉	→	(B) 近畿中心の大八島国 説話〈『古事記』帝王本紀〉

という史的転移の(B)段階と対応している。ここでは、「豊アキツ洲」の「豊」は美称とされ、「アキツ」は「トンボ」のこととされ、すべては近畿大和中心に〝付会〟（こじつけ）されたのである。

すなわち、このような近畿天皇家による「大八洲」の再解釈史上に位置づけられるのが、ほかならぬこの雄略命名説話なのであった。

第七章　天孫降臨地の解明

その降臨の地はどこか

大八洲問題の帰結は、さらに一つの重要な問題に対して新しい照明を与える。それは天孫降臨の場所だ。

ニニギノ命が〝天降った〟とされている土地はつぎのようだ（『書紀』は第九段）。

(1)日向の襲《そ》の高千穂峯《たけ》……槵日《くしひ》の二上《ふたがみ》の……。　〈本文〉
(2)筑紫の日向の高千穂の槵触《くしふる》之峯　〈第一、一書〉
(3)日向の槵日の高千穂の峯　〈第二、一書〉
(4)日向の襲の高千穂の槵日の二上峯　〈第四、一書〉
(5)日向の襲の高千穂の添《そほりの》山の峯　〈第六、一書〉
(6)竺紫《つくし》の日向の高千穂の久士布流多気《くしふるたけ》　〈『古事記』〉

これが全部である。では、この「日向」とはどこだろう。それは(2)、(6)の「筑紫（竺紫）の日向の」という表現で明らかだ。つまりこの筑紫は福岡県、それも筑前なのである。

それについて、従来の学者、さらには宮崎・鹿児島両県の地元の人々から大きな非難がおこるかもしれない。しかし、どのようにはげしい罵声を浴びようとも、わたしのなすべきことは一つ。自己の解読のルールを守ることだけだ。

これに対して、つぎのような理路をのべる者があるかもしれぬ。

その反論の一つ。『古事記』には、九州全体を「筑紫島」といい、その中を四つに分け、その一つに「筑紫国」をあげている（本書九九ページ参照）。それゆえ、広・狭二つの筑紫があり、ここでは広義の「全九州」ととるべきだ、と。

その通り。それが旧来の理解だった。一部に、ここの筑紫を福岡県ととる論者も出てはいた（原田大六『実在した神話』、門脇禎二『カメラ紀行筑紫の神話』、伊藤皓文『漢委奴国の起源――日本古代国家史論』）。しかし、大勢が宮崎県の日向説をとったのは、右の理路によったのであった（比定地に二説ある。一は南の霧島山。一は北の宮崎県臼杵《うすき》郡高千穂）。

けれども、この本の論証をこれまでたどってきた読者には、もはや明白であろう。この「大筑紫」概念は、『古事記』の編者側の誤認に立つ、「誤置」によるものなのである。

この点、きわめて重要な問題だから、重複を恐れず、もう一度念をおして詳述し、さらに明確にしよう。

『古事記』の国生み神話は、古代政治地図の宝庫である。なぜなら、それは単一な政治地図でなく、新旧幾種類もの政治地図を接合し、重ねあわせた複合物だからである（たとえば先述の「大八島図」の場合は、新しい整理・加削の加えられたものであった）。その個々の政治地図の重大さは、この本の進行を通して、残りなく立証されよう。

問題は、その「接合の手口」だ。これら作成時代と作成者側（王朝）を異にする幾枚もの政治地図を

〝並置〟するのでなく、有機的に〝組み合わせ〟ているのだ。検証しよう。

まず、九州内部の「四分図」自体は、きわめて古い。

筑紫国・豊国・肥国・熊曾《くまそ》国

この政治地図が「景行の熊襲遠征」——実は筑紫前原の「前つ君」の九州一円平定説話の内容とよく相応していることはすでにのべた。つまり、この地図は「日本旧記」からもってきてここに挿入されたのである。

これに対し、『古事記』の「大八島図」は新しい。近畿天皇家内で大和中心、本州中心の政治地図に改竄《かいざん》した〝新版政治地図〟だ。

この新旧二つの地図を一枚に接合する、という離れ業を、『古事記』の編者（天武改定か）はやってのけたのである。そこでは当然、「筑紫洲」は「筑紫島」として、九州全土の意として〝解釈し直されて〟いた。そしてその中に右の古き「四分図」が〝はめこまれた〟のだ。

この手法の破綻が決定的にあらわされているのが「伊予の二名洲」だ。これも「伊予の二名島」と書き変え、全四国の島名と解した。そしてその中に、同じく「四分図」、

伊予国・讃岐国・粟《あわ》国・土佐国

を〝はめこんだ〟のである。しかし、この構成作業の致命的な欠陥は、すでに「伊予の二名洲」が伊予の中の二名という一地点を指す、という地名表記のルールと実体を見失っていたことにある。

この編者の錯覚は、筑紫洲＝筑紫島＝全九州という理解と同質だ。すなわちこの筑紫＝全九州という概念もまた、一片の錯覚にすぎなかったことを明白に立証しているのである。以上の論証によっても、「筑紫の日向」が「九州の日向」でなく、「福岡県（筑前）の日向」であることがハッキリしよう。

「筑紫＝九州」説の背理

その反論の第二。〝先にあげた表（本書一五一ページ）のうち、「筑紫の日向」と書くのは、(2)・(6)だけだ。他はすべて「筑紫の」がないではないか。つまり、近畿天皇家系の伝承（(2)と(6)）だけが「筑紫の……」だ。これは「全九州」の意で使っているのだ。これに対し、「日本旧記」の方（(1)・(3)・(4)・(5)）はすべて「日向」ではじまる。これは先の論理によってみても、「日向の国の」つまり「宮崎県の」となるべきではないか〟と。これはまことに鋭い議論だ。検討しよう。

まず、第一の問題は「日本旧記」の性格だ。これは九州王朝の史書だから、当然〝筑紫の中で〟作られたものだ。だから、いちいち〝筑紫の――〟という必要はない。他国のとき、はじめて「吉備の子洲」とか「伊予の二名洲」とか「豊の秋津の洲」とかいうのである。とすると、ここで「筑紫の日向」と書かないのは、すなわち実体は「筑紫に非ざる日向」でなく、逆に「当然、筑紫の中の、日向」の意味の表記なのである。

この点をさらに立証するのは、先の「九州内、四分図」である。ここには「日向国」など存在しないのだ。これは先の論証のように「日本旧記」の史料だから、同じ「日本旧記」からの挿入である「(1)・(3)・(4)・(5)」と同質の史料だ。すると、右の政治地図にない日向の国という概念に立って「(1)・(3)・(4)・(5)」の「日向の――」ではじまる一句を解することは不当なのである。

他の面から見よう。もし「九州の」という意味で「筑紫」を考えているなら、他にも「筑紫の豊の――」「筑紫の熊曾の――」といった表現があっていいはずだ。しかし、『記・紀』（神代巻）ともにそれはない。その上、神代紀につぎのような註記が頻出する。

此れ則ち、筑紫の胸肩《むなかた》の君等が祭る所の神、是なり。〈第六段、第一、本文〉

此れ、筑紫の水沼の君等の祭神、是なり。〈第六段、第三、一書〉

これらはすべて後代（「帝王本紀」段階）の註記が『書紀』編者によって本文化されたものだ（一二〇ページ参照）。ところが、これらすべてまさに福岡県（筑前）の場合しか、「筑紫の——」の冠辞はついていないのである。これに対し、神武紀冒頭では、「日向国の吾田邑《あたのむら》の吾平津媛《あひらつひめ》を娶り妃と為す」という表記が出てくる。ここには「筑紫の——」はない。これこそ正真正銘〝宮崎県の日向〟なのだ（これは神武以降だから、当然「帝王本紀」の文面である）。

だから、これと表記の異なる「筑紫の日向」という文面〈「帝王本紀」と『古事記』〉を右のような、ただの「日向国」と〝同一〟として理解するのは無理である。わかり易く現代の例で考えてみよう。たとえば奈良県の「大和国」と「福岡県の大和町（筑後、山門郡）」とをゴッチャにするようなものである。現代では、ただ「大和」といえば奈良県だ。後者の大和町を指す場合は、「福岡県の（あるいは筑後山門郡の）大和町」という限定の冠辞が必要なのである。これと同じである。『記・紀』の例を見よう。

(A)爾《しかる》に東の方より遣はさえし建沼河別と、其の父大毘古《おほひこ》と共に、相津に往き遇ひき。故《かれ》、其の地を相津と謂ふなり。〈『古事記』崇神記〉

(B)故、其の御子を率《い》て遊びし状《さま》は、尾張の相津に在る二俣榲《ふたまたすぎ》を二俣小船に作りて、……〈『古事記』垂仁記〉

右の(A)で、ただ「相津」とあるのは、福島県だ。会津磐梯山で有名な、あの会津だ。これに対し、(B)の場合、同じ会津でも、(A)と異なり、愛知県の中の同名地名だ。だから、「尾張の相津」というのだ。

このような差異の道理を無視して、とにもかくにも、宮崎県へひっぱってくるために、この「筑紫の」という冠辞を〝無意味の飾り言葉〟に化してしまおうとしていたのである。こんなやり方は、強引としかいいようがないではないか。

同様に、「筑紫火君」〈筑紫の火の君、欽明紀十七年項〉を「肥（火）国の豪族」と解してきた（岩波、日本古典文学大系、日本書紀下、一一六ページ註）のも、再考する余地があろう。なぜなら、『和名抄』に「筑前国、早良《さわら》郡、毗伊《ひい》比《ひ》」とあるからである。これは博多湾岸であるから、文字通り「筑紫のヒ（ヒイ）」なのである（現在、早良郡に樋井《ひい》川が流れている——室見《むろみ》川の東側）。

さらに大宝二年に、「肥君、猪手——筑前嶋郡川辺里、戸籍」という史料もあり、これは早良郡の西隣だ。つまり、これらは「筑前の肥君」を指しているのであり、直ちに〝肥後の豪族〟と解すべきではあるまい。

筑前の中の日向

ここでわたしは一段と〝キメ細かに〟吟味しておこう。それは『古事記』の場合だ。この本は国生み神話の政治地図の合成（重ね合わせ）にさいして、広（九州）・狭（筑前）二つの筑紫概念を創出した。しかしながら、この本全体の実際にさし示す「筑紫」の用法は、意外にも「狭」の方に限られているのである。この点を明白に示すのは神武記冒頭の記事だ。

即ち日向より発して筑紫に幸行す。故《かれ》、豊国の宇佐に到りし時、……。

ここでは、宇佐は「豊国」とされている。これは『日本書紀』〈帝王本紀〉の、この個所と対照的だ。

行きて筑紫国の菟狭《うさ》に至る。

この方は明らかに「広義」の筑紫だ。これに対し、右の事実から見ると、『古事記』の場合、「竺紫の日向の」の「竺紫」は、〝福岡県〟と解さねばならぬ。——史料事実に立つかぎり、それしかない。すなわち、『古事記』の「竺紫の日向の」という表記は、明らかに「筑前内の一領域」を指しているのである。

では、と人は問うであろう。〝理屈はわかった。しかし、福岡県の中に「日向」などという所があるのか？〟と。その通り。あるのだ。筑前にもあり、筑後にもある（本書一三四ページ地図参照）。

(A) 日向峠（筑前。糸島郡と博多湾岸との接点。高祖《たかす》山の南。怡土《いと》村より室見川上流の「都地《とじ》」に至る途中の峠）

(B) 日向山・日向神岩（筑後。八女《やめ》郡の矢部・大淵二村の山々を「日向山」と呼ぶ。矢部川渓流中に「日向神岩」あり）

右のうち、(B)は現在も「日向神参り」という現地の民間信仰があり、「正面日向神、裏日向神」を拝す、という（長沼賢海『邪馬台と大宰府』）。まさに(A)・(B)とも筑紫は「日向」の点在地帯だ。これはこの筑紫一帯が「日向」信仰の分布地帯だったことを物語るものであろう（九州一円にも分布する）。けれども、今の当面の問題からは、(B)は除かれねばならぬ。なぜなら、本来の筑紫は「筑前」であり、「筑後」は「筑紫後国」と呼ばれたからである（本書八四～八五及び一三三ページ参照）。

そこで問題は(A)だ。ここはレッキとした筑前だ。ここにある「日向」の地名がこの峠だけのものか、あるいは、この付近のもっと広い地帯をさすか、だ。

この問題をときあかすのは、つぎの文献である。

「。高祖《たかす》村、椚《くぬぎ》　二十四戸。慶長の頃、黒田長政、村の／南の、野地を開き、田地とすべしと、／手塚水雪に命ぜられし書状、今も、／農民、田中が家にあり。其書に、／五郎丸の内、日向山に、新村押立／とあれば、椚村は、此時立しなる／べし。民家の後に、あるを、くしふる山と／云、故に、くしふると、云ひしを訛りて、／枆と云とぞ。田中は、元亀天正の間は、／原田家より与へし文書、三通を蔵す。」（福岡県地理全誌抜萃目録、怡土郡之部。大正二年五月発行、『怡土志摩《いとしま》郡地理全誌』東京糸島会発

行所収）

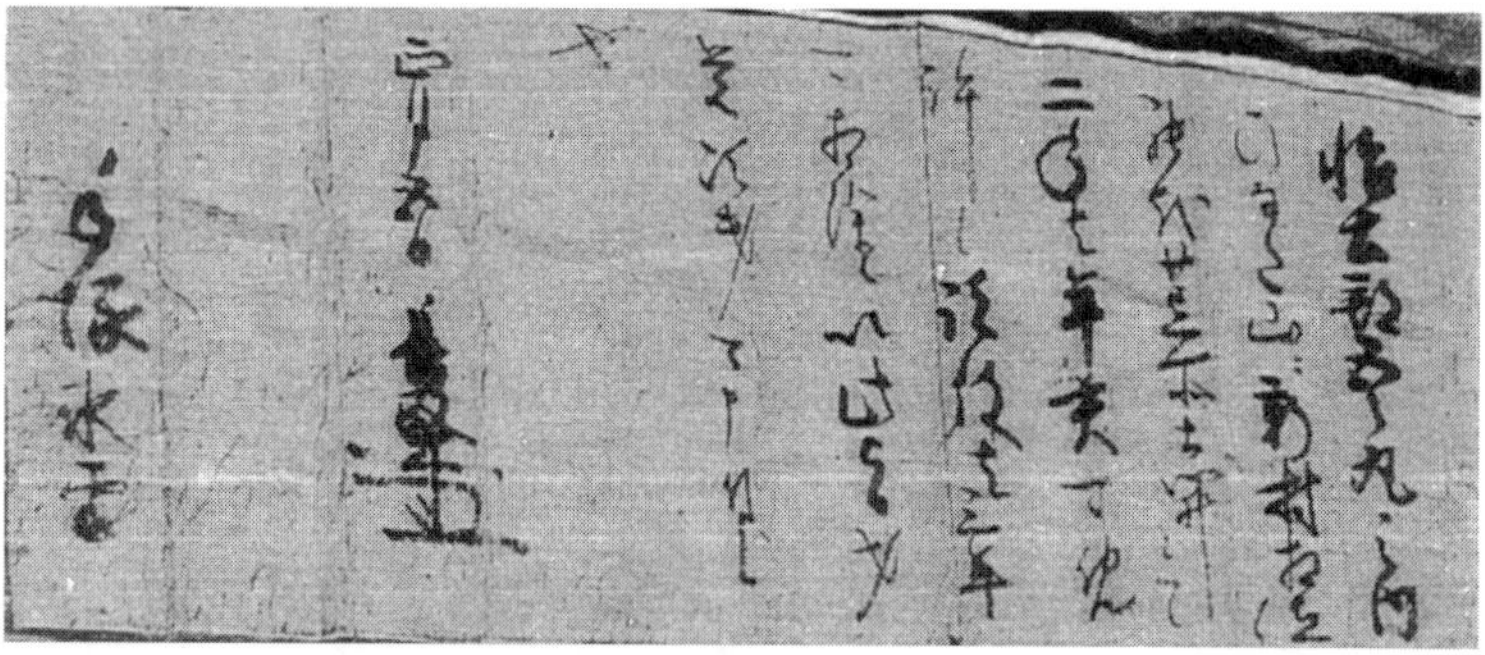

黒田長政書状（前原町椚　手塚誠氏蔵）

右の文面は、つぎの二つの内容をふくんでいる。

㈠ 慶長年間、黒田長政の書状（田中家蔵）に「五郎丸の内、日向山に、新村押立」とある。これがこの椚村の起源であろう。

㈡ 椚村の民家の裏の山を「くしふる山」という。その「くしふる」がなまって「くぬぎ」というのではあるまいか。

さらに、右の㈠の「五郎丸」について、右の文献につぎのように書かれている。

「○慶長郷村帳には、高祖村のうち、三雲村、高上村、宇田河原村と記せり、すべて五郎丸村とも称せり」（原田氏、享禄中の書にも、三雲五郎丸とあり）

つまり、糸島郡の有名な遺跡、「三雲遺跡」の近辺が「五郎丸」だ。高祖村中の三雲・高上・宇田河原等の総称だというのである。

それゆえ、ここにあらわれた「日向山」とは、高祖山のあたりの山をさすこととなろう。また、椚村の裏手に「くしふる山」がある、と書かれている（ただ「くしふる→くぬぎ」音の転訛説は、無理な俗説である）。これこそ特色ある山名だ。

筑紫の日向の高千穂の槵触《くしふる》之峯《たけ》　〈一五一ページ、⑵。第一、一書〉

日向の襲の高千穂の槵日《くしひ》の二上峯　〈一五一ページ、(4)。第四、一書〉

ここにあらわれる「くしふる」「くしひ」だ。ことに後者(4)の場合、「二上峯」といっているが、ここ高祖山は、まさに隣の山と両々相並び、まさに「二上峯」の観を呈している。

なお、一言吟味をそえよう。読者の中には、〝『和名抄』ならともかく、大正の郡県誌では話にならん〟といわれる人があるかもしれない。一応その通りだ。だが、「クシフル山」といった特色ある地名は、後代の地名ではない。その上、〝この地帯が天孫降臨の地だ〟という認識が大正以前に存在した様子がないから、〝『記・紀』の記事にあわせて後代に造られた〟とは、考えにくいのである。右の郡県誌の筆者にも、全くそのような議論はない。この点、たとえば宮崎県の「日向」とはちがう。ここは、永らく「天孫降臨」の地、と信ぜられてきたから、〝ここがそれだ〟〝いや、わたしの方がそれだ〟と、真剣な比定地争いまで発生しているのである。

問題点を整理しよう。

(1)　日向峠・日向山と並んでいるのであるから、この地帯が「日向」と呼ばれたことは、疑えない。

(2)　ここは「筑紫（筑前）の日向の……」といって当然だ。

(3)　同じ地域に「くしふる山」という特色ある名の山があった。

以上の論証によって、博多湾岸と糸島郡との間、高祖山を中心とする連山こそ、問題の「天孫降臨の地」である、という結論にわたしは到達したのであった。

（わたしは一九七四年秋、再度高祖山に登り、途次、糸島側・博多側とも生涯忘れ得ぬ絶景に接した。——なお頂上の平地は樹木で視界がさえぎられている。）

この問題について、なお念をおすべきことがある。それは「高千穂」「クシフル」「襲」「日向の読み」の問題だ。

四つの問い

㈠「高千穂」は〝高い山々〟〝高くそそりたつ連山〟の意の普通名詞である。宮崎県の「高千穂山」はそれが固有名詞化して遺存したものであろう。「筑紫」の語源が「千串《ちくし》」であり、〝突出した岬の多くある地〟の意と考えられるように（『失われた九州王朝』二五四ページ参照）、「高千穂」の「穂」は〝稲の穂〟と共通する言葉なのである。たとえば、日本アルプス山中随一の高山「穂高岳」も類似の山名だ。したがって、この「高千穂」の一語で、宮崎県の「高千穂峰」などに結びつけるのは危険なのである。

㈡ また、「クシフル」「クシヒ」の「クシ」も、右の「筑紫＝千串《チクシ》」の「クシ」と同一であろう（「フル」は村落の意。朝鮮半島側と共通の用語）。この点からも、この「クシフル山」は筑紫（筑前）の山であることが察せられよう。

㈢「襲《ソ》」は「曾《ソ》」と同じだ。「熊襲」が「熊曾」とも書かれるように。「襲の国」「阿蘇」といった風に〝一定の地形〟を示す言葉であろう。高祖山の東側（博多湾岸）に「曾根原（ソネバル）」がある。「原（バル）」は例の、村落を示す語だが、「曾の根」というのは、このあたり（曾根原）が「ソ」と呼ばれる地帯の根（幹に対する根）に当っていることを意味しよう。こう考えると、「日向の襲の高千穂の槵日の二上峯」〈第四、一書〉という表現もまた、この地帯に似つかわしいのである。従来、いきなり南九州「襲の国」と結びつけてきたことの、〝短兵急にすぎた〟ことが知られよう（「相津」と「尾張の相津」がちがうように、「襲（の国）」と「筑紫の日向の、襲」とはちがうのである）。

㈣「日向峠」の読みは「ヒナタ峠」である。この点、「ヒュウガ」や「ヒムカ」とちがうではないか、という異議が出るかもしれない。たしかに「ヒムカ」「ヒュウガ」なら、〝神聖な土地〟に聞えても、

平原遺跡付近よりみた高祖山（左方）と日向峠（右端凹部）

「ヒナタ」では冴えない。なにか〝老人のヒナタぼっこしている峠〟といったイメージが浮かぶからだ。

しかし、「彼方」（カナタ・アナタ）といった言葉を考えてみよう。〝彼（カ）の方面〟〝あちらの方角〟の意味だ。そうすると、「ヒナタ」も、〝日の方角〟の意味となり、「日向」という神聖な字面にまことにふさわしいのである（壱岐にも「ヒナタ」がある）。

天照誕生の聖地

つぎに、「筑紫の日向の小戸《おど》」とは、どこだろう。

イザナギが黄泉《よみ》の国から逃げ帰り、ここでミソギをし、そのとき天照大神やスサノオ命・月読命らが生まれた、という、まさに日本神話の主神誕生の聖地である。まず、各表記をあげよう。

(イ)竺紫の日向の橘《たちばな》の小門の阿波岐原　〈『古事記』〉

(ロ)筑紫の日向の小戸の橘の檍《あわぎ》原　〈神代紀、第五段、第六、一書〉

(ハ)故《かれ》、橘の小門に還向《かえ》りて払ひ濯《すす》ぐなり。

〈神代紀、第五段、第十、一書〉

これを先の天孫降臨の表記と相対してみよう。

(a)筑紫の日向の高千穂の槵触《くしふる》之《の》峯《たけ》　〈神代紀、第九段、第一、一書〉

(b)竺紫の日向の橘の小門　〈『古事記』――先の(イ)〉

右の(a)の傍点部が地勢を示す地形詞だとすると、同じく(b)の傍点部「橘の」も、地形詞となろう。つまり、「太刀鼻《たちはな》」とも書かれる岬状の突出部を示す地形詞と思われる。博多湾岸東岸に当る橿日宮《かしひ》（香椎宮）の裏にある「立花山」の「立花」も、同類の地形を示す地名ではあるまいか（この立花山付近の海岸を比定地として考えた時期のあることを告白しておこう）。先の(イ)(ロ)で、「橘の」の位置が前後しているのも、「橘の小戸」が「橘（中地名）→小戸（所属の小地名）」の形の表記ではないことを示していよう。

以上のように考えをすすめてくると、現地の固有名詞部分は「小戸」となる。「筑紫の日向」に当る高祖山付近に、この地名があるだろうか？――ある。博多湾岸西部、姪《めい》の浜付近だ。ここは福岡市内で現在バスの停留所にも、この名がある。その海岸は「能古島《のこしま》（残島）」にピッタリ相対している。ここだ（その姪の浜海岸に「小戸《おど》神社」がある）。

『福岡県神社誌』（昭和十九年刊）によると、住吉神社（福岡市住吉町）の項に「当神社は伊奘諾命の予《よ》母《も》都《つ》国より帰りまして、禊祓給ひし筑紫の日向の橘の小戸の檍原の古蹟」とあり、さらに同名（住吉神社）の郷社が「福岡市姪浜町字宮の前」にある。伝説は必ずしも虚構ではなかったようである。

つぎに「アハギ原」とはなんだろう。「原」は例の「バル」だ。〝村落〟のことである。

『隋書』俀《たい》国伝に「阿輩雞弥（アハキミ）」とある。従来、これを「オホキミ」あるいは「アメキミ」と解してきた（岩波文庫本、七〇ページ）。しかし、「阿輩」を「オホ」や「アメ」と読むのは無理だ。思

姪の浜より見る能古島（残島）——西村久義氏撮影

うに、これは「アハ君」であって、〝神聖な君〟といった意味ではあるまいか。妻は「雞弥《きみ》」（本書、八八ページ参照）。とすると、ここの「アハ木」は〝神聖な木〟（または城《き》）の意となろう（檍は、橿《かし》またはもちの木）。

注意すべき追記。それは、神功紀に「日向国の橘小門」という表現のあることだ。これが「天照大神誕生地＝宮崎県」説の屈強の史料となったようである。しかし、これまでの論理性を一貫させよう。この「日向国」は疑う余地もなく、宮崎県だ。そこにも「橘小門」と呼ばれる地点があるのだ。「立鼻」という地形にもとづいて名づけられたものであろう。

しかし、これを天照大神誕生の「竺紫の日向の……橘小門」〈『古事記』〉と同一視することは許されない。なぜなら、先にのべたように、『古事記』の叙述の中では、「筑紫」は福岡県の意味で用いられているのであるから。それゆえ、表記と解読のルールに厳密に従うかぎり、両者は別だ。すなわち、天照誕生は福岡県（筑前）の中だと見なすほかないのである（このさい、他の一つの可能性がある。『書紀』〈帝王本紀〉の編者が、右の論理性を見失い、原文では実は福岡県だった「日向の橘小門」を「日向の国の……」とあやまり、改定したというケースである。しかし、今、安易な「原文誤謬説」はとらないこととする）。

以上の論証によれば、北は能古島に相対し、西南は高祖山連峯を望む、この博多湾岸の姪の浜海岸こそ、「天照大神誕生の聖地」だったのである。このことのもつ意味は、この本全体の進行の中でくまなく明らかにされてゆくであろう。

さわやかな訪問

たたみかけるような論述のあと、一服いれよう。わたしが天孫降臨の地に到達することができたのは、先の『怡土志摩郡地理全誌』によるところが多かった。

その機縁は、原田大六さんの『実在した神話』一二二ページの写真だった。そこには高祖山と並んだ山が槵触山として書かれていた。わたしはこの山のことを糸島郡の教育委員会に行って聞いてみたが、現地（字高祖）から通勤しているという方も、その「クシフル山」という山の存在を知っておられなかった。そこで〝直接原田さんの所でお聞きしたらいい〟といわれ、門前まで案内してもらって、原田さんのお宅におたずねしたのである。

けれども実は、わたしはかつて一度原田さんのお宅をおたずねしたことがあった。『「邪馬台国」はなかった』の出る直前のことだった。そのとき、はじめの二時間半くらいは、機嫌よく滔滔《とうとう》と自説をのべておられた原田さんだったが、〝さて、あなたのお考えは？〟と聞かれて、〝実は、わたしは博多湾岸を女王国の中心と考えており、この糸島郡が伊都《いと》国と奴《ぬ》国に当り……、〟といいはじめた途端、突如として〝帰れ！　帰れ！〟と叫び出されたのであった。野人たる氏の面目躍如たる場面であった。

しかし、今度はちがった。「面会謝絶」の札のかかった玄関から丁重に招き入れられ、「この前は失礼しました。（書棚にあったわたしの本『「邪馬台国」はなかった』を指さし）あなたは、この本を書かれた方ですね」とのごあいさつをうけた。そして最近の万葉研究の話、恩師中山平次郎博士との出会いの話など縷々と話しつづけられ、最後にわたしの質問（「クシフル山」の典拠）についても、快く先の『怡土志摩郡地理全誌』を出してこられたのである。

わたしは、それを書き写すうち、「日向山」の字に驚き、原田さんに問うたところ、〝気づかなかった〟との御返事だった。「クシフル山」については、〝どの山とハッキリはわからないが、高祖山のそばにもう一つ山があるでしょう。ですから、そこにあててみたのです〟とのお答えであった。

わたしは思いがけぬ多大の収穫に深く感謝しつつ、心さわやかに原田家を辞したのであった。

解けたニニギの秘密

降り至った天孫降臨の地において、わたしは興味深い文面の解読をうることとなった。それは、『古事記』に書かれているものだ。ニニギノ命がそのとき、その地でのべたつぎの言葉である。

此地者、向㆓韓国㆒、真㆓来-通笠沙之御前㆒而、朝日之直刺国、夕日之日照国也。故、此地甚吉地。

（此地は韓国に向ひ、笠沙《かささ》の御前《みさき》を真来通《まきとお》りて、朝日の直刺《たださ》す国、夕日の日照る国なり。故《かれ》、此地は甚吉《いとよ》き地《ところ》）

「此の地」とは、むろん、この直前の「竺紫の日向の高千穂の久士布流多気《くしふるたけ》」だ。なんの疑いもない。

ところが、この文面は従来代々の学者たちを悩ませてきた難解至極の個所だった。

第一の疑問は、印象深い一句「韓国に向ひ」だ。従来の絶対多数説たる「日向＝宮崎県」説では、この一句が絶対に解けないのだ。〝宮崎県の属する九州のその北側が韓国に面しているから〟というのでは、なんともまどろっこしいではないか。だからこの韓国は、朝鮮半島の韓国ではない、という議論さえ出た。たとえば、宣長は「空国（からくに）」つまり、〝不毛の荒れた国〟の意とする。まさに「白馬《ハ》非《ズ》㆑馬《ニ》」の類の論だ。つまりは、それほどにこの一句に困惑してきたのである。

第二の疑問は「真来通り」の語だ。「笠沙の御前」をただ通ってゆく、というだけのことなら、なんとなく〝大げさな〟表現ではないか。

従来、これを『日本書紀』の「頓丘《ひたお》より国覓《ま》ぎ行去《とお》りて」にあてて、「国まぎ」（よい国を探し求めて）の意と解した。となると、どうもこれはニニギの発言内容でなく、「地の文」のように見えてくる。つまり、宣長のように、「語のさまを思ふにも、真《マ》㆓来《キ》通《トホリ》笠沙之《ノ》御前《ニ》㆒と云《フ》は、必《ズ》地語《ノ》にして、詔《ノタマ》ふ御言には非ずかし」といいたくなってきてしまうのだ。そこで各学者各様にこの個所に「原文改定」を加え、さしかえ、とっかえして読んできた。

○本居宣長——膂肉韓国《ソジヽノカラクニヲ》、真《マ》㆓来《キ》通《トホリ》笠沙《カサヽ》之《ノ》御前《ミサキ》㆒而《テ》詔之《ノリタマハク》、此地者朝日之《コヽハアサヒノ》……

○田中頼庸——是に笠沙の御前に真来通りて詔りたまはく、此の地は韓国に向ひて、……

ニニギの発言は、後半の「朝日・夕日」部分に〝切りちぢめられてしまった〟形だ。これはあまりにも身勝手な原文のきりきざみだ、とわたしがいったら、これら江戸・明治の大家に失礼だろうか。さすがに現代の研究者はこれほど大胆な非理は犯しえなかった。そのため、この未開拓の一節はあたかも太古の原始林のように、『古事記』学者の前に厳然と立ちはだかってきたのである。

しかし、わたしの前に開けてきた新しい地平は、この難解の個所にもまた、平明な通路を見出させることとなった。問題の急所は、文形だ。

① 向韓国真来通（6字）
② 笠沙之御前而（6字）
③ 朝日之直刺国（6字）
④ 夕日之日照国（6字）

右に見えるように、原文はキッチリと「漢字六字ずつ四行の対句形」になっているのだ。中国風の漢文から見れば、あまりうまいとはいえないものの、とにもかくにも整然たる〝日本式対句漢文〟なのだ。この明白な対句形を勝手に破壊したまま読んできた――ここに従来の読解が〝八幡の藪知らず〟のような迷路に永く踏み迷うこととなった根本の理由があったのである。

順次「読み」と「意味」を考えよう。

① 「韓国《から》に向ひて真来《まき》通り」

「真来通り」は〝ストレートにずーっと通り抜けている〟の意だ。これは語感からしても、容易に感じとれるだろう（朝日新聞社、日本古典全書本も、「まっすぐにずっと通じてゐて」と訳している）。語の構成を分析してみよう。

わたしは「真来通り」は「真木《まき》・通り」ではないかと思う。「真木」は「真木立つ山の秋の夕暮」で有名だ。「檜」である。檜は樹幹高く直立し、材木としても木理は通直、緻密で狂いが少ない。ために日本建築としては第一級の材だ。本州（福島県以南）・四国・九州の山地に天然分布する（岩波、日本古典

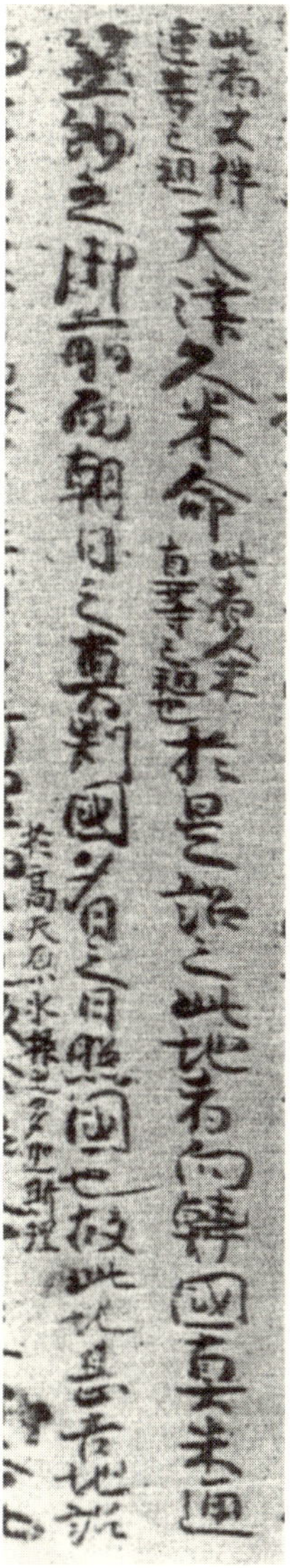

真福寺本『古事記』原文中、「此の地は韓国に向ひ……」の個所

文学大系本では、「書紀第八段、第六、一書」の「柀」に「マキ」の訓をあてる。この字は杉または榧《かや》である）。要するに、ヒノキ・スギといった直立樹の美称だ。

したがって〝中途の支障なく、太くまっ直ぐに通り抜けている〟さまを形容したのである。これと類似の用法に「篠突く雨」「抜けば玉散る氷の刃」等がある。「篠」「玉」は地面に直下する雨、キラめく刀身の放つ光の形容である。

では、この句全体はどういう意味だろう。〝此の地（高祖山の連山の麓には、元の怡土村、前原町がある）は、韓国に向かって太い通路が一線に通り抜けている（大陸への交通の要地だ）〟と。つまり、「伊都（前原）→末盧（唐津）→一大国（壱岐）→対海国（対馬）→狗邪韓国（釜山）」という、『三国志』魏志倭人伝にもあらわれた「幹線道路」をピタリと指しているのだ。

② 「笠沙《かささ》の御前《みまえ》にして」

「笠沙」は「カサ・サ」だ。これを考えよう。「土佐」「若狭」のように、あとの「サ」は地形接尾辞である。したがって固有の地名部分は「笠」となろう。

一方、博多湾岸の中心領域（博多湾岸から太宰府付近に至る線）は「御笠」と呼ばれた（御笠川の流域、御笠郡）。先の神功皇后（実は橿日宮の女王）の筑後平定譚にも出てきた地名である。ところが、この近隣地帯（太宰府より南、筑後山門郡まで）には、つぎのような特徴ある地名が羅列し、分布している。

三輪・三井《みい》（御井〈継体紀〉）・三潴《みづま》・三池・水沼《みぬま》〈神代紀、第六段、第三、一書〉等

このように相接近した領域に「み――」の形の地名が濃密に分布している。この観察からすると、この「み」が「地名接頭辞」であることがわかる。つまり、地名の固有名詞部分は「井」「池」「沼」「輪」といった単語だ。したがってこの接近した地名グループの一たる「御笠」の場合も、「み」は右と共通

の地名接頭辞であり、地名本来の固有名詞部分は「笠」である（鏡味完二『日本の地名』によると、「カサ」は〝上の方、東の方〟を意味するという）。

以上の帰結は、「御笠」と「笠沙」は、ともに「笠」と呼ばれる地帯を指す、ということだ。つまり、御笠川の流域だ。『和名抄』に「。筑前国、御笠郡——御笠、長岡、次田、大野」とある（前出〔一三三ページ〕のように、『延喜式』に「筑前国御笠郡筑紫神社」がある）。

つぎは「御前」について考えよう。

従来はこれを「ミサキ」と読んできた。『書紀』の「笠沙之碕《さき》」の表現とあわせて読んできたのだ。しかし、『書紀』の方は「地の文」であり、『古事記』はニニギの発言内容だ。したがって「笠沙之御前＝笠沙之碕」と等式で結べるかどうか疑問だ。その上、『古事記』には「サキ」の表記に「先」がしばしば使われており、「岬」も二例ある。それなのに「岬」の意の「ミサキ」をことさら「御前」と表記するだろうか。

今は、『古事記』自体の示す表記方法に厳格に従って読んでみよう。

まず「前」が「マヘ」と読まれていることは、允恭記のつぎの例でわかる。

(a)大前小前宿禰（地の文）
(b)意富麻幣《オホマヘ》　袁麻幣須久泥《ヲマヘスクネ》（歌）

つぎは「御」の用法だ。『古事記』全体に四一六例（本文）出現する。そのほとんどすべて、純然たる敬語の用法だ（御子、御陵など）。それ以外に地名・神名・人名の用例がある（御諸山、御井神、御井津比売等）。これらは先にあげた「御笠」「御井」と同じ地名接頭辞の類と見られる。

これらに対し、注目すべきはつぎの例だ。

坂の御尾《みお》に追ひ伏せ……坂の御尾毎《ごと》に追ひ伏せ、　〈大国主神、根国訪問〉

この「坂」は「黄泉比良坂《よもつひらさか》」だ。その坂の〃裾の長く延びたところ〃を「御尾」と呼んでいるのだ。この「御尾」と対照的な表現が「御前《みまえ》」なのである。ある地点を基点として、〃その地点の前〃という表現は『古事記』の常套的な表記法といっていい。『古事記』に出現する「前」全五十例の中につぎの例がある。

(1)針間《はりま》の氷河《ひかわ》の前において　〈孝霊記〉
(2)甜白檮《あまかし》（地名）の前に在る　〈垂仁記〉
(3)高志《こし》の前の角鹿《つぬが》において　〈仲哀記〉

従来これらを「サキ」(1)・(2)、「ミチノクチ」(3)等といちいち読みをつけてきた。しかし、実はこれらはいずれも「基準地名プラス前」という一定の表記様式だ。現存の「堂《ノ》前」とか「宮《ノ》前」といった類の地名称呼の「前」と類似している。これと同類が今の「笠沙の御前《みまえ》」だ。「御尾《みお》」のように「御《み》」という接頭辞がついただけなのである。つまり「笠沙」の地を基準地点として、「その前」に当る領域を指した表現なのである。

大国の発祥

従来とスッカリちがった読みをするのだから、この読み方の例をさらにあげておこう。

大国主神、出雲の御大の御前に坐《ま》す時……　〈少名毘古那神の海上からの到来〉

この「御大の御前」を従来は「ミホのミサキ」と読んできた。出雲国の東北端（島根郡）の「美保埼」のことだ、というのである。

この読み方の一番の難点、それは「御大」を「ミホ」と読む点だ。『古事記』では「ホ」の表記は普通「富」「番」「穂」の類だ。

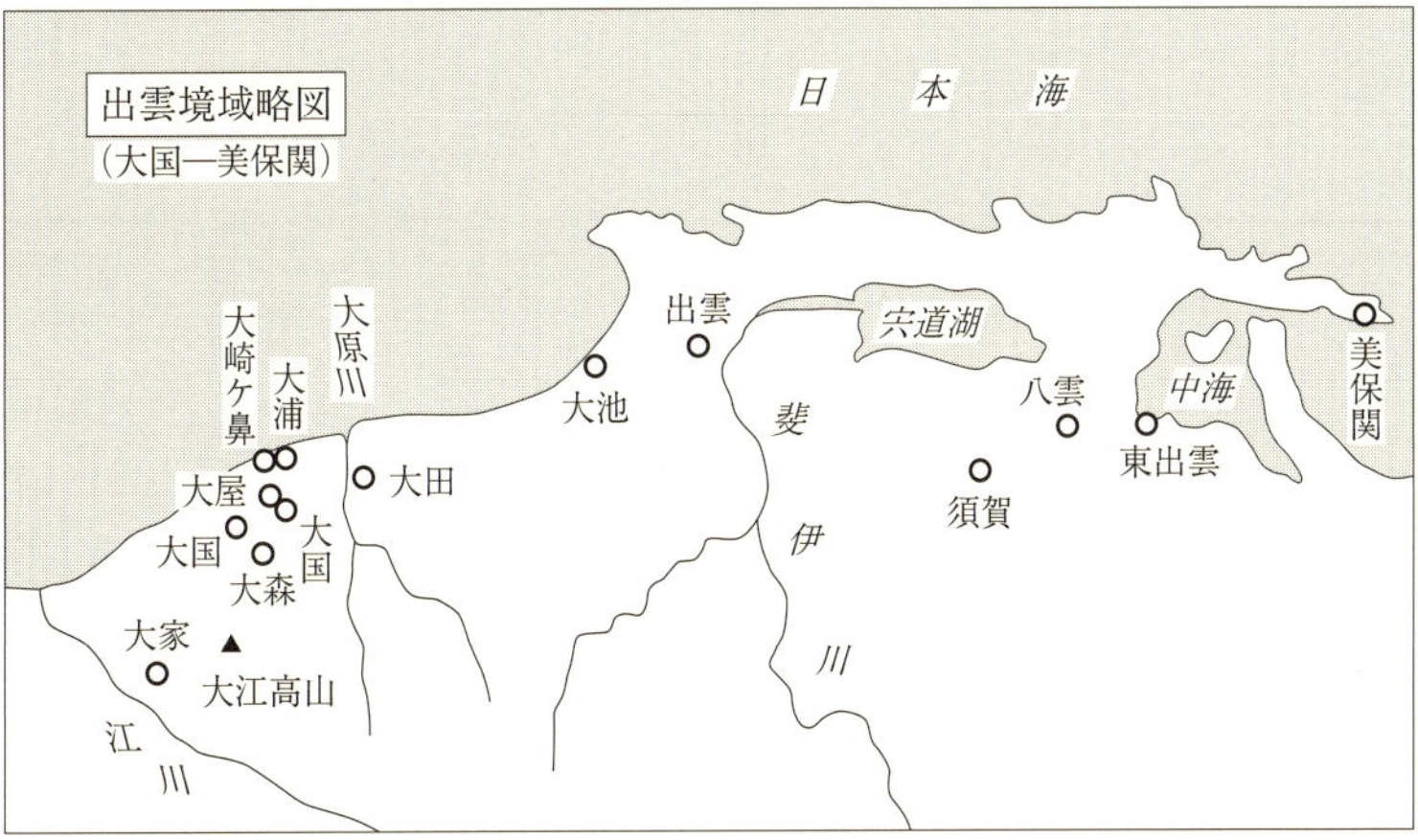

出雲境域略図
（大国—美保関）

意富美和《オホミワ》、番登《ホト》、高千穂《タカチホ》

これら頻出字音を無視してここだけ「ホ」の表記は「大」という字を使ったと見るのはいかにも無理だ。これは「御大の御前」を無理やり現存地名（岬の名）と一致させようとして、第一音の共通する「美保埼」を見つけ、しゃにむにこれと結びつけたものだ。強引としかいいようがない。

あらためて『古事記』の表記様式に従って読み直してみよう。

これはやはり「基準地名プラス（御）前」の形だ。基準地名の「御大」の「御」は、例の「御笠」と同じ、地名接頭辞だ。したがって固有の地名部分は「大《オホ》」である。では、これはどこだろう。

宍道《しんじ》湖南岸の意宇《おう》郡がまず考えられるが、「大」は「於保」であるから、音韻上不適切である。

この点、後代（七、八世紀）は石見国に属した邇摩郡（島根県）の「大国」がこれに当るのではないだろうか。この地域には、「大田市、大原川、大平、大屋、大国、大森、大浦、大崎ケ鼻」と「大」字のつく地名、すなわち「大」

を固有名詞部分とする地名が〝叢立している〟といっていい。ここが「大洲《オホクニ》」（一三二、一三三ページ参照）の名の発祥の地ではないだろうか。

「出雲」がこの地域（島根県）の汎称（大地域名）だったとき、「出雲の（御）大」と呼ばれたのではないだろうか。すなわち、ここは「大国主神」の本拠地だった。だから、この神が〝この地域の「前」（海岸部）にいた〟ことは当然である。もし、これが「美保関」だったとしよう。ここは、出雲の一番東北端の突出部だ。ここへ少名毘古那神が着いた、というなら、一体どこから来たのだろう。越の国の方からだろうか。

しかし、この神は「神産巣日神《かみむすひのかみ》の御子」とされている。これは筑紫（「日本旧記」の成立地）で始祖神とされた神ではないか。それが西の筑紫から来ずに、なぜ東から来るのだろう（西から来たのなら、出雲の主要領域を通り過ぎてきたこととなる）。その上、日本海流は〝西から東へ〟であって〝東から西へ〟ではない。

ところが、今、新しい解読に立ってみよう。「大国」は出雲の西南だ。筑紫の方角から出雲めざしてやって来て、この地に着くのはきわめて自然なのである。

さて、本題に帰ろう。

ニニギノ命の発言内容を新しい解読に立って訳してみよう。

それは「四至」文だった

「此の地（糸島郡、高祖山付近から望む）は、

①（北なる）韓国に向かって大道が通り抜け、

②（南なる）笠沙の地（御笠川流域）の前面に当っている。そして、

③（東から）朝日の直《じか》に照りつける国、

④（西から）夕日の照る国だ」

ここで注目されるのは、この文がいわゆる「四至の文」の形で構成されていることだ。それも〝抽象的〟でなく、臨地性に立つ的確な表現であることだ。

この点、さらに彫りを深めてみよう。

第一に韓国は、ここ（糸島郡）からズバリ「真北」に当ってはいるものの、単にそのような方位上の位置をいっているのではない。それなら「韓国に向ひ」だけでいい。「真来通り」は、かりに先の「真来＝真木」説をとらなくても、この語全体として〝まっすぐに通り抜けている〟感じの表現であることは、語感上疑いがない。〝北へ向かって海路が真直ぐ通っている〟というのでは、「海路」は海の上に実際に一直線にひかれているのではないから、もう一つ表現がピッタリ来ない。やはり〝主要道路（壱岐・対馬通過の海路をふくむ）がズーッと太く、さえぎるものなく貫いている〟という表現と見たとき、もっともピッタリするのではあるまいか。

第二の問題は「笠沙」だ。大切なのはつぎの一点である。すなわち、この文の思想上の原点はこの「笠沙」なのだ。たしかにニニギノ命は今、高祖山の付近に立っている。ここで「此の地」といっているのは、糸島郡だ。博多ではない。なぜなら、「此の地は笠沙だ」といっているのではなく、「此の地は笠沙の前に当っている」といっているのだから。

この発言は「故《かれ》、此地は甚だ吉なる地」という帰結で結ばれている。この地が「甚だ吉」である理由の一つに〝ここは笠沙の前面に当っているから〟という地理上の位置があげられているのである。つまり、この地を賞揚する、そのよりどころは「笠沙」、すなわち「御笠郡」付近一帯の領域なのである。

第三の「朝日」と「夕日」。これが先の南北（正確には東南と北）に対して「東西」を構成していることはすでにのべた。問題はこの対句から「此の地」の地勢がわかるだろうか。しかし、これは実際上、なかなかむつかしい。夕日の方は特色なく、問題になるとすれば朝日の方の「直刺《ひたさ》す」の感じだ（「夕日の日照る」といういい方には、ただ〝六字にそろえる〟ための苦心の手法が感じられる）。

「此の地」の東には山がなく、ズーッと平野部でひらけている。だから、朝日が最初から〝山にさえぎられず、さし通してくる〟という意味にもとれる。これなら、東は開けた平野だ。だが、全くその逆にもとれるのだ。つまり〝「此の地」は東に山（高祖山連山）が突っ立っている。だから、日の出のとき、朝日は直《じか》に真下の此の地（糸島平野）にさしつけるのだ〟という意味である。文章自体からはいずれにもとれる。きめがたい。だから、他の方法で「此の地」をきめ、その上でいずれの解釈が妥当するか、を判定するほかない。

ところで「此の地」とは、先にのべたように博多湾岸ではなく、糸島郡である。とすると、先の二つの解釈のうち、後者がいい、ということになろう。

さて、この糸島郡の中心地はどこだろうか。いうまでもなく、前原町だ。先にのべたように「原」は、地名接尾辞だから、固有名詞部分は「前」なのである。「前」とは〝どこの前〟なのだろう？　いうまでもない。〝博多の前〟なのである。どういうルートに沿ってか？　これも自明だ。大陸（韓国）へ向かう幹線道路の上で、〝博多の前面〟に位置しているのである。ここをニニギノ命は「笠沙の御前」といったのだ。無論、ニニギが命名したのではない。「前（原）」という現地名に依拠して、この説話が語られているのだ。

このニニギの発言の思想内容を要約すれば、〝この地（前原を中心とする糸島郡）は、博多にとっての聖地だ〟といっているのである。そしてそれは〝朝に夕にさんさんと太陽のふりそそぐ聖地だ〟といっているのである。

朝日、夕日はどこへでも当る。では、なぜ、ここをこんな形で特徴づけるのか。それはいうまでもない。すなわち、ここは太陽信仰の聖地なのである。

三つの事実

ここでわたしは三つの事実を想起する。

その第一。この糸島郡にある有名な古代遺跡「三雲遺跡」は『和名抄』では「雲須」（久毛春、久毛波留（前出、九一ページ））といわれている。やはりここでも「三（み）」は「御笠」「御大」「三井（御井）」などと同じく、地名接頭辞なのである。したがって「前」が「御前《みまへ》」と呼ばれることに、なんの不思議もない。

その第二。ここは九州一円平定の王者「前つ君」の発進の地だった（九一、九二ページ参照）。そして三世紀、一大率の駐留の地となっていた。その地はすなわち、〝天孫降臨の聖地〟だったのである。

その第三、昭和四十年の発掘において、此の地（平原――前原町内、三雲の近隣）から瞠目すべき出土があった。

Ⅰ　鏡　(a)船載鏡　三七面
　　　　(b)仿製鏡　五面

Ⅱ　武器　素環頭太刀　一口　鉄製

Ⅲ　玉類
　ガラス製勾玉《まがたま》　三個
　ガラス製管玉　三〇個以上
　ガラス製連玉　多数（すべて破砕）

ガラス製小玉　六〇〇個以上
瑪瑙《めのう》製管玉　一二個
瑪瑙製小玉　一個
琥珀《こはく》製丸玉　一〇〇〇個以上
琥珀製管玉　一個

である。ことに人々の目を奪ったのは、日本最大の鏡だ（径約四六・五センチ、八葉座、四面）。しかも、それは日本製だった。これは太陽信仰と結びついた、祭祀のための鏡であろう、とされる。そしてそれは高祖山の日の出と関連したものであろう、と推定されている（原田大六『実在した神話』）。

しかも、すでに発掘されていた「三雲遺跡」などとあわせ、漢鏡等の出土において、実に日本最大量の鏡の出土地である（原田大六『邪馬台国論争』参照）。

ところが、果然、ここここそがニニギノ命によって〝太陽のふりそそぐ地〟として賞揚されている聖地だったのである。

超能力の無理

ここで従来の読解をふりかえってみよう。

「筑紫の日向の高千穂」の有力な比定地は、宮崎県・鹿児島県境の高千穂峰か霧島山とされた。ここには「韓国岳」というのが近くにある。〝韓国に向ひ〟はこれではないか、という意見があった。しかし、一つの山にすぎぬ韓国岳などを「位置指定の拠点」にしてなんになるだろう。それに第一、「韓国岳」のことを「韓国」といえるのだろうか。それなら、たとえば「豊国」「筑紫国」とあれば、それぞれ「豊国岳」「筑紫国岳」のこととなってしまう。ここでも、その文献の表記のルールから出発せずに、〝通念できめられた先入観に立って、あとはあわせ、こじつける〟というやり方が、き

九州東岸図
遠賀
遠賀川
豊前
中津
安岐
宇佐
〔御毛〕
山国川
高千穂
五ヶ瀬
祝子川
五ヶ瀬川
佐野
〔臼杵郡〕
五十鈴川
耳川
日向
美々津
韓国岳
霧島山
高千穂峰
日向灘
阿多
野間半島
笠沙

わ立ってあらわれているのではないだろうか。

実は「笠沙」の場合もそうだ。従来は鹿児島県西南端の野間半島の「笠沙」が〝あてられて〟きた。この点、ほぼ異論がなかった。しかし、考えてもみよう。ここ（野間半島の笠沙）は霧島山・高千穂山から直線距離で約八十六キロメートルもある。先の「アキツのトナメ」問題で見た、奈良盆地「御所――山城」間の三倍弱もある。一望しうる由布院盆地の二十倍以上だ。

それなのに、ニニギノ命が霧島あるいは高千穂の現地に立っていきなり、「此の地は韓国に向ひ」とか、「笠沙の御前《みさき》を真来通り」とかいうとは？　正気の沙汰ではない。ニニギノ命は、超能力をもち、超人間的な視力をそなえていたというのだろうか。そして〝神の不思議は人間の測り知るところに非ず〟といって済ましてしまうのだろうか。

なぜ、こんなことになったのだろう？　その理由は「地名群」にひかれたからだ。天孫降臨について、『書紀』につぎの文がある。

吾田《あた》の長屋の笠狭碕《かささのみさき》に到る。〈神代紀、第九段、本文〉

ところが、野間半島の近くに「長屋山」がある。そして『和名抄』によると、このあたりは「吾田郡」だ。つまり「吾田――長屋――笠狭」と三つの地名がそろっているのだ。先にのべた〝大視点からの大矛盾〟にもかかわらず、従来この「笠沙の御前」の読みと地名比定に異論が出なかったのは、一にこの「三地名適合」の威力なのである。

類似せる地名群

しかし、ここで注意してほしいのは、日本列島内でA・B・Cの各地で地名が共通している場合、二、三地名もしくはそれ以上の、一グループ、一セットになって共通している場合が少なくない、という事実だ。『和名抄』にもとづいて一例をあげよう。

(a)　近畿（和歌山県）

紀伊（国）――那賀《なか(が)》（加）（郡、郷）――伊都《いと》（郡）――海部（郡）

(b)　北九州（福岡、佐賀県）

基肄《きい》（郡）――那珂《なか》（郡）――怡土《いと》（郡）――海部（那珂郡及び怡土郡）

これらは「木の国」（木→紀伊）「糸郡」「中郡」といった地形や土地の特徴にもとづく地名である。したがって共通の性格をもった地勢では、容易に同一、もしくは類似地名が成立しうるわけである（場合によっては、「同一氏族の移動」等による共通地名の成立という問題もあろう）。

このように「ワン・セット」としてA・B両地域の地名群が共通する、というケースは日本地図帳をもとに検索すれば直ちに判明するように、意外に多いのである。したがって、この問題をもって直ちにA・B両地域の関連の「論証」とすることは危険である。

この問題が『記・紀』の解読に影響する例をあげよう。

乃ち（大国主神を）木の国の大屋毘古《おおやびこ》神の御所《みところ》に違《たが》へ遣《つか》はす。　〈大国主神、根国訪問〉

これを従来紀伊国（和歌山県）として疑わなかった。しかし、この神話世界は、先の「大八洲国」圏の上にあり、その主要舞台は「筑紫→出雲（大国）→越（高志）」の一段国名の国々（本書一三九～一四〇ページ参照）である。それなのに、そこにいきなり、和歌山県をもちこむことは唐突である。当然、「基肄」の方の「木の国」である（大国主神は、筑紫の胸形（宗像）の奥津宮にある神、多紀理毘売《たきりひめ》命を娶って二児をもうけた、という。「大国主の神裔」と北九州との関連は深い。――ただし、近畿天皇家側の後代註記の中に出てくる「紀伊国」は、当然和歌山県の方である）。

問題の本筋に帰って、筋道を立ててみよう。

まず、天孫降臨は「竺紫の日向の高千穂」〈『古事記』〉へと行なわれた。『古事記』の場合「筑紫」は福岡県だ。だからその後の、この一連の物語の進行は、特にことわらない限り〈豊国、出雲国などへの舞台転換のない限り〉、やはり筑紫〈福岡県〉内のこととして読んでゆくべきではあるまいか。すなわち「笠沙」は「筑紫の笠沙」なのである。もし、鹿児島県の「笠沙」の場合なら、「熊曾国の笠沙」とことわらなければならないのである。

「日本旧記」〈神代紀〉の場合は、もっとハッキリしている。この本は筑紫の現地で書かれているから、筑紫内の場合は国名をいちいちことわらない。たとえば「日向の襲の高千穂」のように。だから、「日本旧記」の場合、「豊国の」や「熊襲国の」のように、ことわらない場合は、一般に原則として筑紫〈福岡県――筑前〉だ、と見なさなければならないのである。これは必然の道理だ。

では、筑紫の中の「吾田（A）の長屋（B）の笠狭碕（C）」とは、なんだろう。

この「三重連鎖の地名」を考える上で、まず重要なことは、この句形のもつ意味だ。これは果たして「大八洲国」のときのように、「Aの中のBの中のC」という形なのだろうか。つまり「大↓中↓小」となっているのだろうか。たとえば「京都府↓向日市↓物集女《もずめ》町」といった風に。

この点は、先の天孫降臨の地の表記法を見れば判明する。本書一五一ページを見ていただきたい。

(3)日向の槵日の高千穂の峯　〈神代紀、第二、一書〉

(4)日向の襲の高千穂の槵日の二上峯の天浮橋　〈神代紀、第四、一書〉

右の(3)(4)二例を対比すると、「槵日」と「高千穂」の位置が逆だ。つまり、これは「大↓小」の関係ではない。「槵日」が固有名詞だ。「槵触」の固有名詞部分「槵《くし》」に「日」を付したものだ。ちょうど橿《かし》日宮の「櫺日《ひ》」のように。これに対し、高千穂は〃穂のように聳え立つ高い連峰〃を示す形容句だ。「襲」も〃山の傾斜地のひろがり〃を示す形容句ではあるまいか。

別の面から考えてみよう。(4)のように六つもの連鎖句が「大→小」の形の地名表記であるはずがない。ならば、あまりにも〃ととのいすぎた行政区画〃ではないか――いうならば現代以上に――しかし、そんなことはありえない。つまり、これらの連鎖句は、大八洲の場合と異なり、さまざまの地勢や地形を示す形容句をともなっているのだ。

この五例に共通した「日向」でも、そうだ。「日向」の名が高祖山のほか日向岩村といった筑前の各地、さらに日向神岩といった筑後の地にまで用いられているのはなぜか（豊国などにもある）。この「日向」とは本来は一定の固定地域ではない。〃太陽に向かう、神聖なる地〃を示す、宗教的用語なのだ。

こうしてみると、問題の句「吾田の長屋の笠狭碕」も同じだ。別の一書〈第九段、第六、一書〉では「吾田の笠狭の御碕」というように「長屋」が抜けている。つまり問題の句は、キッチリした「大→中→小」の形ではないのだ。具体的に分析しよう。

まず「吾田」。これは(a)「わだ」もしくは(b)「あた」だ。

(a)「わだ」(1)「河の曲流部などの、やや広い円みのある土地」で、そこが必ずしも田であるを要しない。

(2)同右の形の入江。

(b)「あた」(1)川岸、端。

(2)日当りのよい所。（鏡味完二『日本の地名』）

右の(a)の場合、博多湾がそれに当る。今、須玖遺跡の西隣に「和田」がある。これは湾の屈曲部、入江を指す地名だろう。
(b)の場合、(1)ならば御笠川、那珂《なか》川の川岸の意となろう。
つぎに「長屋」。九州北岸には「――屋」の形の地名が多い。たとえば安屋、芦屋《あしや》、粟屋《あわや》（遠賀郡）、津屋、新屋（博多）のように。また『和名抄』にも「糟屋《かす》郡」がある。つまり、「屋」は古くからの地名接尾辞だ。

すると、今「長屋」の場合、固有の地名部分は「長」である。ところが、問題の御笠郡内の地名は「御笠」につづいて「長岡」だ〈『和名抄』。本書一六九ページ参照〉。そうすると、「長屋」はこの「長岡」と同一の地形状況（たとえば〝長い丘陵の連なり〟）を形容した地名ではあるまいか（「長岡」の近隣には、現在「上長尾」「下長尾」等がある）。

さらに、この「長」が固有の地名部分だという裏付けは、この地（長屋）の神、事勝国勝長狭〈神代紀、第九段、第六、一書〉である。「事勝国勝」は修辞で、実体は「長狭《ながさ》」だが、この「狭《さ》」は、例の「笠狭」や「若狭」の「サ」などの地名接尾辞と同類だ。つまり、ここでも本来の固有名詞部分は「長《なが》」なのである。

第三の「笠狭碕」。先にのべたように、これは笠沙（狭）の御前とはちがう。「笠沙の御前」の方は、〝笠沙の前面の地〟であって、「笠沙」そのものではない。ところが、「笠狭碕」は、笠沙（狭）自身の突出部だ（この場合はおそらく海に向かって）。そこはどこだろう。

第一の候補地は御笠川のほとり、先の「長岡」と呼ばれる突出地域であろう。かつてはここは海に突き出ていたはずだ。

第二の候補地は那珂川のほとり、今の福岡城、平和台のあたりだ。ここも、かつて海に突出していたはずだ。御笠川の流域と相接している。

要するにこの「三重連鎖の地名」の実体は「笠狭碕」だ。御笠川・那珂川流域の、海への突出部である。これに対し、「吾田の」とか「長屋の」といった、地勢や地形を示す形容の句がかぶせられているのだ。これは先の「日向の襲の高千穂の……添山《そほり》」で、「添の山」が当の指定地点で、それに何重もの形容の句がかぶせられているのと同一の手法だ。

このような、この神話独自の地名の表記様式をかえりみないで、後代の行政区画（たとえば、「京都府、向日市、物集女町、中海道《なかかいどう》」といった風に）のように考えてきた。これが従来の読解だったのである。

脚光を浴びる「空国」

新しい解読に立つと、新しい光を浴びる一句がある。「空国《むなくに》」だ。

(1)（天孫降臨後のニニギ）膂宍《そしし》の空国を頓丘《ひたお》から国覓《ま》ぎ行去《とお》りて、吾田の長屋の笠狭碕に到る。〈神代紀、第九段、本文〉

(2)膂宍の胸副国《むなそう》を……。〈神代紀、第九段、第二、一書〉

これは(2)から見ても、「から国」ではない。やはり「むな国」だ。従来、これを〝荒れてやせた不毛の地〟と解してきた。抽象的な普通名詞ととったのだ。では、(2)の「むなそふ国」とはなんだろう。これはどうしても「空（国）」を一定の地名領域と見なければ、理解できない。〝空国にそい並ぶ国（々）〟の意だ。

では、「空国」とはどこだろう。その解答は、今は容易だ。有名な「宗像《むなかた》」だ。この「むなかた」の「かた」は、「直方《のうがた》」（直方市）、「野方」（福岡市西辺）というように、やはり地名接尾辞だ。固有の地名部分は「むな」なのである。「空国」とは、ズバリ、ここ以外にない（「空」「宗」は表記漢字の相違）。天孫降臨の地を宮崎県あたりへ、笠沙の地を鹿児島県へと、もっていっていた従来の立場では、思いもよらなかった。しかし、今は明白である。

ことに決定的なのは、この「空国」と「笠沙」と天孫降臨の「クシフル山」との位置関係だ。ニニギは「クシフル山」から「空国」へ向かって行く途中で「笠沙」の地を通る。そしてそこは海岸だ（神代紀、第九段、第二、一書に「海浜に遊幸す」の語がある）。つまり、海岸沿いに「クシフル山→笠沙→空国」となっていなければならぬ。その通りだ。「高祖山（前原）→御笠（博多）→宗像」は、海岸沿いに、まさにこの順序に並んでいるのだ。

鮮烈な臨地性

以上、煩瑣な地名考証の森を通りぬけてわたしは澄明な海岸に立った。従来の学者は、ニニギノ命をして一種〝超人的な行動距離〟を馳しらせてきた。宮崎県境の「クシフル山」から野間半島の「笠狭碕」まで、直線距離ですら約八十キロもの長途（実際の路程は百キロをはるかに超えるだろう）を、それこそ韋駄天よろしく、一気に飛ばせてはばからなかった。

しかし、今は、ごく普通の人間的な足どりで糸島郡より博多湾岸へとおのずからさしかかってゆくことができるようになった。だから、その途次、心ゆたかに木花之佐久夜毘売《きのはなのさくやひめ》に会って「一目ぼれ」する余裕もあったのである（「木花《きのはな》」は、従来「コノハナ」と読まれてきたが、「木《き》の国」（基肄）の「木」という地名を先頭にもっているのではあるまいか。また両者の出会った地点は「笠沙の御前」〈『古事記』〉「海浜」〈神代紀、第九段、第二、一書〉等）。

このように透明にして自然な理解、これはなにによってもたらされたものだろう。その原点は、大八洲国の「筑紫洲」を「チ（ツ）クシのクニ」と解したことにあった。つまり「筑紫＝福岡県（筑前）」と見なしたことである。

その原点に立って、表記のルールを厳格に見つめた。そして原文の語法と文脈にひたすら忠実に従ってきて、今この地点に辿りついたのである。それによって従来の晦渋や不分明の矛盾が切り開かれたこと、それは一方では、とりもなおさず――自讃めくのを許していただきたい――わたしの従ってきた方法の「有効性」を証明する、といっていいだろう。

そして他方では、『記・紀』のこの文面は、まことに鮮明な「臨地性」をもつ、ということをも証明してはいないだろうか。これが重大だ。ことに、『古事記』だけに掲載された（つまり、近畿天皇家の国内伝承の）ニニギの「韓国に向ひて真来通り……」という四至の対句記事のもつ臨地性の鮮烈さ。わたしはそれに慄然とする。これは決して〝七、八世紀の近畿なる後代史官の造作〟ではない。彼等がここ（糸島郡）を聖地と考えていた形跡は全くないのだから。

それゆえわたしは、戦後史学の通念と化していた、津田の「後代造作説」の命題に反し、この伝承の由来の古さをつくづくと認識しないわけにはいかなかったのであった。

降臨神話の時層

ここでさらに、これら天孫降臨神話の示す地名表現（重層した修辞の連鎖をもつ表記）が、大八洲国（一段もしくは二段の形）よりずっと古い表記方式を反映していることを指摘しておこう。その端的な証拠は、これら天孫降臨の神々（ニニギや大国主たち）は、大八洲国の中で、日本海岸の「一段国名」の国々しか行動領域としていない、という事実である。

これに対し、瀬戸内海岸の「豊の秋津洲」「伊予の二名洲」「吉備の子洲」といった二段国名の地域は、いまだこれら神々の行動範囲に加えられてはいないのである。

すなわち、これら神話舞台の政治地図は、「大八洲国」という広域まではいまだ発展しえぬ〝日本海岸政治地図〟という狭域、その原初の時層（成立期）に属していたのである。

なお、ニニギの四至文中の「真来通り」について、「来立つ」〈景行記〉、「来散る」〈安康記〉という語法との表記上の関連に注意したい（この点、上古音韻〔甲類・乙類〕について御注意いただいた岡本健一氏に感謝する）。

第八章　傍流が本流を制した

降臨神話はどの王朝のものか？

これまで、前へ前へとひたすら論証の道をすすんできた。今、立ちどまって、歩いてきた道をふりかえってみよう。

この道を照らす「スフィンクスの問い」がある。〝天孫降臨の神話は、どの王朝のものか？〟——これだ。

わたしたちは今まで、天孫降臨といえば、天皇家の始祖神話だ、と信じてきた。比較神話学において、東アジアや環太平洋圏の諸神話とこれを対比して論じてきた人々ですら、〝『記・紀』の天孫降臨が天皇家の、天皇家による伝承もしくは創作であること〟——それを疑いはしなかったのである。

しかし今、従来の論者が予想もしなかった局面があらわれてきた。それは、筑紫（筑前）を原点とする九州王朝もまた、天皇家と同一系統の始祖神話群をもっていた、という事実である。しかも、単一的な天皇家系列の神話（『古事記』と「帝王本紀」）とは異なり、ずっと多様な伝承のバラエティをもち、天皇家よりずっと早くからすでに記録化されていた、という事実である。

だからこそ、八世紀に日本列島を統一した近畿天皇家は〝自己を正統化し、永遠の絶対者とする神話〟の新版の集成をはかった。そしてそのさい、先在の九州王朝の史書「日本旧記」の始祖神話（天孫降臨等）を〝切り取って〟自己の神話に「接合」したのである。しかし、この接合は、先にのべた「景行天皇の熊襲征伐」や「神功皇后の筑後討伐」の場合とは、本質的にちがう。なぜなら、この二討伐説話の場合、その本体は文字通り九州王朝の発展史である。つまり、近畿天皇家の伝承には皆目なかったものだ。

しかし、降臨神話の方はちがう。『古事記』や「帝王本記」の方にも、ちゃんとほぼ同一の神話があったのだ。あっただけではない。ニニギの「四至」文などでは、「日本旧記」には見られぬ生き生きした臨地性、独自の生彩を内蔵していたのである。

このさい、つぎの三点を箇条書きして問題点をハッキリさせよう。

第一、先在の九州王朝と後在の近畿天皇家は、共通の始祖神話（天孫降臨等）をもっている。すなわち、始源を共通にしており、後来、二つに分かれた王朝なのである。

第二、始祖神話の原域は博多湾岸と糸島郡の両地域である。これはすなわち九州王朝の首都圏である。したがってこの神話の本来の姿は〝九州王朝自身の神話〟にほかならない。

第三、天皇家は〝九州の一端（日向）から近畿へ来た〟とみずから称する。そして右の「九州王朝の原域神話」を、すなわち自己の神話として伝承してきた。つまり、九州王朝の神話圏からの分流としての性格をになっているのである。

以上の帰結から、今はあの「スフィンクスの問い」に答えることができる。すなわち、

㈠　天孫降臨神話は、本来九州王朝のものだ。

㈡　近畿天皇家はこれに対し、「わたしたちも、この神聖な系譜の流れを汲んでいる」と主張したの

である。

——これが歴史の真相だ。

人々は、右の答えに向かって、さらに烈しく反駁するかもしれぬ。〝天皇家が『記・紀』の中で主張しているのは、自分が天照大神らの始祖神たちを継ぐ本流であることだ。すなわち唯一の「正統の継承者」である、というその一点なのだ。それゆえ、決して「自分たちは九州王朝の分流だ」というような傍系の主張に甘んじているのではない。それは明白ではないか〟と。

分流の論証

これは少なくとも八世紀初頭前後の『記・紀』成立時点における「近畿天皇家の意識」としては完全に正しい。それはつぎの二点でわかる。

第一に『古事記』序文にあらわれた天武の詔、あの「削偽定実」の思想がこれを示している。〝天皇家は日本列島内において、永遠の昔から唯一無比の正統者たる権威を独占してきた〟——これが、再三のべたように、ここで「実」と呼ばれているもの、その本質だったのである。

第二に、右の裏面を見よう。『日本書紀』が（「帝王本紀」の段階以来）九州王朝関係の史書（国内的には「日本旧記」、対外的には百済系三史料等）を「盗用」している事実。このことはすなわち、近畿天皇家がみずからを「正統化」しようとする意識のあらわれである。

しかし、今はもっと本源に遡ろう。天皇家内伝承（それは『古事記』「帝王本紀」に示されている）それ自体は果たして本当に、「わたしは正統だ」と自己主張しているのだろうか？　その答えはズバリ、否！だ。その証拠を示そう。まず、天照大神から神武までの系譜を『古事記』によってあげる（一九一ページの図）。

この系譜を吟味しよう。

まず第一の興味深い点。(α)と(β)は、天照大神とスサノオ命との「うけひ」（吉凶黒白を判断する場合に、必ずかくあるべしと心に期して、ある行為をすること。卜占の類。誓約）によって生まれた子だ。天照がスサノオの佩《は》いていた「十拳剣《とつかのけん》」を材料（物実《ものざね》）にして生んだ子が(α)の三女神だ。これに対して(β)の五男神は、スサノオが、天照の「みずら」にまいていた「八尺《やさか》の勾璁《まがたま》の五百津《いほつ》の美須麻流《みすまる》の珠」を材料にして、生んだ神々だ。だから、そのままとれば、左表のようになる。

ところが、あとで天照が〝五男神は物実が自分のものだから、わたしの子だ。三女神は物実があなた（スサノオ）のものだから、あなたの子だ〟といったという。この〝とりかえの論理〟によれば、天之忍穂耳命は天照の子だ。しかし、五男神の第二、天之菩卑能命の子、建比良鳥命が（五男神の子としては）特記され、これが「出雲国造の祖」と註記されている点から見ると、実際はやはり五男神は出雲と関係深いスサノオの子なのではあるまいか。もちろん、〝五男神は本来、天照の子だったのを面白く説話化しただけだ〟とも見ることができようが、一方、「とりかえの論理」によって天照の子に仕立てた、という観もぬぐえない。

第二。天之忍穂耳の娶った万幡豊秋津師比売命（以下、「師比売」と略称）は高木神の子だ。ところで、この高木神は高御産巣日《たかみむすひ》神のことだという。つまり天地創造のとき、天之御中主神に次ぐ主神だ。だから、天照やスサノオより格が上なのである。事実、天照はこの高木神の指示によって（あるいは、この神とともに）言動しているさまがしばしばうかがえる。

天照大御神、高木神の命以ちて、太子正勝吾勝勝速日《まさかあかつかちはやひ》天之忍穂耳命に詔《のり》す、……。

〈『古事記』天孫降臨〉

とすると、天之忍穂耳命は、高木神から見ると、「女婿」である。高木神には、子供はこの娘（師比

〔天照大神→神武天皇〕の系譜（『古事記による』）

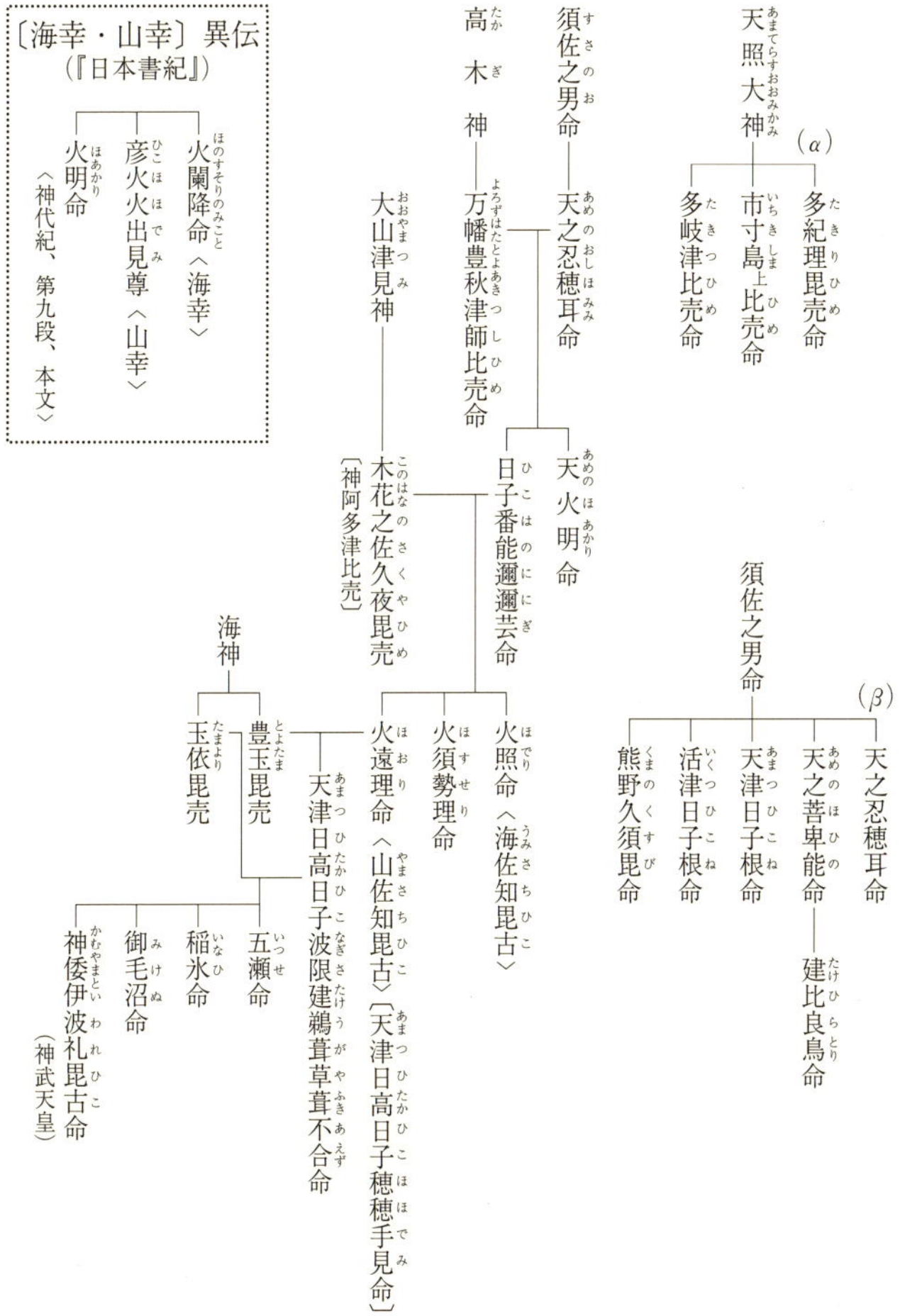

売）一人しかいなかったのだろうか。もし、他に男系でもあれば、そちらの方が「本流」になってしまう。ともあれ、高木神を主柱とした視点からこの系譜を見た場合、必ずしも「主流の系譜」とはいいがたいのである。

本流の削除

第三。つぎはニニギノ命だ。これは兄でなく、弟である。ところが、これに対して〝古代は末子相続だった。だから、弟の方が本流だ〟という論者がある。しかし、この兄弟の尊称を見よう。

（兄）天照国照彦火明命《あまてらすくにてらすひこほのあかり》

（弟）天饒石国饒石天津彦火瓊瓊杵尊《あめにぎしくににぎしあまつひこほのににぎ》　〈神代紀、第九段、第八、一書〉

従来、兄の名を「あまてるくにてる」と読んできた。しかし、彼等の祖母の「天照大神」を「あまてらすおおみかみ」と読む慣例に従えば、これも当然「あまてらす、くにてらす」と読むべきだ。表記の統一性を守る限り、それが当然だ（もっとも、「天照大神」を「あまてらすおほみかみ」と読んだのは、後代〈平安期〉の読みだ。本来は文字通り、「あまてるおほかみ」であったと考えられる（この点、後述））。

それはともあれ、この天火明命は祖母の名前をストレートに継承している。それは疑えない。いや、それ以上だ。なぜなら、「国照（クニテラス――クニテル）」がプラスされているからだ。祖母以上の広範な、「天」と「国」との両域にまたがる支配権を象徴した名だといえよう。これに対し、ニニギノ命の方は、はるかに劣る。「天ニギシ国ニギシ」では、兄の天火明命の方が〝正統的な〟名前であるのに対し、〝副次的な〟印象を拭えない。そういう副次的な役割を帯びた「天津彦《あまつひこ》」（天《あめ》の男）というのがニニギの名前だ。どう見ても主流ではない。それ故、天照の直系は天火明命であって、瓊瓊杵命ではない。これが端的な結論だ。

とすると、この「日本旧記」の本来の形には、当然この天火明命の系譜、つまりその発展の系流の全体系もまた記されていた、と考えざるをえない。しかし、『日本書紀』では、その部分は一切カットされている。先の天火明命について、「是、尾張連《おわりのむらじ》等が遠祖なり」と記されている〈神代紀、第九段、第八、一書〉が、これは後代七、八世紀の近畿天皇家の史官の手による註記だ。しかも、これは尾張連等が「自分たちの先祖をたどれば、天火明命にゆきつく」と称していることを示しているだけだ。自分たちは天火明命の後裔の一端にある、というだけだ。だから、その系統の全体は依然ここでは（『記・紀』とも）〝切り捨てられた〟ままなのである。つまり、〝隠された本流〟という形だ。

ところがこれに対し、「末子相続の理論」などをもちこんで、〝弟の瓊瓊杵命が正系だ〟と主張する論者がある。その人たち自身は、純粋に科学的に〝民俗学的な見地に立っている〟つもりなのであろう。

しかし、よく筋道を考えてみよう。〝後代の近畿天皇家につながる系流こそ、永遠の本流である〟という、イデオロギー的な信仰、既定の観念、その上に立って、〝当然本流であるはずのニニギが弟だ。ああ、これはきっと例の「末子相続」なのだな〟――思惟はこのように進展したのではあるまいか。つまり、「民俗学的な末子相続の理論」が「天皇家本流論」の裏づけに〝利用〟されている恰好なのだ。

しかし、先の称号問題から見ると、〝瓊瓊杵命は傍流〟という理解は必然である。そのとき、こんな「末子相続論」など、ここにもちこむ余地は全くない。『記・紀』の編者の誇示した〝天皇家は永遠の本流〟主義の理念の虚構の毒が、いかに永く深く現代の学者の脳裏までも支配しつづけてきたか。――その歴史事実を、この問題はありありと反映しているのではあるまいか。

要するに、『記・紀』は本流（兄）の系列をカットした。しかし、その尊称自身が〝瓊瓊杵命は傍流である〟という、本来の姿を証明しているのである。

『書紀』は「本流の系譜」の発展をカットした。その上、『古事記』は兄（天火明命）の尊称自体（天照国照）も、カットしてしまっているのである。すなわちここにあるものは、津田史学のいう「造作」ではない。「切断」である。その証拠に、もし後代「造作」しようと思うなら、簡単だ。ニニギノ命に対して、「天照国照」以上の尊称を作ってつけさえすればいいのだから。しかし史料事実において、それは、なされていないのである。

以上によって、『記・紀』の根本の手口は明白だ。それは「自在なる造作」ではない。既成の伝承や史料の「切断や挿入」である。

『旧約聖書』の手法

『旧約聖書』の創世記に、アダム以来の系譜が書かれている。今、『記・紀』の系譜の性格をつかむため、これと比較してみよう。

㈠A　その人（アダム）は彼の妻エバを知った。彼女は身ごもってカインを生み、「わたしはヤハウエによって一人の男子を獲た」と言った。つづいてその弟アベルを生んだ。〈カインとアベル〉

B　アダムはふたたびその妻を知った。彼女は男の子を生み、その名をセツと名づけ……セツにもまた男の子が生まれた。彼はその名をエノスと名づけた。〈カインとセツの系図〉

㈡　アダムは百三十歳の時、彼に似せて、彼の像《かたち》のように子を生み、その名をセツと名づけた。アダムはセツを生んだ後、八百年生き、多くの息子《むすこ》息女《むすめ》を生んだ。……セツは百五歳の時、エノスを生んだ。セツはエノスを生んだ後、八百七年生き、多くの息子息女を生んだ。（以下略）

〈アダムの系図〉（以上岩波文庫『創世記』関根正雄訳）

右の㈡の行文を見ると、「アダム→セツ→エノス（→カイナン→マハラレル→イエレド→エノク→メトシエラ→レメク→ノア）（　）内は省略部分」が一貫して直系または正系であるかに見える。これは紀元前五世紀ころ、祭司階級の間で書き記された祭司資料（Quelle）によるものとされる（創造者が「神」と呼ばれている）。

　ところがこれに反し、㈠A・Bは、

アダム――カイン
　　　　　アベル
　　　　　セツ

という系譜で書かれ、㈡の方の系譜は、実は第三子（セツ）の系流であることが明記されている。そしてさらに、

アダム↓カイン↓エノク↓イラデ↓メフヤエル↓メトシヤエル↓レメク
　ヤバル（母アダ）
　ユバル（同右）
　トバルカイン（母チラ）
　ナーマ（同右）

という、カインの系流が記されている。これは右の㈡の祭司資料の、さらに約五百年も古い時代に記されたものとされ、「ヤハウエ資料」と呼ばれる（創造者が「ヤハウエ」と呼ばれている）。

　つまり、素朴な伝承性をもつ早期の「ヤハウエ資料」と、第三子系を一見〝正統・直系の系譜〟のような体裁で記した後期の「祭司資料」とが合成されたもの、それが現在のこる『旧約聖書』なのである（岩波文庫本、解説参照）。

　この点、『記・紀』の場合はどうだろう。要点を箇条書きしよう。

(一) 各種史料の合成してある点、創世記の場合と共通する。
(二) 『記・紀』とも、程度の差こそあれ、それぞれの方法で改削の手が加えられている。
(三) にもかかわらず、本来の系譜において、みずから（天皇家）が必ずしも「主流・正系」を汲んではいない、その「痕跡」は、なお随所に跡をとどめている（たとえば「天照国照」問題等）。

今までは、実は〝筑紫の中の系譜〟だった。すなわち九州王朝の系譜だ。それを近畿天皇家が「共有」しているのだ（「共有」しない系列はカットされている）。

海幸《うみさち》・山幸《やまさち》説話の役割

だから、いってみれば舞台は筑紫（筑前）だ。それが、どうやって日向（宮崎県）へと舞台がうつるのだろう。この「舞台廻し」の役割をになうもの、――それが有名な「海幸・山幸」説話である。

まず、この説話の梗概を『古事記』によって記そう。

ニニギノ命と木花之佐久夜毘売《このはなのさくやひめ》との間に三子が生まれた。火照《ほでり》命と火須勢理《ほすせり》命と火遠理《ほおり》命の三人。このうち長子（火照命）は海佐知毘古（海幸彦）、第三子（火遠理命）が山佐知毘古（山幸彦）と呼ばれたという。そしてこの第三子は、亦の名を「天津日高日子穂穂手見《あまつひたかひこほほでみ》命」といった（以下、「山幸」「海幸」と略称する）。

山幸は兄（海幸）から借りた鉤《はり》をなくし、海辺で泣いているとき、塩椎《しおつち》神が来て、「綿津見《わたつみ》神の宮に行け」とすすめる。その教えに従い、そこで海神の娘、豊玉毘売に会う。三年過ごしたのち、赤海鯽魚（たい）ののどから、失った鉤を得て帰途についた。帰ってから海神にもらった珠（塩盈珠《しおみつたま》と塩乾珠《しおひるたま》）の威力によって、彼（山幸）を敵視する兄を服従させた。

一方、豊玉毘売命は、山幸の子を妊身《はら》み、それを生むために山幸のもとへやってきた。そしてまだ屋根も葺き終えぬ産殿にあわただしく入った。ところが、山幸が豊玉の願い（タブー）を破り、産殿をのぞいたところ、彼女は「八尋和邇《やひろのわに》」に化《な》っていた。自分の本《もと》の身を知られた彼女は、恥じて本国〈海神の宮〉へ帰っていった。そのとき生まれた子が「天津日高日子波限建鵜葺草葺不合命《あまつひたかひこなぎさたけうがやふきあえず》」である。

以上の説話について、『書紀』では五種類の異伝を採録している〈神代紀、第十段、本文、第一―四、一書〉。しかも皆、かなりの長文だ。つまり、この「海幸・山幸説話」は、「日本旧記」においても、すでに独自のユニークな存在となっていたのである。

さて、注目すべきはつぎの四点だ。

(一)　この海神の宮の位置は、六種類〈『記・紀』〉の説話とも、全く判明しない。〝「可怜小汀《うましおはま》」に海神の宮の台宇が玲瓏《れいろう》と光りかがやいていた〟〈同、本文〉とあり、そこは海底〈同、第一、一書〉であるとか、海中〈同、第四、一書〉であるとか、書かれている。しかし、そこがどのあたりの海なのか、一切不明なのである。これは、この話のもつ、幻想的な海洋説話の性格から考えればむしろ当然だ。

ただし、一つの暗示はある。海神の娘を「豊玉毘売」といい〈各伝とも〉、海神を「豊玉彦」〈同、第一、一書〉という。現在、対馬の上県郡に「豊玉」「豊」等があり、下県郡に「玉調」〈『和名抄』〉がある。また、他方では「豊国」〈大分県〉と関連させる理解もありえよう。

対馬略図

(二)　しかし、ハッキリしていることがある。それは山幸がこの事件のあと、故国へ帰った、とされている点だ。こ

こでは「故国」とは、当然筑紫（筑前）である。そこで彼は没した。だからこの説話の末尾に、

後に久しくして、彦火火出見尊崩ず。日向の高屋の山の上《ほとり》の陵に葬る。〈同、本文〉

とある「日向」は筑紫（筑前）の日向だということとなろう。（この本文は「日本旧記」の文であるから、その点からも、ただ「日向の」といえば、「筑紫（筑前）の日向」である〈本書一八〇ページ参照〉）。

㈢『古事記』の、この説話の結びはつぎのようだ。

故、日子穂穂手見命は、高千穂の宮に伍佰捌《はち》拾歳坐《ま》しき。御陵は即ち其の高千穂の山の西に在り。

この「高千穂の山の西」の御陵とは、㈡で「日向の高屋の山の上《ほとり》」の陵といっているのと同一であると思われる。すなわち、筑紫（筑前）の中なる「高千穂」の「宮」や「山」なのである。

「高屋」の「――屋」は地名接尾辞（一八二ページ参照）であるから、固有の地名部分は「高」であ

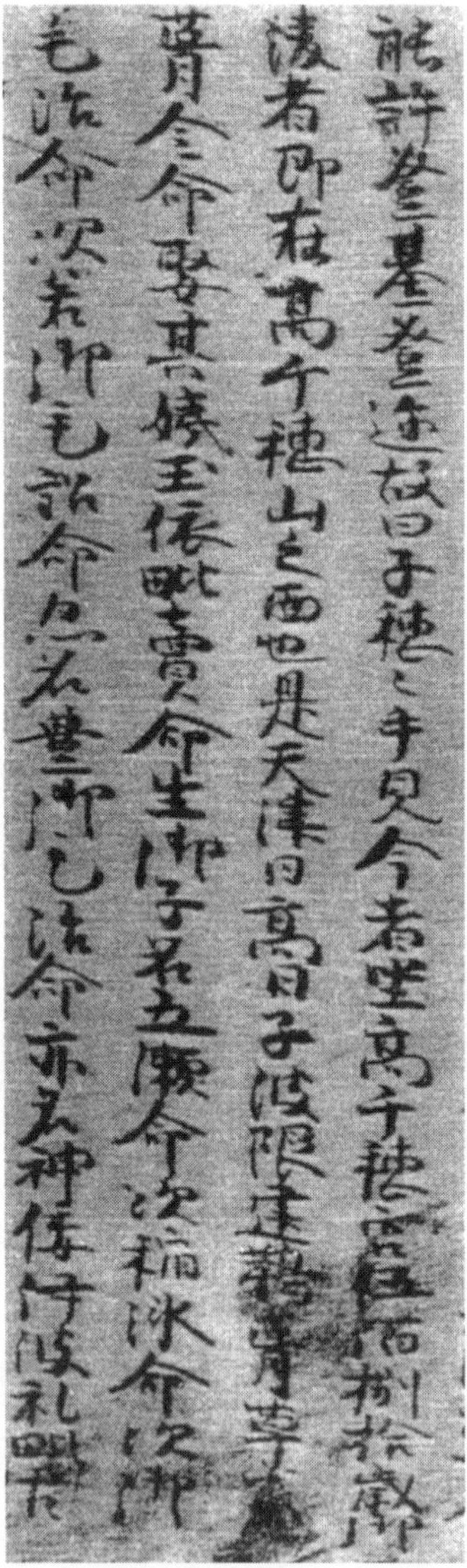

真福寺本『古事記』原文中、「ヒコホホデミノミコト…御陵は即ち高千穂山の西にあり」の箇所

る。一方、糸島郡内、高祖山の西隣には、現在、高祖《す》・高上・高野・高田とつづき、博多湾岸にも高宮がある。

㈣　つぎに、豊玉毘売は山幸の故国へ来てウガヤフキアエズを生んだのだ。したがってウガヤフキアエズの出生の地は、やはり筑紫（筑前）である。

以上をさらに要約すると、

① 説話の発起点は筑紫（筑前）だ。
② 肝心の海神の宮はいずれともわからない（対馬、あるいは大分県の可能性あり）。
③ 説話の帰着点は、やはり筑紫（筑前）だ。

この三点である。

数奇の運命の子

ここで一見奇妙な問題を提起しよう。

山幸は数奇な他国放浪の中で豊玉毘売と結ばれたが、一児をもうけただけで二人は相別れ、ふたたび相逢うことがなかった。毘売は本国（海神の宮）へ去ったのである。このあと、山幸が一生独身のままですごしたとしたら、数奇の子ウガヤフキアエズはたしかに唯一の子、つまり正統だ。——だが、それはむしろ〝奇矯な想像〟にすぎよう。

当然、「正規の妃と正統の子供たち」が筑紫本国にいたはずだ。しかし、それらは（「日本旧記」には存在していたとしても）現在の『記・紀』には全く姿をあらわしていない。ともあれ、各説話の語るところ、ウガヤフキアエズは〝数奇で不幸な運命の中に育った異腹の子〟といったイメージであって、「正規の宮殿で育てられた嫡出の太子」という感じではない。すなわち、これはやはり「傍流の子」なのである。

さて、その数奇の子ウガヤフキアエズは、どこで育ったのだろう。それも筑紫だ。なぜなら、母（豊玉毘売）は、筑紫で子を生んで、この子をここに残したまま本国（海神の宮）へ去って行ったのだから。

このウガヤフキアエズについては、『古事記』に一種〝奇妙な〟所伝がある。

(1) 豊玉毘売の妹、玉依毘売に養育されたこと。

(2) 成人して、自分を育ててくれた姨《おば》玉依毘売を娶ったこと。

この点、『書紀』では左のようだ。

(a)其の女弟《いろど》玉依姫を留めて、児を持養《ほだ》さしむ。 〈神代紀、第十段、第一、一書〉

(b)故《かれ》、女弟玉依姫を遣はして、来りて養《ひだ》さしむるものなり。 〈同、第三、一書〉

右のいずれも、山幸の故国（筑紫）でウガヤフキアエズが育ったことを示唆している。このように、

① ウガヤフキアエズの育ったのが筑紫であったことは、『記・紀』ほぼ共通している。

② しかし、彼が成人して養育の姨玉依毘売を娶って住んだ地がどこか。この記事を記した『古事記』（および『紀』十一段、本文）にも、全く所伝がない（「日本旧記」は、①を最後として、それ以後ウガヤフキアエズの記事は一切ない）。

ところが、その死んだ場所を伝える一書がある。

久しくして彦《ひこ》波瀲《なぎさ》武《たけ》鸕《う》鶿《がや》草葺不合《ふきあえず》尊《のみこと》、西洲の宮に崩ず。因りて日向の吾平の山の上《ほとり》の陵に葬る。 〈神代紀、第十一段、本文〉

右について分析しよう。

(一) この一書は明らかに「日本旧記」でなく、「帝王本紀」だ。なぜなら、九州（内の領域）のことを「西洲」といっているからだ。

『書紀』〈帝王本紀〉では、この語は、「中洲」の対語だ。

東、胆駒《いこま》山を越えて、中洲に入らむと欲す。〈神武紀、即位前紀〉
既にして皇師、中洲に趣かんと欲す。〈同右〉
これらはいずれも近畿大和の地（奈良盆地）を指している。
(二)　だが、この「西洲」が九州内のどこを指すか、は明確でない。
(三)　つぎは、「日向の吾平の山」だ。この近畿で作られた「帝王本紀」の中で、いきなり「日向の」といった場合、宮崎県の日向だ。したがって、この地名は同じ「帝王本紀」〈神武紀〉のつぎの文面と同一領域だと見なしえよう。
〈神武天皇〉長じて日向国の吾田邑の吾平津媛を娶る。〈神武紀、冒頭〉
以上をまとめよう。
(A)　ウガヤフキアエズは〝数奇の子〟として、たしかに海幸・山幸の説話に名前は出現する（「日本旧記」にも）。しかし、その業績・活躍地・没地等は「日本旧記」には一切記されず、不明である。
(B)　ただ、その後の消息は近畿天皇家系の史書にのみあらわれる。
その一つは、『古事記』にウガヤフキアエズは姨《おば》にして養母なる玉依姫と婚したと伝えることであり、その二つは、「帝王本紀」に伝えるその陵墓の地である。それは宮崎県の日向にあった、と考えられる。
ここにはじめて、宮崎県なる「日向」の地が、おぼろな霧靄の中にかすかな光を帯びて浮かび上がってきたのである。

神武の誕生

この不分明の霧の中から、神武は生まれた。『書紀』〈帝王本紀〉はつぎのように伝える。

彦波瀲武鸕鷀草葺不合尊、其の姨《おば》玉依姫を以て妃と為す。彦五瀬命を生む。次に稲飯《いなひ》命。次に三毛入《みけいり》野《の》命。次に神日本磐余《かむやまといわれ》彦尊。凡《すべ》て四男を生む。〈神代紀、第十一段、本文〉

これは先にあげた「西洲の宮」の段の直前の記事である。この四人はどこで生まれたのだろう。それはわからない。しかし、彼等の活躍の「基地」が日向（宮崎県）にあったことは疑えないようである。『古事記』〈神武記〉に、「即ち日向より発して筑紫に幸行す。故《かれ》、豊国の宇佐に到りし時……」とある。この「日向」は「筑紫の日向」ではない。明らかに「日向の国」（宮崎県）だ。また神武の最初の妻も「日向の国」の人だ。

故《かれ》、日向に坐《ま》す時、阿多《あた》の小椅《おばし》君の妹、名は阿比良比売を娶る。生む子は多芸志美美《たぎしみみ》命、次に岐須美《きすみ》美《み》命、二柱坐すなり。〈神武記〉

『書紀』〈帝王本紀〉では、「日向国の吾田邑の吾平津媛」〈神武紀〉と書かれている（前出）。

従来、これを「薩摩国阿多郡阿多郷」としてきた（岩波、日本古典文学大系、日本書紀上、註）。例の鹿児島県の野間半島の「笠沙」のあたりだ。しかし、〝薩摩までふくめて南九州の汎称を「日向国」といった〟というような政治地図を新規に想定するのは無理だ。「日向の熊襲国」といった表現はない。まず小地域名を「吾田＝鹿児島県の阿多」ときめておいて、それにあわせて大地域名（国名）を都合つけようとするのは、このさい無理だ。この点、先にあげた、当該地域の汎称たる「出雲」と「大国」との関係と同日に論ずることはできない。やはり「日向国」（宮崎県）の内部に「阿多（吾田）」（あた、わだ、あがた）の邑《むら》があった、と考えなければならない。

なお、『和名抄』で日向国臼杵《うすき》郡（日向市近隣）に「英多」がある。この字面は普通「アガタ」と読むことが多いが、「英虞《あご》郡」（志摩国）、「英賀《あか》郷」（播磨国）のような例からみると、「英多＝アタ」であるかもしれない。――紀伊国の「英多郷」は『万葉集』〈巻七、一二二四〉の「安太《アタ》」ではないか、といわれている。とすると、この宮崎県臼杵郡内が一応の候補地となろう。

「神武東征」の発進の地、およびその妻の出身地、そのいずれも、その日向（国）は、宮崎県であって、福岡県ではない。――『記・紀』の表記に従うかぎり、そう考えるほかはないのである。

神武と日向

従来、例外的ながら、北九州（糸島郡）こそ「神武東征」の発進の地と見なす論者があった（原田大六『実在した神話』、阿部秀雄『卑弥呼と倭王』）。たしかに北九州は九州の政治・軍事・文化の中心をなしていた。それは遺跡上からも疑うことはできない。また、「邪馬台国」を筑後平野流域におき、その東遷を考える論者（たとえば安本美典『神武東遷』）にとって、それは魅惑的な命題であったろう。

しかし、『記・紀』の表記のルールに正確に従う限り、そのような見地をとることはむつかしい。第一、「日向より発して筑紫に幸行す」というとき、「日向」は国名である。「筑紫の日向の高千穂の……」といったときのような〝神聖なる太陽神の〟といった、宗教的な修辞ではない。〝例の日向の国〟という感じなのだ。

『古事記』の中の他の例を見よう。

(A)（建沼河別と大毘古と）相津に往き遇ひき。〈崇神記〉

(B)尾張の相津に在る二俣榲《ふたまたすぎ》〈垂仁記〉

右の(A)は会津磐梯山で有名な福島県の「相津」だ。これに対し、(B)は同じ「相津」でも、愛知県の方だから「尾張の相津」というのである。この「相津」が現在どこに当るか不明だが、いきなりこの「相津」を福島県にあて、〝福島県も昔は尾張国に属したのだろう〟などということはできない。

このような表記のルールを正視する限り、神武東征の発進地の「日向（国）」は宮崎県であり、天孫降臨の「筑紫の日向の……」は福岡県だ。この判別の道理を疑うことはできない。すなわち、天孫降臨を宮崎県へもってきたり、神武東征発進の地を福岡県へもっていったりすることは、――それぞれの論者にとってそれがいかに誘惑的な命題であったとしても――『記・紀』の表記事実を恣意的に処理しない以上、到底許されることではない。

九州東岸の地名

一つ、興味深いことがある。この神武の兄弟や子供たちの名前には、日向国から豊国、つまり九州東岸域の「地名」がついている――そういう形跡があるのだ。まず長兄「五瀬命」。これは今まで「イッセノ命」と読まれてきた。しかし、別段の根拠があるわけではない。ただ、〝名前らしく〟読んだだけだ。ところが、宮崎県の地図を見よう（本書一七七ページ地図参照）。その北辺、大分県南辺近くに五ケ瀬《ごせ》川がある（その上流に高千穂町、五ケ瀬《ごせ》町がある）。してみると、この長兄の名は「ゴヵセノ命」と読みうることとなろう。この五ケ瀬川と河口で合流しているのが祝子（ホウリ）川であり、その岸に「佐野」がある。神武の幼名「狭野《サノ》命」〈神代紀、第十一段、第一、一書〉と音が一致する。

また第三子「三毛入野命」の場合、豊国の「御木《みけ》」（豊前国、上毛郡・下毛郡（本書一四八ページ参照））と関連しているとも見られる。『古事記』では神武にも「若御毛沼《わかみけぬ》命」「豊御毛沼《とよみけぬ》命」という別称がある。さらに神武と阿比良比売との間に日向（宮崎県）で生まれた二子多芸志美美《たぎしみみ》命、岐須美美《きすみみ》命には、いずれも「みみ」の称号がある。ところが、日向市の南に「耳《みみ》川」が流れ、「美々津《みみつ》」にそそいでいる。明らかに関連地名だ。

このように日向市の北辺、南辺を中心に、豊前にかけて関連地名があるのだ。むろん、このような

「地名比定」から考察をはじめることは危険だ。同音地名は各地に存在するのだから。しかし、先のような神武の発進地、妻の故地を「日向国」とした場合、右のような地名との関連に目がそそがれるのは自然であろう。

高千穂宮の合議

筑紫（福岡県）の神話と日向（宮崎県）の神武たちと、この二つを結ぶもの——それは「高千穂宮の合議」である。

まず、ここの原文を示そう。

神倭伊波礼毘古命、与二其伊呂兄五瀬命一二柱、坐二高千穂宮一而議云。坐二何地一者、平聞‐二看天下之政一、猶思二東行一。即自二日向一発、幸‐二行筑紫一。〈神武記〉

これについて、従来、つぎのように読んできた。

神倭伊波礼毘古命、其の伊呂兄《いろせ》五瀬命と二柱、高千穂宮に坐《ま》して議《はか》りて云《の》りたまひけらく、「何地《いずこ》に坐さば、平らけく天《あめ》の下の政《まつりごと》を聞し看《め》さむ。猶《なほ》東に行かむ。」とのりたまひて、即ち日向より発《た》して筑紫に幸《い》行でましき。（岩波、日本古典文学大系本）

文脈解読上、第一の問題は「猶思二東行一」の一句を「猶東に行かむ」と「思」字を省略して読んでいることだ。これは宣長が「別に思ノ字をば読むべからず」（『古事記伝』十八）といったのに、後代の学者たち（岩波文庫本、角川文庫本も同じ）は従っているのである。これを「猶、東に行かんと思ふ」と読んだのでは、直接法「　」内の文章として、なにか〝落ち着かない〟のだ。だから、切り捨てたのである。

だが、わたしの読み方からすると、〝この一字が邪魔になる。だから読まない〟これは正当な態度とはいえない。やはり、この「思」字が〝変でない〟ような読み方をすべきなのだ。この「思」という字は『古事記』では意外に用例が少ない。

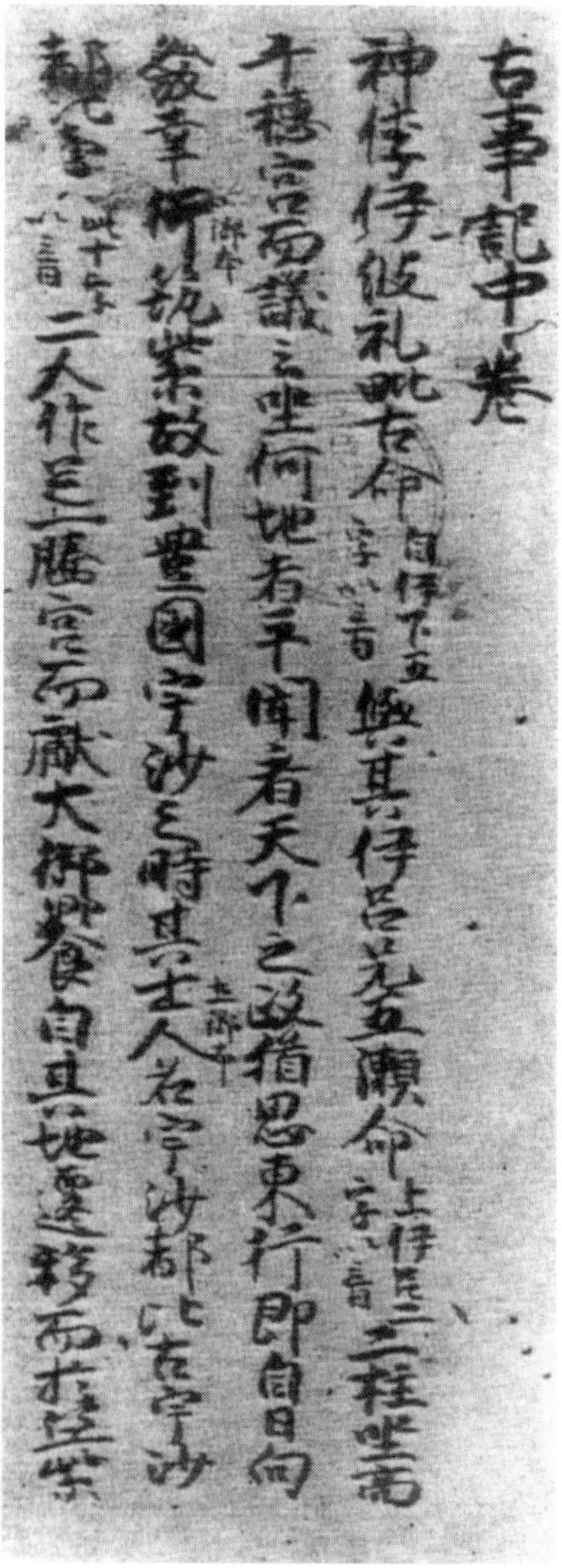

真福寺本『古事記』原文中、カムヤマトイワレヒコノミコトが兄の五瀬命と東行協議のうえ日向発向となった個所

①天照大御神、逾思レ奇而（いよいよ奇《あや》しと思ひて）……。　〈神代記、天の石屋戸〉
②思金《おもいかね》神——三例　〈神代記〉
③有レ所レ思（思ふ所有り）——三例　〈安康記〉

以上七例だけだ。「—と思ふ」の形は①だけである。「直接法の中の第一人称の意志」（I will, we will）の用法などない。その場合は、「猶、東行」（なほ、東に行かむ）または「猶欲二東行一」（なほ、東に行かむと欲す）と書くのが『古事記』の表記法なのである（朝日新聞社「日本古典全書」本では、「思」を読んでいるが、やはりこの一句を「　」の中に入れて、直接法第一人称と見なしている）。つまり、『古事記』の用例の示

すところ、「思」の主語は第三人称（he, she, they）なのだ。

では、それに従うと、この場合、どんな読み方をすべきだろうか。つまり、この一句は地の文であり、「議して云う」の内容としての「　」の中ではないのである。

神倭伊波礼毘古命、其の伊呂兄五瀬命と二柱、高千穂の宮に坐《ま》して、議して云ふ。「何の地に坐《ま》さば、平らけく天《あめ》の下の政を聞し看《め》さむ」と。猶《なほ》東に行かむと思ひ、即ち日向より発して、筑紫に幸行す。

つまり、高千穂の宮で〝もう、ここにはいられない。どこに行ったらいいだろう〟という話がはじまったのだ。そしてその後、「やはり東へ行こう」という意思が生まれ、その実行として日向を発して筑紫に向かうこととなった、というのである。

このように、いささかうるさく文脈の解読の正確を期したのには、理由がある。

その宮殿はどこに……？

従来は、右の「高千穂宮」を自明のこととして南九州の「日向国」にありとしてきた（五ケ瀬川の上流に高千穂町、高千穂峡があり、鹿児島県と宮崎県の県境に高千穂峰がある。また宣長はこれを「大隅国」にありとし、そこも「日向」と見なした）。

しかし、『古事記』の表記のルールを一貫して辿ってき、確かめてきた今、そのように見なすことは決してできない。なぜなら、「神武記」（中巻冒頭）のこの文の直前に当る、「神代記」（上巻末）の末尾につぎの文があった。

故《かれ》、日子穂穂手見命は、高千穂の宮に伍佰捌拾歳坐しき。御陵は即ち其の高千穂の山の西に在り。

この「高千穂の宮」について、わたしは筑紫（筑前）内と解した。その理由は、一に日子穂穂出見命（山幸）は海神の宮への漂泊ののち、故国（筑紫）へ帰ったと記され、〝その後の出国〟を記さないこと。

二に、山幸の父、ニニギノ命の項の「竺紫の日向の高千穂の久士布流多気《くしふるたけ》」（天孫降臨の地）の記事と分離して読むことはできないこと。この二つだった。

そうしてみると、その直後に出てくる、この神武記冒頭の「高千穂の宮」（この宮の名の出現は『古事記』全篇の中でこの二箇所だけだ）を、別の場所の、別の宮殿と解することは、いかにも不自然なのである。つまり、〝同じ名前の両宮殿は、同一宮殿だ〟――この率直な理解に立つとき、その帰結は、意外な事実をさし示す。それはこうだ。〝神武と兄とが話し合ったのは、筑前（糸島郡、もしくは博多湾岸）の宮殿においてだった〟と。

惑いと野望

この帰結にわたしは戦慄した。それはあまりにも、わたし自身の「予想」を越える事態だったからである。そこで〝「高千穂の宮」というのは、「高い立派な宮殿」という意味の普通名詞ではないだろうか〟などと考えまどうた時期のあったことを告白しよう。要するに、それによって神武の場合、「高千穂の宮」を「日向」（宮崎県）に求めようとしたのだ。

しかし、後代の先入観や予見を排し、原文面の表記のルールに従う、という、わたしの根本の方法論は、ついにこのような逃避の道を許さなかった。そして原文面の表記を厳密に見つめたとき、つぎの四点が注目された。

その第一は、「高千穂の宮」は、神武と長兄が〝もう、ここではだめだ。どこか他の地へ新天地を求めよう〟という「危機意識」をいだいた、その場所として描かれているだけであって、決して〝ここで神武らが天下を統治していた〟という形では書かれていない、という、その事実である。この点、宣長をはじめ、現代にいたる、すべての学者がまさに〝看過した〟ところであった。たとえば、同じ『古事記』の表記を見よう。

大倭《おおやまと》日子《ひこ》鉏友《すきとも》命、軽の境岡宮に坐《ま》して、天の下を治むるなり。〈懿徳《いとく》記〉
御真木《みまき》入日子《いりひこ》印恵《いにえ》命、師木《しき》の水垣宮に坐して、天の下を治むるなり。〈崇神記〉

このような定型的な表記とちがい、ここでは〝そこで天の下を統治していた〟とは書かれていないのである。

それなのに、天皇家をもって「日本列島永遠の主権者」と信じた宣長は、「高千穂の宮」における〝神武らの統治〟を疑わなかった。そしてその点、現代までのすべての学者もまた、いわば〝宣長の亜流〟でありつづけてきた、といわざるをえないのではないだろうか。〝宣長は『古事記』の記事をそのまま事実と信じ、かつ主張した〟と、よくいわれる。しかし、宣長は思想的立場、すなわちイデオロギーからして、〝『古事記』のいわざるところ〟にまですすみ、もって後代の定説を支配してきた。――わたしの目には、そのように見えたのである。

その第二。では、神武とその兄は、どのような資格で「高千穂の宮」にいたのであろうか。当然、この宮に参集した各地（九州及び瀬戸内海西域）の「豪族」の中の一人（one of them）としてである。もちろん、彼等は「天照大神→ニニギノ命」の血統をひく、と主張していたであろう。しかし、各地の「豪族」の多くもまた、それと同類の主張をしていただろうと思われる。ちょうど、近畿天皇家の権力確立後、各地の「豪族」がそれぞれ「神別」や「皇別」を主張したように。これと同様に、神武らはニニギの子、山幸の漂泊時の子の系列、つまり傍流であり、分流だ、と主張していたのだから、当然、ここで「天下統治」などするはずはなかったのである。

その第三。神武とその兄は、ここ（高千穂の宮）で、なにを見たのであろうか。それは語られていない。しかし、明らかにその見聞の結果、一種の「幻滅」を感じた。そして〝ここではだめだ。どこか他の所へ移動しなければならないのではないか〟——そのように感じたことだけが記されているのである。そのあと、ためらいと摸索の後、「やはり旧世界（九州）を離れ、東方へ新天地を求めよう」——そういう思念が芽生えた。この決意が彼等の新たな行動を生んだ。そのように描かれているのである。

（ここでは、「　」内の部分において、直接法に似つかわしからぬ、一種の「敬語法」が使われている。「何の地に坐さば、平らけく天の下の政を聞し看さむ」の傍点部だ。これは後代（七、八世紀）の近畿天皇家の史官が後来の神武天皇（橿原宮《かしはらのみや》の即位者）にふさわしく書き改めた、大義名分上のイデオロギー的表記なのである。実態は、さきにのべたような〝失意の青年（狭野《さの》命とその兄）の率直な惑い〟を表現しているにすぎぬのだ。）

その第四。彼等の行動の出発地は「日向」（宮崎県）だった。このことからも、彼等が筑紫を中心とする九州の天地において、その辺境たる日向の「地方豪族」だったことがうかがわれる。神武の妻も、日向の豪族の娘だったのである。そして行動の途次、九州では「豊国の宇佐」と「筑紫の岡田宮」（遠賀川付近）との二点に立ち寄っている。これは、彼等を援護する勢力が、九州東岸および東北岸の勢力だったことを物語る。

『日本書紀』〈帝王本紀〉では、「筑紫の岡田宮」がない。これは「日向→近畿」という直線的なルートから岡田宮がはずれているからであろう。「不合理」と見て削ったものと思われる。しかし、〝「日向」において、すでに十二分の勢力をもっていた彼等がたまたま途中立ち寄った〟のが宇佐や岡田であったのではない。むしろ、彼等の「東征」に支援を与え、実際上の実力を与えたのが、宇佐や岡田の「豪族」である。したがってこれらの行路を〝単なるルート〟として見、そのため岡田を〝不必要な寄り道〟と見るのは、決して当をえていない。

ことに「宇佐都比古・宇佐都比売」という、支援者の実名が書かれ、はじめて彼等（神武たち）のための宮「足一騰宮《あしひとつあがり》」を作ってもらった宇佐。そこは、この「神武東征」の実質上の根拠地だった、といってもいいのではあるまいか。

また、岡田宮のあと、阿岐《あき》国の多祁理《たけり》宮に七年、吉備の高島宮に八年いた、とされているが、これも、宇佐や岡田と親縁関係にある「水軍勢力圏」に入っていたのではあるまいか。なぜなら、「宇佐――岡田」を結ぶもの、それは当然、その中間の〝関門海峡〟である。そしてその勢力は当然、瀬戸内海内の阿岐国（広島県）や吉備《きび》国（岡山県）の水軍と、地勢上、深い関係をもっていたと見なされるからである。

傍流の青年

以上の検証結果をまとめよう。

㈠　神武らは、九州辺域の日向にいた傍流者だった。そして筑紫を「中央」とする九州で、不本意な状勢に直面し、この地に絶望した。

㈡　そのため、東方の新天地に「進出」を行なう決意をかためた。

㈢　そして、まず宇佐を中心とする九州東岸、東北岸の「豪族」の支援を固め、次いで瀬戸内海北岸の「豪族」との連係を固め、「東方進出」の機をうかがった。

右において決定的に重要なこと、それは神武らが〝九州における天照の本流〟として描かれず、〝九州では意をうることのできぬ傍流者〟として描かれている、その事実だ。後代の「天皇中心主義」の立場からのイデオロギー的な、過剰読みこみを排除し、原文通り率直に読む限り、そうだ。この事実はなにを意味するだろうか。

率直にいって、これを〝後代の近畿天皇家内部の史官の造作〟と見なすこと、――それは無理だ。なぜなら、彼等後代（七、八世紀）の史官にとっての最高理念は「天皇家こそ永遠の中心の主権者」という点にあった。しかるに、「神代→神武」の間の記述は、これに反し、〝彼等（神武ら）が傍系の分流者であった〟ことを示している。『記・紀』の表記のルールに厳密に従うかぎり、それは疑いようがない。——この事実は、〝『記・紀』の神代巻は、後代史官の「造作」ではない〟という、この命題を決定的に証明しているのだ。これが「分流の論証」である。

時間の霧

一直線にすすむ前に、一つ確認しておきたいことがある。それは神武と「天照大神——ニニギノ命——穂穂出見命（山幸）」とを結ぶ線の間には、一種〝深くて暗い時間の溝〟が横たわっていることだ。

(1)故《かれ》、日子穂穂手見命は、高千穂の宮に伍佰捌拾歳（五百八十歳）坐《ま》しき。〈神代記、上巻末〉

(2)天祖の降跡より以逮《このかた》、今に一百七十九万二千四百七十余歳。〈神武紀冒頭、神武の言〉

『記・紀』において天皇の年齢は、一見過大に見えながら、その実、「二倍年暦」という秩序に従った表記だった。〝一年に二回齢をとる〟（『「邪馬台国」はなかった』、復刊版、三二三ページ以下参照）。こういうルールから見ると、なんの不思議もないものだった。最高限度百六十八歳（崇神天皇）を越えないのである（普通年齢では八十四歳）。これは神武以降だ。

ところが、右の(1)はそのようなルールをはるかに越えている。天皇の平均年齢九十歳（普通年齢四十五歳）の六倍強だ。このような数値から見ても、「天照——ニニギ——ヒコホホデミ——ウガヤフキアエズ——神武」を「五代」と見なすことは危険だ。この間には、〝何代もの時間の列〟が、いわば隠されているのである。

この点、『日本書紀』〈帝王本紀〉も同じだ。こちらは(2)のように、一層空想的な誇大値が書かれている。ここでハッキリしていることは、

(一)『記・紀』ともに、「天孫降臨——神武」の間には相当の長い年代が流れている。

㈡　しかし、その間の詳しい伝承の記録をなぜか避けている。

この二点だ。そしてそのような不分明の霧の流れの中で、「神武はニニギノ命の子孫だ」と主張しようとしているのである。この「不分明の霧」の存在は、津田説のような「後代史官造作説」を裏づけるものだろうか。むしろ、逆だ。なぜなら、もしこれが「後代の造作」だとしたら、こんな、どう見ても不透明な叙述は不必要である。簡単に避けられることだ。なぜなら、もっと、もっともらしく「造作」しうるからである。

逆に、所与の伝承の不完全さ、あるいは切断・削除後の空隙を十二分に埋め切れぬまま書いたからこそ、〝このような代物《しろもの》〟になってしまったのではあるまいか。

要は、ニニギノ命から神武に至る、完全な伝承は提示しえていないことが第一。にもかかわらず（あるいは、だからこそ）〝われわれはニニギノ命の子孫だ〟と、あえて主張しようとしたことが第二。この二点の一種不器用で強引な結合から、右のような「不分明の霧」が生まれたのだ。――わたしには、そう思われるのである。

第九章　「皇系造作説」への疑い

以上の論証に対して、従来の論者はいうだろう。

〝君は、現代学界の定説を知らないのか。津田左右吉の学説以来、『記・紀』は六〜七世紀の「造作」ときまっている。そして神武天皇という人物自体が虚構であること、これはすでに証明済みだ。それだけではない。第一代の神武から第十代の崇神までの間、八代の天皇もまたすべて架空の存在であること、これは戦後学界の常識となっているではないか〟と。

もちろん、わたしはそれを知っている。知っているからこそ、それを今、真面目に根本から検証しようとしているのだ。全くの素人の目、いかなる先入見をも「前提」としない、一個の人間の立場に立って。

それがたとい戦前の定説であれ、また戦後の定説であれ、あるいは江戸時代以来一回も疑われたことのない、文字通りの定説であれ、それは、わたしにとって今から検証すべき一つの素材にすぎぬ。なぜなら、もしそれをわたしの目でありありと見きわめ、わたしの手で確かにつかみえたとき、そのことを信ずる。――これがわたしの守り通してきた、ささやかでもたった一つの立場なのであるから。

神武は「虚構の王者」か？

それに対し、時あってかりにいかなる国家権力や司直の威嚇や裁決が加えられたにせよ、またもし、学界すべての嘲笑が向けられるような運命に遭ったとしても、それらすべてに対して、わたしは、たとえば一片の漂雲を空に見るように眺めやるだけであろう。なぜなら、わたしにとって真に恐るべきは真実だけだ。そしてそれ以外の何物も、真に恐れるに足りないと思われるからである。

神武を架空とした津田の論証を検討しよう。その津田史学を前提として、「戦後の定説」を定着させるに力のあった井上光貞によると、その神武伝承批判の要点は、つぎのように要約されるという。

「この一連の物語のうちの(a)と(b)、すなわち神武天皇が日向《ひむか》から大和にうつるいわゆる神武東征において、日向を出発点としているのはおかしなことである。ながいあいだ、大和の朝廷の領域に入っていなかった日向や大隅・薩摩の地方、また、日本書紀に『膂宍《そじし》の空国《むなくに》』（背の肉のように痩せた地）と書かれたような未開地がどうして皇室の発祥地でありえたであろうか。

また東征の経過にもおかしいところがある。なぜなら、中間の地方は、ただ行幸途上の駐在地としてのみ記され、あらたにその地方を征略したような話がすこしもみえないからである。したがって、これは厳密にいえば、東方に向かっての征定ではなくて、たんに都を九州から大和にうつしただけのことである。ところが(3)と(4)の大和における活躍は、東遷の話とは違って一つの征定であり、また、きわめて具体的である。しかし、記紀の一般的性質から判断すると、これらの話は大部分が神異《しんい》の話や地名説話、歌物語などの寄せ集めである。これらのもとの話は、個々のものとしては、大和のそれぞれの地にあった伝承であるかもしれないが、それらは、神武伝承を肉づけするためにとり入れられたものにすぎない。だから、それを取り去り、また人物を除いてみると、この神武東征物語は、ほとんど内容のない輪郭だけのものである」（井上光貞『日本の歴史1』二五五ページ――(a)(b)、(3)(4)の符号説

明は省略）

右の内容を各項目に分けて分析しよう。

第一に、日向が「皇室の発祥地」とされている点についての津田の批判。これが〝天孫降臨の地は日向（宮崎県）だ〟という宣長以来の「通念」の上に立ち、それに対しての批判であることは明白だ。

しかし、今までの論証が示すように、この通念は決定的にまちがっていた。天孫降臨の地は博多湾岸と糸島郡の境の連山だった。すなわち、銅矛・銅戈《どうか》の最多出土地、「甕棺《かめかん》の大海」の地たる博多湾岸と漢鏡等の最多出土地、日本最大の仿製鏡（日本製の鏡）の出土地たる糸島郡と、その両地域の境の山々だったのである。

これは九州随一の出土であるだけではない。全日本列島を通じて質・量ともにズバ抜けた出土地域の真只中こそ天孫降臨の地だったのである。いいかえれば「未開地」どころではない。祭祀と軍事と政治と文化の最先端の地帯だったのだ。

その点、〝こんな未開地であるはずはない〟と感じた津田の感覚は正しかった、といえる。しかし、津田の認識は宣長以来の定説の支配下にあった。『記・紀』に書かれた天孫降臨の地を日向（宮崎県）と信じ切っていたのだから。この誤認と正しい感覚との結合――それがこの津田の結論なのだ。だから、新しい認識（高祖山の連山への天孫降臨）が明るみにもたらされた今、津田の結論も〝氷解〟しなければならぬ。

それだけではない。津田は「未開地」なる故に不自然とし、否定の理由とした。それなら、「最開化地」であることが判明した今、同じ論理で自然とし、肯定の理由とせねばならぬ。単なる〝難くせ〟ではなく、学問上の批判であったならば、――それは当然だ。もし今、津田自身が在世していたなら、肯定の論理が生み出されたことを莞爾《かんじ》としてうけ入れるであろう。わたしはそれを信ずる。

第二に、中間の地方（宇佐・筑前の岡田・阿岐《あき》・吉備《きび》）で戦闘が存在しない点についての津田の批判。この点もまた、国生み神話に対するこの本の論証によって、新しい局面が出現することとなった。これは本来、筑紫を原点とし、瀬戸内海領域では「淡路島以西」の古代政治地図であった。すなわち、淡路島を東限とし、〝それより以西は、わが領域〟と見なす、そういう政治意識に立った政治神話なのである。純地理上の認識についていえば、淡路島を知る者が大阪湾を知らぬはずはない。また、その東方に開化した難波や大和の古代領域（政治・軍事・文化圏）を知らぬこと、これも万々一ありえない。しかし、それらの地域はこの政治地図には一切姿を見せていないのである。このことは、この国生み神話の示す古代分布図が決して〝地理的な認識を表現した〟純粋な地図ではないことを裏づける。いいかえれば、〝「天の瓊《ぬ》矛」の独占支配下にあり〟とした、おのが領域のみを示す古代政治地図なのだ。

これに対して、近畿天皇家の史官たち（『古事記』や『日本書紀』〈帝王本紀〉の編者をふくむ）は、重大な〝改削の斧〟をふるった。元来、別府湾の入り口北辺を指した「トヨアキツ」の語をもって、現在みずからの都とし、支配権力の中枢としている近畿大和の地を指す言葉として「転用」しようとしたのである。

錯誤版「アキツ島」説話

この転用の歴史はかなり古いようである。雄略記の吉野行幸の記事を見よう（前出、一四九〜一五〇ページ）。

み吉野の……その蛔《あむ》を　蜻蛉《あきつ》早咋《ぐ》ひ　かくの如《ごと》　名に負はむと　そらみつ　倭《やまと》の国を　蜻蛉《あきつ》島とふ

故《かれ》、其の時より、其の野を号して阿岐豆野と謂ふなり。

この歌を従来の古事記学者は「難解」としてきた。たとえば「このように蜻蛉がその名として負い持とうとして、昔から倭の国をアキツ島というのだ」（岩波、日本古典文学大系、古事記）と解する。なんとも解りにくい解釈だ。これは宣長が「此倭国の名を己が名に負持《おいもち》てかくの如く朕に仕《つかえ》奉りて功を立《たて》むとて、其為に予《かね》て古《いにしえ》より倭国を蜻蛉とは云《いう》なりけりと詔《のたも》ふなり」と説いたのをうけついだのである。

しかし、この歌には「昔から倭の国をアキツ島というのだ」などという含みはない。直截に〝この事件以来、大和（奈良県）をアキツシマというようになったのだ〟といっているだけだ。それなのに、なぜ宣長は「予て古より」などというのか。それは、神武紀の例の「アキツのトナメ」説話のせいだ。あそこにレッキと、ああある以上、大和をアキツシマというのは、それこそ「神武以来」でなければならぬ。いや、それだけではない。国生み神話で大和を中心にアキツシマといっている以上、まさに「予て古より」大和イコール「アキツシマ」でなければならない。――この思惟、つまり先入観がこんなに曲がりくねった面倒な解釈をさせたのだ。歌そのものを正確にそのまま理解する、というより、『記・紀』一貫の思想性に立って、つじつまをあわせる、という宣長の解釈法の限界がよくあらわれているといえよう。

要するに、本来の伝承では、雄略以来、大和をアキツシマといいはじめた、というのだ。それなのに、『書紀』〈帝王本紀〉の作者が、例の「日本旧記」の由布院における「アキツのトナメ」説話を切り取り挿入したため、すっかりこんがらかってしまったのだ。

問題の本筋を見つめよう。本来の、原初の国生み神話は筑紫中心で、「淡路島以西」のものだった。それが近畿天皇家によって「大和中心」に切りかえられたのだ。それだけではない。「洲＝シマ」という理解に衝突する「吉備の子洲」や「越洲」などをカットしてしまったのだ。この作業と対応して雄略以来のアキツ野説話や、神武以来の「アキツのトナメ」説話が、あるいは「創作」され、あるいは「盗作」されねばならなかったのである。つまり、改作版国生み神話の段階だ。

さて、この二つの国生み神話と神武東征の経路とを注意深く照合しよう。神武は淡路島以西では、戦闘していないのである。淡路島を東に越えてはじめて戦闘状態に入ることとなっている。これはなにを意味するか。原型「国生み神話」の示すところ、「淡路島以西」は〝天の瓊《ぬ》矛の支配領域〟だった。ここでは〝戦闘しない〟のだ。そしてそれ以東、つまり右の政治地図外の領域に入ってはじめて戦闘するのである。否、攻撃意志をもった海上武装戦団が己が政治・軍事圏、つまり〝古代的縄張り〟から踏み出す、という無法を犯したとき、必然的にそこには血みどろの戦闘が勃発せざるをえないのだ。

こうしてみると、「神武東征」は原初の「国生み神話」と共存する性格の説話だ。後代の近畿天皇家改作版の国生み神話とは、到底合致しえないのである。

神話と青銅器圏

問題は『記・紀』内部での対応にとどまらない。考古学上著名な「二大青銅器圏の対立」と必然に対応しているのだ。いわゆる銅剣・銅矛・銅戈圏（以下「武器型祭祀圏」と略称する）は「淡路島以西」だ。ここ「以東」は、〝純粋な〟銅鐸圏に属しているのである（五ページ地図参照）。とすると、神武は「武器型祭祀圏」内においては「戦闘」せず、その圏外に出てはじめて戦闘状態に突入したこととなろう。

このような「二大青銅器圏の対立」というような考古学上の認識が『記・紀』編者をふくむ近畿天皇家の史官たちに存在したはずはない。また〝たまたま気まぐれに造作したものがまぐれあたりしたのだ〟などということもできない。

たしかに、津田が指摘したように、武装船団が瀬戸内海上を東へ東へと進んでいるのに、その途次の国々において全く戦闘の記載がない、というのは、いかにも「不自然」なことだ。もしこれが後代の近畿天皇家の造作者が「造作」したとしたら、こんな〝不自然を犯す記述〟は、かえって考えにくい。宇佐、岡田をはじめ、阿岐や吉備で随所に次々と「まつろはぬ賊をさらに打ち平げ給ひ……」と書きすすめば、すむことである。まさに〝一滴の血も流さず〟に紙と筆の偉大な力で赫々たる大戦果を神武たちに次々とあげさせることができるのだから。こうしてみると、「神武東征における、淡路島以西不戦」問題は、意外にも、――津田の論定とは逆に――歴史的事実の跡を色濃く宿していたのである。

けれどもこのさい、一つだけ吟味しておかねばならぬことがある。それは〝「二大青銅器圏の対立」というのは架空だ〟という意見が考古学者の中から出されているからである。

二大青銅器圏の再吟味

原田大六は、「二大圏対立」説に批判を加え、弥生時代の青銅製祭器は、大別するとつぎの四種になるとした。

1銅鐸　2平形銅剣　3広形銅矛　4広形銅戈

この四種を右のように〝東西にまとめる〟のは不当だ、としたのである（原田『邪馬台国論争』）。この原田の論は、出土遺物上の分布事実そのものに立っており、その限りにおいてなんの疑いもない。ただ、問題はこの四者を〝等間隔〟に対等に〝対立〟させて見てよいか、どうか、という点だ。

わたしは、古代史学においても一介の素人にすぎぬ。ましてや考古学の分野では、〝素人中の素人〟といえよう。だから、素人らしく率直にいおう。〝「2・3・4」は武器型祭祀品という一点において、共通の性格をもっているのではないか〟と。

右の四種の祭祀圏の分布地域を見てみよう（次ページ地図参照）。③と④とはいずれも筑紫を中心として豊国にひろがっている（③は四国西南部にまたがる）、ほぼ重複した地域だ。これに対して興味深いのは、

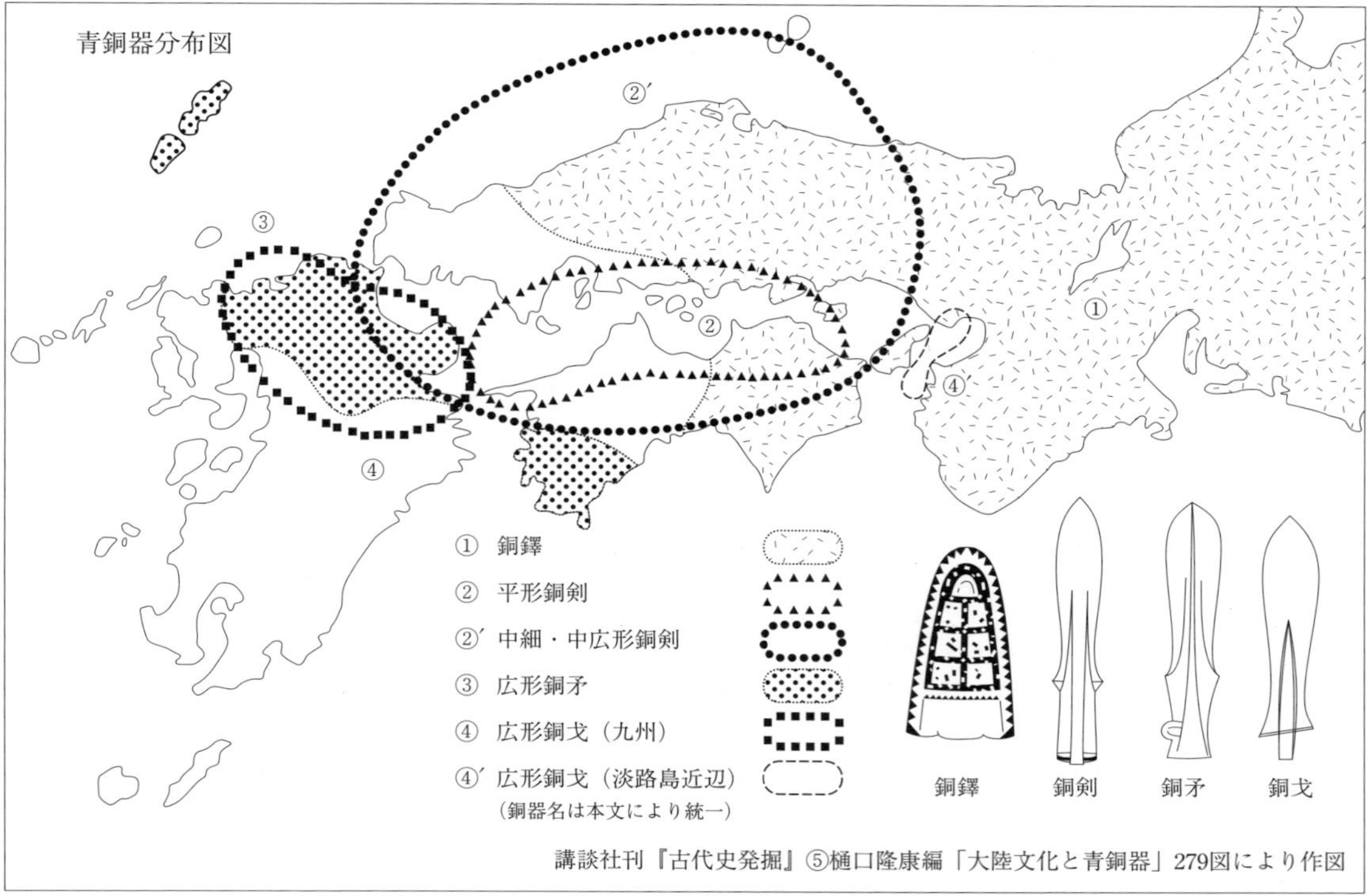

青銅器分布図

講談社刊『古代史発掘』⑤樋口隆康編「大陸文化と青銅器」279図により作図

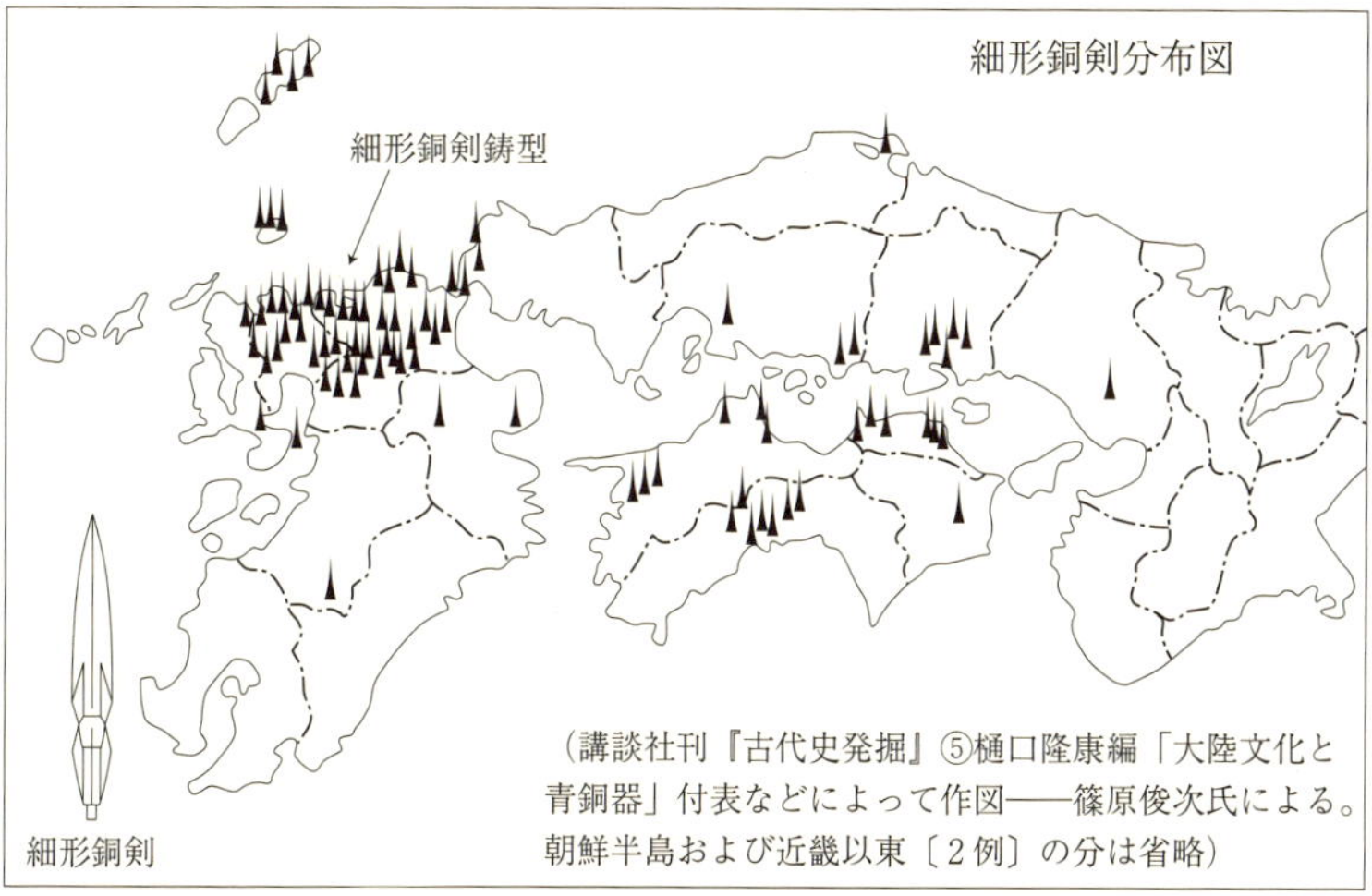

（講談社刊『古代史発掘』⑤樋口隆康編「大陸文化と青銅器」付表などによって作図——篠原俊次氏による。朝鮮半島および近畿以東〔2例〕の分は省略）

②および②′だ。淡路島以西の瀬戸内海領域で、①の銅鐸圏とダブッているのである。この場合、問題は同一地域内に重なっている①と②との関係だ。

これについて最近「①→②」の発展を説く考古学者がある。銅鐸に鋳造のときにうがたれた鋳《い》かけのための小円孔があり、それと同じ小円孔が②の平形銅剣にも認められる、という。その上、両者に共通する文様や絵画の存在とあわせて①と②の深い関係が指摘されたのである（近藤喬一『平形銅剣と銅鐸の関係について』）。

たしかに同一地域のことではあり、両者の技術的連続性は疑えないであろう。しかし真の問題は、その直後の局面にある。それは〝なぜ、同じ技術をもって、かくも異質の祭器を作るようになったのか？〟という問いだ。すなわち、（A）技術上の同一性と（B）祭祀（祭器）様式上の異質性。この二つを見定めることが肝心だ。（A）を優先させて、（B）を軽視することは許されないのである。

しかも、ただ〝1と2が祭器として異質だ〟というだけではない。3・4の地域、つまり筑紫を中心とする領域には、おびただしい細形銅剣類が出土することはよく知られている（詳しくは細形式・多樋式・鉄剣式・深樋式）。しかも、その時期は弥生前期末にはじまるとされる（講談社刊、『古代史発掘』５「大陸文化と青銅器」）。つまり、２よりずっと早い時期なのである。いま、これをわたしは「０」と呼ぶ。わたしの目には同じ剣であるから、時代の前後関係から考えても、地域の隣接していることから考えても、当然「０→２」の発展と考えるのが当然に思える。

これに対し、０は「実用武器」であり、２は「祭器」だからちがう、というような議論が出されている。０と２とを峻別するのだ。しかし、それはあまりにも現代人的な分類ではあるまいか。なぜなら、剣が「実用」として威力を発揮しているとき、それを全く非宗教的な、純世俗の目で見つめる。――そのようなことが古代人の住む古代世界にあるだろうか。

征服戦争ののち、安定化した社会関係の中で平和な祭祀が発展するとき、祭器的性格が色濃くなり、主役化する。それなら、ありえよう。しかし、だからといって、それよりさらに古い時代の古代人に「世俗・非宗教の目」を要求するとしたら、それはまさに現代学者の〝恣意〟ではあるまいか。おそらく特徴づけのための「分類上の便宜用語」がいつのまにかひとり歩きし、実体化させられてしまったのではないかと思われる。

また０を大陸製、２を日本製として両者を峻別する議論がある。しかし、「矛」の場合も、「細形銅矛（大陸製）→広形銅矛（日本製）」の発展がある。この場合、いずれも北九州だから、異論がない。それなのに０→２の関係だけ遮断するとしたら、それはかえって学問としての客観性を欠くのではあるまいか。

以上のように考えてくると、必然の結論はこうだ。〝瀬戸内海領域は、銅鐸圏に属していたが、やがて（その先後・断絶・共存の具体的関係は別としても）異質の武器型祭祀圏に属するようになった〟と。要は、「二大青銅器圏」の考え方は、「大わく」として、依然妥当しうるのである。

神話と分布圏の対応

〝しかし〟と、なお不満そうにいう論者があろう。〝この「2・3・4」の同質性の面をクローズアップさせ、2と「3・4」との両地域の異質性を軽視するのは、けしからん〟と。

だが、そうではない。わたしは先に『漢書』地理志の「倭人百余国」と『宋書』倭国伝（倭王武の上表文）の「東は毛人五十五国、西は衆夷六十六国」とを同一の内容と見なした。そして「衆夷六十六国」を九州、「毛人五十五国」を瀬戸内海領域（淡路島以西）と見なしたのである（『失われた九州王朝』第五章三）。

このさい、注目すべきことは、倭人の国は〝大きく二つに分かれている〟とされていることだ。つまり、九州と瀬戸内海領域は異質なのである。筑紫を中心とする九州は、〝輝ける東夷〟に属する。ところが、瀬戸内海領域の人々はそれら「夷」とはちがう。「毛人」だ、とされているのである。すなわち、「3・4」が「夷」であり、2が「毛人」ということとなろう。前著（『失われた九州王朝』）では、大づかみに「二大青銅器圏」の考えで把握したが、2と「3・4」を分かつ、という、より精密な分類に従えば、一層明確に対応しているのである。

さらに興味深い問題がある。「国生み神話」の原点は、「天の瓊《ぬ》矛」だった。つまり「天の瓊剣」ではなく、「矛」なのである。この見地からすると、この神話の原産地は、当然右の3の領域の中心、つまり筑紫とならざるをえない。従来のように、淡路島を中心とする所産だというのなら、剣や銅鐸が中心になるはずだ。「矛」ではだめなのである。

つぎは「矛」と「戈」の問題だ。『書紀』の「一書」群の中の一系列に「天の瓊ボコ」でなく、「天の瓊クワ」とするものがある。

　天神、伊奘諾尊・伊奘冉尊に謂ひて曰く、「豊葦原の千五百秋の瑞穂の地有り。宜《よろ》しく汝往きて脩《おさ》むべし」と。迺《すなわ》ち、天の瓊《ぬ》戈を賜ふ。〈神代紀、第四段、第一、一書〉

つまり、「日本旧記」は筑紫を中心として、その各地で作られた神話を集成しているのだが、その中に国生みの中心は「天の瓊ボコ」でなく、「天の瓊クワ」だとする一派があったことを示しているのである。

ところで、まさに先の分布図の示すように、3と4とは、筑紫を中心として大きく重なりながらも、「別個の祭器」をなしているのである。このように、神話内容と考古学所見と、それぞれ各々を細分化して精密に観察すればするほど、両者は〝さらによく対応する〟のである。

もう一つある。国生み神話の中で、「大八洲国」に入れられているのは、九州内部では「筑紫洲」と「豊秋津洲」の二つだけだ。つまり、「筑紫」（一段国名）を中心として、「豊国のアキツ」（二段国名）が加えられているのである。同じ九州内部でも、熊襲国などは入っていない。

ところが、先の分布図を見よう。3・4のダブる地域、それはまさに筑紫を中心として豊国にまたがっているのだ。南九州は入っていないのである。つまり、九州内でも、南九州は考古学的分布上、異質圏をなしている。この点まで、わたしが今まで『記・紀』の表記のルールに従って解読してきた神話の示す分布圏と、考古学上の分布圏とがピッタリ一致しているのである。

かなり脇道をしたようだが、今は問題の本質を確認しよう。――「神武東征における淡路島以西、不戦」問題は、考古学上の分布図とも、よく対応しているのである。この点においても、津田の否定的な批判は、逆に神武東征の真実性《リアリティ》を指示するものとなってきたのであった。

壮大な虚像

第三の問題は、右に関連し、神武東征は〝たんに都を九州から大和にうつしただけ〟だ、と津田がいっている点だ。「都」とはなんだろう。これを津田自身の文章で見よう。

(a)　ヒムカが皇室の発祥地であり神武天皇の時までの皇都の地であった、といふことについては、……。

(b)　ここには東遷といふ語を用ゐたが、これはこれまで一般に東征といはれてゐたことである。

(c)　一くちにいふと、ヒムカのやうな僻陬の土地でどうして日本の全土を統治することができたか、といふことであり、……。（津田『日本古典の研究、上』第二篇、第六章）

つまり、〝神武は日向（宮崎県）で高千穂宮にあって天下を統治していた〟と書かれてある、と津田は本気で思っているのだ。この点、従来の通説をあまりにも無批判に踏襲しているのである。この点、すでにのべた（九ページ以下）ところであるけれども、今、さらに詳密に論じよう。

今までの論証が明らかにした通り、まず、『古事記』にはそんなことは一切書いてない。神武とその兄が日向を都として日本全土を統治していた、などと一体どこに書いてあるのだろうか。『古事記』の冒頭の神武と兄とが高千穂の宮で議していった言葉、「何の地に坐《ま》さば、平らけく天の下の政を聞し看さむ。」この言葉を再び（二〇五ページ以下に既述）見つめ直してみよう。「天の下の政」とは「日本全土の統治」という意味だろうか。神武から開化までの九代、つまり崇神より前は〝大和内部の存在〟にとどまっていた。しかるにすべて左のように、

御真津日子訶恵志泥命《みまつひこかえしね》、葛城《かづらき》の掖上《わきかみ》宮に坐して天の下治らすなり。〈孝昭記〉

「……天の下治らすなり」の形でしめくくっている。つまり、これはイデオロギー上の大義名分用語だ。

その実態は、日本全土はおろか、大和全土でさえ一〇〇パーセント支配していた、ということを実際に示す用語ではない。たとえば、〝大和の一隅の葛城の一部に割拠していた〟という実態に立っていたとしても、『古事記』の立場からは、右の表現が平気で使えるのである。『古事記』表記のルールに従う限り、そう見なすほかはない。

それだけではない。神武の場合は〝高千穂の宮に坐して、天の下治ろしめしき〟といった表現すらないのである。高千穂の宮は、先の論証のように、神武たちの参集した糸島郡もしくは博多湾岸の宮殿であって、〝神武の宮殿〟ではない。つまり、神武の日向〈宮崎県〉における宮殿さえ書かれていないのである〈神武の父ウガヤフキアエズの没した西洲の宮〈神代紀、第十一段、本文〉がそれに当る。だが、「西洲」は近畿から見て九州〈内の領域〉をさす用語であるから、ここには宮殿の名称〈固有名詞〉は存在しない〉。それに〝その地域に割拠していた〟ときに使いうる「天の下治ろしめしき」もない。いわば未来形として描かれているだけだ。〝他の地に「統治領域」を樹立する日を夢みる青年たちの野望〟として描かれているのである。

つぎに、『書紀』〈帝王本紀〉の場合、一見仰々しい文辞を連ねた長広舌を神武に語らせている。しかし、その実態を冷静に見つめると、右の『古事記』の場合と本質は変らないのである。すなわち「都」のありかも「宮殿」の所在もない。まして〝ここ〈日向〉を基点として、日本全土を現に統治している〟などという文辞は全くないのである。

どうやら、津田は従来の論者によって、〝目をおおわれた〟まま、「壮大な虚像」に戦いをいどんだのではあるまいか。

また津田は、日向の古墳群をもって「日向＝皇室発祥地」説の立証にしようとする論者のあることをのべたうえ、つぎのようにいっている。

「もし日向に古墳を遺したものが皇室と特殊の関係があることを、論証しようとするならば、其の古墳またはそこからの発掘品が皇室特有のものであって、他の豪族のものとしては決して許されない特徴がそれにあることを、明かにしなければなるまい。ところが、さういふ立証はせられてゐないやうである」（津田『日本古典の研究、上』第二篇、第六章）

万世一系の毒

右の津田の言葉の中には、〝神武はすでに日向において他の豪族とは別格の、特異なる存在であった〟ということを「『記・紀』に書かれた命題」として疑わず、それに挑戦している、そのさまがありありとうかがわれる。

たしかに、神武はこの地（日向）の一豪族の娘と結婚しているのであるから、それに類した存在であったかもしれぬ。日向の中の、多くの豪族たちの中の一つだ。しかしそれ以上でも、以下でもない。だから日向古墳群の中に神武の（親縁たちの）先祖なり、子孫なりの古墳がふくまれていたとしても、なにもそれが「他の豪族のものとしては決して許されない特徴」など、あるはずがないのである。津田もまた、「万世一系」の毒に骨髄を犯されている。——わたしは、深く歎息せざるをえなかった。

いったい「万世一系」とはなんだろう。

人間はみんな万世一系なのだ。ある日、突然にアミーバから変身したわけではない。この世に生をうけているだれ一人でも、わたしたちの血統を次々とさかのぼっていくならば、必ず悠遠の昔の発祥の日々に立ち至るはずである。自分の理性を否定しない限り、わたしはそれを一瞬も疑うことはできない。

その中で、特別に「万世一系」などという特殊な家系をもつ、特殊な人々のあろうはずはない。これは自明というべく、あまりにも自明すぎることではあるまいか。それをことさら「万世一系」などといい立てるとき、それは必ず「特定の政治野心」の表現にほかならない。自分が普通の、変りなき人間の一人であることを熟知する故に、にもかかわらず今、〝かかる特定の支配の座をかちえたこと〟を「合理化」せんとして、「万世一系の皇統」というような、一種奇抜な概念を「創出」せねばならなかったのではあるまいか。不遜を恐れずにいおう。それはときの新興勢力が〝必要とした概念〟だったのだ、と。

これはわたしにとっては、自明の真実だ。それゆえ、津田の批判は、歴史の真実の周辺を、いわば〝からまわり〟しているように見えたのである。

「造作」の動機

第四は、「大和転戦」問題だ。この場合、これらは〝大和のそれぞれの地にあった伝承〟であるかもしれないとし、そのすべてをカットし、そうすると、あとに残るのは〝ほとんど内容のない輪郭だけ〟のものだ、と津田はいうのである。

しかし、内容を大量カットすれば、残りが〝空疎〟になるのは、きまったことだ。だから、問題はその大量カットが妥当であるか、どうかである。これについては、あとで詳しく吟味しよう。

第五は、津田が「神武東征造作の動機」としてあげた点だ。再び井上の解説によって見よう（先の引用文につづく）。

「それでは、このような内容のない東征物語をなぜ必要としたのだろうか。その答えは簡単である。大和朝廷の祖先が九州の日向に天降ってしまったために、日向と大和を結びつける必要があったからである。だいたい、日の御子の子孫はどこに降臨してもよかった。それをあえて日向の地を選んだのは、津田氏によれば『東の方に向いているので、日に向かうという意義に解しえられるヒムカというその土地の名が、日の神の子孫である皇室がはじめて都を置かれた土地としては、もっとも適当であった』からである。

以上のことから津田氏は、神武東征の物語は何らかの事実にもとづくものではなく、天孫降臨につづく『日本神話の一部』であるとしたのであった」（井上光貞『日本の歴史1』二五五〜二五六ページ）

この津田の論定が誤認の上に立っていたこと、それは今は明白である。なぜなら、その一に天孫降臨の地は日向（宮崎県）ではなかった。その二に、「皇室がはじめて都を置かれた土地」というのは、後代の学者が造作した〝大いなる幻影〟であって、『記・紀』の語るところではなかった。

このように津田論定をささえる礎石の一つ一つがガラガラとくずれ去った今、その結論だけを〝生きながらえさせる〟わけにはいかない。すなわち、神武東征造作の動機に関する津田説はすでに崩壊したのである。

その三は「景行における日向」問題だ。これについて、津田はすでに鋭い問題提起を行なっていた。それは〝景行の熊襲征伐のさい、日向で聖地到着の感激をなんら示さぬ〟という、あの問題だ（本書一〇、五八〜五九ページ）。

この点から、津田は〝日向が聖地とされたのは、きわめて新しい、後代のことだ〟という認定に達した。なぜなら、近畿天皇家において、景行の熊襲征伐説話が「造作」された時期には、まだ「日向聖地」観はできていなかったのだろうから、というのだ。つまり、天孫降臨説話も、神武東征説話も、まだ成立していなかったのだ、というのである。これは、神武東征否定論証の一つの重要な鍵を示すものとして、津田の後代造作説にとって、論理進行上の重大な基礎だったのである。しかし、先の論証で明らかにしたように、景行の熊襲遠征こそ、全く近畿天皇家にとっては「架空の大事件」だった。九州王朝発展史の核心をなす一齣《ひとこま》を、文字通り〝他家から盗み取ってきて、黙って自家のために利用していた〟のだ。

してみると、この「盗用」を「盗用」と知らず、みずからの論理進行の重大な基礎としてきた。――ここに津田の「造作」説の不幸が横たわっていたのである。

二人のハックニシラス論への疑い

同じく津田のつけた先鞭を、戦後史家が大きく発展させ流布したものに、「二人のハックニシラススメラミコト」論がある。

「『記・紀』によると、ハックニシラススメラミコト、つまり、初めて国を統治した天皇が二人いることになっている。一人は、いうまでもなく第一代の神武天皇（『日本書紀』に始馭天下之天皇《はつくにしらすすめらみこと》とある）、だがもう一人は、実在しない八帝のつぎにくる第十代の崇神天皇（同じく御肇国天皇《はつくにしらすすめらみこと》）である」（井上光貞『日本の歴史1』）

「崇神天皇には『記・紀』ともにハックニシラススメラミコト（所知初国天皇・御肇国天皇）、すなわち〝はじめて国を治めた天皇〟という称号を付している。大和の政権が本当に神武天皇からはじまっているなら、崇神がこのような称号をもつはずがない」（直木孝次郎『神話と歴史』）

要するに、

㈠ 第一代の神武も第十代の崇神も、ともに「ハックニシラススメラミコト」と呼ばれている。これは「建国第一代」を意味する称号だ。

㈡ しかし、「建国第一代」が二人いるはずはない。

㈢ だから、真の第一代は崇神であって、神武は「後代造作」の第一代である。すなわち架空の存在である。

この三段論法だ。この論法は津田を淵源とし、のち井上・直木らが競って敷衍し、流布したものである。戦後史学の主柱論理の一つ、といっていいだろう。けれども、この三段論法を史料批判の立場から厳格に検証してみると、その基礎が意外にも脆弱なことにわたしは驚かされたのである。

まず第一の問題。それは神武の場合、『古事記』には「ハツクニシラススメラミコト」という称号がないことである。これに対し、『書紀』の場合は「始馭天下之天皇」である。これに「ハツクニシラススメラミコト」という訓註がついていないのだ。この訓註の問題について、『書紀』の古写本を調べよう。

(1) 佐々木信綱旧蔵、巻一神代上断簡（本文一〇行、全文二三七字）　古点・古訓なし
(2) 猪熊本、巻一神代上断簡（本文三行、全文五九字）　古点・古訓なし
(3) 四天王寺本、巻一神代上断簡（本文二葉、六行、一一七字）　古点・古訓なし

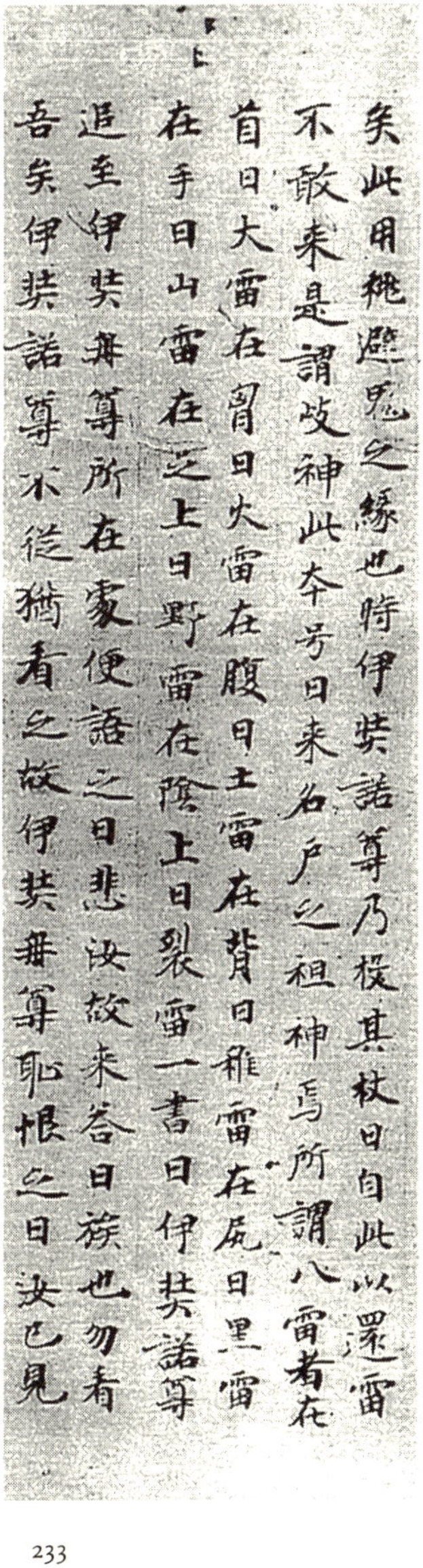
矣此用桃避鬼之縁也時伊奘諾尊乃投其杖曰自此以還雷
不敢来是謂岐神此本号曰来名戸之祖神焉所謂八雷者在
首曰大雷在胸曰火雷在腹曰土雷在背曰稚雷在尻曰黒雷
在手曰山雷在足上曰野雷在陰上曰裂雷一書曰伊奘諾尊
追至伊奘冉尊所在處便語之曰悲汝故来答曰族也勿看
吾矣伊奘諾尊不従猶看之故伊奘冉尊恥恨之曰汝已見

奈良朝写本といわれる『書紀』断簡の部分（神代上）、訓点の類が全くない。——佐々木信綱旧蔵

井命神渟名川耳尊故古語稱之曰於畝傍之
橿原也太立宮柱於底磐之根峻峙搏風於高
天之原而始馭天下之天皇號曰神日本磐余
彦火火出見天皇焉初天皇草創天基之日也
大伴氏之遠祖道臣命帥大來目部奉承密策

北野本（この巻は大永三年〔一五二三〕から天文五年〔一五三六〕の間に成立）にあらわれたハツクニシラス

(4) 田中本、巻十

古点・古訓なし

これらはいずれも奈良朝末期あるいは平安時代初期とされる最古の古写本群だ。ところが、これらすべて「古点・古訓」はない。すなわち、奈良朝の古写本には、本文（漢字）だけで、訓はついていないのである。

だから、「ハツクニシラススメラミコト」という訓註は、平安以降の〝後代訓註者の仕業〟であって、原文に属するものではない。それをあたかも〝原文にあったかのように見なして〟論ずるのは、史料批判上、根拠がないのである。

なお、この訓註問題の実態を以下に吟味しよう。――寛平・延喜のころの書写とされる「岩崎本」（巻二十二・二十四）においてはじめて訓点があらわれる。そのあと「前田本」（平安後期）や「宮内庁本」（院政期本の書写（永治二年、一一四二年））、「北野本」（巻二十二〜二十七は院政時代初期の書写）と、平安朝写本には、いずれも訓註がつけられている。

要するに、訓註は奈良朝には存在せず、平安朝につけられたというのが、史料上の事実である。しかも、これら現存平安朝写本には、いずれも問題の「巻三」（神武紀）はない。弘安九年（一二八六）の卜《うら》部《べ》兼方《かねかた》本や乾元二年（一三〇三）の卜部兼夏本も神代紀二巻だけだ。そして、現在残る卜部系写本のうちもっとも古いとされる永和元〜三年（一三七五〜七）の熱田本にも問題の「始馭……」に対し「ハツクニ……」の訓は付されていない。結局、大永三年（一五二三）から天文五年（一五三六）の間に成立した北野本（前ページ写真）や天文九年（一五四〇）の卜部兼右本（全二十八巻）にいたって、はじめて右の「神武紀の訓註」があらわれるのである。実に十六世紀の写本だ。

なお、北野本は巻によって書写期が異なり、この「巻三」は第四類（卜部兼永筆）で、室町時代（十六世紀）の書写である。他に神宮文庫本・伊勢本・内閣文庫本等、いずれも室町期である。

初国と本国

しかも、問題の根本は、つぎの点にある。

すなわち、原文の「始馭天下之天皇」は、「ハツクニシラススメラミコト」と読める字面ではない、という点だ。では、なぜ、後代（平安朝以降）の学者はこのような訓読をつけたのだろう。

それに答えるため、崇神の場合を見よう。

崇神の場合は、「所知初国天皇」〈『古事記』〉だから、たしかに「ハックニシラススメラミコト」と読める。だが、それは本当に「建国第一代の天皇」という意味だろうか。『古事記』では、この「初国《ハツクニ》」に相対する語に「本国《モトクニ》」という概念がある。

(A)凡そ佗国《あだしくに》の人は、産む時に臨みては、本国の形を以て産生す。故《かれ》、妾今《あれ》、本身を以て産を為す。

〈海幸・山幸説話、豊玉毘売〉

(B)然《しか》るに其の大后の嫉みを畏《おそ》れ、本国に逃げ下る。

〈仁徳記、黒日売〉

(C)僕《あ》は甚だ耆老《おい》たり。本国に退《まか》らんと欲す。

〈顕宗記、置目《おきめ》の老媼《おみな》〉

右の「本国」とは、それぞれ(A)海神の国、(B)吉備の国、(C)淡海の国を指す。代々住みついている故国のことである。

さて、崇神段階の近畿天皇家にとって、「本国」といえば、どこだろう。当然、この時点では「大和の国」である。神武→開化の九代は、この大和の一角に割拠していた。ところが、第十代の崇神に至って、〝大和の外への侵略〟が開始された。「東方十二道」への征服軍の派遣がこれである。そのとき、高志(越)の国へ派遣された大毘古命《おおひこ》と、東方経由で派遣されたその子建沼河別と、この二大征服軍の父子が相津(福島県)で出逢った、という逸話が記されている(前出、一五五ページ)。この逸話の直後、つぎの文があらわれる。

是を以て各遣はされし国の政を和《やわ》らぎ平げて覆奏す。爾《かれ》、天下太平、人民富栄。是に於て初めて男の弓端《ゆはず》の調《みつぎ》、女の手末《たなすえ》の調を貢《たてまつ》らしむ。故《かれ》、其の御世を称して、初国《はつくに》を知らしし御真木《みまき》の天皇《すめらみこと》と謂ふなり。

〈崇神記〉

右によって、「初国統治」という称号は、〝新しい東方征服〟に関連している、とされている。つまり、「本国」なる「大和の国」に対して、「東方十二道」の〝新征服地〟が「初国」なのである。だから、この称号は〝新しい征服地を統治する天皇〟という意味だ。すなわち、「建国第一代」などとは、とんでもない。崇神以前ながらく本国内だけ統治していた時期の天皇たち（第一〜九代）と区別した称号、いいかえれば、前九代の存在を前提にしてつけられた称号である。だから、あえていえば、この称号は〝崇神が「建国第一代」とは考えられていない〟という事実の証明には使えても、断じてその逆ではない。

たとえば、例の高句麗の好太王。彼は「国岡上広開土境平安好太王」と呼ばれた。新しく〝征服地を拡大した〟ことをたたえたのである。だからといって、この称号をもとに、彼が高句麗建国第一代の王である証拠だ、などといっても、だれも承服すまい。ところが、今までの「崇神＝第一代」論者は、これに類した論法を駆使してきたのであった。

「初」と「肇」を見つめる

『古事記』における「初」という概念について、なお念を入れてしらべてみよう。

㈠天地、初めて発《ひら》けし時、高天の原に成る神の名は、天之御中主神。〈冒頭〉

㈡是《ここ》に火遠理命《ほおり》、其の初めの事を思ひて、大いに一歎《なげき》き。〈海幸・山幸説話〉

右の㈠を見ると、「初」とは、一見〝すべてのはじめ〟であるかに見えよう。しかし、つぎの太安万侶の上表文を見よう。

(A)夫れ、混元既に凝りて、気象未だ効《あらわ》れず。名も無く為《わざ》も無し。誰れか其の形を知らむ。

(B)然れども、乾坤《けんこん》初めて分れて、参神造化の首《はじめ》と作《な》り、……。

右で(A)の状態がいわば〝本源〟の姿だ。それに次ぐ(B)にいたって新しい活動がはじまった。そのとき「初分」（上表文）とか、「初発」（本文冒頭）とか、「初」字が使われるのだ。すなわち、〝本源の旧状態〟

に対し、〝新規の活動開始〟が「初」なのである。

(二)も同じだ。ここは火遠理命（山幸）が事の発端（兄の海幸から借りた鉤《はり》をなくして、それを探すため本国を出て漂流し、この海神の国へ来たこと）を思い出し、ためいきをつくところである。本国のことすべてが「初事《はじめのこと》」ではない。「兄の鉤喪失」事件前は、ここでは「初事」前に属する。本国離去の原因となった鉤にまつわる事件が「初事」なのである。すなわち、平和だった本国での生活に対し、それが破れ、思いがけず〝新しい異国生活に入ることとなった発端の事件〟が「初事」と呼ばれているのである。

また、この鉤喪失事件のさ中でも、山幸が自分の佩刀《はいとう》（十拳剣）を砕いて新規の鉤を五百本も千本も作って代りにうけとってもらおうとしたのに対し、兄の海幸は意地悪く、「猶《なお》、其の正しき本の鉤を得んと欲す」といって、うけとらなかったという。ここでも、〝新規の鉤〟に対して、〝もとのままの状態の鉤〟のことを「本鉤」と呼んでいるのである。

このように、「本」と「初」と、概念のちがいは明瞭だ。これを勝手にとりかえて論ずることは許されない。

つぎに、『書紀』の方の御肇国天皇（崇神紀）について考えてみよう。これは文字通り読むと、「御㆓肇国㆒天皇」つまり「肇《はつ》国に御《ぎょ》する天皇」だ。この「御」は『古事記』の太安万侶の上表文によく出てくる用法である。

飛鳥清原大宮御㆓大八洲㆒天皇（飛鳥《あすか》の清原《きよみはら》の大宮に大八洲《おおやしま》に御する天皇）

御㆓紫宸㆒而……（紫宸に御して）

これは「御、統也。（正韻）」というように、「すべる」または「おさめる」の意である。

「肇国」は「初国《はつくに》」を漢語的表現であらわしたものだ。

肇　㈠うつ。肇、撃也（集韻）。㈡はじめ。肇、始也（広韻）

このようであるから、〝武力征服によって獲得した新しき国々〟を示す表現としては、適切であるといえよう。それゆえ、『書紀』の場合も、『古事記』と字面が異なるだけだ。実質内容にちがいはない。

「誤読」の系譜

先にあげたように、井上や直木はこの称号に対して「はじめて国を治めた天皇」と解している。しかし、これは失礼ながら「文脈上の誤読」を犯しているのではあるまいか。なぜなら、そのように解するためには、「初所レ知レ国天皇」という語順でなければならない。たとえば、

高麗仲牟《ちゅうむ》王、初建レ国時、欲レ治二千歳一也。〈天智紀七年十月〉
（高麗の仲牟王、初めて国を建つる時、千歳を治めんと欲するなり）

この仲牟王は好太王碑に「始祖鄒牟王」とされ、『三国史記』高句麗本紀に「始祖東明聖王」とされている。だから、これは文字通り〝建国第一代の王〟である。この語順なら疑うところはない。しかるに、従来の読解は、この語順の異同を無視した。そして強引に〝建国第一代〟と解し去ったのである。けれども、このような「誤読」を最初に犯したのは、先にあげた卜部兼右本などの訓註者だったと思われる。なぜなら、神武紀の「始馭天下之天皇」に対して、「ハツクニシラス」と訓を付しているからである。この字面はこのような訓にふさわしくない。〝始めて天の下に馭《ぎょ》しし天皇〟とか、〝始めて天の下に馭《は》せし天皇〟とか、読むべきだ。

馭　㈠つかう。馬をあやつる。㈡のりもの。騎乗。車駕。㈢すべる。おさめる。万方に臨馭す。
〈『南史』梁武帝紀〉

「馭」はこのような意味だ。だからこの称号は〝日向の地から長途遠征してこの地（大和）に来り、

統治を開始した王〟として、神武にピッタリの字面だ。ことに語順が「始」ではじまる点、先の仲牟王の場合と同じだ。これこそかけねなしに「建国第一代の王」なのである。

このような字面と語順のちがいを後代の訓註者は理解しなかった。そして「建国第一代」たる神武こそ、この「ハツクニシラス」にふさわしいと信じて、ここにこの訓を付したのである。しかし、これがさらにはるかなる後世において「神武架空説」を生み出す種となるなどとは、夢にも思わなかったであろう。この後代の訓註者の誤読の上に、戦後史学の「神武架空説」の、もっとも鋭角的な論理は突っ立った。神武だけではない。崇神を「建国第一代」と見なす——それは当然「神武→開化」という「全九代」の架空説を意味したのである。

この論定のもった意味は絶大だった。たとえば、戦後にあらわれて人々を驚倒せしめた江上波夫の「騎馬民族説」も、この「崇神＝建国第一代」説の上に依拠していたのであった。

さらに、第十五代の応神をもって真の始祖とする学説の場合にも、〝真の始祖は応神であったにもかかわらず、ある段階での近畿天皇家内では、「崇神第一代説」が採用されていたのだ〟という思惟が存在したのである。つまり、

応神第一代説→崇神第一代説→神武第一代説

といった順で、歴代系譜が架上（つけ加えてゆくこと）されていったもの、と考えられたのである。それ故にこそ、戦後史学のほとんどの学説の中で、「神武——開化」九代の架空性は、自明の真実と見なされたのであった。

コロンブスの卵

以上、縷々検証の耳を加えてきたけれども、この問題は、実は、こんな煩瑣な考証などにまつまでもないものだ。コロンブスの故事のように、真実ははじめから眼前

にあったのである。

なぜなら、もしこの「名称問題」を除けば、『記・紀』中には「崇神第一代説」を語る〝一片の建国説話〟すらないからである。それなのに、〝造作力に富むはずの〟『記・紀』の編者が、わざわざ「建国第一代」を意味するような名称だけを、そのまま生き残らせておいて、後代の学者に「発見」させる、としたら、これはなんとも奇妙なものではあるまいか。

逆にいえば、この〝新征服地の支配〟を示す名称（初国を知らしし天皇）は、それをつつむ「東方十二道」征討の説話内容全体と、全く同一の内容をもっている。しかるに、この二者の間を切断し、名称の方だけを孤立させ、これに特異な解釈を与え、もって立論の基礎とした。ここに従来学説の方法論上の最大の無理があったのではるまいか（「二人のハックニシラス」説に対し疑いをむけたものに、丸山二郎『日本書紀の研究』、安本美典『神武東遷』がある）。

和風諡号論をめぐって

「二人のハックニシラス」論と並んで、「神武――開化」架空説の強力な主柱となり、さらにそれをおしすすめた論証方法は、和風諡号論だった（「和風諡号」とは、神武の場合の「カムヤマトイワレヒコ」のような、日本風の名前をさす。「神武――」と呼ぶような漢字二字名称より古い）。

これも、津田を先蹤とし、武田祐吉、横田健一らを経たのち、これを水野祐が〝定式化〟した。そして井上・直木らがこれを発展させたのである。この方法のキイ・ポイントは〝天皇の系譜中、古い名前と新しい名前とに「共通単語」がある〟という点だ。

㈠　「ヤマトネコ」

(A)第七代　オホヤマトネコヒコフトニ（孝霊）

第八代　オホヤマトネコヒコクニクル（孝元）

第九代　ワカヤマトネコヒコオホヒヒ（開化）
第二十二代　シラカノタケヒロクニオシワカヤマトネコ（清寧）
(B)第四十代　オホヤマトネコアメノヒロノヒメ（持統）
第四十一代　ヤマトネコトヨオホヂ（文武）
第四十二代　ヤマトネコアマツミシロトヨクニナリヒメ（元明）
第四十三代　ヤマトネコタカミヅキヨタラシヒメ（元正）

(二)「タラシ」

(A)第六代　オホヤマトタラシヒコクニオシヒト（孝安）
第十二代　オホタラシヒコオシロワケ（景行）
第十三代　ワカタラシヒコ（成務）
第十四代　タラシナカツヒコ（仲哀）
（十四代后）　オキナガタラシヒメ（神功）
(B)第三十四代　オキナガタラシヒヒロヌカ（舒明）
第三十五代　アメトヨタカライカシヒタラシヒメ（皇極）
第四十三代　ヤマトネコタカミヅキヨタラシヒメ（元正）

(三)「クニオシ」

(A)第六代　オホヤマトタラシヒコクニオシヒト（孝安）
(B)第二十七代　ヒロクニオシタケカナヒ（安閑）
第二十八代　タケヲヒロクニオシタテ（宣化）

第二十九代　アメクニオシハルキヒロニハ（欽明）

㈣「ワケ」

(A)第十五代　ホムタワケ（応神）

第十七代　イザホワケ（履中）

第十八代　タヂヒノミヅハワケ（反正）

(B)第三十八代　アメミコトヒラカスワケ（天智）

右の四つのケースについて見よう。

それぞれの表の(B)が後代の天皇名であるのに対し、(A)はそれよりはるかに古い時代の天皇名だ。その両者に「ヤマトネコ」等の特色ある共通単語がふくまれている。これがこの問題の前提をなす史料状況だ。これに対し、(A)群は実在の(B)群をもとにして「造作」された架空の天皇名だ、と見なす。――これがこの方法の核心をなす論理である。

ことにその点、一番典型的なのは、㈠だ。この場合の(B)群は、いずれも天武以後。『記・紀』成立当時の天皇名だ。だから、これは『記・紀』の編者たちが最近の天皇たちの名前をヒントにして机の上でヒネリ出した案出物だ、というのである。

㈡も(B)が大化の改新以降の天皇名だから、右に準ずるケースと見なすわけである。

㈢の場合は、(B)群が六世紀中葉ころとされる天皇名だ。したがってこの時期に作られた第一次の「天皇系譜表」の中で「造出」されたのが(A)だ、というわけである。

これらに対し、㈣の場合は少し様子がちがう。この場合、(B)は天武の兄。七世紀後半の有名な天皇だ。この名前に出てくる「ワケ」を利用して歴史上にすでに実在していた天皇たちである(A)群の天皇たちの

歴代天皇諡号表

代	漢風諡号	和風諡号	続柄
1	神武	カムヤマトイワレヒコ	
2	綏靖	カムヌナカワミミ	(神武の子)
3	安寧	シキツヒコタマデミ	(綏靖の子)
4	懿徳	オホヤマトヒコスキトモ	(安寧の子)
5	孝昭	ミマツヒコカエシネ	(懿徳の子)
6	孝安	オホヤマトタラシヒコクニオシヒト	(孝昭の子)
7	孝霊	オホヤマトネコヒコフトニ	(孝安の子)
8	孝元	オホヤマトネコヒコクニクル	(孝霊の子)
9	開化	ワカヤマトネコヒコオホヒヒ	(孝元の子)
10	崇神	ミマキイリヒコイニエ	(開化の子)
11	垂仁	イクメイリビコイサチ	(崇神の子)
12	景行	オホタラシヒコオシロワケ	(垂仁の子)
13	成務	ワカタラシヒコ	(景行の子)
14	仲哀	タラシナカツヒコ	(成務の甥)
(后)	神功	オキナガタラシヒメ	
15	応神	ホムタワケ	(仲哀の子)
16	仁徳	オホサザキ	(応神の子)
17	履中	イザホワケ	(仁徳の子)
18	反正	タヂヒノミヅハワケ	(履中の弟)
19	允恭	オアサヅマワクゴノスクネ	(反正の弟)
20	安康	アナホ	(允恭の子)
21	雄略	オホハツセノワカタケ	(安康の弟)
22	清寧	シラカノタケヒロクニオシワカヤマトネコ	(雄略の子)
23	顕宗	ヲケ	(履中の孫)
24	仁賢	オケ	(顕宗の兄)
25	武烈	オハツセノワカササギ	(仁賢の子)
26	継体	オホト	(応神5世の孫)
27	安閑	ヒロクニオシタケカナヒ	(継体の子)
28	宣化	タケヲヒロクニオシタテ	(安閑の子)
29	欽明	アメクニオシハルキヒロニハ	(宣化の子)
30	敏達	ヌナクラフトタマシキ	(欽明の子)

31	用　明	タチバナノトヨヒ	（敏達の弟）
32	崇　峻	ハツセベノワカサザキ	（用明の弟）
33	推　古	トヨミケカシギヤヒメ	
34	舒　明	オキナガタラシヒヒロヌカ	
35	皇　極	アメトヨタカライカシヒタラシヒメ	
36	（斉明）		
37	孝　徳	アメヨロヅトヨヒ	
38	天　智	アメミコトヒラカスワケ	
39*	天　武	アマノヌナハラオキノマヒト	
40	持　統	オホヤマトネコアメノヒロノヒメ	
41	文　武	ヤマトネコトヨオホヂ	
42	元　明	ヤマトネコアマツミシロトヨクニナリヒメ	
43	元　正	ヤマトネコタカミヅキヨタラシヒメ	

＊現在の「代」数は天智と天武の間に弘文を入れ，これを39代とする。

名前の下に〝これを新たに付加した〟と考えるのである。なぜ、この場合だけ、特別にこのように考えるのだろうか。その第一の理由はほかでもない。これらの天皇が中国の史書〈『宋書』倭国伝〉に出てくる「倭の五王」に一致する、したがって実在の天皇だ、と「確信」されていたからである。

裸の論理

以上の論理は、先の「二人のハツクニシラス」論とは異なり、〝大量の天皇名〟という明白な史料事実を、いわば〝統計的〟にふまえた分析である点に、格別の強味があるように見える。したがって戦後史学の研究の中で、このような天皇・皇后・皇子・皇女・豪族名の分析は実に鬱蒼たる一大論文群を叢出してきた、といっていいであろう。

けれども、わたしの〝素人の目〟から見ると――いわゆる「岡目八目」のたぐいであろうか――この種の議論には、その本質をなす一点において、まことに単純としかいいようのない盲点が存在するように見えたのである。

それはほかでもない。

古代天皇名Ⓐ――現代天皇名Ⓑ

この両者に共通単語が存在するとき、確かに同じ近畿天皇家内の天皇名であるから、いずれかがいずれかに影響した——つまり、両者の間に関係を求めること自体は正当であろう。

しかし、真の問題はそれが「A→B」の関係か、それとも「B→A」の関係か、という一点にある。つまり、

(a) 遠き古えの天皇名（当然実在したと信ぜられていたもの）にあやかって現存の天皇名をつけたのか、

それとも、

(b) 現存の天皇名にちなんで古代の天皇名を案出したためか、

この二つに一つなのである。このうち、もっとも自然な普通のケースは(a)だ。だから、学問において(b)の論理を使おうと思ったら、死活の問題は(a)の否定だ。このケースが絶対にありえない、そのことが必要にして十二分に証明されたとき、はじめて安心して(b)の立場におもむくことができる。これは理の当然ではあるまいか。

ところが、わたしにはいずこにおいても、この(a)の否定の論証にお目にかかることができなかった。これはわたしたち一素人には不思議なことだ。しかし、戦後史学界という、学界内の雰囲気から考えれば、これは必ずしも〝唐突なこと〟ではなかったようである。なぜなら、戦後史学の出発点は津田史学だった。そこでは神武の架空性はもとより、九代の造作性は疑うべからざる帰結とされていた。それだけではない。「応神前と応神以後」という画期の一線がもうけられ、〝前者はあやしく、後者は信用できる〟という「黄金律」が成立していたのである。

この点は、戦後史学の出発期において、井上光貞らの研究によって追認されるところとなった（前出、一四ページ）。「確立」された命題はつぎの二点であった。

(一)「応神・仁徳――雄略」は倭の五王と対応しているから、この項以後の系譜はほぼ信用できる。
(二)好太王碑によると、四世紀末には近畿天皇家は「朝鮮半島出兵」をなしえたのだから、日本列島の統一をほぼ完成していたのは確実である。

このようにして津田の「応神前と応神以後」の画期線は再確認されるところとなったのである。以上の磐石の土台の上に戦後史学の研究論文は叢出した。したがって今さら「(a)のケースの否定」の論証など、およそ〝必要外〟のことだったのである。

しかし、前著（『失われた九州王朝』）でのべたように、「倭の五王＝応神・仁徳―雄略」という、五世紀に関する定式は崩れ去った。それ故、当然四世紀末の史実をのべた好太王碑についてもまた、これは「近畿天皇家の日本列島統一説」の証拠とすることはできない。――この事実が鮮明に浮かび上がってきたのである。

さらに津田の神武架空の論証、神武東遷否定の論証についても、意外にもその論証の基盤が脆弱なことを見てきた。そして今、この「和風諡号の論理」の前に立った。その直前に立ってこれを見つめると、この論理が今や〝裸でさらされている〟のを見出したのである。

他の〝援護〟は失われた。それ故、やはり(b)の論理におもむくためには、(a)否定の論証が不可欠だ。――しかるに、それはなかったのである。

権力の尚古主義

わたしは人間の単純な理性に立ち、その健全な直観力に訴えてこの問題を見つめ直してみよう。――それがわたしの研究の原点であるから。

(b)のケースの場合。『記・紀』編纂当時の読者（近畿天皇家内の、編者以外の人々。また全国の「豪族」層とその配下の人々）にとって、これはどう見えるだろう。熟知の最近の天皇名に似せて古代天皇名を作る。

――その場合、その「古代天皇名」なるものは、あまりにも〝現代風〟に映り、肝心の〝古めかしさ〟を欠くのではあるまいか。その〝新規めいた印象〟は、かえってその「古代天皇名」の古代的荘厳味を人々に疑わせることとなりはしないだろうか。たとえば〝鉄筋コンクリート造りの伊勢神宮へ国民を参拝させる〟といったやり方を、かりに考えてみれば、わかるだろう。

支配者が統治の技術として統治下の多くの人々をして「信ぜしめる」ために不可欠のもの、それはなによりも〝もっともらしさ〟なのではあるまいか。ところが、この(b)のケースにはそれが欠けている。それに対して、(a)の場合は、もっとも自然だ。

やっと新しく（八世紀はじめ）日本列島の完全な統一をなしとげ、それを、中国を中心とする東アジアの世界から認承されつつあった天皇家にとって、現存の天皇名を〝荘厳に飾る〟ことは、まさに必要であった。そこで古色蒼然たる王名表の中から、あれやこれやもっともらしい単語（「ヤマトネコ」「タラシ」「ワケ」等）をひき抜いてきて使う。これらの単語が現代（七、八世紀）にとって違和感――異質性――があればあるほどいいのだ。

「大化改新」後を見よう。まず、天智が難波で巨大な勢威を張ったと伝承されていた王名に出てくる、特異な接尾辞の「ワケ」をとり出して使ったのである。この尚古主義（昔にあこがれる立場）のやり方は、天武以後の『記・紀』編纂期という、官製の歴史ブームの中でさらに〝狂騰〟した。そして実際は、遠い古えに大和の一隅に割拠した一地方豪族の類にすぎなかったそれらの人々まで、「――天皇」と称せしめたのである。権力というタイム・マシンによる「歴史遡源の魔術」だ。

このようなやり方は、いわば歴史の常道である。長い封建期の閉塞の中から解放された明治の天皇家が、いかに〝古めかしい系譜〟でもって、新しく権力を獲得した自己を〝神秘めかして飾ろうとした〟

か。「紀元節」の創案は、その著名な事例だ。また、わたしが戦時中の少年時代、くりかえし聞かされた、重々しい天皇の勅語の冒頭を飾った「我が皇祖皇宗……」という慣用句、あれを思い出しても、疑うことのできぬ、眼前の史料事実である。

このような「権力の政治利益にもとづく尚古主義」なら、わたしには容易に理解できる。だが、〝わざわざ現代風に造作した古代王名〟という概念は、遺憾ながらわたしにはついてゆけないのである。

〝使い分け〟の背理

「和風諡号論」の矛盾は、不統一な「論理の使い分け」にもあらわれている。

それは、先の㈠㈡㈢と㈣とのちがいだ。前者の場合は、最近の実在天皇名にもとづいて、〝架空の古代天皇名が案出された〟と見なした。ところが、後者の場合は、同じ立場にもとづいて、〝実在の古代天皇名がさらに修飾された〟と考えるのだ。このちがいはなんだろう。それはほかでもない。㈣の場合、批判の対象になるべきⒶグループが外国史書の「倭の五王」と等式で結ばれて、実在が確実視されているからなのである。

だが、もしこのように後代の「修飾付加説」をとるのなら、前者のⒶ群に対しても、同じ論理をとるべきではないだろうか。〝これらの古代天皇は実在した。それに対して、後代「ヤマトネコ」「タラシ」「クニオシ」などの「修辞」が付加された〟と。しかし、そのように共通の論理が使えないのはなぜか。これらの㈠㈡㈢のⒶ群の天皇たちは、すでに津田論定によって実在が否定されている。だから、それを前提にしなければならない。このようにして、前者と後者との論理の〝使い分け〟が発生せざるをえなかったのだ。

しかし、いま「倭の五王」が近畿天皇家の王たちと等式で結びえない、としたら、これらの王たちもまた、——論理の必然に従って——七、八世紀の『記・紀』の編者の「造作」となってしまうのであろうか。

また、この「和風諡号論」についての「使用論理」の中に、〝素朴名称と修辞名称の比較論〟がある。

肌着と礼装

1 ホムタワケ（第十五代、応神）
2 オホサザキ（第十六代、仁徳）
3 イザホワケ（第十七代、履中）
4 アナホ（第二十代、安康）
5 ヲケ（第二十三代、顕宗）
6 オケ（第二十四代、仁賢）
7 オホト（第二十六代、継体）

このようにほぼ五世紀から六世紀初頭に当ると見なされてきた天皇たちの名の中に、きわめて簡明な一語形ともいうべき一群がある（1・3は、先の論理で「後代付加部分」の「ワケ」を除いて考えるのだ）。そしてこれらこそ、原初的な名称であり、実在の証だ、と考えるのである。これを基点にして考えるとき、これら以前、つまり、第十四代の仲哀以前の天皇の、長たらしい修辞をふくんだ名前、たとえば、先の㈠㈡㈢の(A)群の天皇名はあやしい。後代の「造作」による架空の名前にちがいない。こう考えるのである。

つまり、これも、天皇の勢威が拡大し、長たらしく美々しい名称を好むようになった七、八世紀の『記・紀』の編者が「造作」したから、こうなったのだ、というのである。ここでも、いわば〝現代風に〟古代天皇の名を「造作」した、というわけだ。

しかし、この場合にも、単純な反論がある。〝では、なぜ安康や継体たち（先の1〜7）の名も、長たらしく美々しく飾らなかったのか？〟という疑問だ。これに対して〝それは、六世紀中葉（継体—欽明のころ）にすでに天皇系譜がいったん成立しており、それは動かせなかったからだ〟という答えがある。その「天皇系譜」にすでに先の「1〜7」などは書かれてあったから、どうしようもなかったのだ、というのである。しかし、これはおかしい。架空の美々しい天皇名群を次々と造作してはばからないような手合い——最も悪質な偽作者ども——が、実在の王名に対してたかが修辞を〝体裁よく〟加えることをはばかったとは！

ことに継体などは、七、八世紀の天皇家にとって、直接の「元祖」にあたる天皇だ。その前代、武烈で一応それまでの正系が絶えた。そこで近江（もしくは北陸）から「応神五世の孫」と称する継体が、招かれて天皇位についた、とされている。その方は「オホト」などという、まるで「肌着一枚」のような略装でほっておいて、それ以前の（「正系」としては前王朝の）古代天皇名だけ、きれいなズボン（「ワケ」）をはかせたり、美々しく輝かしい、お揃いの礼装を新規に仕立て上げたりするとは！——わたしには理解できない。

わたしの目には、右の「1〜7」のような素朴なままの名前の実例は、天皇名系譜全体の史料性格を判定するうえで、重要な意味をもつと思われる。それは、戦後史学の通説に反し、〝これらの王名には、一般に後世の造作や付加が加わっていない〟という判断である。その理由は、今いった通りだ。もしかりに、それが加わっているとしたら、〝新王朝元祖〟の継体や、説話中に聖徳が讃美されている仁徳に対して、〝肌着のままでほっておいた〟ことが、解きがたい矛盾となるからである。

これはまことに自然な史料理解だ。しかるに、戦後史学において、このように「自然な思惟」が行なわれなかったのは、すでに津田論定が「神聖不可侵」の前提とされ、ただその大前提を裏づける方向でのみ、論理が進行させられていったからではないだろうか。

第十章　神武東征は果たして架空か

二人の彦火火出見

前章の「和風諡号」問題と類似した問題が、実は神武紀にもあらわれている。

神日本磐余彦《かむやまといわれひこ》、諱《ただのみな》は彦火火出見《ひこほほでみ》。〈神武紀、冒頭〉

（他に、「神代紀、第八段、第六、一書――帝王本紀」「神代紀、第十一段、第二、三、四、一書――譜第」にも出現する）

つまり、神武天皇自身が「彦火火出見尊」と名乗っていた、というのだ。先にのべたように、これは山幸の名だ。系譜上、ニニギノ命の子であり、例の遠い「五百八十年」（『古事記』）の不分明の霧をへだてながらも、一応系譜通りでいえば、「神武の祖父」のはずだ。だから、これこそ文字通りの「二人のヒコホホデミ」問題である。

これに対して新しい解釈を与えたのは、ここでも津田であった。

「帝皇日嗣《ひつぎ》の僅か一世を隔てた前と後とに於いて同じ名が二代ある、といふことは、甚だ解し難い話であるから、これには必ず理由があるに違ひないが、それは神代史の改作のために生じたことではあるまいか。詳しくいふと、もとは一人のホホデミの命であったのが二分して二人になり、その中間にウガヤフキアヘズの命が挿《はさ》まれたのではあるまいか。（中略）神代史の説話の最初の形に於いては、後に神武天皇のこととせられた東遷物語は即ちホホデミの命の東遷物語であって、ホノニニギの命の天降りの物語の次がすぐにホホデミの命のヤマト奠都《てんと》の話となってゐたことが、推測せられるのではなからうか（東遷物語そのものもまた今の形のまゝではなかったらう）。ホノニニギの命がタカチホの峯に降られ、ホホデミの命がタカチホの宮からヤマトに遷られたとすれば、話は極めて自然であることをも、考へるがよい。（中略）

　さうして神武天皇の東遷の物語が、もとはホノニニギの命の子としてのホホデミの命の東遷として語られてゐたものである。とすれば、神武天皇の東遷が歴史的事実でないことは、この点からもまた明かになるのである」（『日本古典の研究　上』）

この津田の大胆な「神話改作論」に対して、井上光貞（『日本の歴史1』）、直木孝次郎（『神話と歴史』）等が賛同し、神武架空論証のささえとしている。

けれども、今この津田の論断を見つめてみると、方法論上、先の「二人のハツクニシラス」や「和風諡号論」と同じ疑問がある。それは「山幸（A）——神武（B）」の両者が同じ名称を名乗っていたとき、まず考えられるもっとも自然な理解、それは〝神武が山幸の名を模倣した〟というケースだ。つまり、その名称を名乗ることによって、自分（神武）がニニギの子たる、この高名な人物（山幸）の系譜を引く人間であることを「誇示」した、という場合だ。だから、〝そのケースはこれこれの理由でありえない〟という論証が確実に成立してはじめて、他の理解へと、あらためておもむくべきなのである。しかし、津田はそれをしていない。

　ところが、右の津田の論考中、注目すべき一点がある。それは「帝皇日嗣」といい、「ヤマト奠都」

という言葉の示すように、『記・紀』の神話には〝天照以来の万世一系の物語が書かれているのだ〟と頭から信じこんでいることだ。なるほど、そういう立場からすれば、津田の「改作神話」の方がはるかにスッキリと筋が通ることであろう。なぜなら、神武は大威張りで「ニニギの子にして、天照の孫」となれるわけだから。

しかし史料事実は、そうなってはいないのだ。神武は傍系中の不幸なる偏流として、あいまいな霧の中で筑紫の中央神話から〝系譜を引いている〟ことをわずかに主張しているにすぎない。もし、津田のいうように、本来の神話がかくも輝かしい〝本流の系譜〟系列であったとしたら、後代の近畿天皇家の史官の中のだれが勝手に、これを「傍流」として書き変え、書きおとしめるであろうか。最初にのべた、『記・紀』を貫く「大義名分のフィルター」「利害のフィルター」から見ても、それはありうる事態ではない。

この点、津田は海幸・山幸の説話などが後で挿入されたとし、そこに改作の経緯を求めている。しかし、こんな一逸話《エピソード》のために、「本→傍流」というような莫大な代償を果たしてはらいうるだろうか。権勢欲をもつ支配者とそのとりまきが、きれいなガラス玉のために「身分証明」の高価な宝石をなげうつはずはないのである。

神縁と「ホメロス経験」　もう一つの「神武架空の論証」は、つぎのようだ。

「つぎに『記・紀』の伝承のうえからながめてみますと、やはり実在性は非常にうすいのです。神武の名に「カミ」がつくことと、皇后が三輪山の大物主神の娘であることとは先に言いましたが、母親も海の神の娘と伝えられています。母親だけではなく、祖母も海神の娘で、神武の父のウガヤフキアヘズノミコトを生むときは、本性をあらわして八尋《やひろ》（一尋は両腕をひろげた長さ）の和邇《わに》（ワニザメのこと）になったと『古事記』にあります。このような両親・祖母・妻にかこまれた神武は、まったく伝説上・物語上の人物といわねばなりません」（直木孝次郎『神話と歴史』）

これも、津田の提起をうけて直木らの発展させた論理だ。あるいは現代人にとって、もっともうけ入れられやすい説得力をもつかもしれぬ。しかし実は、ここにこそ――失礼ないい方を許していただきたい――津田を始祖とする戦後史学がその本質において「シュリーマン以前」の学であること、それがもっとも明確にあらわれていると思われるのである。その理由をのべよう。

まず、神武が「神倭イワレヒコ命」（A）と呼ばれていること。これは果たして神武が「神」と見なされていた証拠だろうか。これは「倭イワレヒコノ神」（B）と同義だろうか。わたしにはそうは見えない。なぜなら、「イザナギノ神」とはいっても、「神イザナギの命」とはいわない。そのように書いてある例は『記・紀』に全くない。「天御中主神」でも、「神天御中主命」とはいいはしない。このような表記例からみると、やはり語頭の「神」は〝神のごとき〟〝神のような威力をもつ〟という意味の形容の言葉、つまりほめ言葉ではないだろうか。これに対して「――神」という場合は、まさしくその実体が「神」だ、という認識をあらわしているのである。だから、すでに神である存在に対して〝神のごとき〟という形容はつくはずがないのだ。こうしてみると、神武に「神――」という名のついていることは、彼が〝神と見なされていた〟証拠ではなく、逆に〝人間と見なされていた〟証拠だ。

つぎは、神武が神々との「ちかしき血縁」をもち、神異譚の中から生まれた人々を、一親等をはじめとする親縁者にもっているという問題。これは果たしてその人物が「架空」である、という証明なのだろうか。ここでホメロスの『イリアス』『オデュッセイア』を見よう。

まず、この壮大な物語の花形にして、悲劇の禍因となったヘレネ（ヘレナ）の系譜を見よう。父はゼウスの神。母レダが白鳥の姿と化していたゼウスを愛して生んだ卵から出た、とうたわれている。そしてギリシャ軍の王アガメムノンの妻も、この同じ母の子だ。さらに、有名な勇士アキレウスの父ペレウスは、ゼウス神の孫だとされている。

このような例は枚挙にいとまがない。むしろ、トロヤ戦争に登場する英雄たちは、そのほとんどが〝神々の血脈を引く〟ことを誇っていたのである。

このような〝神秘な系譜〟という一点をとってみても、この英雄たちの架空性、この物語の非史実性は明らかだ。——十八世紀の学者たちはそう考えたのだ。だが、シュリーマンからブレーゲンに至る陸続たる発掘は、このトロヤ戦争が史実であったこと、それを疑う余地なく立証したのである。

では、彼等は本当に「神々の血縁者」だったのか。とんでもない。ただ、物語を一層壮麗ならしめるため、付加されたにすぎぬ（彼等自身がそのようなたぐいのいい方で、自己の家系を誇称していた、という可能性も十分ありうる）。

この〝ホメロス経験〟からすると、神武の場合も、「神々の血縁」や「妻の神秘な出生」を理由として、その「架空証明」として使う、——この論法は許されない。

神異譚と「シュリーマン以後」

また、神武自身の行動をめぐっても、神異譚は再三出現する。

たとえば、熊野（紀伊国）の高倉下《たかくらじ》の神異譚だ。怪異な大熊に悩まされた神武の軍が夢告の神刀に救われる話である。また、その直後、高木の大神の命をうけた八咫烏《やたのからす》の導きによって、無事に吉野河の河尻《かわじり》に到った、という話が書かれている。こんな不思議な神異譚で神武の行動が語られている。——これこそ「神武架空」の証拠だろうか。ふたたび『イリアス』の一節を見よう。

その一。有名なパリスのリンゴの説話。トロヤの王子パリスが、ヘラとアテネとアフロディーテの三女神の中で一番美しいと認めた者にリンゴを渡すことを求められ、アフロディーテに渡した。そのため、他の二女神の怒りを買い、それがトロヤ戦争の原因となった、というのである。さらにこの事件には遠因があった。アキレウスの父母の婚礼のとき、神々のうちで一人だけはぶかれた〝争いの女神〟エリスのもたらしたリンゴだったというのである。

その二。トロヤ包囲戦のクライマックスをなす戦いで、その戦闘場面の一つ一つを、ゼウスを中心とする天上の神々がいちいち指図しているのだ。天上の神々の意思と地上の人間の事件は、すべて因果関係にある、とさえ見えるのである。

このように、あまりにも話が面白すぎるために、近代の人々がこの戦争やトロヤの存在まで「架空」だ、と見なしたのも、あながち無理ではなかった。けれども、シュリーマンのもたらした〝ホメロス経験〟は、この戦争も、トロヤの存在も、「架空」ではなかったことを証明した。なぜなら、彼はこの物語の指示するところに従って、そのトロヤの焼かれた城址に到達したのだからである。

では、「リンゴの話」は〝史実〟だったのだろうか。とんでもない。実在したトロヤ戦争、その惨憺たる犠牲を人々にもたらした事件についてのべるとき、吟遊詩人(ホメロス)は、どうしても人々の〝なぜ、そんな悲劇の戦争がおきたのか?〟という〝問い〟に答えねばならなかった。そこで、たとえばこの「リンゴの話」が創作され、付加されたのである。このように説話の成立と展開の真の経過を無視し、分析の思考を〝逆立ち〟させ、〝こんな架空の話が原因でおこった戦争など、とても史実でなどありえない。〟――こう考えたところに、近代啓蒙主義、その論理の未熟があった。

津田や戦後史学の思考方法も、本質的にはこれと同一である。〝高倉下の神刀や八咫烏。こんな架空の話を媒介として進んでゆく神武の大和討伐など、史実でないのにきまっている〟——こう考えたからである。

だが、考えてみよう。たしかにここでも、天照大神や高木神は神武たちに指図している。しかし、それは『イリアス』におけるトロヤ包囲戦に比べれば、問題にならない。なにしろ、神々があまり各自の利害や感情に従って地上の人々の運命に干渉しすぎ、あげくは主神ゼウスは干渉禁止令を出さねばならなかったくらいなのであるから。

ここでも〝ホメロス経験〟は、〝神異譚を理由とする非史実性論証〟の危険なことを教えているのである。

こうしてみると、たとえば、神功皇后の軍が新羅へ渡るときの「海原《うなばら》の魚、大小を問はず、悉《ことごと》く御船を負ひて渡る」〈『古事記』〉というような類の記事をとらえ、〝こんな荒唐無稽な話を見ても、この説話が架空の話であることがわかる〟などというとしたら、それこそ論証の道理に反するであろう。なぜなら、右にのべた古代説話理解の筋道を犯しているのであるから。

少なくとも、このような方法で説話の「架空性」の立証をすることはできない。——これが〝シュリーマン以後〟の、不可避のルールである。

検証の探訪

わたしと逆の立場から、ホメロスの『イリアス』を論じたものに、松前健『日本神話の形成』がある。

松前は、主としてG・マレイ（英）らの学説にもとづくとして、つぎのように説いた。〝トロヤ戦争の物語の舞台は、実はトロヤの町ではなく、ギリシャ本土のテーバイを中心とした地方であり、主としてテーバイとアルゴスとの戦いの物語が転化したものだ〟と。つまり、トロヤ戦争そのものは架空の戦争であった。そして実在したのは、ギリシャ内部の二つのポリス間の小戦闘だった。それを詩人の空想によって拡大したのが、『イリアス』『オデュッセイア』だ、というのである（この説の最初はD・ミュルダー〔独〕とされる）。

このような理解がホメロスの作品に対する正当な解釈だとすると、今までのわたしの論証の方法の、一つの重要な基礎が崩れ去ってしまう。たとえば神武東征の場合も、〝昔あるとき、奈良盆地の内部で、Aという部落からその東にあるBという部落へと、ある小首長が移動し、戦闘したことがあった〟というのが史実の核であり、それが後代人の詩的空想によって拡大され、結晶して今日見るような「日向より大和への大遠征」となってしまった、ということとなろう。

そこで、わたしはこれを調べた。あるいはホメロスや古代ギリシャ史の研究書を渉猟し、あるいはそれらの著者のもとに直接訪れて問うたのであった。その結果、やはり、わたしの認識のあやまりでなかったことを再確認したのである。

その調査と歴訪の中でとくに興味深く感じたのは、藤縄謙三さんに教えていただいたヨーロッパ、アメリカにおける学界状況だった。

シュリーマンの輝かしい発掘、「トロヤ実在」を示すこの遺構の発見にもかかわらず、英・独のギリシャ学の名門、つまり旧来の大家とその弟子たち（それはすなわち、十九世紀末より二十世紀初頭の大家である）ほど、ズブの一素人によるこの学界意想外の成果に対し、〝いい顔〟をしなかった、というのである。つまり、その「シュリーマン承認」は、かえって遅れたのである。

これに対し、このような〝おごそかなギリシャ学の伝統〟をもたないアメリカの学界の方がかえってシュリーマンの発掘のもつ、絶大な意味を率直に理解した。C・ブレーゲンらの徹底した長期発掘と綿密な報告書がその表現であった（C. Bregen "Troy"）。そしてこの発掘は、一素人シュリーマンの及ばなかったところを、いわば〝補いつくした〟のである。

シュリーマンははじめ、累積したヒッサリクの廃墟のうち、下から二番目の第二市をもって「ホメロスのトロヤ」だと考えた。ところが、その後の研究で第六市がそれではないかと推定され（シュリーマンの協力者W・デルプフェルトによる）、シュリーマンも晩年にはこの説を認めていたという。しかし、一九三六年以来のアメリカの調査隊（ブレーゲンら）によって、第六市の破壊は人間の力や火災によるものではなく、地震のような災害によることが判明し、第六市の上に建てられた第七市Aが戦いと火災の跡を残していることから、これこそ「ホメロスのトロヤ」だと、推定されるに至ったのである（村田数之亮『英雄伝説を掘る』、河出書房新社版『世界文学全集1』、ホメーロス『イリアス・オデュッセイア』呉茂一解説等）。

また、松前の引いたマレイの本（Gilbert Murray "The Rise of the Greek Epic"）にも当ってみたところ、それは必ずしもトロヤ戦争の実在を否定するものではなかった。「その（ホメロス作品を指す――古田註）主要な基礎はフィクションではなくて、伝説的歴史である」（"The main basis is not fiction, but traditional history." p. 174）という表現すらあった。ホメロス作品の叙述すべてがそのまま史実といえぬことは当然だ。部分的には、ホメロス作品の中に、トロヤ戦争後の時代の火葬や鉄器の話さえ、〝あやまって〟とりいれられているのであるから。

ともあれ、旧来のギリシャ学の大家の後継者たちも、一素人シュリーマンの発見を徐々にうけいれざるをえなくなってきているようであった（探索の中で、松前さん御自身が奇しくもわたしの家の近くに住んでおられることを知った。そこで早速お訪ねして、当方の今までの調査結果を申し上げたところ、〝わたしとしては、ヨーロッパの学者の一つの学説の立場に立って、日本の場合も考えてみよう、と思って試みてみたのであって、あえてこれに固執するものではない〟との旨のお答えを得ることができた）。

比較神話学の立場から、「神武東征伝説と百済・高句麗の建国伝説」という論稿を発表したのは、大林太良である。

建国伝説の比較

大林は両地域の建国伝説を比較して、幾多の類似点を見出した。その焦点は、『三国史記』〈百済本記一〉にあらわれた百済の建国伝説だ。まず、大林の要約をあげよう。

「高句麗の始祖朱蒙が北扶余《きたふよ》から難を逃れて卒本扶余に来、扶余王の第二女をめとった。やがて扶余王は薨《こう》じ、朱蒙がその位をつぎ、長を沸流、次を温祚という二子を生んだ。ところが、朱蒙がまだ北扶余にいたときに生んだ子の類利が、その母とともに北扶余から逃れて来たので、朱蒙はこれを喜んで立てて太子とした。そのため、後妻の子たる沸流、温祚の兄弟は、その近臣十人を率い、国を出て南行した。彼等は漢山に至り、負児嶽（ソウルの北嶽）に登って、住むべき地の相を望んだ。兄の沸流は海浜に居らんと欲したが、十臣はこれを諫《いさ》めて、河南の地に都をつくるようにすすめた。しかし、沸流はこれをきかず、その民を分って弥鄒忽（仁川？）に行って住み、他方、温祚は河南慰礼城に都し、十臣をもって輔翼として、国を十済と号した。ところが海浜の弥鄒忽に行った沸流は、そこが土湿水鹹なるために安居することが出来ず、河南にもどって来た。そして河南慰礼の都邑鼎安し、人民安楽なのを見て、遂に慙愧《ざんき》して自殺し、沸流の臣民はみな慰礼に帰った」（大林太良編『日本神話の比較研究』）

これについて、大林はつぎのようにのべる。

「この百済の建国伝説を神武東征伝説と比較すると、イッセと同様に海の原理を代表する沸流が兄であり、イワレビコと同様に陸の原理を代表する温祚が弟となっている点がまず一致している。第二に、この二人の兄弟が今までの居住地を棄てて新しい国を求めて放浪する点が、日本、百済ともに共通している。しかも、第三に、海の原理を代表する兄は失敗して死に、陸の原理を代表する弟は成功して建国し、王朝の祖となる点が、これまた日本と百済とで同じなのである」

このあと、大林は差異点として、

㈠　先住民に対して軍事的・征服的〔日本〕と、先住民との摩擦なし〔百済〕。

㈡　前半の中心は兄（五瀬命）、後半は弟（磐余《いわれ》彦——神武）の二段構成〔日本——『古事記』〕と二兄弟並立描写〔百済〕。

の二点をあげている。

つぎに大林は、神武東征伝説と夫余・高句麗の建国神話を比較する。神武東征説話には、三種類の動物（案内者槁根津日子《さおねつひこ》の乗った亀・熊野の熊・八咫烏の烏）があらわれる。同じく高句麗の『旧三国史』に「百獣・亀・鳩」の三種が出てくる。このいずれも、陸・海・空の原理を代表する、と大林は考えるのである。さらに、右の三つのうちマイナス（害）の役割をになうものが、日本では大熊、高句麗では百獣、つまり「陸の原理」をになう動物である点も共通している、という（このほか、大林は国譲り伝説などにも考察をむけ、それらの共通点を指摘している）。この大林の方法は、具体的な動物名ではなく、「陸・海・空の原理」といった抽象化したわく組みで考える点、朝鮮半島各国（新羅を除く）の建国伝説と比較しようとした点など、興味深い。

しかし、今の問題はこうだ。この比較は「神武架空」「東征虚構」の論証となりうるであろうか、という一点である。大林自身は必ずしも、そのような帰結を明示してはいない。だが、誰人かあって〝神武東征は、百済や高句麗の建国伝説の寄せ集めだ。つまり、これは後代の「造作」物である〟と主張するとしたら、学問の論証として、果たしてそれは成り立つであろうか。

『キリスト神話』の教訓

思うに、この問題を考える上で、大きな示唆を与えるのは、「キリスト神話」問題であろう。二十世紀初頭、A・ドレウスの著作『キリスト神話』(一九〇九年)は、西欧キリスト教世界を震憾させた。彼は『新約聖書』、ことにイエスの四福音書を周辺の砂漠諸民族などの神話・伝説と比較した。処女受胎、馬小屋での誕生、イエスの行なった数々の奇跡、死と復活の秘儀等、福音書中のほとんどすべての要素とその構成法は、周辺の神話・伝説群の中に見出すことができる、とした。いわゆる比較神話学の方法である。そしてその帰結として、大胆に〝イエスは架空の人物、後代の造作の所産だ〟と断定したのである。キリスト教社会の衝撃は、察するにあまりあろう。

しかし、その後の研究史は、この結論を必ずしも支持しなかった。

第一に、たとえばO・クルマンの『キリストと時』(一九四五年)に示されたように、『新約聖書』内の語法を綿密に追跡し、その結果、原始キリスト教集団固有の思惟様式(「時」の把握の仕方等)を立証しえたからである。それは「イエスの史的存在」を前提とせずしては理解しえないものであった。

第二に、ドレウスはイスラエル周辺の神話・伝説に対し、〝絶対時間の先後関係〟を綿密に論定することをしなかった。しかし、その後の各学者が逐一追跡してゆくと、逆に「原始キリスト教→周辺」という形の影響のある場合も存在することが少なからず見出されてきたからである。すなわち、〝周辺と似ている〟というだけでは、その当人(イエス)の架空性の立証とはなりがたい。――この点において、ドレウスの方法は、方法論的に大きな欠陥をもっていたのである。これが研究史上の経験だ。

この経験からすると、先の大林命題の場合も、もしこれを「神武東征造作説」「神武架空説」へとすすめようとするなら、同種の危険のあることが直ちに了解されよう。

その一つは、百済の建国伝説の時期の問題である。中国史書では、三世紀の『三国志』に「百済」の国名はあらわれず、五世紀の『宋書』にはじめてあらわれる。五世紀の初頭に建立された高句麗好太王碑にあらわれる四世紀末葉の「百残」はその早い例である。〝晋宋の間（四、五世紀）の建国〟〈『翰苑』〉といわれるゆえんだ。またこの建国伝説を記した『三国史記』は十二世紀の成立なのである（『三国史記』の原資料〈前書〉たる『旧三国史』は、高麗初期〈九五〇～一一四〇年代〉の成立とされる。――末松保和の説）。

これに対し、「神武東征」の絶対時点は容易に定めがたい。津田以来の戦後史学はこれをもって「七、八世紀の造作」としてきた。しかし、そのような見地を軽々しく採用できないことは、この本の論証の示すところだ。少なくとも「神武架空」の論証にさいして、「神武七、八世紀造作説」に立った時点設定を使用することは、「同語反復」ともいうべき論理矛盾である。

要するに、両者の時間的先後関係は容易に定めがたい。――これが正確な帰結ではあるまいか。

その二つは、高句麗の場合。五世紀初頭の好太王碑には、例の三つの動物は出現しない。そのうちの亀だけだ（好太王碑には、別に、重大な意義をもつ動物として、――大林は指摘していないが――「黄竜」が出現している。まさに、〝海・陸・空の三原理をあわせもつ動物〟だ。しかし、神武東征説話には「竜」など皆目出現しない）。これに対して、他の二つは、後代の『三国史記』〈『旧三国史』〉にやっと出てくるのだ。

これでは、「日本→高句麗」の影響というケースさえ、絶対時間の先後関係としては、一応吟味の範囲に入れざるをえないであろう。少なくともこの場合、「高句麗→日本」という形の影響関係だけを即断することは、論証の厳密性を守る限り、到底できない。

要するに、大林命題から「神武架空」説へと進むには、幾多の先入観念や先入命題（たとえば、「南↓北」の影響は絶無であり、「北↓南」の影響にきまっている、というような命題）を用いずしては、なんとしても無理なのである。

以上の帰結として、キリスト教研究史上の教訓をつぎの三点に要約しよう。

第一　「史実としてのイエス」が伝説化されてゆくとき、周辺諸民族と共通の思惟様式、つまり〝その時代の常識〟によってよそおわれてゆくのは、当然だ（この点、ホメロスの英雄たちがその時代にふさわしい「神々のよそおい」（神縁・神異譚）をまとうて描かれているのと同一だ）。つまり、一定の説話は周辺の説話と〝似ている〟のがあたり前であり、かえってそれは自然らしさ《ナチュラリティ》を意味する。

第二　Ａ・Ｂ両類似地域があるとき、どちらからどちらへ影響を与えたか、という問題は、十二分の慎重さをもち、あくまで実証しなければならない。

第三　それ故、一般に「類似↓一方の架空性」という論断は、――絶対時間の先後など、必要にして十分な論証を経過せぬ限り――危険である。

このように吟味してくると、神武東征架空の論証は、ここでもやはり成立しえないのである。

つぎに、神武東征をめぐって戦後史学の中で数々出現した「反映説」について吟味しよう。

乱立する反映説

神武架空説は、当然つぎの問いを生む。〝では、いかにして神武東征説話が作られたのか？〟という問いだ。この問いに津田はつぎのように答えている。

「皇祖がヒムカにゐられたといふ話に歴史的根拠が無いとすれば、それは天から降られる場所を物語の上でヒムカに求めたために過ぎないのであるから、降ってしまはれたら、それでヒムカに用は無い。次には、そのヒムカの皇都が現実の皇都のあるヤマトに遷される話があれば、それでよいのである」(津田『日本の古典の研究、上』五五五ページ)

津田の理路はつぎの三点だ。

(一) ヤマト朝廷は初めからヤマトに存在した。

(二) 天孫降臨の地を、たまたま「日に向かう」という字面をもっていた「日向」がふさわしいと思いつき、ここに設定した(説話作者の土地選択)。

(三) そのため、〝その日向から大和へ移る〟話が物語の筋の上で必要になった(神武東征説話の作成)。

しかし、この本の論証の示したように、天孫降臨の地についての津田の解釈(旧来説と同じ)はまちがっていたのである。したがって、それにもとづいて展開された右の一連の津田の発想も否定されざるをえない。

この点、実は戦後史学においても、この津田の推定(ことに(二))に満足していたわけではなかった。そこで「神武東征説話造作」の背景を、後代の史実の反映と見る、反映説が戦後史学の中で多彩に展開されることとなった。

その第一。熊襲宣撫説(藤間生大)。後代、近畿天皇家が南九州の熊襲を平定して後、その討伐後の〝宣撫工作〟の一つとして、〝わたしたちの祖先も、実はお前たちと同じ南九州(日向)から発生しているのだ〟という説話を作ったのだ、というのである。

しかし、このような説が成り立つためには、日本列島各地について〝実は、わたし(天皇家)の先祖は、お前と同じ土地から発生したのだ〟という、多くの説話が存在せねばならぬ。そのときはじめてその各説話から帰納して〝天皇家の政治工作のための「当地」発生説〟が客観的に成り立ちうるのではないだろうか。しかるに、史料事実は「日向発生」しかない。

第二に「仁徳東征」反映説（水野祐『日本古代王朝史論序説』、『日本古代の国家形成』）がある。水野によると、仁徳は九州を統一した大王であり、「神武東征」は、仁徳が「北九州の岡田宮付近より難波へ遷都したという史実」を反映させた伝説である、という。

しかしこの「仁徳＝九州大王」という論定については、水野が特別の史料をもっているわけではなく、『記・紀』で仁徳が「聖帝」として描かれていることや難波遷都の記事に〝ヒントをえて〟水野が構想した、一つのストーリーなのだ。『記・紀』自身では仁徳の場合、当然「大和（軽島の明《あきらの》宮——応神）→難波（高津宮——仁徳）」の遷都なのであるから、これはいわば、史家水野による〝歴史の書き変え〟である。したがってこういう壮大な、自家の新構想の上に立って、〝神武東征はこの「史実」の反映だ〟といわれれば、他家のわたしたちには、どうにも応答の仕様がないのである。

第三に、右の水野説を部分修正したものが応神東征反映説（井上光貞）である。

先の水野説の場合、仁徳の父たる応神については、九州君臨時代最後の英雄（狗奴国王とする）だとされた。井上はこれに対し、応神を「九州の豪族」として認めたうえで、若き応神が大和にのぼって大和政権の王位を奪うという事件があったとし、さらに「応神天皇その人が海を渡って日本に侵入したのであったとしたほうが仮説としては合理的だ」とまでのべたのである（井上光貞『日本の歴史1』）。

『記・紀』において、応神は神功皇后の九州遠征のさい、現地（北九州）で生まれた、とされている。その限りにおいて、たしかに九州出生である。そして神功はこの幼児をともなって大和へ帰り、その途次、摂津（兵庫県）で香坂《かごさか》王・忍熊《おしくま》王（応神の異母兄）の軍と戦ってこれを破った、と書かれている。だが、これはこれだけの話だ。それを大がかりな「九州豪族の大和侵入譚」、さらには「朝鮮半島からの日本侵入譚」とすりかえるわけにはいかない。そのようなことが許されるなら、各歴史家によって各様思いのままに〝歴史を書き変え〟、あるいは机の上の筆先で〝歴史を創る〟ことさえできることとなってしまうではないか（現代における古代史学界――素人と専門家をふくめて――は、まさにその様相を呈しているともいえよう）。

それが一滴の血も流さず、平和裏に行なわれる創作であったとしても、わたしはそれに与《くみ》することはできないのである。したがって、もしかりに（井上はそこまで明言していないが）その「応神東征の史実」の反映として、「神武東征」説話が創られた、といわれても、わたしは黙って首を横にふるほかはない。

第四に、ぐっと新しくなって、天武の「吉野→美濃」脱出の反映説（直木孝次郎）。壬申の乱の勃発期だ。兄の天智がなくなったあと、天武（大海人《おおあま》皇子）は、ひそかに吉野山を脱出して美濃方面に向かう。この地の豪族の支援をえて、急遽近江なる大津の宮（弘文天皇）を急襲して成功するのである。このとき、吉野から美濃へ東にうつった。これが「神武東征」に反映されたのだ、というのである。簡単にいえば、「神武東征」というお話を案出した物語作者にとっての種本の一つが、この「天武東行」だった、というのである。「吉野→美濃」と「日向→大和」では、大分コースもちがうし、スケールも〝月とスッポン〟だ。しかし、それは〝アイデアの種本〟にすぎなかったのだ、といわれれば、たしかに反駁しようもない。そしてこのまともに反駁しようもない、という、その一点こそ、すべての「反映説」の強味であると同時に弱点である。さまざまの反映説が戦後史学界に叢立してきた理由も、まさにそこにあるのだ。

しかし、ただ一つ、ハッキリしていることがある。それはこれら反映説は、すべて「神武東征架空説」を前提としていることだ。それを「自明の前提」としたからこそ、〝では、どういう事情でこんな造作が行なわれたのか？〟――それを説明しようとして、各種反映説が妍《けん》を競うこととなったのだ。
だから、右の前提に立つ「反映説」自身をもって、逆に「神武東征架空」そのものの論証とすること、それは論理的に不可能である。

最後に、神武東征の、伝承としての古さを確かめるために、「タギシミミ」問題を検証しよう。

タギシミミの説話

タギシミミは、神武の長男である。先にのべたように、神武の日向時代の最初の妻阿比良比売《あひらひめ》は二人の子を生んだ。当芸志美美命《たぎしみみ》と岐須美美命《きすみみ》である。これに対し、東征を終え、畝火《うねび》の白檮原《かしはら》宮において「天の下を治む」という〝統治〟を開始してのち、現地（大和）の女伊須気余理比売《いすけよりひめ》を第二の妻とし、これを「大后《おおきさき》」（正式の妻）とした。彼女は三人の息子を生む。日子八井《ひこやい》命、神八井耳《かむやいみみ》命、神沼河耳《かむぬなかわみみ》命である。ところが、神武の死後、タギシミミは、父の妻であったイスケヨリヒメと結婚した、という〈『古事記』〉。

其の庶兄、当芸志美美《たぎしみみ》命、其の嫡后伊須気余理比売《いすけよりひめ》を娶りし時、……　〈神武記〉

ところが、タギシミミは三人の義弟（イスケヨリヒメの子）を殺そうとした。そこでイスケヨリヒメは、〝現在の夫〟の殺意を、わが子たち三人に告げるのである。そこでその第二子・第三子は協力して逆に異母兄（タギシミミ）を暗殺してしまうが、そのとき直接の実行者となったカムヌナカワミミ（第三子）が権力を握り、葛城《かつらぎ》の高岡宮で統治することとなった。それが綏靖《すいぜい》天皇である。これが荒筋だ。
ここで問題は、タギシミミの結婚だ。これについて宣長は「娶」を「タハク」と訓み、「不義の交わり」の意とし、また、強いて犯そうとして求婚したのを「タハク」といったのかもしれない、といっている。しかし、『古事記』では「娶」は、明らかに〝結婚〟のことである（岩波、日本古典文学大系本、註）。

ここで宣長は〝神武天皇の子が父の正妻と結婚などするはずはない〟という先入観から、〝原文の漢字に独特の「読み」を与え、それで原文の意味をすりかえる〟という手法に走っている。この宣長の逸脱は、一面においてすぐれた実証の功績を数々残した彼が、半面において陥っていた致命的な弱点を示すものである。同時に、見のがすべからざること、それは原文のニュアンスそのものに、後代の「皇統神聖主義」者をして辟易させるものがあった点だ。これが今の焦点である。

この問題に対し、すでに〝宣長に先んじて〟つまずいているのは、『日本書紀』だ。『書紀』には、この〝義母にして正妻〟との結婚説話を記載しない。その代り、つぎの記事がある。

其の庶兄手研耳《たぎしみみ》命、行年《とし》已《すで》に長じ、久しく朝機を歴《へ》たり。故に亦、事を委ねて親《みず》からせしむ。……遂に諒闇《りょうあん》（神武の死を指す――古田註）の際を以て威福自由なり　〈綏靖紀〉

ここでまず注目すべきは「久歴二朝機一（久しく朝機を歴たり）」だ。朝機とは朝廷のまつりごとである。つまり、〝タギシミミが長らく統治を行なっていた〟というのだ。やはり、ここでも〝第二代の「天皇」はタギシミミ〟なのである。ところが、ここで『書紀』は、一つの小手先細工を使った。右の文の末尾は「故亦委レ事而親之」とある。これは明らかに使役の文体だ（「委ねて……せしむ」の形）。すると、だれがタギシミミを使役して〝統治させた〟のだろう。

ここは「綏靖紀」だ（『古事記』では「神武記」に入れている）。その上、右の文章は「其の庶兄」ではじまっている。だから当然、右の文の、使役の主体は綏靖と見るほかないのだ。つまり、〝綏靖がタギシミミを使役して統治させた〟という文体だ。これは、まさに笑うべき文章だ。なぜなら、綏靖が統治の座につくのは、当然暗殺後でなければならない。それなのに、なぜ、暗殺の実行者となる前の綏靖が

〃タギシミミを使役したり〃できるのだろう。

真実はこうだ。〃タギシミミが神武を継いだ〃これが本来の伝承だった。しかし、綏靖以後の権力者たちは、タギシミミを「第二代の正系の王者」としたくなかった。したら、当然自分たち（綏靖とその子孫）は正系の王を暗殺した、無法なる王位簒奪者とその子孫ということになってしまうからだ。だから、〃あれは、一時的に即位前の綏靖が長兄に統治権をあずけてあったからだ〃という形にして、表面を糊塗し、体裁をつくろったのである。ここでは、文章はまさに〃権力者に奉仕する犬〃だ。

問題をハッキリさせよう。『古事記』のように「娶った」のと、『書紀』のようにこれを「威福自由」といった風に〃暗示的にしか書かない〃のと、いずれがより原初的な形だろうか。人間の率直な直観力をもってすれば、当然、前者であろう。それだけではない。二つの論証がある。

第一。はじめにのべた「利害のフィルター」をあててみよう。本来の伝承がそうでなかったのなら、なぜ、後代の史官が「神武の正妃を娶った」などと「造作」するであろうか。――ありえない。

第二。さらに具体的な裏づけ史料がある。

おのが母犯せる罪、（六月の晦の大祓《おおはらい》。十二月はこれに准《なら》へ。――祝詞《のりと》）

これは「天の益人《ますひと》（人間の美称――古田註）等が過ち犯しけむ雑雑《くさぐさ》の罪事」の一つとしてあげられているものだ。これら祝詞は『延喜式』にのせられてあり、七、八世紀に用いられていたものとされる（岩波、日本古典文学大系、祝詞、解説）。中でも、この大祓の祝詞は古いものの一つとされているから、それ以前にさかのぼりうるであろう。

ところで、ここに「おのが母犯せる罪」があげられている事実はなにを意味するであろうか。

(一) 世界各地の古代社会でしばしば行なわれていたことが知られているように、右の類の行為が実際に行なわれていた時代が、日本でもかつて存在したこと（この場合、その社会では、それは「罪」とはせられない）。

(二)　しかし、少なくとも七、八世紀には、それが忌むべきこととされ、「罪」と考えられるにいたっていたこと。

この二点だ。右のような時代の変遷から考えると、はじめ『書紀』のようなあいまいな形（「威福自由」という抽象的な表現）だったものが、にわかに後代の七、八世紀ころになって、『古事記』のような「娶」説話が生まれた、ということはありえない。逆に、『古事記』のような原初形態だった説話に対し、七、八世紀の官人たる『書紀』〈帝王本紀〉編者は、これをきらった。——彼等は右のような祝詞の行なわれる時代に生きていたのだから、これなら当然である（これに対し、〝義母と生母とは別だ〟といってみても、強弁にすぎないであろう）。とすると、やはり〝「娶」〈記〉→不鮮明化〈紀〉〟の形で改変された、と見るほかはない。

しかも、右の(一)のような時期は、七、八世紀をわずかにさかのぼる五、六世紀、というより、もっともっと古い時代であることが考えられる。事実、『記・紀』とも、この事件後、この類の説話を見ないのである（『上宮聖徳法王帝説』の多米《ため》王の件については別に論ずる）。

これに対し、先にのべたように、神武の父ウガヤフキアエズは、母の妹（玉依毘売）を妻として神武たちを生んだ、とされる。すなわち、神武をとりまく時代は、〝義母や叔母を妻としてかえりみない〟、かの古代社会に属していたのである。これは七、八世紀の官人たちの住んでいたような、新しい世界とは〝異質の世界〟だ。すなわち、これらの説話は、古い、この〝異質の社会〟において生まれたのだ。ここでも、津田の七、八世紀造作説は、ことの道理に反している。

このさい、注意すべき一点がある。それは、この説話が必然的に「日向から大和へ」という二領域にまたがっていることだ。つまり、タギシミミは日向の豪族の娘を母とし、カムヌナカワミミは近畿の豪族の娘を母としている。そこにこの悲劇の起因があったのだ。すなわち、まさに「神武東征」を前提として、この説話は成り立っているのである。それ故、このタギシミミの「義母結婚」説話の古さは、同時に神武東征説話そのものの古さでなければならない（戦後、神武天皇実在を唱えたものに、林房雄『神武天皇実在論』〔昭和四十六年〕がある。その中で里見岸雄、橘孝三郎等の神武天皇実在論が紹介されている。また、これより先に植村清二『神武天皇』〔昭和四十一年〕が出ている）。

第十一章　侵略の大義名分

神武天皇に対する理解について、明治以降の学界に決定的な影響を与えたのは、那珂理論であった。

那《な》珂《か》理論の探究

それは、有名な「辛酉《しんゆう》革命説」である。中国に讖緯《しんい》説があった。中国古代の陰陽五行説にもとづいて暦に対する解釈を与え、これこれの「えと」（干支）の年には大異変がおこる、そういう周期になっているのだ、などといって理論づける。つまり、一面からいえば歴史哲学の理論、他方からいえば、歴史的予言の理論となる。ちょうどフランスのノストラダムスたちがキリスト教信仰にもとづいて、イエスの誕生を基点とする西紀で、「一九九九年人類滅亡」といった大予言をやったように、こちらは、『易経』以来の革命のおこる年などを予言し、理論づけたのである（現在も日本で使われている大安や仏滅といった暦は、このやり方のホーム・サイズ版なのである）。

この中で六十年に一回巡ってくる「辛酉」（かのと・とり）の年が異変のおこる年とされた。しかも、〝二十一度目の辛酉〟の年には革命がおこる、というのだ。

革、水火相息《や》む云云。天地革《あらた》まりて四時成る。湯武命を革め（革命）、天に順《したが》ひて人に応ず。革む

るの時、大いなるかな。〈周易革卦〉

つまり、殷《いん》の第一代の天子となった湯王が夏の最後の天子桀王《けつ》を討伐し、周の第一代の天子となった武王が殷の最後の天子紂王《ちゅう》を討ったのは、いずれも〝天命を革《あらた》めた〟ものだ。すなわち、一見在野の臣下が天子を武力で斃《たお》した、つまり不法と見えよう。しかし、それは実は〝上っつら〟にすぎず、真の意義は、天帝が現在の天子の無道を怒り、その人（在野の臣下）をして武力でその天子を討伐させ、その位置（天子）につかしめたのだ。――これが「革命」の思想である（孟子は「桀紂の天下を失えるは、その民を失えばなり」として、革命の正当性をさらに理論化した）。ところが、この革命が辛酉の年におこる。ことに二十一度目（これを「一蔀《ぼう》」という）には、決定的な革命がおきるのだ。このように「大予言」しているのが、讖緯説なのである。

一方、『書紀』では、まさに神武即位の年がこの辛酉に当っている。しかも、推古天皇九（六〇一）年からさかのぼって、ちょうど一二六〇年、二十一度目の辛酉に当っている。つまり、この推古九年を基点にして、神武即位年を定めたのだ。――これが那珂理論である。

たしかに、現代の暦の上でまともに見ると、神武即位元年は前六六〇年。まさに縄文時代の真只中だ。こんな時期に神武即位などあるはずがない。これは明治以降の学界の通念と化しつつあったから、この那珂の提言は快く迎え入れられ、明治以降、現代までの「定説」を築くこととなったのである。

しかしこの「定説」の陰に、重大な真実がかくされている。那珂通世の論文（「上代年代考」「日本上古年代考」「上世年紀考」）を見ると、そこに一貫した〝論理のすりかえ〟がある。それは「革命」を〝大異変〟におきかえているのである。あるいは単なる〝第一代即位の開始〟としておきかえているのだ。

此ノ紀元ハ、人皇ノ世ノ始年ニシテ、古今第一ノ大革命ノ年ナレバ、通常ノ辛酉ノ年ニハ置キ難ク、

必一蔀ノ首ナル辛酉ノ年ニ置カザルベカラズ。（「上世年紀考」第三章、辛酉革命ノ事）

那珂は「古今第一ノ大革命」という、大げさな言葉を使っている。だが、その実態は「人皇ノ世ノ始年」だ、というにすぎない。しかし、それが「革命」だろうか。「革命」の論理的本質、それは〝王朝の交替〟だ。しかも前の政治権力が在野の武力によって無法に打倒され、新しき支配者がその武力のもとに新しき王朝の第一代にすわる。——それが「革命」だ。

ただ〝第一代がはじまる〟——そんなことを「革命」などと呼びはしない。そんないい方は、中国の讖緯説にも皆無なのである。たとえば黄帝や堯《ぎょう》の〝最初の即位〟のことを「革命」とは、決して呼びはしないのだ。

つまり『日本書紀』〈帝王本紀〉の編者は、神武をただ「第一代」だと考えたのではない。〝前王朝を武力で打倒した者〟と見なしたのである。そしてその事実こそ、現王朝（近畿天皇家）の出発点、大和統治の礎石となった、と認識していたのである。

見ようとしなかったもの

しかも重要な点は、右の観念が、『記・紀』ともに語る神武の行動の説話とピッタリあっていることだ。すなわち「神武以前」の大和は無人の地、あるいは無権力の地ではなかった。ナガスネヒコがすでに古くからそこを〝統治〟していたのである。つまり、一個の王朝だったのだ。これに対し、神武は筑紫の統をひく血脈系列の尊貴さを誇称してはいたものの、大和の地に対しては、なんの支配権もない〝外来の侵入者〟であった。いや、それだけではない。故国たる日向の地においてさえ、「一円の支配者」ではなかった。いいかえれば、現実にはいかなる地においても、〝確たる支配領域〟なき在野の人であった。それが宇佐・岡田・安芸・吉備という瀬戸内海周辺の四域連合の結合に成功し、その力をバックとして剽悍《ひょうかん》な侵入者となった。そして流血の野をきりひらいたのち、旧権力の死滅と、新たな支配権の誕生を畝火《うねび》の白檮原宮《かしはら》で宣言した。これが『記・紀』の語る、赤裸々な神武の姿だ。まさに「革命」の一語にふさわしい。

那珂通世は、せっかくすぐれた発想を提出しながら、その発想を思想的に徹底しておしつめることができなかった。すなわち、大和の前王朝の簒奪者であり、外来の侵略者だった神武天皇の実体——自分（那珂）の理論は必然にそのような神武の姿を史上のスクリーンに鋭く写し出さずにはいないのに——明治の〝穏健な学界人〟たる彼は、その事実を決して見ようとはしなかったのである。

『記・紀』にのせられた天皇家内伝承。その成立の最深の秘密をついに明らかにすべき時がやってきた。

最深の秘密

今、歯に衣を着せず、ただ真実を語ろう。——読者はそれを諒とせられたい！

天皇家はなぜ、この『記・紀』説話を伝承し、流布させねばならなかったのだろう？　その秘密の核心はほかではない。この「神武東征」にあったのだ。

すなわち、神武は外来の侵入者であった。壺の中のような恵まれた奈良盆地、あたかも一つの宇宙のような自己の天地の中で、ナガスネヒコたちを首長とした大和の人々は平和裡に日々暮らしてきたのである（それは、おそらく銅鐸を祭器とする人々だったと思われる〔この点、別稿に論ずる〕）。

そこへある日、突如として瀬戸内海の潮にのって一群の海上武装船団が東へ、東へと襲来してきたのである。なんの予報もなく、また「国譲り」のような交渉もなく、ただひたすら、武力をもって突入を図ったのである。

白肩津《しらかたのつ》（河内国草香邑）における祖国（大和）防衛戦争、当初の小さな成功ののち、侵入軍の熊野路からの奇襲をうけ、結局、大和の王たちは侵略軍の武力下に屈服した。否、屈従せざる者には、累々たる屍《しかばね》と化する運命しか残されていなかったのである。

(1)　（道臣命と大久米命――神武軍の部将）即ち横刀の手上《たがみ》を握り、矛ゆけ矢刺《やざ》して追ひ入るる時、（兄宇《え》迦斯《かし》）乃ち己が作りし押《おし》に打たれて死ぬ。爾《しかる》に即ち控《ひ》き出して斬り散らす。〈神武記〉

(2)　（膳夫《かしわで》に変装した神武の兵が八十建《やそたける》を）……此《かく》の如く歌ひて、刀を抜き一時に打ち殺すなり。〈同右〉

(3)　故《かれ》、此の如く、荒ぶる神らを言向《ことむ》け平げ和《やわ》し、伏《まつろ》はぬ人等を退《そ》け撥《はら》ひて、畝火《うねび》の白檮原《かしはら》宮に坐して天の下を治むるなり。〈同右〉

右の(1)では、神武の部将二人は「矛」と「矢」を使っている。ことに「矛」が注目される。矛の圏からの侵入者だ。彼等は死んだ兄宇迦斯《えうかし》の屍をさらにひきずり出して斬り、その屍片をあたりに無残に散らして〝みせしめ〟としたのである。それは昨日までこの地の住民にとって〝神のごとき権威をまとうていた〟神聖な人物だったはずだ。だからこそ、その「神聖さ」に終止符をうつため、このように〝はずかしめた〟のだ。

(2)は、和親を求めてきた数多くの現地（大和）の勇者たちに対し、神武側は和議の宴を設けた。そして宴のさ中に歌を合図に突如、変装していた多くの膳夫がおどりかかって、このおびただしい平和の客たちを一瞬のうちに斬殺してしまった、というのだ。しかも、これは〝神武自身の、じきじきの命令によったのだ〟（「天つ神の御子の命を以て」）と特記されている。

(3)では、その上、さらに、新しい統治の邪魔になる人々を遠慮なく、追放しつづけた旨が記されている。かくして反骨ある人々は、あるいは故国の大地に泥にまみれて横たわり、あるいは他国に流浪させられた。かくして、新しい支配者の前に従順な人民だけの面前で、新しい支配の樹立が宣言されたのだ。

これが神武の即位、すなわち近畿天皇家の起源である。

『記・紀』成立の真相

以上、わたしはなに一つ原文〈『古事記』〉を変改しなかった。ただ天皇家内伝承の語るままに、忠実にのべたのである。そして――これが真相だ。

しかし、このように残忍な支配者にとって、真の困難は、必ず統治宣言のあとに来る。反骨の人々と羊のように従順な人々。その差は〝上べ〟だけなのだから。きのうまでの神聖な人々、むつみ来たった親しき父や兄弟。やさしい夫や友。それらが殺され、傷つけられ、追いつくされた、そのあとで、だれが〝心から喜んで新しい支配に服しうる〟だろうか。たとい犬や猫でも、このような仕打ちをうけたら、決してなつきはしない。まして人間の面前で――。だから、新しい支配者にとって、きのうまでの短期の〝武力の時間〟にまして、長い困難な〝統治の時間〟がやってきたのだ。

その中で一番必要だったこと。――それは武力の支配とともに、新しい支配の〝正統性〟を、宣伝活動によって、人々の心の中に〝植えつけぬく〟ことだ。〝なぜ、自分たちは、こんな非道な支配者の前に服従しつづけ、収穫物を納めなければならないのか？〟その人民の脳裏の〝なぜ？〟に答えること。――そこに『記・紀』神話成立の真の動機が横たわっているのである。

それを描き出そう。〝お前たちが眼前にしたように、われわれのしたことはたしかに非道に見えるだろう。無法に思えるだろう。しかし、それは目先のことだ。目の前のこと、現象の姿だけしか、お前たちが見ようとしないからだ。実は、このことは遠き昔、すでに天つ神たる高木神や天照大神の命じ給うておかれたところなのだ。それは「この国土はわたしの子孫のものだ。これを統治せよ」との神勅だ。この神勅を実現するために、わたしたちはやってきたのだから。その神勅の正しかったこと、つまり、お前たちの古き神々が虚偽だったことは、もう証明された。なぜなら、それはあの凄惨な戦の結末で、お前たちにも十二分にわかったはずではないか〟と。そして〝新しき支配権力の正統性〟のあかしとして、あの神代巻の伝承がくりかえしくりかえし語られたのである。

一言で要約しよう。天皇家内説話を伝承させていった真の、最初の原動力、それは〝支配の無法性〟という史的事実に深く根ざしていたのである。それも、「紙の上の無法」ではない。大和の盆地とその周辺の山や谷や野の端々に累々と捨てられた、この地を故郷とした人々の屍。その流血に染められた「真紅の無法」だったのである。

「免責」の思想

この立脚点から、従来の戦後史学の立場を見つめよう。

それは、崇神や応神以降だけを史的実在とした。したがってそれ以前は、〝いつか、だれかが、なにかの目的で、架空に作りあげたもの〟と考えざるをえなかった。〝いつ〟〝だれ〟に対してか、明確な答えの出ないのはやむをえないとしよう。七、八世紀か、そのいくらか前の近畿天皇家の史官だったとしておこう。

しかし、一番の問題は〝なんの目的で〟に答えることだ。〝なにを素材にして〟とか、〝なにを反映して〟とか、それは多く議論された。すでに見てきた通りだ。しかし、問いの核心は〝なんのために？〟だ。

これに対して戦後史学の回答は、本質的に〝家系を飾るため〟という類のほかを出なかった。いや、論理的に〝それ以外に出ることができない〟のである。なぜなら、すでに侵入と殺戮の史実なし、と判定した以上、そのような侵入と殺戮のお話を作ったのはなぜか、と問うても、要するにそれは——誤解を恐れずにいえば——お話の作り手の〝趣味〟の問題であって、すでに〝必然〟の問題ではなくなっているのだ。

わたしがたじろがず、見つめるのはこの一点である。天皇家自身は、〝われわれは侵入と殺戮をあえて犯し、その上に立って支配しはじめた。しかし、それは天つ神の「神勅」という古き予言の実行であるから、なんら恥ずべき罪ではない。逆に、誇るべき功業なのだ〟——このように断乎として主張しつづけてきた。わたしの目には『記・紀』全篇を一言で要約すれば、そのようにしか見えない。そしてここには権力者が自分の手に入れた支配の大地にスックと両足をふみしめ、一歩も退くまいとする気迫——その緊張をわたしは感ずる。これこそ「史実」の、重い、あまりにも重い手ごたえだ。

しかるに、戦後史学はいいつづけてきた。〝いや、そのようなことは、みな実際はなかったもの、とわたしたちは判定した。だから、なにも天皇家は、そんな「ひどい」ことをしたことはなかったのだ。ただ、あなたは、大和もしくは難波に「自生」し、機をえて「おのずからなる発展」をとげてきただけなのだ（あるいは、他から渡来してきて、ここに住みついた人々もあろう）。……そしてある日、大きくなった権力者の家系を飾り立てるため、「面白いお話」を造作しはじめただけなのです！〟と。

皮肉《シニカル》ないい方を許していただきたい。わたしには、率直にいって、戦後史学の基本の思想性はそのように見えているのだ。一言でいえば、〝天皇家の侵略支配〟という「原罪」の完全削除だ。すなわち「免責」である。

だが、わたしには見える。『記・紀』の根本の思想性は、「殺戮の血も、神意の実行である限り、浄化され、罪となりえない」——この一点につきる、と。

この『記・紀』の根本思想は、二十世紀にも生きかえった。そして神聖なる天皇の名のもと、「皇軍」による東アジア各地の殺戮の嵐の中で、その猛威をふるいつくしたのではなかっただろうか。わたしには、これを思想的に「免責」することはできない。

第十二章　『記』と『紀』のあいだ

天皇家内伝承の核心を見定めた今、あらためて『古事記』序文に記された「天武命題」をかえりみよう。あの「削偽定実」の語をふくむ詔だ。

「削偽定実《さくぎていじつ》」の命題

(A)朕聞く。「諸家の賷《もたら》す所の帝紀及び本辞、既に正実に違ひ、多く虚偽を加ふ」と。今の時に当りて其の失を改めずば、未だ幾年を経ずして其の旨滅びなんと欲す。斯れ乃ち、邦家の経緯、王化の鴻基《こうき》なり。故に惟《こ》れ、帝紀を撰録し、旧辞を討覈《とうかく》し、偽りを削り、実を定め、後葉に流さんと欲す。

この天武天皇の方針にもとづき、

(B)即ち、阿礼に勅語して「帝皇日継《ひつぎ》及び先代の旧辞」を誦習せしむ。

という実行となったのである。この稗田阿礼への勅語が『古事記』成立の発端となった。

(C)和銅四年九月十八日を以て臣安万侶に詔し、稗田阿礼の誦する所の勅語の旧辞を撰録し、以て献上せしむ……。

ここで「勅語の旧辞」といわれているものが、(B)に相当することは疑いがない。「(B)→(C)」の内容は直結しているのだ。これに対し、「(A)と(B)」の間は直結しているのだろうか。このような問いを、あらためて発するのは、ほかでもない。(A)は〝広大な政治的顧慮に立った大方針〟だ。ところが、(B)はその技術的な、一つの実行だ。両者のスケールの落差は大きい。したがって、

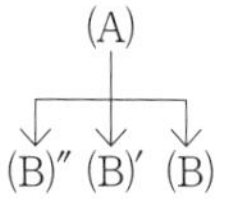

という具合に、(A)の大方針にもとづいた各種の具体的実行の中で、(B)はその一つに当っていたのだ。安万侶の文章は当然、そのように読める。それなのに、〝(A)の実行は、(B)一つしかなかった〟と軽率に断定することは、危険なのである。とすると、——前にものべたように、(A)の文章は当然、『日本書紀』の天武十年（六八一）三月項と関連させて読まねばならぬ。これを(D)とする。

(D)帝紀及び上古の諸事を記し定めしむ。　〈天武紀十年三月〉

なぜなら、一方(D)は『日本書紀』という正史の記載だ。『書紀』に天武天皇と史書との関連を説く記事はこれ一つしかない。また他方、『古事記』の序文もまた和銅五年（七一二）の成立だ。先の天武十年はこの三十年前だ。だからこの当時、安万侶は当然生きていたのである。そしてこの序文は『書紀』の成立より八年ほど早い時点の直接史料だ。だから、その史料価値は大きい（この序文と『古事記』本文の信憑性問題はあとで論ずる）。

また、この天武の詔の内容は、〝ある一時点の一時的な感想〟といったものではない。天皇家永遠の大方針、といった性格の文面だ。だから、その天武治下唯一の、「天武十年の史書編成の方針」は、この天武の詔にあらわれたものであった。それは、火を見るよりも明らかだ。すなわち「(A)→(D)」の関連

である。

ところが、この天武十年の修史事業は、三十八年後の養老四年（七二〇）に至って完成された。『日本書紀』の成立である。

(E)是に先んじ、一品舎人《とねり》親王、勅を奉じて日本紀を修す。是に至って功成り、奏上す。紀三十巻、系図一巻。〈『続日本紀』養老四年五月癸酉〉

つまり「(D)→(E)」の関係は確実だ。これを先の証明とあわせよう。「(A)→(D)→(E)」と関連し、『日本書紀』もまた「天武命題」たる「削偽定実」の実行の書であった。これが端的な帰結である。

従来の論者は、多く天武の詔を安万侶の上表文内にとじこめて理解した。『古事記』だけに関するものとしたのである。しかし、天武は近畿天皇家の中心の王者だ。安万侶はその宮廷の一隅にある一史官だ。天武の詔の指令された朝廷内の、その一端に安万侶がいた。——そう考えるのがあたり前ではあるまいか。すなわち、天武の詔の中で（その一実行として）稗田阿礼の「誦習」と安万侶の上表文を理解する。これが道理である。

梅沢・平田論争

この視点から、『記・紀』の史料性格を探るため、研究史上の梅沢・平田論争を検証しよう。

これは『古事記』と『日本書紀』の先後問題をめぐる論争だ。

〝『古事記』は素朴な伝承を存するものが多い。『日本書紀』はこれに中国の倫理思想によって修飾を加えたものだ〟——このような見地は宣長以来、定式化していた（たとえば、村岡典嗣《つねつぐ》「古神道に於ける道徳意識とその発達」、『日本思想史研究』所収）。

しかし、これに対し、異議を投じたのは、当の村岡の弟子、梅沢伊勢三だった。梅沢は『古事記』と

『日本書紀』の内容を地道かつ克明きわまる手法で追跡した。その結果、意外にも〝『日本書紀』(の内容)の方が古く、『古事記』の方が新しい〟という命題に達した。その数々の証拠が見出されたのである(梅沢『記紀批判』『古事記・日本書紀』)。たとえば、

(一) 国生み神話においても、『書紀』の一書の方が古形をもち、『古事記』の方が新しい。

(二) 他にも、神代の各部分において、『書紀』の方が古く、『古事記』の方が新しい。すなわち、より整頓され、発展した形のものが多い。

(三) 『記・紀』の使用漢字の表記法を比べると、『書紀』の方が多様であり、未整理の状況であるのに対し、『古事記』の漢字表記の方が整備され、系統化している。

(四) 『記・紀』の古代歌謡を比べても、『書紀』の方が古い表記を存している。

(五) 『書紀』にあらわれる氏族数(一一〇)より、『古事記』にあらわれる氏族数(二〇一)の方がはるかに多い。しかも、後者(『古事記』)の場合、後代(七、八世紀)に台頭し、『記・紀』成立時において有力化していたと見られる氏族が多い。

このほか、各点・各面より克明に究明しつづけ、そのいずれにおいても、同じき帰結——「紀先・記後」に到達したのである。

従来の学界の常識をくつがえす梅沢の研究に対し、当然、反論は集中した。中でも、史料事実にもとづき果敢な反撃を与えたのは、平田俊春の「帝紀の原形と記紀」である。

平田が依拠した史料は、推古朝遺文とされる(「皇極天皇を距たること遠くない」という)『天寿国曼荼羅《てんじゅこくまんだら》繡帳縁起《しゅうちょうえんぎ》』だった。ここに出てくる人名等の固有名詞表記を、『記・紀』の同一対象の表記と比較し、その新古を検したのである。なお、これに元興寺露盤銘・釈迦像造像記・法王帝説・元興寺縁起・上宮

記等の金石文や古文献の表記を対照表として示したから、きわめて手堅い手法だといえよう。一例をあげよう。

【欽明天皇】（、は音表記、○は訓表記）

Ⓐ阿米久爾意志波留支比里爾波乃弥己等（アメクニオシハルキヒリニハノミコト）〈『天寿国繍帳』〉
Ⓑ天国押波流岐広庭命（アメクニオシハルキヒロニハノミコト）〈『古事記』〉
Ⓒ天国排開広庭尊（アメクニオシハラキヒロニハノミコト）〈『日本書紀』〉

平田は音表記と訓表記の別を問題にした。Ⓐが百パーセント音表記なのに対し、Ⓑは音表記と訓表記の混用だ。Ⓒは百パーセント訓表記となっている。そこで平田は「Ⓐ→Ⓑ→Ⓒ」というように表記法は発達したのだ、と考えた。はじめ音表記一点張りだったのが、やがて訓表記を混えるようになり、ついには、全部訓表記で統一するようになるというわけだ。

これは、かつて和辻哲郎の説いたところを、一層周到に再検証し、和辻の帰結を再確認したのである。そして右のような事例の集積の上に立って、平田は梅沢の「紀先・記後」説を全面的に否定する、としたのである。

たしかに、――右のような音表記から訓表記への転移の法則が、一般的に成立するか否かは別としても――右の事例の示すように、ⒶとⒷが「ハルキ」と読んでいるのに、Ⓒは「ハラキ」だ。ⒶとⒷの親縁性は疑えない。

けれども、梅沢はこれをうけ入れなかった。その反論の要所は、「一体どうして氏は、堂々たる三十巻の『日本書紀』そのものを主としないで、たかだか四百字に過ぎぬ『繍帳』の文を主として論を進められるのであろうか」（「『帝紀の原形と記紀』について」）というにあった。すなわち、厖大な『書紀』の内容は、表記漢字一つとっても多種多様であり、各巻・各個所において差異がある。しかるに、『繡帳』にあらわれる人名等は六、七世紀に局限されている上、断片しか現存しないため、事例数も少ない。だから、平田の方法からは「紀先・記後」論をくつがえすわけにはいかない、というのである。

なお、平田の「『帝紀の原形と記紀』再論」が出されたが、その論争の経過で鮮明に浮かび上がったことが二つある。

その一は、「帝紀」という語に対する理解のちがいだ。平田は「帝皇日継」つまり天皇の系図のことだといい、津田左右吉——武田祐吉——坂本太郎——井上光貞と、ほぼ学界の定説化していた解釈をとった。平田の論文名にあらわれた「帝紀」は、これだったのである。

これに対し、梅沢はその『記・紀』研究の長い累積の中から、すでに独自の「帝紀」観を導き出していた。すなわち、そこには〝すでに漢文で書かれていたもの〟がある、としていたのである。

その二は、「紀先・記後」という語の理解だ。梅沢はこれをもって、自説にたいし他者の与えた〝評語〟にすぎずとし、自説の真の内容は〝『日本書紀』の使用した原資料（帝紀）の中に、明白に『古事記』以前にさかのぼるものが多い〟というにある、としたのである。

わたしの今まで論証してきたところに従って、この論争を〝透視〟してみよう。

まず、梅沢が『書紀』自体の精密な内面分析によって、事の真相に著しく肉迫していたことに驚かされる。なぜなら、『書紀』の神代巻の大部分は「日本旧記」の〝盗用〟だった。それだけではない。景行の熊襲討伐説話や神功の筑後討伐といい、神武の「あきつのとなめ」説話といい、神武以降にも、盗作部分はおびただしいのである。

しかも、それらはいずれも大部分は原文（「日本旧記」）のまま〝切り取って挿入〟されていた。その「日本旧記」は六世紀中葉に成立していた。しかもその内実はそれ以前（五世紀前後）において記録化された「旧記」の集積書だったのである。すなわち、あの見事な漢文「倭王武の上表文」の作られた時代、それと同じ王朝（九州王朝）の所産だったのだ。

こうしてみると、梅沢が〝『日本書紀』の原資料は、漢文で書かれているものもあり、それは『古事記』以前にすでに成立していた〟と推定したのは、まことに見事だったというほかはない。

反面、平田の分析自体はあやまってはいない。『繍帳』と共通して『書紀』に出てくる人名は当然、すべて近畿天皇家内のものだ。だから、「日本旧記」などとは関係がないのだ。それゆえ、その表記が〝新しい〟のは、むしろ当然なのである。その新しさを平田は鋭く看破したのであった。

すなわち、『古事記』と『書紀』との、どこを比べるかが問題なのだ。『書紀』内の「日本旧記」部分を比べれば、その表記は、七世紀末から八世紀初頭のころ表記された『古事記』より、当然はるかに古い成立だ。「日本旧記」は、すでに漢文形で五、六世紀に成立していたのであるから。ところが、それ以外の表記（たとえば、先の欽明天皇の例）になると、『書紀』より『古事記』の方が、古いケースが存在していて、当然なのである。

末尾に比喩で語る失礼を許していただこう。たとえば、虎と象との大小について、胴体で比較するのと、尻尾で比較するのとで、結論はおのずから分かれてくるのである。

『古事記』の素朴性

『記・紀』の表記法の周到な調査から、きわめて正確な事実認識に到達していた梅沢も、『記・紀』両書の歴史的位置づけ、すなわちその評価にいたって、大きな〝目の狂い〟を生じたようである。

梅沢は、中国文化受容の初期段階を〝漢文風、中国倫理風に傾斜した時期〟だった、と考える。その時期に『書紀』の原資料「帝紀」が生まれた、という。これに対し、〝国粋化への反動〟が生じ、その所産が『古事記』だ、としたのである。つまり、そこにあらわれている素朴さは、古くから伝承された〝真の素朴〟ではなく、尚古主義という新時代の要求によって生み出された〝作られた素朴らしさ〟だ、というのである。天武の詔にある「削偽定実」とは、その〝新時代の要求〟をさしたものだ、としたのである。けれども、反面、先の〝中国文化への傾斜〟の傾向は、一朝一夕に衰えず、それが結実したものが『書紀』だ、というのである。

この梅沢の構想には、明らかに一種の〝無理〟が感じられる。なぜなら、このように考えると、『書紀』は、〝「天武の意思」に反して成立した史書〟だ、ということになる。しかし、『書紀』の成立した養老四年の天皇、元正は、天武の孫娘だ。つまり、この王朝は、壬申の乱という天武のクーデターを始源とする王朝だ。それなのに「天武の意思」に反した正史を作るとは！　ありうることではない。

この梅沢の構想の第一の欠点。それは通説に従って、「天武の詔」を『古事記』だけと結びつけたことにある。

だが、第二の、真の原因。それはなんといっても、梅沢の見出した〝古形の漢文資料（帝紀）〟が、実は近畿天皇家ならぬ他王朝（九州王朝）の所産だったこと、これがおよそ梅沢にとって構想の基礎とすべくもない認識だったからである。その事実分析が正確だっただけ、それをあくまで近畿天皇家内で処理しようとしたために、このように〝大きな歪み〟をひきおこさざるをえないこととなったのではあるまいか。

今までの論証によっても、『古事記』が「日本旧記」とは別個ながら、それはそれとして、天皇家内の古い伝承の記録だったことは疑えない。たしかに神代記には、かなり後代の要素も混入している（たとえば国生み「大八島」神話）。しかし、天孫降臨説話のニニギの言葉、例の「韓国《からくに》に向ひて真来《まき》通り……」の一句など、鮮烈な臨地性、すなわち原初性をもっていた。また神武東征説話における淡路島以西不戦問題やタギシミミの義母結婚問題など、いずれも到底後代（六～八世紀）の造作と見なしえぬ原初性をもっていた。

この点、宣長から典嗣に至る〝『古事記』を素朴とする〟直観は、本質的には正確だったのである。

つぎの問題は「古事記偽作説」だ。

『古事記』偽作説

わたしが『古事記』に最初にとりくんだのは、「古事記序文偽作」問題だった。敗戦の直前、昭和二十年四～五月、わたしは大学に入りたての十八歳の青年だった。村岡典嗣さんから古事記序文の講義を聞いた。学生は二人。しかし村岡さんは情熱的だった。山田孝雄《よしお》の『古事記序文講義』が教材。村岡さんの山田説への批判は鋭く重かった。そのとき、わたしは『五経正義』（唐の太宗〔六二六～六四九〕のとき、孔穎達《くようだつ》等、奉勅撰）の存在を知り、それを読んでみて驚いた。それは『尚書』（書経）伝来のいきさつだ。

〝孝文帝（前一八〇～一五七）の時に、『尚書』が秦の始皇帝（前二四六～二一〇）の焚書坑儒によって失われていたため、天下に『尚書』を知る者を求めた。ところが秦の二世の博士だった「伏生、名は勝」という者があり、『尚書』をよく知っているという。彼は年すでに九十有余であり、老いて宮中に行くことができなかった。そこで孝文帝は太常（宗廟礼儀を掌る職）に詔し、臣下の鼂錯《ちょうそ》をして往いて之を受けさせ、『尚書』二十九篇を得ることができた。伏生は「文を誦めば則ち熟する」人物であり、『尚書』の内容をことごとく習誦していたのである。そこで鼂錯は伏生のもとに往き、その内容を「口授」してもらった〟というわけである。
『尚書』を『古事記』に、孝文帝を元明天皇に、伏生を稗田阿礼に、晁錯を太安万侶におきかえれば、『古事記』序文の中に書かれた、あの『古事記』筆録のいきさつになってしまうではないか。しかも、『尚書』とは、〝古い記録の書〟の意味であり、『古事記』とほとんど同意だ。古えの帝王の事績の書かれている点も共通する。

　これは偶然の一致だろうか。いや、ちがう。序文中の有名な語、阿礼の「誦習」も、ここに「習誦」として出てくる。これは「習レ誦」つまり〝誦むことを習ふ（くりかえし練習する）〟だから、日本語にすれば、〝誦み習う〟つまり「誦習」ではないか。やはり太安万侶は、この『五経正義』を見たのだ。
——ここまでなら、不思議はない。絶対年代も『五経正義』の方が早い上、この両者に修辞上の関係があること自体は、山田孝雄・武田祐吉らによってすでに指摘されていたから。

　だが、それだけではないのではないか。右の「伝誦者」伏生と「筆録者」晁錯との関係にヒントをえて、この〝阿礼——安万侶の話〟が作られたのではないか？——序文偽作説だ。

　そこまでの論証は得られなかったけれども、ともかく両者の間には、今までいわれていた以上に深い関係がある。それはまちがいない。そこで、そのことを村岡さんに申し上げた。すると、〝研究発表しなさい〟とすすめられ、早速学内発表の場を作って下さった。敗戦三箇月前のことである。村岡さんはやがて亡くなられ、わたしにとってはこの発表が最後となった（この問題は後に「古事記序文の成立について——尚書正義の影響に関する考察」として、『続日本紀研究』昭和三〇年第二巻第八号に発表）。

　たしかに『古事記』は、『書紀』とはちがって、序文偽作説はもちろん、本文偽書説まで、研究史上絶えることがなかった。古くは江戸時代の上田秋成から、大正の中沢見明を経て、最近では鳥越憲三郎の『古事記は偽書か』に至るまで、古事記偽書説は、絶えたかと見えても、また〝不死鳥のように〟よみがえっているのだ。

現在その細部にこまごまとたち入った批評をするいとまはない（それはまた、他日機会があろう）。今はただ、問題の核心を突こう。偽書説の二大原因はつぎの点だ。

㈠『続日本紀』の和銅五年項に、『古事記』撰進の記事がないこと（他の項にも、一切出現しない）。

㈡『古事記』の写本は、奈良・平安・鎌倉期とも一切なく、南北朝期（十四世紀）になってやっと出現すること（真福寺本）。

これを解こう。

〝『古事記』ほどの本が本当に和銅五年に作られ、元明天皇に献上されたとしたら、『続日本紀』にそれが全く記載されないのは不可解だ〟――これがあらゆる古事記偽書説の〝不滅の源泉〟だった。たしかにもっともな疑いだ。そして従来のいかなる偽書否定論も、この問いに対する明快な解答を用意しえなかったのである。

けれども、今までの論証の立場に立つとき、これに対する答えは決して難解ではない。その第一のポイントは、「削偽定実」という共通の「天武命題」に立ちながら、これに対する具体的な実行方法は、『記・紀』両者全く相反している、という点だ。『古事記』はその大体において、天皇家内伝承に依拠してそれを記録化した。しかし、『書紀』はこれに満足しなかった。九州王朝の史書たる「日本旧記」、九州王朝と百済側との交渉史たる百済系三史料（「百済記」「百済新撰」「百済本記」）――これらを続々と〝切り取って〟きて近畿天皇家そのものの歴史として編入し、新たに構成した。――端的にいって実在の歴史ならぬ、仮構の歴史の「新作」の史書だったのである。

さて具体的に考えてみよう。たとえば、景行の九州大遠征。これは、『書紀』においては完全な〝史実〟だ。ところが『古事記』には全くない。つまり〝史実〟ではないのだ。現代の学者たちなら、〝どうせ作り話《フィクション》だから……〟とか、〝それぞれ、そのような異伝があったのだろう〟として、さして抵抗感もなく、物わかりよく、これに対応できるかもしれぬ。

しかし、『書紀』は決して〝歴史理解の一説〟として書かれているのではない。〝これが真の歴史である〟という、近畿天皇家の「正史」として、書かれたのである。つまり、近畿天皇家にとって〝以後、これが史実であり、これ以外は史実ではない〟として、決定されたもの、いわば検定ずみの書、国定版の「公認の歴史」なのである。

これに対して『古事記』はどうだろう。そのような歴史の大がかりな〝虚構操作〟と〝新編成〟には与《くみ》せず、内面から近畿天皇家の正統性を語る――そこにとどまっている。つまり、和銅五年（七一二）から養老四年（七二〇）に至る元明・元正の間において、少なくとも二派の立場が存在したのだ。権力による積極的、全面的な歴史変造を実行しようとする一派と、そこまでは踏み切れない一派と。

そして「帝王本紀」の業績を承けた前者の立場が「正史」としての権限をにぎったのである。――これが『書紀』だ。

「正史」がきまったあと、『古事記』は一体どういう処遇をうけるだろう。〝変造前の姿はこうでした〟などといって、貴重な古文化財として、「保存」されるだろうか。とんでもない！　それは権力にとって〝以後、生きつづけることを許してはならぬ書〟だったのである。

考えてもみよう。『古事記』に従えば、近畿天皇家の朝鮮半島との交渉はきわめて乏しい。応神記にはじまる文物の往来はあったとしても、〝任那日本府を通じての百済との頻繁な交渉〟など一切その片鱗すら、影すら、なかったのである。しかるに、『書紀』には、そのおびただしい記事量が存在する。

　これに対し、〝それぞれ、もっともな異伝です〟といった調子ですませられるものだろうか。〝『古事記』は国内記事を主にしたものだ〟――これは、後代の学者の、天下泰平なる机上の分類にすぎぬ。「正史」なる『書紀』の内容が事実である限り、それに反する『古事記』の内容は事実ではない。つまり、権力の手で検定された、公認の「正史」が『書紀』なら、これに反する『古事記』は「偽史」なのだ。一言にしていえば、この両書は〝倶《とも》に天を戴《いただ》くことのできぬ〟関係にあったのである。とすれば、同じく「正史」たる『続日本紀』に、どうして両者の成立を並載できようか。

　一般に、『続日本紀』は記録性が高い、といわれる。それは事実だ。しかし、それは〝そこに書いてあることは事実だ〟というにとどまる。決して〝権力検定の手がこの「正史」には、とおっていない〟という意味はもたぬ。それは当然だ。だから、「九州王朝の歴史統合（盗用）」の道が権力の方針として決定されたあと、「正史」として正面に出ることを拒否された『古事記』、それは書かれなかった――それだけなのだ。〝書かれている〟としたら、その方がよっぽど〝奇妙〟なのである。

　このような理解に立つとき、第二の点、『古事記』の写本が奈良朝から鎌倉期にいたる六百年間、地上にあらわれなかった理由もおのずから明らかとなろう。なぜなら、近畿天皇家は『古事記』を「公認」せず、流布させなかった。奈良・平安期に朝廷で盛んに行なわれたのは、『書紀』の講読であって、『古事記』の講義など一切なかったのである。

　だから、『古事記』が南北朝期になって〝突如として〟出現したのは、近畿天皇家内の公的なルートではなく、一種〝秘密のルート〟つまり、私的なルートから〝流れ出た〟ものと見られる。おそらく、太安万侶自身の家の系列にながらく「秘蔵」されており、その線から、長き時間の暗闇を経過して、やっと「浮上」した写本。それが真福寺本なのではあるまいか。もちろん、その伝来の詳細は一切不明であるけれども、『古事記』出現の仕方が『書紀』の公然たる流布と全く異なるというこの事実は、『記・紀』の性格のちがいと、そのためにたどった両書の運命の隔絶を知りえた今、あえて不審とするにはあたらないのではないだろうか。

今、『記・紀』と並称される、この二書の間には、権力によって公認されたものと、されないものと、その差別がハッキリと横たわっていたのである。

第十三章　天照大神はどこにいたか

『古事記』の深く蔵していた、珠玉の二章について語るときがきた。その第一は国生み神話の中にある。まず、確認しておきたい。『記・紀』の表記様式のことだ。前にも書いたように（本書二〇三〜二〇四ページ）、

①　(a)「相津」と(b)「尾張の相津」

②　(a)「日向」と(b)「筑紫の日向の……」

(b)の場合、「尾張」「筑紫」といった冠辞は、いずれもその下の地域（「相津」や「日向の……」）が「尾張国」や「筑紫国」の中に属する小領域であることを示していた。

これが表記のルールである。とすると「天《あま》の香《かぐ》山」「天の安河」「天の石屋戸《いわやと》」こういった表記はどうなるだろう。同じく「天国《あまくに》」に属する小領域に「香山」や「安河」や「石屋戸」がある。そういった表現だ。

「天国」とはどこか？

事実、「天国」といった表現が『日本書紀』の一書〈日本旧記〉に出てくる。

請ふ。姉（天照大神〈あまてらすおおみかみ。本章はアマテルオオカミ〉を指す──古田註）、天《あま》国に照臨し、

自から平安なる可し。　〈素戔嗚尊《すさのおのみこと》の言葉――神代紀、第七段、第三、一書〉

だから、

(A)是の時、素戔嗚尊、天より出雲国の簸《ひ》の川の上《ほとり》に降り到る。　〈神代紀、第八段、本文〉

とあるとき、これは当然「天国→出雲国」への移動を示している。例の、

(B)天の石位《いわくら》を離れ、……竺紫《つくし》の日向の高千穂の久士布流多気《くしふるたけ》に天降り坐す。　〈『古事記』天孫降臨〉

というときは、当然「天国→筑紫国」の移動だ。

では、この「天国」もまた、「筑紫国」や「出雲国」と同じような〝地上の一定領域〟を指しているのではないか？　これが疑いの一石だ。〝しかし〟と論者はいうだろう。〝『記・紀』には、天降る、という表現が頻出している。天孫降臨の場合もそうだ。これは「天上から地上へ」降りたことを意味しているのだ〟と。

では、つぎの表記を見よう。

故《かれ》、其の国（吉備《きび》の高島宮）より上り幸《い》でし時、……故《かれ》、其の国より上り行きし時、浪速《なみはや》の渡《わたり》を経て、青雲の白肩《しらかた》の津に泊る。　〈神武記〉

神武東征のとき、吉備→難波の行路で二回も「上る」の表記が出てくる。これは近畿の方を都、つまり原点とした表記だ。仲哀記に、「是に息長帯日売《おきながたらしひめ》命、倭《やまと》に還り上りし時、……」とあるのと同じだ。

つまり、〝地上のA点から地上のB点への移動〟について、「上る」の語が使用されているのである（これは現代の汽車で首都たる東京中心に「上り」「下り」を使うのと同じだ）。このような使用例から見ると、「天降る」とあっても、これは〝天国から天国以外のX地へ移動する〟それを意味するだけだ。〝天上→地上〟の移動と見ねばならぬいわれはない。すなわち、〝地上の一定領域に天国と呼ばれる地帯があっ

たのではないか〟――このような帰結へと自然に、そして論理的に導かれてゆかざるをえない。

「天国」を地上と見なす説は、古くから存在した。最近でも、学界でこそ宣長・津田の二権威をうけて高天原《たかまがはら》天上説が定説化しているにもかかわらず、一般には高天原地上説をとって〝ここぞ高天原〟といい立て、情熱的に自説を展開する民間研究家は跡を絶つことがない。

この点の研究史について興味深くまとめたものに安本美典『高天原の謎』がある。安本は、天上説と地上説、大和説と九州説の各系譜を要領よく紹介したあと、みずから「九州の朝倉＝高天原」説をたてている。

その根拠の一つは、甘木、夜須、香（高）山などの、「天の――」と『記・紀』で呼ばれている地名がこの地帯に多く分布していることにある。

しかし論理的には、安本が、(一)邪馬台国の中心をこの地域と見なしたこと（『邪馬台国への道』）、(二)卑弥呼と天照大神とを同一人物としたこと（『卑弥呼の謎』）、この二点の必然の帰結が、この「朝倉＝高天原」説なのである。なぜなら、答えは簡単だ。天照の住んでいるところ、そこが高天原だからである。

この安本の見解を吟味しよう。

第一、「朝倉＝邪馬台国」説。たしかに朝倉付近は卑弥呼の国の中心領域の一端に属する。なぜなら、そこは「筑紫後国」ではなく、「筑紫」に属したこと、「前つ君」の九州一円平定説話で明らかである。また「橿日《かしひ》宮の女王」も筑紫平定のさい、この地の「松峡《まつお》宮」を根拠地としたのであった。

一方、「陸行一月→一日」の原文改定に立ち、筑紫山門《やまと》説からこれをいわば北上させ、朝倉中心説へと移行せしめた安本の手法そのものは、わたしのうけいれえないところだ（肝心の博多湾岸――須玖《すく》遺跡など――は安本にとって旧来通りの「奴国」であり、「邪馬台国」ではないのであるから）。だが、朝倉などに関しては〝結果的に一致する〟わけである。

第二に、「卑弥呼＝天照大神」説。これは遺憾ながら従いえない。この本の論証の示す通り、天照は三世紀の卑弥呼などより、はるかに悠遠、古えの存在なのである。

以下、「天照――卑弥呼」間の歴史を通観しよう。

天照大神は、九州王朝の始源の重要な神の一つだった。ニニギを「天国」から筑前に天孫降臨せしめたのであるから。(A)「天国→筑前」段階である。これに対し、「橿日宮の女王」は、こののち〝筑前から筑後へ〟進出した。つまり(B)「筑前→筑後」段階なのである。さらに「前つ君」は天孫降臨の地、前原の宮から九州一円の平定に向かった。(C)「筑紫→九州」段階だ。このときはじめて、九州王朝というにふさわしい実質がそなわったのである。

一方、東に向かって瀬戸内海領域の討伐時代がくる。(D)「九州→淡路島以西」段階だ（ただ、これは(C)に先立つ可能性もある）。倭王武の上表にいう、祖先の英雄時代たる「毛人五十五国」の平定時代である。ここに「倭人百余国」が成立する。

これが前漢の武帝の朝鮮を滅した時代（前一〇七年）、つまり前二世紀以前の状況なのである。ここではじめて、わたしたちは「絶対年代」に出会うのである。

こうしてみると、三世紀卑弥呼の時代は、右の「百余国」を「三十国」に統合し、各国の長官、副官もととのえられた〝はるか後代〟なのである。すなわち、天照大神と卑弥呼との間は、あまりにも遠いのだ。

安本とわたしとの、このような帰結の差異を生んだものはなんだろうか。それは、安本が天照と神武の間（アメノオシホミミ、ニニギ、ヒコホホデミ、ウガヤフキアエズ）をわずか四代と計算し、それに安本のいう古代王者の平均在位年数の十年をかけあわせ、天照の実在年代を割り出す、という方法をとったからである。

『古事記』においてはウガヤフキアエズ以下に厚い不分明の霧がかかっており（「五百八十歳」問題等）、『書紀』においては一方で史料につぎはぎの断絶（神代紀第十、第十一段の間）がある。他方、「神武紀」（帝王本紀）においては、「天孫降臨――神武」の間に厖大な時間（百七十九万二千四百七十余歳）の流れていることが強烈に主張されている。にもかかわらず、安本はこれらを一切かえりみなかった。〝それらは「後代の造作」であり、系譜だけは信用できる〟として、ただ四代分の計算をして、すなわち4×10＝40で「四十年」を出し、もって解とした。――これが原因である。これでは、安本もくりかえしのべている〝古文献の記事をむげに「後代の造作」として否定し去らないこと〟という原則をみずから放棄することにならないだろうか。

この〝天照大神は卑弥呼より古い〟という命題については、ほかにも今まで論じられてきた。

「『古事記』の神話的な時間がプリミティヴな〔国家〕まで遡行する時間性をしめしていることが重要なのだ。そしてこのプリミティヴな〔国家〕の成立は魏志に記された邪馬台連合などから遙か以前に想定されるものである」（吉本隆明「起源論」、『共同幻想論』所収）

もっとも、吉本の論断をまつまでもなく、一素人の素朴な感想をもってしても、天照の天の岩戸ごもりの神話に見られる牧歌的なイメージと、卑弥呼の「宮室・楼観・城柵、厳かに設け、常に人有り、兵を持して守衛す」という峻厳な印象と、〝あまりにもはるかな時間のへだたり〟をそこに感ずるのではあるまいか。

さて、安本は今回の高天原問題について、これを地上の存在として「復権」させるという、すぐれた仕事を行なっている。その依拠点たる朝倉は、たしかに卑弥呼の国の一中心だ。にもかかわらず、安本の看過した一点、それは「天国は筑紫ではない」という命題だ。なぜなら、天孫降臨説話に示されているように、〝天国から筑紫へ「天降る」〟のであるから。ちょうど、〝日向から筑紫へ行く〟〈神武紀〉から、この日向は筑紫とは別国だ、というのと同じだ。

この点、朝倉はレッキとした「筑紫」だ。だから、ここから筑紫へ「天降る」と表記することはできない。では、筑紫でない〝地上の「天国」〟とはどこか？　問題はこのようにしぼられてくる。

安本は、その研究史略述のなかで、「高天原海外説」の系譜をも紹介している。朝鮮説（新井白石——或る人の説として）、中国南部説（林羅山ら）、バビロニア説（ドイツのケンペル——元禄のころ来日）、マレー半島説（ドイツのW・ドイニッツ——東京医学校教授）などだ。

これらの地域に「天国」としての資格があるだろうか。——否、それはない。『記・紀』という文献の表記を正視する限り。なぜなら、「天国」から出雲や筑紫に天降るさい、途中の経過地が書かれていないからだ。バビロニアやマレー半島はいうまでもなく、中国南部からの場合でも、途中に〝長途の海路を経てきた〟描写があっていいはずだ。しかし、それは全然ない。その点、朝鮮半島から出雲へ行く場合はいい。海流にのればアッというまについてしまうだろうから。しかし、筑紫へ行くときは、やはり、対馬・壱岐という経過地があるのが普通ではないだろうか。ニニギが天孫降臨でのべた言葉にも、このルートが明示されていたのだから。

その上、朝鮮半島説にとって致命的なのはつぎの一文だ。

是の時に素戔鳴尊、其の子五十《い》猛《たける》神を帥《ひき》ゐて新羅国に降り到り、曾尸茂梨《そしもり》の処に居す。

〈神代紀、第八段、第四、一書〉

これは「天国」での〝所行無状《あづきなき》〟（ふるまいが無軌道という意味）によって、スサノオが「天国」から追放されたときの話である。

つまり、ここでは「天国→新羅国」が〝降る〟とされている。またこの同文の中で「新羅国」は「韓地」と表現されている。だから、やはり朝鮮半島は筑紫や出雲と同じく、「天国」ではないのである。

では、どこだろう。今、史料事実によって、それを示そう。

故《かれ》、爾《ここ》に反《かえ》り降りて、更に其の天《あめ》の御柱を往《ゆ》き廻《めぐ》ること、先の如し。是に伊邪那岐《いざなぎ》命、先に「あなにやし、えをとめを」と言ひ、後に妹伊邪那美《いもいざなみ》命、「あなにやし、えをとこを」と言ひき。此の如《かく》く言ひ竟《お》へて御合《みあひ》して、生む子は、淡道之穂之狭別《あわじのほのさわけの》島（註略）。次に伊予之二名《いよのふたなの》島を生む。此の島は、身一つにして面《おも》四つ有り。面毎《おもごと》に名有り。故《かれ》、伊予《いよ》国は愛《え》上比売（註略）と謂ひ、讃岐国は飯依比古《いいよりひこ》と謂ひ、粟《あわ》国は大宜都比売《おおげつひめ》（註略）と謂ひ、土左国は建依別《たけよりわけ》と謂ふ。次に隠《お》伎《き》之三子島を生みき。亦の名は天之忍許呂別《あまのおしころわけ》（註略）。次に筑紫島を生みき。此の島も亦、身一つにして面四つ有り。面毎に名有り。故、筑紫国は白日別《しらひわけ》と謂ひ、豊国は豊日別と謂ひ、肥国は建日向日豊久士比泥別《たけひむかひとよくしひねわけ》（註略）と謂ひ、熊曾国は建日別と謂ふ。（註略）次に伊伎《いき》島を生みき。亦の名は天比登都柱《あめひとつばしら》（註略）と謂ふ。次に津島を生みき。亦の名は天之狭手依比売《あまのさでよりひめ》と謂ふ。次に佐度島を生みき。次に大倭豊秋津島《おおやまととよあきづしま》を生みき。亦の名は天御虚空豊秋津根別《あまつみそらとよあきづねわけ》と謂ふ。故、此の八島を先に生めるに因りて、大八島国と謂ふ。然《しか》ありて後、還り坐《ま》す時、吉備児島《きびのこじま》を生みき。亦の名は建日方別《たけひかたわけ》と謂ふ。次に小豆島を生みき。亦の名は大野手《おおので》上比売《ひめ》と謂ふ。次に大島を生みき。亦の名は大多麻《おおたま》上流《る》別《わけ》（註略）と謂ふ。次に女島《ひめじま》を生みき。亦の名は天一根《あめひとつね》（註略）と謂ふ。次に知訶《ちか》島を生みき。亦の名は天之忍男《あまのおしお》と謂ふ。次に両児島《ふたごの》を生みき。亦の名は天両屋《あまのふたや》と謂ふ。吉備児島より天両屋島まで并せて六島。

〈神代記、大八島国の生成〉

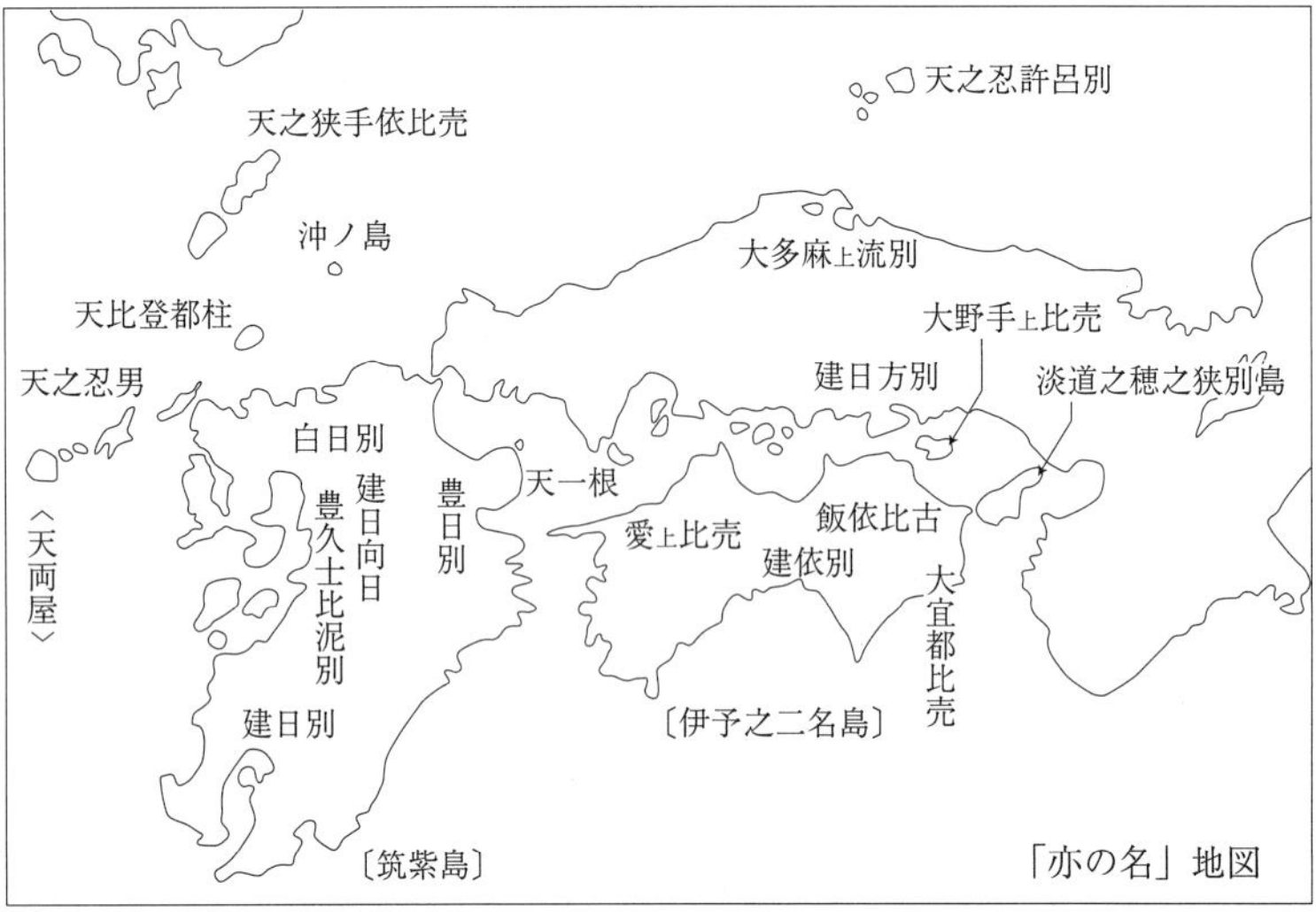

「亦の名」地図

ここには少なくとも表裏二種類の地図が合成されている。なぜなら、「A、亦の名はBと謂ふ」という形を定型として書かれているからだ。Aの方はわたしたちになじみ深い国名だ。これに対し、Bの方はなじみにくい形だ。人名形式のものが多い。一見してAよりさらに古い形の国名であることがわかる。これを上に表示しよう。

これについて注意すべきはつぎの二点だ。

(一) 九州と四国だけがさらに各々四分割して示されている。

(二) 九州の中で肥国だけ、長たらしい「亦の名」をもっている。これは難解とされ、従来種々の紛議をよんできた。たとえば、九州の中に「日向国」が脱落し、「肥国」の亦の名と混入してしまったのだ、という見解がある。

右の(二)について、詳しく追跡しよう。

現に「日向」をふくんだ形に「改定」されてしまっている古写本もある。

速日別と謂ふ。日向国を豊久士比泥別と謂ふ。

（道祥本・春瑜本・道果本。先代旧事本紀〈旧事紀〉も、この形をとる）

しかし、宣長は筑紫島について、「此の島も亦、身一つにして面四つ有り。面毎に名有り」とある以上、「日向国」が別立しているはずがない、としてこのような古写本を後代改定として斥けた。達見である。ただし、この長たらしい古名の意義はついに解くことができなかった。その後、現在まで各註釈者とも、この名を解きえていないようである（岩波の日本古典文学大系本、朝日新聞社日本古典全書本、倉野憲司『古事記評解』とも、「名義未詳」とし、角川文庫本（武田祐吉）は「誤伝があるのだろう」とする）。

難問は解けた！

しかし、わたしは偶然の手に導かれて、この古名を解くことができた。

今、わたしの住んでいる町は「向日町《ムコウ》」だ（最近「市」となった）。ここは洛西だ。京都市内とこの町との間には桂川がある。比叡山の連なりが「東山」と呼ばれるのに対し、この地帯は「西山」と呼ばれる。いずれも、京都の中心部を原点とした呼び名だ。つまり、京都の人がつけた名前なのである。

だから、「向日町」の場合も、本来、京都市内を原点として、西の方〝桂川の向こうの町〟という意味で「ムコウ町」（向こう町）といったのではないだろうか。そして後に美しい漢字（佳字）二字をあてて、「向日」と表記したのであろう。――わたしは夕日のあたる竹林の葉ずれの道を散策しつつ、そのように考えたのである。この考えがヒントとなった。

「建日向日」は「タケヒムコウ」だ。「建日別」（熊曾国）に向かっているという意味だ（むろん、「タケヒムカヒ」とそのまま読んでもいい。意味は同じだ）。

つぎに「豊」は「豊国」だ。「久士比」は「クシヒ」、〝奇《く》し火〟の意味だ。有明海の有名な不知火のことであろう（「前つ君」の九州一円平定説話に、この「不知火」のことが出てくるから、この現象は古くから存在したものと考えられる)。「泥別」は「ネワケ」、〃分国〃の意味だ。

つまり、通解すれば、〃建日別(熊曾国)に向かう(途中に当る)不知火の燃える、豊国の分国〃という意味だ。この名前について注意すべき点は三つある。

第一に、この国は、はじめ豊国の一部だったこと。

第二に、この国に独立した名前が与えられたとき、〃建日別(熊曾国)に向かう途中〃として意識せられていたこと。これと同じ発想の名前は「淡《あわ》道《じ》島」だ。〃「淡国」(徳島県)へ行く途中の島〃として見られ、そういう意味の名前がつけられたのである。

第三に、この国を〃建日別に向かう途中〃と見る、その原点はどこだろうか。いうまでもなく、筑紫(白日別)の方から見ているのである。ちょうど淡路島という名が本州(兵庫県)の方から見て、名づけられているのと同じだ。

〃この九州四分図は筑紫の方から見て作られている〃――この帰結は「筑紫中心の神話」として、『記・紀』説話の全体を見てきたこの本の論証にとって、まことに〃好都合〃だ。わたしはいったん、そこでとまった。

だが、本当にそこでとまっていいのだろうか。問題があった。なぜなら、筑紫は「白日別」だ。他の二つ、「豊日別」「建日別」と形式上、対等だ。だのに、筑紫だけを原点とする。――なにか、ひっかかるのだ。

「日《ひ》別《わけ》」国の基点は？

もう一度地図を見よう。肥国を〃建日に向かう〃と見る視野の原点、それは逆にいえば、肥国から見て「建日別」と逆の方、すなわち北方にあるはずだ。その北方にはなにがあるか。まず、「白日別」がある。そしてそのさらに北にあるもの、それは「天《あめ》比《ひ》登《と》都柱《つ》」（天一柱）だ。

これは尋常ならざる名前だ。「白日別」「豊日別」「建日別」、これらは〝天からの日別け〟つまり、〝天国《あまくに》の分国〟との意味を示す国名なのだ。ここで注目されるのは、先の地図の中で「天の――」という「亦の名」をもっている領域だ。その七個、それは一定の領域、つまり朝鮮半島と九州との間の島々を中心に分布している。

ただ、ここで除外例としなければならない、と思われるのは、「大倭豊秋津島」の「天御虚空豊秋津根別」という亦の名だ。これだけに「大倭」が冠せられていることからわかるように、豊秋津島を〝大和を中心とする本州全体〟と定めた、後代の近畿天皇家中心主義の理解。その理念による「大倭」という冠辞の書き加え、――それがハッキリこの名前に出ている。

一方、それと符節を合するように、「亦の名」の方も、他の一連の「亦の名」とは別格の荘重さがそなわっている。これは「大八島の中心」として、それにふさわしく作られ、あとから〝挿入〟された「新名」ではなかろうか。

一つの証拠がある。それは女島《ひめじま》（亦の名「天一根」）と相接近しすぎていることだ。

さらに、決定的な証拠がある。これまでの論証の示すように、大八洲国の本来の姿において、「豊秋津洲」はすなわち「豊国」だった。豊国内の一点をさす「二段国名」なのである。してみると、これは「豊日別」（豊国）と完全にダブッてしまう。この「大倭豊秋津洲＝（亦の名）天御虚空豊秋津根別」は、やはり近畿天皇家の後代付加物だ。決して原初の古形ではない。

このような吟味を行なってきたとき、当然おこるべき新たな疑問。それは、〝では、すべての「亦の名」国名もまた、後代の創作付加物なのではないのか？〟この疑いだ。

しかし、この不審は、実は無用だ。なぜなら、「佐度島」を見よう。ここも海上の島だから、他の島々にならえば、当然「天の――」という「亦の名」があっていいはずだ。「亦の名」がもし後代の造作なら、ここにも一つ造ることなど、わけはない。ところが、史料事実として、ここには「亦の名」はない。すなわち、この島には、もともと「亦の名」がなかった。だから、書かれていないのだ。この佐度島「亦の名」の欠如。――この史料事実は、「亦の名」がやはり〝古形であること〟を示している。

そして――これが重要なことだが――「亦の名」地図の当時は、まだ〝佐度島には勢力範囲が及んでいなかった〟のだ。すなわち、すでに佐度島まで到達していた後代大八洲国の政治地図に比べて、さらに原初的な性格。それをこの「亦の名」地図はもっているのである。

さて、問題をしめくくろう。「天御虚空……」という新造の中心国名を除いた、他の六つの「天の――」という島々だ。――これが「天国《あまくに》」の領域であった。

海域の島々

「天国」がこの海域の島々であること。この事実を証明するものがある。それは、天つ神（とその子や孫）たちの行動範囲だ。

(一) イザナギ神は、出雲にあるといわれる黄泉《よみ》の国へ行った。そして筑紫の日向の橘《たちばな》の小戸《おど》（博多湾岸。西辺）に帰ってきた。そしてここで〝ミソギ〟して天照や月読やスサノオらを生んだ。

(二) 天照は筑紫の博多湾岸（姪の浜付近）で誕生したあと、「天国」にひきこもり、そこから出たことがない。

(三) スサノオは、はじめ新羅国に行き、のち出雲へ行った。

(四) 天照の子、天の忍穂耳《おしほみみ》命は、「天国」から出た形跡がない。

(五) 天照の孫、ニニギは、「天国」を出て、筑紫の日向の高千穂の久士布流多気《くしふるたけ》（糸島郡、高祖山連山）

に来て、この筑紫で定住した。

(六)　天鳥船神・建御雷《たけみかづち》神は、天照の使者として、「天国」から出雲の伊那佐《いなさ》の小浜《おばま》に降り到った(「国譲り」の交渉)。

このように、天つ神たちの天国からの行動範囲は、筑紫・出雲・韓地(新羅国)の、この三地域に限られている。

しかも、これら三地域に出向くさい、いずれも途中の中間経過地が書かれていない。だから、「天国」は、この三地域に共に接しているのだ。すなわち、この三地域に囲まれた、その内部にあるのだ。――それはとりもなおさず、右の「亦の名」古地図の示す「天の……」の島々の分布領域に一致する。これが、この「天国古地図」が『記・紀』の神話内容と完全に一致していることを証明している。

従来とて、この「天国→X地域」の移動のさい、〝中間の経過地が書かれていない〟という事実が注意されていなかったわけではなかった。むしろ、だからこそ「天国」が天上界だと考えられたのだ。たしかに〝天上から地上へ〟だったら、どの地点へ行くにも、中間の経過地(地名)など、必要はないだろうから。

だが、問題はまさにそこにある。もし、〝天上から〟だったら、わずかな三領域に行き先が限られる必要はない。土佐へでも、吉備《きび》へでも、信濃へでも、また会津へでも、直接「天降った」らいいのだ。しかし、それらはない。ただ一つの例外。それは天の饒速日《にぎはやひ》命だ。神武が大和へ侵入したとき、先だってこの地(大和)へ「天降って」いた、という。だが、その入りきたった経路、動機等、一切不明である。だが、それは当然だ。これは神武らと系列を異にする者の所伝なのであるから。

また「高天原」という表現は、そこがあたかも〝壮大な領域の高原〟であるかのような錯覚を与えてきたのではあるまいか。この「原」は〝野原〟の意ではない。「前原」「白木《しらき》原」「春日原」などの「バル」なのである。つまり筑紫一帯の用語で集落の意だ。

「高」は敬称に類する。竪穴・横穴住居の多かった時代にあって、地上の住居が「高――」と呼ばれたとも考えられる。したがって「高天原」は〝「天国」の集落〟を意味する言葉なのである。

さらに「天国」が右の海上領域にあったことを裏づける説話がある。少名毘古那神《すくなひこな》だ。この神は「天つ神」たる神産巣日神《かみむすひ》の子だというから、当然「天国」が故国だ。そこから大国主神の居する、出雲の御大の御前に来たときのさまがつぎのように描写されている。


波の穂より天の羅摩《かかみ》船に乗りて、……帰《よ》り来る神有り。　〈神代記〉

つまり、〝海上から来た〟のである。しかも、その位置と海流の向きからすると、当然「天国」から来たことになろう。

この逸話もまた、「亦の名」国名の示す「天国」の領域地図の正しいことを示している。

「両児島《ふたご》」は一対の島

ここで三たび「亦の名」地図をふりかえってみよう。これは普通の理解（地名比定）によったものだ。そしてそのほとんどは疑う余地がない（ただ、「大島」は「大洲《おほくに》」で、出雲に当る〔本書一三二〜一三三ページ参照〕）。

だが、一つだけ、〝不安定な比定〟が見出された。――両児島、亦の名は天両屋だ。これは岩波、日本古典文学大系本の註によると、つぎのようだ。

「貝原益軒の扶桑《ふそう》記勝に『五島の南に女島男島とてちひさき島二あり。是唐船紅毛船のとほる海路なり。五島よりも四十八里、薩摩《さつま》よりも四十八里ありて五島につけり。』とある女島・男島、即ち男女群島のことであろうと思われる。」

たしかにそういう島はある。長崎県五島列島の福江市に属している。だが、三つの不審がある。

第一　この五島列島も「知訶《ちか》島、亦の名、天之忍男」としてあがっている。これに接近しすぎている。

第二　「両児島」といい、亦の名を「天両屋」という以上、この島は〝二つの島が対になって〟いなければならぬ。それが明白な特徴のはずだ。しかるに、これは「男女諸島」と今呼ばれているように、男島、女島だけではない。その両島の間にクロキ島、寄島、ハナクリ島と、少なくとも三つの島が介在している。つまり〝五島が並んだ〟形だ。この点、「両児島」という名称にふさわしくない。これはやはり、ほぼ〝二つきり〟という印象の島でなければいけないのではなかろうか。

第三　ここに並べられた、この島以外の島々は、いずれも皆相当に重要な島々だ。伊伎《いき》・津島・隠伎《おき》之三子島・知訶島（五島列島）はもとより、女《ひめ》島も、印象的な美しい島だ（わたしは初春の晴れきった日、空からこの全島を一望のもとに見おろした経験がある。あっと息をのむほど美しかった。その印象が忘れがたい）。

これに対し、この男女諸島。貝原益軒のいうように、中国船やオランダ船などが長崎への往来にたちよった島かもしれぬ。そしてその美しさがその人々を慰めたかもしれぬ。しかし、それはずっと後、益軒の江戸時代のことだ。はるか古代、朝鮮半島経由で中国と往来していた時代、この島の重要性があった、とは、なにかうなずきかねるのだ。

しかも、大切なことがある。それはこの島が国生みの〝最後〟に書かれている点だ。

イザナギ・イザナミはオノゴロ島に降り立ち、東端の淡路島からはじめて、点々と西の方へと国生みしつつ帰ってきた。主要な国々を生み終ったところで、つぎの句がはさまれている。「故《かれ》、此の八島を先に生むに因りて、大八嶋国と謂ふ。然る後、還り坐せし時……」そしてさらに吉備児島をはじめとし

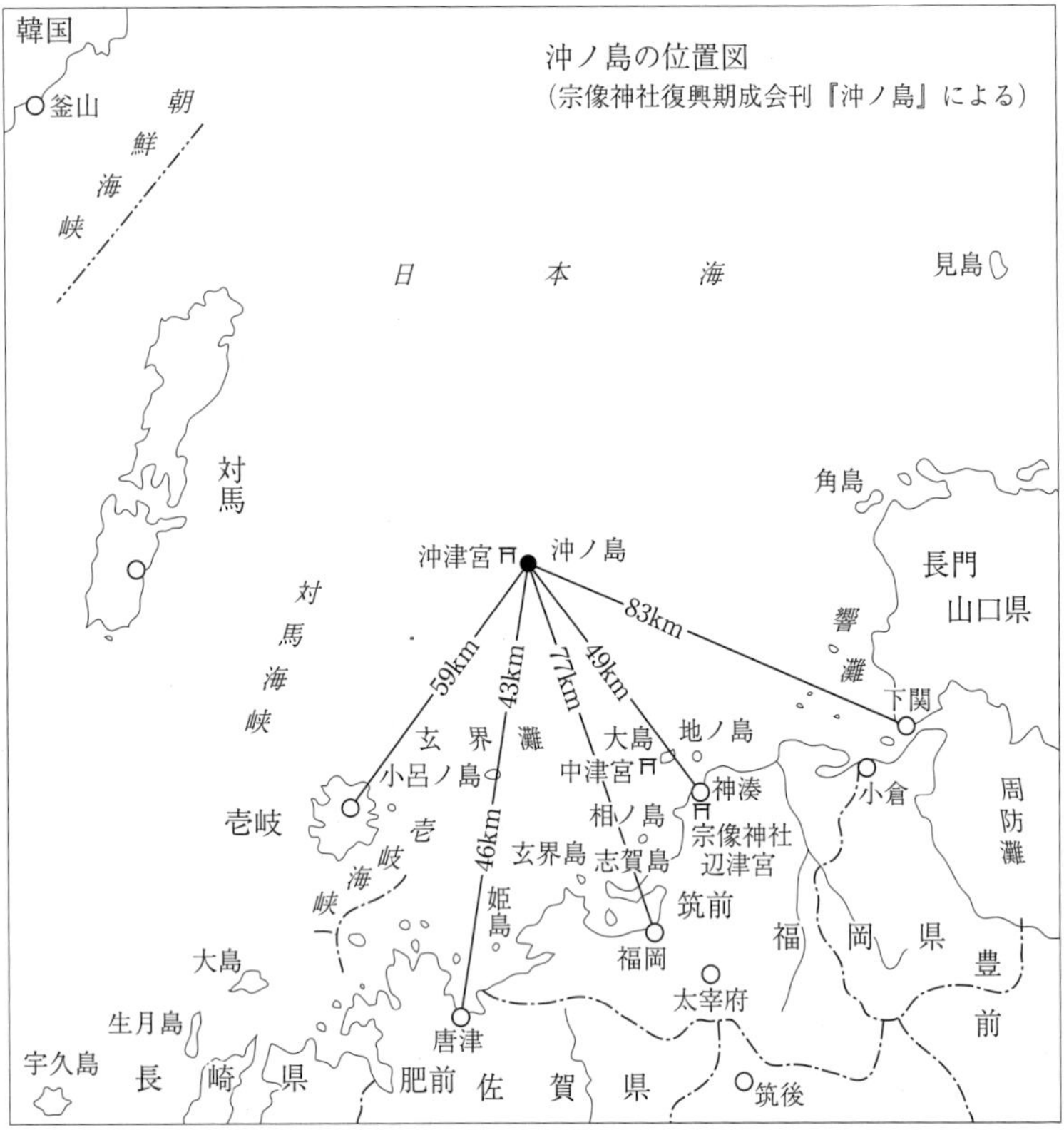
沖ノ島の位置図
（宗像神社復興期成会刊『沖ノ島』による）
韓国
釜山
朝鮮海峡
日本海
見島
対馬
角島
長門
山口県
沖津宮
沖ノ島
83km
59km
43km
77km
49km
響灘
下関
対馬海峡
玄界灘
大島
地ノ島
小呂ノ島
中津宮
神湊
小倉
周防灘
壱岐
壱岐海峡
相ノ島
宗像神社
辺津宮
46km
玄界島
志賀島
筑前
姫島
福岡
福岡県
豊前
大島
太宰府
生月島
唐津
宇久島
長崎県
肥前
佐賀県
筑後

て次々と国生みし、その最後（知訶島のあと）に、この両児島（天両屋）を生むのだ。つまり、イザナギ・イザナミにとって出発点付近に〝還ってきた〟最後の島だ。その点、きわめて重大な島なのである。

　このような疑点の数々から、わたしは新たな「島探し」をはじめた。ちょうど、

　　子供のときやった宝探しの遊びのように。

その島の名は――

ほかにも「男島・女島」というふうに、対になった島はあった。たとえば北九州市の北の海中の白島のように。これはたしかに「男島・女島」二つきりの島だったが、今のべた〝特別の重要性をもつ島〟という要件を満足させなかった。

このような摸索と探求の旅は、意外に大きな収穫をもって、終止符をうった。わたしの宝探しはまさに〝破天荒ともいうべき財宝の埋もれた島〟に行き当ったのである。――沖ノ島だ。

この島は福岡県宗像郡大島村に属する。そして地図で見ると、まさに大小二つの島から成り立っている。「沖ノ島」と「小屋島」だ。

ここで注目されるのは「小屋島」という名である。これに対する大きな方、「沖ノ島」は、当然宗像の方から見て〝沖の方にある島〟という意味でついた名だ。ちょうど出雲から見ての沖の方の島も「隠《お》岐《きの》島」と呼ばれているように。

つまり、九州本土側からの命名だ。だが、現地での本来の名。それは「屋島」または「大屋島」だったのではないだろうか。これはその島の地形からついた名だ（四国の香川県にも源・平の戦で有名な「屋島」がある。類似の地形を示す名であろう）。とすると、「天の両屋」または「天の両屋島」（原註記にある島名）という名にピッタリだ。

小屋島の近くに「御門柱《ごもん》」「天狗岩」という、小さな岩礁があり、昔から、この沖ノ島の鳥居にみた

てられてきたという。また沖ノ島の入口（波止）に「御前《おまえ》」という磯があり、ここは禊場《みそぎば》であり、上陸する人はまずここで禊せねばならぬ、とされる（島全体が沖津宮の境内）。ここは宗像三女神のうちの田心姫命《たごりひめ》（多紀理毘売命）を祀る（湍津《たぎつ》姫命――中津宮〔宗像郡大島村〕。市杵《いちき》島姫命――辺津《へつ》宮〔同郡玄海町田島〕）。

九州本土の一角（宗像）と海上の二島を結び、約五十キロメートルの広大な海域がすなわちこの宗像神社の神域であり、その三点の中の焦点がこの沖ノ島だ。

この島は女人禁制の島、「おいわず様」（不言島）として、神秘のとばりの中に隠されてきた。〝島のことを口外しないこと、一木一草でも島外に持ち出さないこと〟が守られてきたからである。それが世人を瞠目させるようになったのは、宗像神社の社史編纂を目標とした昭和二十九年以降の発掘だった。

第一次

第一回調査（昭和二十九年五～六月）

第二回調査（〃　〃　八月）

第三回調査（〃　三十年六月）

第四回調査（〃　〃　十～十一月）

第二次

第一回調査（〃　三十二年八月）

第二回調査（〃　三十三年八月）

この両次の発掘の成果は、それぞれ『沖ノ島』（昭和三十三年）、『続　沖ノ島』（昭和三十六年）の豪華な報告書（単行本）の中に収められている。そして、さらに四十四年から四十五年にかけて三回にわたり第三次調査が行なわれている。

岩上遺跡・岩蔭遺跡等、幾多の祭祀遺跡から陸続とあらわれつづけた縄文・弥生式の土器・鏡類・珠類・紡織具類等々。金指環・金銅製馬具類・金銅製竜頭なども次々と矢継ぎ早にあらわれた。ここで「あらわれた」というのは、他の遺跡のように単に「出土」する、というよりは、あそこ、ここの文字通りの〝岩かげ〟や〝岩のほとり〟におかれていたものも少なくなかったからである。

沖ノ島地形図
（宗像神社復興期成会刊『沖ノ島』による）

その「出土」もしくは「出現」財宝のおびただしさのため、やがて「海の正倉院」という〝あだ名〟をもって知られるようになったけれども、なにしろ〝縄文人の生活遺跡〟からズーッと一貫して後代（奈良時代）まで遺物がつづきにつづいているのであるから、およそ「正倉院」などとは比較にならぬ、はるかに古く、長い由来をもっているのである。すなわち、「海の正倉院」は「陸の正倉院」に先在していたのだ。

こうしてみると、この島が朝鮮半島と九州との間の「天国《あまくに》」の限定海域の中で、燦然《さんぜん》たる光を放つ抜群の性格をもつ島であることは疑いない。ことにその中心は「祭祀遺跡」であり、宗教性を核心とした島だ。それが国生み神話中の「亦の名」国名「天の……」に入っていなかったら、その方がよっぽど、おかしいのではあるまいか。少なくとも、知訶島や女《ひめ》島を入れて、ここを欠くことは考えられない。すなわち、ここが「両児島＝天両屋」であることに疑いない。――これがわたしの帰結だった。

「天の石屋」はここだ！

〝しかし〟と読者はいぶかるかもしれぬ。〝その比定はそれでよい。だが、「天国」の全領域はすでに指定できた。だのに、その中の一島にすぎぬものの決定に、なぜそんなに、周知の考古学的知識までもち出して長々と弁ずるのか？〟と。

それはほかでもない。核心は「天の石屋《いわや》」である。この名が天照の神話の中心に出てくることはよく知られている。つまり、〝「天国」の象徴〟といったイメージだ。この名は無論、各地に数多く分布している。たとえば、「天岩戸（神社）――宮崎県、高千穂町の北」「天ノ岩戸――大分県、山国町の北」のように。これらの中にはあるいは『記・紀』神話にもとづいて名づけられたものもあろう。だから、個人の好みや郷土意識から〝ここここそ、『記・紀』神話にいう「天の岩屋」だ〟と断定し、情熱的に主張する人があっても、直ちに学問上の意義をもちにくいのである。要するに、「地名比定」から出発することは危険なのだ。

しかし、いまはちがう。「天国」という大領域がまず限定された。だから、こんどはその中において「天の岩屋」を求める。――それが順序だ。

空より見た沖ノ島と小屋島（手前）——朝日新聞社撮影

このように考えてくると、それは六つの「天の……」という島の中のどこか。わたしはこれに対して再び〝この沖ノ島こそ、それだ〟と答えるほかはない。

その理由の第一は、岩上遺跡・岩蔭遺跡というように、この島は全山「岩」でおおわれている。その「一個の巨大な岩」が海域の中に突出し、すなわちこの島をなしているのだ。ことに稜線の南、東北側は垂直に百五十メートルの岩壁が海波の中に屹立《きつりつ》している。まことに「天の岩屋」というにふさわしい。

その理由の第二は、「天の両屋」というように、「天の……屋」の形の名前になっている。そしてその一つ（小さい方）は「小屋島」だ。とすると、全山岩でおおわれた〝屋島もしくは大屋島〟の方が「天の岩屋」と呼ばれるのは、まことにふさわしいのである。
その理由の第三は、祭祀遺跡の状況から見て、この島がこの海域（朝鮮半島と九州との間）中、最大の宗教的中心をなしていたことは疑いない。

同じく、『記・紀』神話中において、「天の岩屋」は「天国」の中心的位置をしめている。しかも、いわゆる天つ神たちは、『記・紀』では決して〝あがめられ〟〝まつられる〟存在として描かれているだけではない。

（イザナギ・イザナミの二神に対し）爾《ここ》に天つ神の命を以て、布斗麻邇爾《ふとまにに》卜相《うらな》ひて詔《の》り、……

〈神代記、大八島国の生成〉

イザナギ・イザナミは天つ神の意思を問うべく参上する。すると天つ神はみずから卜占によって占って〝判断〟をうるのである（「ふとまに」は「太占」）。また「天の石屋戸の段」にも、

天児屋《こや》命、布刀玉《ふとだま》命を召して、天の香山の真男鹿の肩を内抜きに抜きて、天の香山の天の波波迦《ははか》を取りて、占合《うらな》ひ麻迦那波《まかなは》しめて、……

〈神代記〉

と、この天の岩屋で、卜占祭祀の行なわれたことが記されている（ここに沖ノ島と相対する「小屋《こや》島」の名を示す「天児屋《こや》命」が登場することは意味深い）。すなわち、「天の岩屋」は「天国」の祭祀の中枢の場であったのである。――今の沖ノ島がすなわち、これだ。

その理由の第四は、ここ沖ノ島の奥津宮が天照とすこぶる関係の深いことだ。天照（とスサノオ）の子とされる三女神の長女、多紀理毘売《たきりひめ》命をこの島の奥津宮に祀る。この女神が生まれたのは、「天の安河」のそばで行なわれた天照とスサノオの「ウケヒ」（誓約）によってであるから、当然その誕生地は「天国」の中であり、天の岩屋にも近いと思われる。そして『記・紀』説話の示すところ、多紀理毘売

は、ニニギとは異なり、「天国」を出て他国へ去った形跡がない（大国主との結婚が伝えられているにもかかわらず）。この三女神は母なる天照の聖跡に〝居坐り〟、祭神とされた形なのではなかろうか。

九州本土の宗像の辺津宮の方が現在の宗像神社の本拠であるものの、その信仰上の秘地は、海上に鎮まる神秘の孤島、この沖ノ島である。

その理由の第五は、はじめにあげた『古事記』の文章だ。イザナギ・イザナミは、国生みを終えて出発点に帰ってきた。そこは、つぎの「オノゴロ島」問題でハッキリするように、博多湾岸のそばだ。

――そして今、「天国」の六つの島を眺望しよう。もっともそこ（博多湾岸）に近い島、それがこの沖ノ島だ。

以上の五点によって、天照大神の隠れた「天の岩屋」、「天国」の中の聖地、それはこの沖ノ島以外にない。――これがわたしの探求の舟のついに辿りついた岸辺、その終着の島であった。

「オノゴロ島」もつきとめる

この帰結点に立ってみると、天照の父母なる神、イザナギ・イザナミが国生みの基点とした、あの不可思議なる島「オノゴロ島」の位置も、おのずから判明してきたのである。

その第一のポイント、それは〝その島は「天国」の中ではない〟という一点だ。なぜなら、その時の描写はつぎのようだ。

其の島に天降り坐《ま》して、天の御柱を見立て、八尋殿を見立つ。〈神代記、二神の結婚〉

つまり、「天国」から離れてこの島へ「天降って」きたのだ。だから、当然この島は「天国」ではない。だから、「天のオノゴロ島」とはいわないのだ。しかも、例によって途中の経過地はない。だから、「天国」の海域に近接している地点だ。すなわち、筑紫か出雲か韓地、この三領域の中だ。

では、この中のどこか。

『記・紀』とも、「××(国)のオノゴロ島」とは書かない。これは「日向の高千穂の……」(『日本旧記』、本書一五三〜一五四ページ)というケースと同じだ。〝筑紫の現地で〟この神話を語ったから、「筑紫の」が不用なのである。もし、出雲や韓地(新羅国)などなら、当然、「出雲の」とか「韓の」という冠辞が必要だ。とすると、この「オノゴロ島」は、筑紫の北岸にある島だ、ということになる。さらにつめてみよう。

イザナギは、黄泉国《よみ》から「筑紫の日向の橘の小戸」へ帰ってきて、ここでミソギして身を清めた。そのとき、そこで天照たちは誕生したのである。とすると、イザナミが国生みの末、火の神を生んで「神避《さ》って」黄泉国へ行ったとき、それを追ってイザナギも黄泉国へ行った、その出発点(オノゴロ島)もまた、この地域、すなわち博多湾岸だ、ということとなろう。なぜなら、「日向の橘の小戸のアハギ原」(姪の浜)は、東なる黄泉国(出雲)から帰ってきて、博多湾岸に入り、その西岸に当っているのだから。

このようにおしつめてくると、わたしはつぎの命題に到達せざるをえなかった。〝この「オノゴロ島」は博多湾内にある島だ〟と。

そこにある島。それは金印で有名な志賀島と「能古島《のこの》」〈『延喜式』『朝野群載』〉、この二つだ。どちらだろう。

この本の中で従ってきた方法、それを今思い出してみよう。それは、

(A) 『記・紀』の地名

(B) 『和名抄』の地名や現存地名

この両者をいつも対応させてきた。〝何国の中の何地か〟という単語の構成(句)のもつ論理性に立ちながら、その大領域の中の(A)(B)の対応、それに注意を集中した。そしてその両者は、驚くほど、よく

対応していたのだ。

　これは、前々著（『「邪馬台国」はなかった』）の場合とはちがう。『三国志』は中国の史書だ。その史書中の表記（どう発音するか、という点もむつかしい）と、日本側の地名（『和名抄』にせよ、現存地名にせよ）と、いきなり「地名比定」をやる。そのやり方には大きな危険があった。一つの地名の属する大領域や中領域、それが注意深く決定されたうえでなければ、これはあぶない。日本列島は同音地名の宝庫であるから。ことに最終目的地の女王国名を「邪馬壹国→邪馬臺国」と〝手直し〟しておいて、いきなり「ヤマト」と読む。そして「大和」や「山門」にあてる。これはむちゃとしかいいようがなかったのである。

　しかし、この本はちがう。『記・紀』の場合、はじめから日本語で書かれてあり、「AのBのC」といった地名表記のルールは厳格に守られている。だから、そのルールに厳格に従って、大領域（A）、中領域（B）などをきめていった場合、当の地点（C）が現存（もしくは『和名抄』）のどの地名に当るか、を見るのは、きわめて有効、かつ適切なのだ。神武紀の「アキツのトナメ」説話も、その一例である。

　さて、このような方法上の反省の上に立って、「オノゴロ島」という単語の組み立てを見よう。このうち、「オ」は地名接頭辞、「ロ」は地名接尾辞であることは直ちに判明する。すなわち、固有の地名部分は「ノコノ島」だ（たとえば、博多湾外（西北）に「小呂《おろの》島」がある。沖ノ島には「御前《おまえ》」という磯がある。この地域にも「オ――」という接頭辞は数多いのである。また、「末盧《まつろ》国」は「松浦」だとすると、この場合の「ロ」もまた、地名接尾辞ではあるまいか）。

　このようにしてみると、今オノゴロ島の存在領域を『記・紀』の表現様式に従って大領域から中領域へとおしつめ、この博多湾内に立ち到ったとき、「オノゴロ島」に比定さるべきもの、それが志賀島でなく、この「ハコノ島」であること、それは必然である。

仁徳の歌

オノゴロ島は博多湾内にあった。イザナギ・イザナミはこの島を基点にして、「国生み」を行なった。そのさい、暁の太陽が東方に昇って、徐々に西方へと光をのばし、やがて朝の全域にてりかがやくように、大八洲国の中の「東限」なる、幽冥の地〝淡路島から〟国を生みはじめ、還り来って「天の両屋」つまり博多湾の東北方なる沖ノ島を生んで、国生みを終結したのである。

これに対し、従来の論者は仁徳記に示された仁徳の歌、

おしてるや　難波の崎よ　出で立ちて　わが国見れば　淡島　淤能碁呂《おのごろ》島　檳榔《あじまさ》の島もみゆさけつ島
見ゆ

が、「オノゴロ島」をもって淡路島周辺に見立てていることを例証に出して異議をとなえるかもしれない。

しかし、この仁徳の歌は、もしかりにこれが仁徳時点の歌だったとしても、たかだか仁徳時代〈五世紀ころ〉の、近畿天皇家内の認識を示すものにすぎない。もはや「伝承の原義」は見失われ、〝近畿中心主義の観念〟に立って、「オノゴロ島」を淡路島の近辺と〝錯覚〟したのである。

この本の論証の示しているように、「オノゴロ島」伝承はきわめて古い。それは『書紀』の一書として引かれた「日本旧記」の中に、大八洲国生み説話をともなわぬ単一の形で三回〈第四段、第三、第四、第五、一書〉も出現している。すなわち、「大八洲国、国生み神話」より、その淵源が古いのである。

なお、従来の論者の中には、左の『古事記』の文面をもって、この「オノゴロ島」は〝潮の鳴る音によって擬音的につけられた〟か、あるいは神話内容に従って〝自《おのず》から凝《こ》る〟の意味をもって名づけられた抽象的・観念的な名前にすぎない、と論ずる人もあるであろう。つまり、普通名詞であって、固有名詞ではない、というのだ。

其の沼矛《ぬぼこ》を指し下ろし、以て画《か》けば、塩許々袁々呂々《こおろこおろ》に画《か》き鳴《な》して、引上ぐる時、其の矛の末より垂《したた》り落つる塩の累なり積もり、嶋を成す。是、淤能碁呂《おのごろ》嶋なり。〈神代記〉

しかし、その論者は『記・紀』の地名説話の本質をうっかり忘失しているのではあるまいか。『記・紀』の地名説話において〝話の筋にあわせて地名を創作した〟そのような形跡はほとんど認めることができない。逆だ。現存地名をもとにして、それと音の似た、あるいはゴロあわせでこじつけた説話を創作する。これが常道だ。つまり、創作対象は「説話」であって、「地名」ではない。

だから、ここでも「ノコノ島」という「地名」の実在を基礎にして、右のような興味深い「地名説話」が創作されたのである。

ここで、わたしがこの島（能古島）を訪れた時の見聞を記させていただこう（一三四ページ地図および一六三ページ写真参照）。

島を訪れる

今まで博多に来るたびに、いつもこの美しい島を姪の浜や生之松原から望み見てはいた。だが、直接島内に足を踏み入れたのは、今回（一九七四年十一月）がはじめてだった。

突然飛びこんだわたしにとっての幸運は、土地の高田茂広さんにめぐり会ったことだ。島の村人に、この島の歴史や伝説をたずねかけると、口々に「小学校の高田先生に聞かれたらいい」とすすめられたのだった。

博多湾全体を眼下に一望する、すばらしい場所にその小学校（能古小学校）はあった。早速高田さんの御案内で島内を巡り、博多湾を見下ろす二基の古墳や、この島の古代信仰の対象だった山頂近くの巨石（神体）を眼前にできた。それはおとなの背を没するほどの笹の大海の中に隠れてあり、行きずりのわたしたち——友人二人とわたし——だけだったら、とてもたどりつけなかったであろう。春から秋までの間は、この笹の大海には蛇がたくさんいて、普通には足を入れがたいというお話だった（巨石は二つあり、小さい方が御神体とされている、という）。

島の周囲は約八・八キロ、南北に三・二四キロ、東西一・五二キロのやや楕円形の島で最も高いところで約百メートルばかりという。島の東北の海岸線はずっと海水浴場になっている。

高田さんの著書『能古島物語』によると、あの巨岩をご神体とする白鬚《しらひげ》神社をはじめいくつかの古い遺跡がある。この白鬚神社については、『白髭神社本縁起』（享保二十年、稲留希賢）と、その『訓訳』（文政十二年、出田有章）の存在を、高田さんのノートから教えていただいたが、その中に『日本書紀』の国生みの一節が引かれ、「能古島＝オノゴロ島」説がひそかに暗示されていた（現在、早良町に住む緒方さんという老人も、この説をとなえておられる旨、高田さんからお聞きした）。

なお、能古島の古名をあげると、「能許」〈『万葉集』――天平八年、七三六〉、「能挙」〈慈覚大師『入唐求法巡礼行記』――承和十四年、八四七〉、「能古」〈『延喜式』『朝野群載』〉、「残」（昭和十六年、福岡市との合併まで）がある（高田茂広『能古島物語』参照）。

この島を訪れたことは、わたしにとって深い喜びとなった。文献上の摸索だけがわたしをこの島に導いてきた。『記・紀』の表記のルールに従うかぎり、どうしても、この島に到着するほかはなかったのである。そして、わたしはこの島でまた予想外の収穫に出遭うこととなった（これについては改めて報告する機会を得よう）。

二つの用法

つぎに、「二人の天照大神」と「二つの葦原《あしはら》中国」「二つの高天原」について書こう。

前にもあげたように（本書二五七ページ）「神武記」の中に熊野の高倉下《たかくらじ》説話がある。高倉下の夢の中に、天照大神と高木神があらわれ、建御雷神《たけみかづち》につぎのようにいったという。

葦原中国はいたくさやぎてありなり。我が御子等　不平《やくさ》み坐《ま》す良志《らし》。其の葦原中国は、専ら汝が言向く所の国なり。故《かれ》、汝建御雷神降る可し。

これに対して、建御雷神は、自分の代りに「其の国（葦原中国）を平ぐる横刀」を降そう、と答え、さらに、「此の刀を降す状《さま》は、高倉下の倉の頂《むね》を穿《うが》ち、其れより堕《おと》し入れむ」といったという。そして高倉下が朝目覚めて、夢の教えの通りに、自分の倉を見ると、まことに「横刀」があった。そこでそれを神武に献じたところ、この横刀の威力で神武とその軍は悪夢から目覚め、害敵（其の熊野の山の荒ぶる神）はおのずから斃《たお》された、という。

ここで注目すべきは、建御雷神の示した「超能力」だ。天照大神や高木神の方も、〝はるか後代の〟神武の軍の運命を心配しているのだから、むろん〝並みの人間〟ではない。いずれも、まさに超人間的な〝神々の性格〟をそなえている。

しかし、「神代記（紀）」にあらわれるこれらの神々は、決してこのような「超能力」を示しはしなかった。もしかりに天照らがこんな超時間的（「天照→神武」の長大な時の流れを超える）、超空間的（倉の頂《むね》を透して横刀を入れておく）な力量をもっていた、としたら、あの〝天の岩戸隠れ〟のとき、神々の「馬鹿騒ぎ」のトリックにひっかかり、天宇受売《うずめ》の「汝《な》が命に益《ま》して貴き神坐《ま》す。故《かれ》、歓喜《よろこ》び咲《わら》ひ楽しむ」という、女の嫉妬心を刺激する心理作戦のわなにはまって、そっと戸をずらせて外をうかがい見る、そんな必要など、毛頭なかったはずだ。その「超能力」にものをいわせて、岩戸をあけるまでもなく、岩越しに外の〝騒ぎ〟の真相を見破ることなど、苦もなかったであろうから。

すなわち、天照はここでは〝並みの人間〟の能力しかもっていないのである。

ところが、「神武記」の場合はちがう。ここの天照は、もはや純然たる〝信仰上〟の産物であり、超自然の「神」なのである。このような〝並みの人間から超能力の持主への転化〟は、世界の宗教史上、ありふれた現象だ。

シッタルタ（釈迦）は原始経典（阿含《あごん》経類）では、暑熱のガンジス河支流の水を飲んだため、疫病（あるいは痢病）に冒されて死んだ〝並みの人間〟だが、のちの大乗経典（法華経や大無量寿経）になると、自在の超能力の持主（永遠の仏陀）として立ちあらわれる。〝食あたり〟で下痢などに苦しんだりはしない。

イエスも同じだ。前にのべたように（四五～四六ページ）初期の福音書（マルコ伝、マタイ伝）では、〝わが神、どうしてわたしを見捨てたのか？〟と神を詰問する青年、つまり一個の〝並みの人間〟だった。ところが、後代に成立したヨハネ伝では、イエスは〝はじめからすべての成り行きとその意味を知っていた〟超能力の持主、すなわち終始神の子として描かれる。だから、死のまぎわの〝なまぐさい詰問〟など、夢にも発しはしない。「すべては終った」といって、静かに息をひきとるだけなのである。

このような、宗教史上、典型的な「転移」が天照の上にもおきているのである（仰々しいアマテラスオオミカミでなく、つつましきアマテルオオカミ（阿麻氐留《あまてる》神社――対馬）〈『延喜式』〉が本来の姿であったろう）。

右の高倉下説話の中にあらわれる「葦原中国」もそうだ。天孫降臨の前に、天照が（思金《おもいかね》神を介して）、

此の葦原の中国は、我が御子の知らす所の国、言依《よ》さし賜ふ所の国なり。

〈神代記、葦原中国の平定〉

というとき、この「葦原の中国」は、結局、天孫降臨の地、〝博多湾岸から糸島郡のあたり〟を指す言葉として使われている。なぜなら、〝葦原中国へ行かせようと思ったが、そこに行けず、他の地の高千穂のクシフル峯に行ってしまった〟というようなニュアンスはうかがえない。〝いろいろと国譲りの交

渉上の曲折はあったが、結局予定通り、天孫降臨した〟、そういう形で書かれているからである。そしてその地帯に対する支配権は、それまで出雲の大国主神が握っていた、そういう認識だ。

だから、この「葦原の中国」の「ナカ」は例の「那珂《なか》川」「那珂」の「ナカ」であろう〈博多湾岸〉。——御笠郡大野〈太宰府近傍〉に「蘆城《あしき》」〈『万葉集』〉がある。

ともあれ、「葦原中国」が天孫降臨の地に近い、比較的、小さな地域を意味していたこと、——わたしはそれを疑うことはできない。

ところが、先の神武記の高倉下説話では、この「葦原中国」は大きく拡大され、変質をとげている。それは当然だ。もし、この「葦原中国」を原義通りにとっていたら、神武が〝大和に侵入してその地を支配する〟上で、天照の神勅など、なんの理由づけにもなりえないこと、明白である。たかだか〝博多湾岸の支配権〟を「正当化」するものにすぎない。

だから、用語内容は〝適切に〟拡大された。このようにして「二つの葦原中国」が成立したのである（この「葦原中国」の美称と思われる「豊葦原《とよあしはら》之《の》千秋長《ちあきなが》五《い》百秋《ほあき》之《の》水穂国《みずほのくに》」も、同様にして解釈の拡大が行なわれたのである。——この場合の「豊」は〝豊かな〟という形容の辞。同様に「葦原中国の宇佐嶋」〈神代紀、第六段、第三、一書——「日本旧記」〉も当然狭義〈博多湾岸〉である。この点別稿で詳述したい）。

つぎは「二つの高天原」。

スサノオは、大国主神に向かってつぎのようにいう。

意礼《おれ》、……其の我が女《むすめ》須世理毘売を嫡妻《むかいめ》と為して宇迦能《うかの》山の山本にて、底津石根に宮柱布刀斯理《ふとしり》、高天原に氷椽多迦斯理《ひぎたかしり》て居《お》れ。〈神代記、大国主神、根国訪問〉

右の傍点部と同じ表現は、天孫降臨の、例の「韓国に向ひて真来通り……」の直後にも使われている。

これは、後代の祝詞でも、慣用句だ。

下つ磐根《いわね》に宮柱太知り立て、高天原に千木《ちぎ》高知りて……。

〈「祈年祭」。他に「六月晦大祓」「春日祭」にも出現〉

ところで、この高天原は当然天上界だ。宮殿の「ひぎ」つまり垂木《たるき》は、空にそそり立っているのだから。つまり、これは朝鮮半島と九州との間の海域の中ではない。ここにも、㈠地上の限定領域と、㈡天上界と、二つの高天原があるのだ。

だが、この場合は、先の「天照」や「葦原中国」とは、少しちがいがある。それは、スサノオやニニギの話の真只中に〝「天上界」の高天原を示す慣用句〟が突如出現しているからだ。

だが、これは世界の古代叙事詩における、神話や説話の〝語り口〟を知れば、不思議でもなんでもない。

「ホメロスの詩の背後には、数百年来の口伝の英雄叙事詩の伝統があった。その間に、伝統的な韻律に適合した長短いろいろの成句が、豊富に作られていた」（藤縄謙三『ホメロスの世界』）。

現代でも、バルカン半島近隣の地域（たとえばユーゴスラビア）で伝承されている叙事詩の中で、数百年の年月を経て成立してきたフレーズ（慣用句）が析出されたという。

このような例と同じだ。右の宮殿建立のさいの慣用句は、『記・紀』説話中の各処に挿入されたのである。そしてその中の高天原は「天上界」という、近畿天皇家内、後代の観念を歴々と示した、〝時の年輪〟だったのである（「日本の生きた歴史」㈢、参照）。

すなわち、以上の各種の「二つの用法」は、『記・紀』説話の内実が原初と後代と、二つの異質の観念の時代を内蔵し、数百年の累々たる伝承の年月を背景として成立していることを証明していたのである。

第十四章　最古王朝の政治地図

「天国」の周辺

『記・紀』の説話を探究してゆく中で、わたしははからずも「天国《あまくに》」という、九州王朝の原域に到達した。これこそ日本神話最奥の原姿だ。――わたしはそのように信じた。けれども、やがて――。『記・紀』史料は、未知の広大な領域が、この原域の、さらに奥に横たわっていること、それをわたしに告げたのだ。その発端は、『古事記』のつぎの史料である。

故《かれ》、其の大年《おおとし》神、神活須毘《かむいくすび》神の女《むすめ》、伊怒比売《いのひめ》を娶りて生む子。大国御魂《みたま》神。次に韓《から》神。次に曾富理《そほり》神。次に白日《しらひ》神。次に聖《ひじり》神。五神

〈神代記、大国主神、大年神の神裔〉

これを表示してみよう（次ページ図参照）。

問題はこの中の「五神」だ。これらの名前には、重大な特徴がある。一つ一つ調べてみよう。

まず「大国御魂神」。この神は、いわば〝出雲（大国）の最高神〟という性格の名前をもっている点、注目される。その点、「大国主神」に勝るとも、劣らぬ名前だ。

つぎは「韓神」。わたしがこの系譜に目を注ぎはじめた糸口、それがこの神だ。当然韓地の神、韓国の神と解するほかない。だが、『記・紀』中、ほかにこのような神は出現しない。いわば、普通の

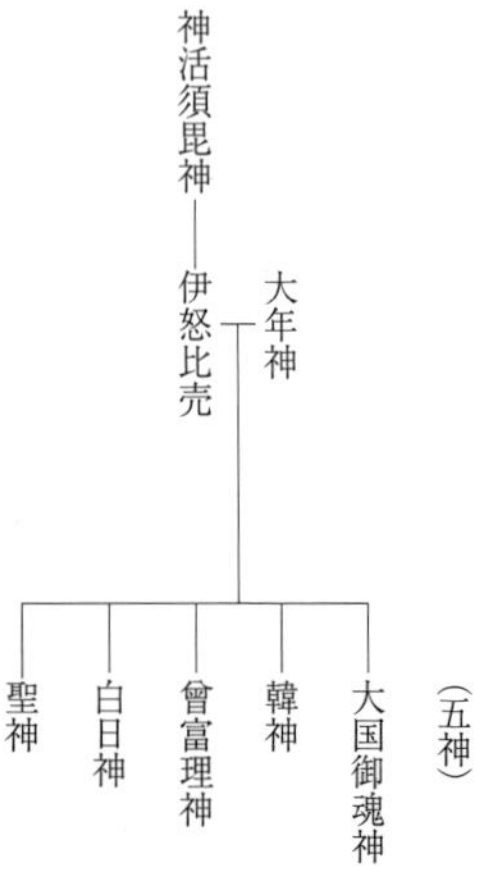

『記・紀』神話のわくを破った神名だ。ただ、この「韓」は、後にいう韓国（南朝鮮）といった広域ではなく、釜山付近の加羅を中心とする狭域であろう。それは、以下の第三〜第五がいずれも「狭域」の三神と見られる点からそう考えられる。

第三は「曾富理神」。つぎを見よう。

日向の襲《そ》の高千穂の添《そほりの》山の峯。添山、此を曾褒里能耶麻《そほりのやま》と云ふ。

〈神代紀、第九段、第六、一書。天孫降臨。本書一五一ページ参照〉

「ソホリ」の地がここにズバリ出ている。したがって、「ソホリの神」はほかならぬこの地の神だということとなろう。

第四は「白日神」。これは明白だ。筑紫の「亦の名」は「白日別」であり、須玖遺跡の近くに「白木原（シラキバル）」がある（「原」は例の「バル」。「木」は「城《き》」の意味）。だから、この地名の固有名詞部分は「白《しら》」だ。「白日神」の場合も、当然、固有名詞「白」に対して「日」が加えられたものだ。「橿日宮」のように。すなわち、この「白日神」とは、〝筑紫全体の神〟ではなく、この「白木原」の地点を中心とした、狭域の神名だ。これを〝筑紫全体〟とすると、第三と第五の神名とダブッてしまう。

第五は「聖神」。この神名に対し、「日知りの神の意で、暦日を掌る神か」（岩波、日本古典文学大系本、註）という解釈がある。しかし、これは従いがたい。なぜなら、第一から第四まですべて地名の上に成り立っている。それなのに、これだけ、地名と無関係の名と見るのは無理だ。これは「日後《ひじり》」ではあるまいか。第四の「白日神」をうけて、その〝背後の地〟を呼ぶ名称だ。ちょうど、筑前が「筑紫」とされるのに対し、筑後が「筑紫後《しりへ》国《のくに》」と呼ばれていたように（八四〜八五ページ参照）。「白木原」に近い須玖遺跡の近くに「井尻（イジリ）」の地名がある。「――シリ」という地名接尾辞の用いられている例だ。だから、この「聖神」の名は、今の「白木原」より南の地帯（太宰府から久留米市あたりにかけての地帯の中の一定地域）に当るのではあるまいか（なお先の久士布流に関連して注目されるのは、壱岐だ。ここは

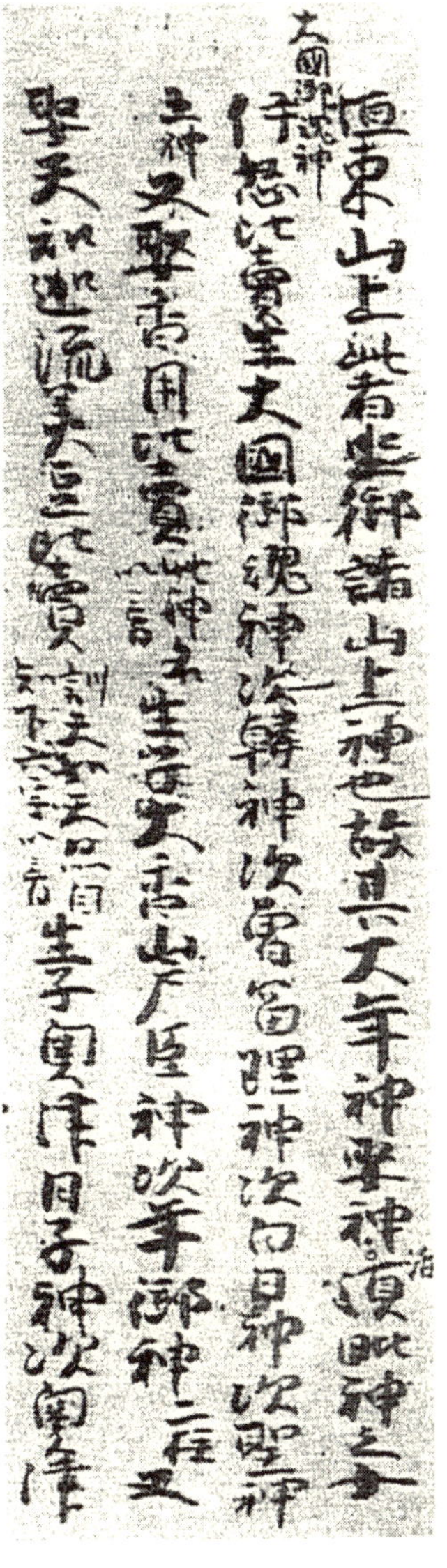

『古事記』本文中、大国御魂神以下五神を生む記事の部分（真福寺本）

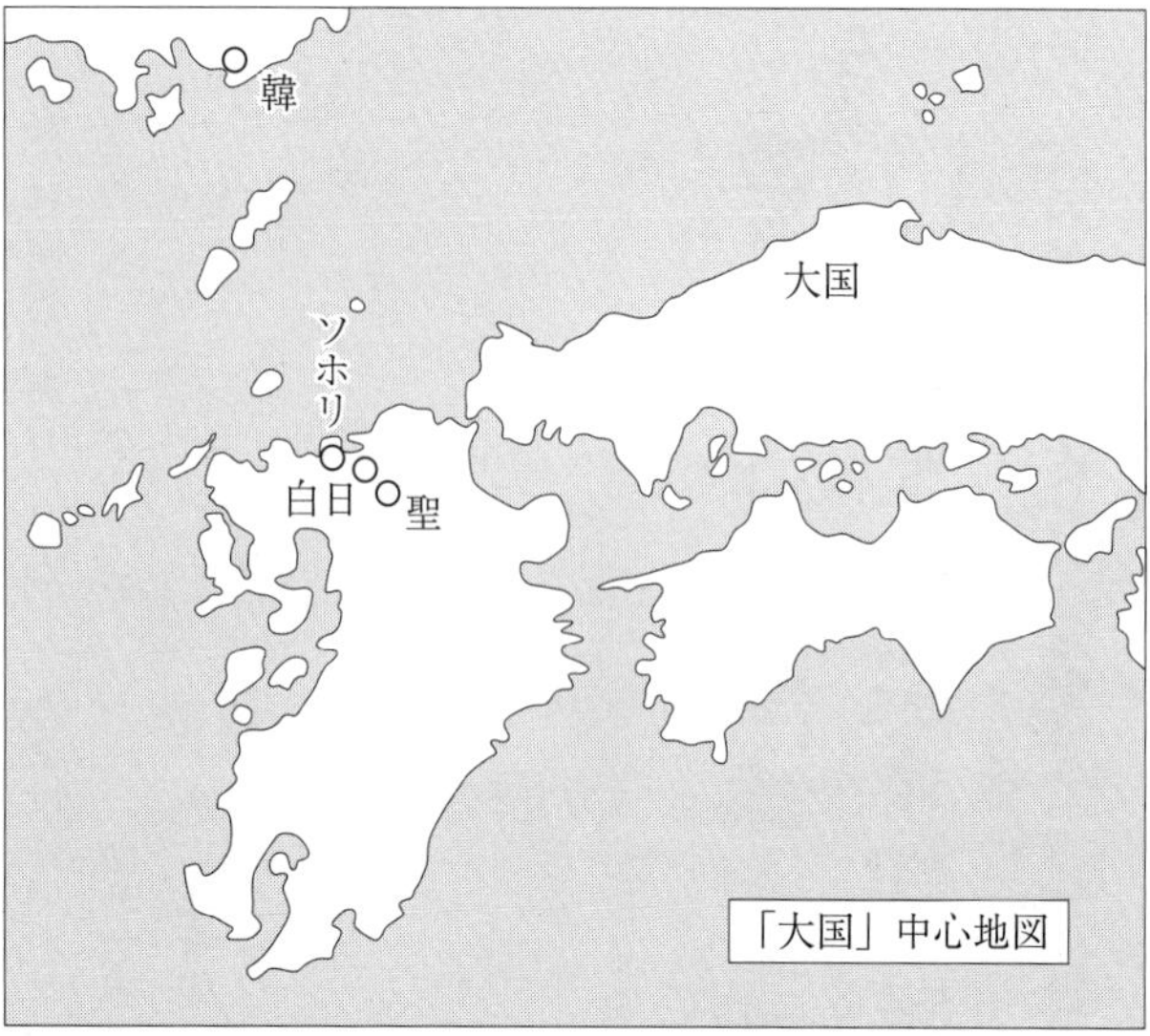

「大国」中心地図

「——触《ふれ》」という地名の氾濫だ。東触、西触、栄触、今坂触、仲触、有安触のように。お隣の対馬にはほとんどなく、九州北岸も少ない。いずれも、あの「——原《ばる》」と同じく、〝村落〟を意味する地名接尾辞のようである)。

以上の検証によってみると、この「五神」は㈠大国《おおくに》(出雲)と、㈡北の韓国《からくに》、㈢南の博多湾岸とその周辺、の三点——の三領域をさしていることがわかるだろう。すなわち、全体として日本列島の西北の一定領域の「政治地図」をさし示しているのだ。

しかも、大切なこと。——それは、この「政治地図」には、中央の「天国」部分の海域がスッポリと抜け落ちていることだ。つまり、天国部分を除いた、その周辺の政治地図。これが、この「五神」の示す限定領域だ。そしてその原点は「大国」なのである。

この政治地図のただならぬ様相は、つぎの点にあらわれる。すなわち、筑紫を基点とする、あの

「大八洲国」の政治地図よりも、より古い性格をもっていることだ。「大八洲国」の場合、「筑紫洲→大洲→越洲」を表領域として、それに豊秋津洲から淡路洲に至る瀬戸内海の裏領域がプラスされる。そういう構造だった。ところが、この「大国」原点の政治地図の方は、ずっと小さな領域、つまり「大国」を原点として、朝鮮海峡（詳しくは朝鮮海峡と対馬海峡と壱岐海峡の三海峡。今、略称した）の南北両端をプラスした政治地図なのである。しかも、「大八洲国」の場合、博多湾内の「オノゴロ島」が国生みの基点とされていた。そしてイザナギ・イザナミ神は「天国」からこの島へ〝天降った〟のだから、「大八洲国」国生みの真の原点は、当然「天国」それ自身だ。また、天の沼矛《ぬぼこ》が国生みの原動力である、という点から見ても、「天国」が大八洲国の原点である、という性格は動かせない。

これに対し、この「大国」を原点とする政治地図の場合の〝「天国」部分の空白〟――これは一体、なにを意味するのだろう。

出雲神話の性格

この問いに答える前に、なすべきことがある。それは、この「五神」系譜の、史料性格の検証だ。それをしないで、『古事記』の一節から抜き出してきたこの系譜について、いきなり、〝これは古代政治地図だ〟とか〝しかも、大八洲国より古い〟などといったうえ、さらに論証を積み重ねていっても、〝先走りすぎて、とてもついてゆけない〟――当然、人はそう感ずるだろうから。

「五神」系譜、この史料性格を解く鍵は、「二人の大国主神」問題だ。これは先の「二つの高天原」などとは、問題の性格がちがう。

「大国主神」は、『古事記』の中で、二つの相矛盾するあらわれ方をしている。

第一。須佐之男命の大蛇退治の項につぎの系譜が出ている。

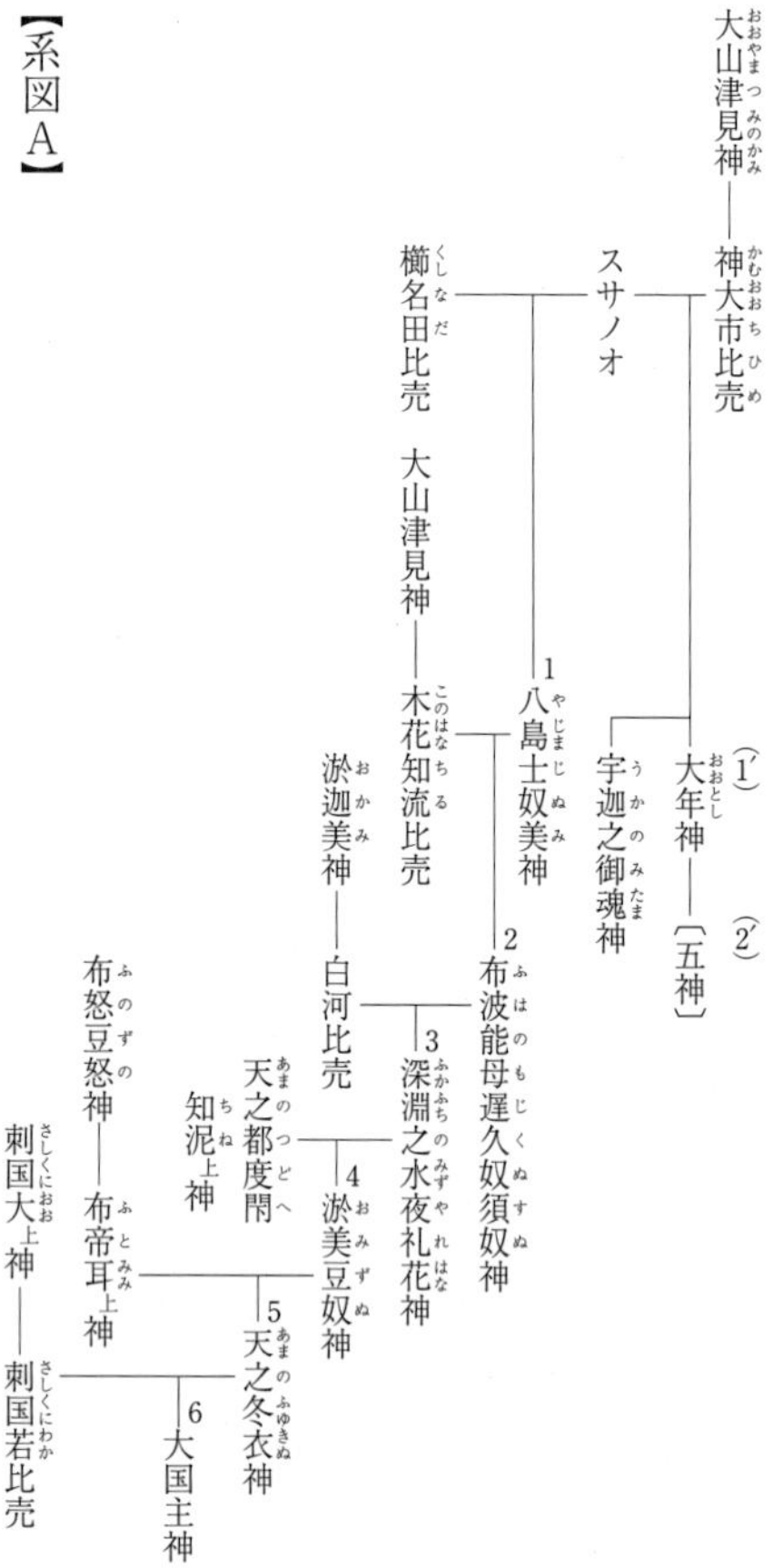

【系図A】

つまり、〃スサノオの子、六代目にして大国主神〃という形だ。ところが、段をかえて「大国主の子孫」の系譜が書かれている（「大国主神の神裔」次ページ系図B）。

これはA系譜とはスッカリちがう。大国主神はB系譜では、スサノオの子、多紀理毘売命（例の、沖ノ島に祀られている女神）を娶っている。つまり、〃スサノオの子の世代〃だ。――AとBと、明白な矛盾である。

〃なにせ神代のことだから〃といって、おおようにすませるわけにはいかない。こんな珍現象はほかにはないのだ。だのに、大国主だけが再生のタイム・マシンをもっている、といったって、だれも承知はしないだろう。

これに対し、〝「大国主神」という神名は普通名詞だ〟という解釈がある。だが、それなら、この六代全部「大国主神」とあるはずだ。だが、この二箇所だけだ。やはり、これは固有名詞だ。〝特定の世代〟に属する〝特定の神〟だ。そう解するほかはない。

では、A・B両表、どちらが正しいのだろう。答えは簡単だ。B表が正しいのだ。なぜなら、天孫降臨のとき、「天国」の天照大神は「出雲」の大国主に「国譲り」を交渉しているからである。まだ「超能力の神」と化した後代ではないのだから、同時期の神でなかったら、交渉できはしない。その上、〝大国主神が「天照・スサノオ」の子、タキリヒメを妻としていた〟点からすれば、天照の「国譲り」の交渉も、よく理解できよう（天照は大国主の妻方の母に当る）。

また、スサノオと大国主との間の関係を語る多くの『記・紀』神話（「日本旧記」をふくむ）も、両者が同時代であり、かつ、スサノオの方が年長者であるさまをよく示している。すなわち、B表は神話内容と合致しているのである。

【系図B】

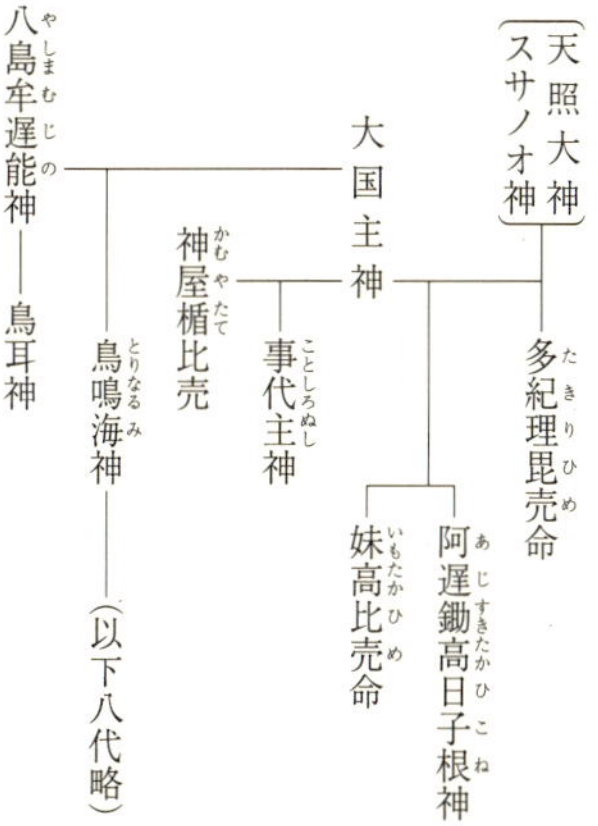

とすると、A表はどうなるだろう。この答えも簡単だ。この大国主神もまた、当然天照やスサノオと同時代なのだ（大国主の父の天之冬衣《あまのふゆきぬ》が天照やスサノオと同世代だ。――この神が「天の……」という形の名をもっていることが注目される。この神の祖母にあたる「天之都度閇知泥《つどへちね》上神」が「天国」から来ており、その名をうけついだもの、と思われる。すなわち、大国主神は〝血縁〟上、「天国」と関係が深かったのだ。「天国」系を称する父と、「天国」の天照の子たる妻とをもっていたのだから）。

さて、A表の史料性格を確かめるため、末尾の「大国主」前の系譜を逆にさかのぼっていってみよう。

5 天之冬衣神↓4 淤美豆奴神《おみずぬ》↓3 深淵之水夜礼花神《ふかふちのみずやれはな》↓2 布波能母遅久奴須奴神《ふはのもじくぬすぬ》↓1 八島士奴美神《やしまじぬみ》

5から2まではいい。〝同じ性格の名〟なのだ。つまり、今までの筑紫や「天国」系の神々の名とは、ひと味、異質なのである。ずばりいえば、変てこで、〝わかりにくい〟のだ。ところが、1になるとちがう。「八島」という接頭辞も「美」で終る神名も、先刻おなじみだ。B表で大国主の第三の妻、鳥耳神の父は、やはり八島牟遅能神《むじの》だった。伊邪那美神などの「美」はおなじみだ。「士奴《しぬ》」だけが中核部分だ。つまり、この神は「天国」系のスサノオの子として、他異なき名前と系譜をもつ。ところが、2以下はスッカリ名前の様子がちがう。すなわち、「天国」系とは、異質の「2〜6の系譜」をここにはめこんでいる。――これが帰結である。

1′ 大年神
　―香用比売《かぐよひめ》
　　―大香山戸臣神《おおかぐやまとみ》
　　―御年神《おとし》（二柱）
　―天知迦流美豆比売《あめしるかるみず》
　　―奥津日子神《おきつひこ》
　　―奥津比売命《おきつひめ》
　　―大山《おおやま》上咋《くい》神
　　―庭津日神《にわつひ》
　　―阿須波神《あすは》
　　―波比岐神《はひき》
　　―香山戸臣神《かぐやまとみ》
　　―羽山戸神《はやまと》
　　―庭高津日神《にわのたかつひ》
　　―大土神《おおつち》（九神）

「挿入」の手口

このような、思いがけぬ帰結をささえる論証がある。スサノオの、もう一人の子「大年神」の、もう一つの系譜だ（「五神系譜」の直後）。

上図で不審なのは「九神」という語だ。疑いはつぎの二点である。

(一) ここだけ〝兄弟の数〟がむやみに多いのも変だ（実際は多くの兄弟があっても、主要なものだけ系譜化するから、通例少ない）。

(二) ここで「九神」としてしめくくっていながら、実際はこの〝兄弟〟は「十神」だ。はじめの「奥津日子《おきつひこ》と奥津比売」を「あわせて一神と数えて、九神としたのだろう」との説（岩波、日本古典文学大系本、註）があるが、不自然である。そんな必要がどこにあろう。やはり、この二神はつぎの大山上咋《くい》神以下とは、世代がちがうのだ。

大年神(1)
├ 奥津日子神(2′)―大山上咋(3′)―庭津日(4′)―阿須波(5′)―波比岐(6′)―香山戸臣(7′)―羽山戸(8′)―庭高津日(9′)―大土(10′)
└ 奥津比売命

右の形で「2′―10′」をあわせて「九神」といっているのだ。それを横に並べ、一見兄弟であるかに見える形で、ここに挿入しているのである。すなわち、ここに『古事記』作者の「挿入」の手口がすけて見えているのである。

二人の大国主神

これらの九神の中で、いわば「絶対世代」の明らかにできる神がある。それは8′の羽山戸神だ。

羽山戸神、大気都比売《おおけつひめ》を娶りて生む子は……。〈「九神系譜」の直後〉

ところが、この羽山戸神の妻、大気都比売について異色の説話がある（穀物発生説話）。その中につぎの一節がある。

（速須佐之男命）乃ち其の大宜津比売《おおけつひめ》神を殺す。〈五穀の起原〉

つまり、大気都比売は、スサノオと同時代だ。すなわち、この比売を妻とした8′の羽山戸神もまた、スサノオと同時代なのである。

以上によって、少なくとも、三つの系譜を他の系譜から〝ひき抜いて〟きて、スサノオ以下に〝はめこまれて〟いるのが発見された。その三系譜とは、

①「五神」系譜。

②「布波能母遅久奴須奴神《ふはのもじくぬすぬ》」以降、「大国主神」に至る系譜（先のAの「2〜6」。Bの方では、大国主以後の系流を「遠津山岬多良斯神《とおつやまさきたらし》」まで記載）。

③「奥津日子神」より「大土神」に至る「九神系譜」。

である。右の①は、大国御魂神を原点とするものであるから、出雲神統譜の「始源の五神」だと思われる。

②は、大国主神以前および以後の系譜であり、「大国」（出雲）の神々のいわば主流系譜である。

③は、奥津日子神と奥津比売命とを始源とする系譜だ。有名な、大国主神の「稲羽の素兎《しろうさぎ》」の説話では、素兎の原住地が「淤岐《おき》の島」とされている。この、出雲の沖合にある「隠岐の島」（宗像の沖ノ島とは同音異島）の神統譜がこれであると思われる。これは、その中で第二代に「大山上咋神」の見えるように、「大国」の神々に分岐したものとされているのではあるまいか。

以上のような、出雲神統譜の「挿入」大外科手術——それは果たして正当だろうか。

戦後史学の天皇系譜の研究がしばしば陥ったように、この方法（系譜原形の復元作業）は往々恣意的に流れやすいものであるから、それを再検証し、吟味するに、わたしたちは慎重でありすぎることはないであろう。

右の「大挿入」を端的に証明するのは、『日本書紀』である。その中の神代紀には、大量の「日本旧記」の文が「一書」としてひかれている。その第八段には本文と六つの「一書」に、スサノオの出雲国での説話が引文されている。しかし、その中のどれ一つとっても、右のようなスサノオ以後の長大に発展した系譜を記しているものはない。系譜だけではない。『古事記』にのせられた大国主神にまつわる数々の説話（①稲葉の素兎、②八十神の迫害、③根国訪問、④沼河比売《ぬなかわひめ》求婚、⑤須勢理毘売《すせりひめ》の嫉妬、⑥大国主の神裔、⑦少名毘古那《すくなひこな》神と国作り、⑧大年神の神裔）は、一切、『書紀』に存在しないのである。

　これは一体なにを意味するだろう？　その答えは動かしようはない。九州王朝の「日本旧記」にも、近畿天皇家の「帝王本紀」にも、そのようなものはなかったのだ。それなのに「帝王本紀」と同じ、近畿天皇家の中の国内伝承たる『古事記』にだけ伝えられている、というはずはない。なぜなら、そういうものがありながら、そのすべてを『書紀』がカットする。そんな理由はない。最初にあげた二つの公理を思いおこそう。「大義名分のフィルター」「利害のフィルター」だ。もし、『古事記』の記載が正しいなら、出雲の神々はすべて〝スサノオの子孫〟となってしまう。これはなにを意味するか？

　〝天照の子孫〟たる近畿天皇家に対して、一段下の傍流におさまってしまう――それを意味するのである。こんなに近畿天皇家にとって好都合な系譜を、後代の近畿天皇家の史官（『日本書紀』〈帝王本紀〉側）がカットする。そんなことがありえようか？　先の二つの公理から見てありうることではない。

　すなわち、ここでは「景行の熊襲大遠征」「神功の筑後遠征」の場合と反対のケースが起こっている。『古事記』の方が〝系譜偽造者〟なのだ。

　わたしは先に〝『古事記』とて、同一権力の中の同類の史官の手になったものだから、『書紀』と全く異質の態度であるはずはない〟といった（本書九七～九八ページ）。今、それが露呈したのだ。

　では、九州王朝の史書「日本旧記」のように、この出雲の史書の名前はわかるであろうか。残念ながら、それはもはや〝見出す〟ことはできない。なぜなら、『古事記』の場合は『書紀』の編者と「手口」がちがう。〝その依拠した本の書名をチラリとだけ、しかし律気に出しておく〟そういう習癖がないからである。

だが、反面、その出雲の史書の全体像を知ることは、困難ではない。

(一)「大国」の神々の神統譜。

(二)「大国」に伝承された、八つの説話。

(三)「大国」を中心とした「政治地図」。

右の三つをそなえていたことは確実である。この三つは、すなわち『記・紀』の神代巻の構造に酷似している。そこでも、神統譜と神々の説話と「大八洲国」の政治地図の三者がそなえられていた。

だから、わたしはこの出雲の史書の〝失われた書名〟の代りに、かりに「出雲古事記」(あるいは「大国古事記」)という名前を付しておこうと思う。この書は、漢文調の「日本旧記」とは異なり、素朴な和文調の史書であったこと、八つの説話によって明らかであるから。

さて、このような輪廓に立ってふりかえってみると、先の「大国中心政治地図」の古さは、当然であることが知られるであろう。なぜなら、一方の九州王朝の場合、天照大神は実際上、ほぼ始源的位置に近い。その父祖なるイザナギ・イザナミ神が「国生み」の始祖なのである。

しかるに出雲の場合、大国主が天照と同時代だ(天照の子の夫である)。ところが、その大国主を遡ること、少なくとも六代の神統譜が存在するからである。だから、この「出雲神統譜」は、いわば「天照以前」の系譜なのだ。

これに対して、あるいは論者はいうかもしれぬ。〝『記・紀』でも、イザナギ・イザナミ以前の神統譜があるではないか? すなわち、天之御中主神以後の神々だ。『古事記』では五柱の「別天神」と「神世七代」の神々があるではないか？〟と。

だが、静かに観察してみよう。『古事記』のこれらの神々を見ると、高ミムスビ・神ムスビを除いて、すべて抽象的な神名だ。それにこの神々についての事績は全くないのだ。つまり、あとからつけ加えられた神々だ。こういう指摘は今までにも、多くなされてきた。

この点を明白に証明するものがある。それは高ミムスビ（高木神）が天照といつも一体になって活躍していることだ。天孫降臨のときも、この両者共同の発議だった。また、先に示したように、天照の息子と高木神の娘とが結婚してニニギたちが生まれたというのであるから、高木と天照は、いわば「同世代」なのだ。それなのに、〝この二者の間に多くの神々の系譜が入る〟ということは矛盾なのである。これらの神々に「超能力」をもたせてしまった後代では、これは〝怪しむべきこと〟ではなかった。だから、その矛盾を問う者に対しては、〝神界幽遠にして測りがたし〟として、そのような問いを峻拒もできたはずである。しかし、始源の時代はそうではなかった。これらの神々はまさにわたしたちと同じ、〝並みの人間〟のように〝生きて〟いたのである。

このように考えてみると、高木神と天照との間の数多くの神々（『古事記』の場合はことに）は、〝後代の挿入部〟であること、これを疑うことはできない。

これに対し、「出雲神統譜」を比べてみよう。大国主神以前の五代でも、机の上で一気に作ったような概念の神ではない。一つ一つ個性のある人名のような趣をもつ、本来の固有名詞としての神名なのである。

してみると、『記・紀』では、高木神・天照の時期が始源期なのに対し、「大国」ではすでにそれは六代目ころに当っていた。――この新旧の落差を疑うことはできない。

先在した「出雲古事記」

その上、顧慮すべき二つの重要な問題がある。

第一に、「出雲古事記」はこのように「神統譜と神々の説話と政治地図」の三者をあわせもっているのであるから、当然「天地開闢の神話」ももっていたはずだ。しかるに、それは完全にカットされ、わたしたちはこれを知ることができないのである。

考えてみれば当然だ。〝二つの異質の開闢神話〟をあわせのせる――こんなことはありえない。『古事記』の作者は現代の神話学者や人類学者とはちがうのだから。系譜なら「挿入」すればいい。だが、開闢神話ばかりは、それではどうにも〝恰好がつかない〟のである。

第二は、「出雲神統譜」の数字区分と、「古事記神統譜」の数字区分との類似だ。

前者において、例の「五神」のあと、「二柱」、「九神」、「并せて十六神」、「并せて八神」と、さかんに〝数字区分け〟を行なっている。

これと同じく、『古事記』の冒頭の神統譜でも、「三柱」「二柱」「上の件《くだり》の五柱」「二柱」「神世七代」と、さかんに〝数字区分け〟がほどこされている。

これに対し、従来においても、このような「区分け」は〝後代的〟であるとして、しばしば指摘されてきた（たとえば、梅沢伊勢三『古事記・日本書紀』、鳥越憲三郎『古事記は偽書か』等）。これらの神々が概念的に整理され、男女に対に仕立てられていることとあわせ、そのような区分けのない「『日本書紀』の本文と一書」の方が古形を存していると考えられたのである。

そのさい、いま問題の「出雲神統譜」にも、同類の数字区分けの行なわれていたこと――この史料事実に深く目をそそぐ者はなかった（もし、注意されたとしても、『古事記』冒頭の数字区分けと同類、もしくはその模倣と見なされるほかなかったのではあるまいか）。

しかし、いま明らかになったこと、それはこの「出雲神統譜」が近畿天皇家はもとより、九州王朝の神統譜（「日本旧記」）よりさらに古い、という事実である。そしてその「数字区分け」は『古事記』冒頭の場合と異なり、きわめて自然である。机の上で、あるいは概念（陰陽の原理など）に左右されて〝デッチ上げた〟形跡がない。

すなわち、『古事記』は「出雲神統譜」を模倣して、新たに〝数字区分け〟をほどこしたのである。そしてそのさい、陰陽の原理などの〝新哲学〟が反映させられたのだ。「二気の正しきに乗じ、五行の序を斉《ととの》へ、神理を設《もう》く」と、太安万侶が上表文でたたえた天武天皇。その「天武の手」をここにわたしが感ずるのは、果たして思いすごしであろうか。それは「確定」しえないにせよ、『古事記』冒頭の〝数字区分け〟が「出雲神統譜」の模倣であったこと、それをわたしは疑うことができない。

天照よりも、さらに古い神統譜をもって出雲の神々が先在していた。――これは、なにもわたしの〝奇矯な分析〟によって、はじめてあらわれた命題ではない。それどころか、それは、『記・紀』神話全体が力をこめて語っている根本命題だ、といわねばならぬ。

なぜなら、「国譲り→天孫降臨」とつづく日本神話草創のテーマは、〝日本列島（の一角）には、すでに出雲の大国主神が支配権をもっていた。そこに天照は孫のニニギを派遣せんとし、それに成功した〟というにあるからだ。大国主がすでにそこに支配権をもっていた、という以上、それが〝彼一代で築かれた〟というのは不自然にすぎよう。当然、すでに大国主に至る、長く古い神統が存在していたこと、それはむしろ自明のことではあるまいか。

系譜だけではない。説話もそうだ。「出雲古事記」の八つの説話には、他の『記・紀』神話とはちがった、一種独特の個性がある。

日本版イソップ物語

「稲羽《いなば》の素兎《しろうさぎ》」の話のもつ、イソップ童話のような素朴性。動物はここでは「人間の従者」ではない。動物と人間の間に真率な愛が流れているのだ。また、大国主の兄弟たち（八十神）は大国主を殺そうとするが、その殺し方が奇抜である。「赤い猪」だといつわって、焼いた大石を山上から落して大国主に抱きとめさせる「殺し」。木のまたにくさび（茹矢《ひめや》）をはさみ、その中に大国主を入れてくさびを抜き、挟みこむ「殺し」。殺し方さえ、ほほえましいほど童話的だ。

また、「栲綱《たくづの》の　白き腕《ただむき》　沫雪《あわゆき》の　若やる胸を　そだたき　たたきまながり　真玉手　玉手さし枕《ま》き」〈「沼河比売求婚」〉と歌いあげている健康なエロチシズム。

これらにはいずれも、『記・紀』の他の神話内容とは、異質の素朴さが流れている。これがすなわち、日本最古の説話集、「出雲古事記」のもつ原初性だ。

さらに、この説話にあらわれる出雲以外の地名も、この「大国中心政治地図」の上に立っている。

(A)乃ち木国の大屋毘古《おおやひこ》神の御所に違《たが》へ遣《や》りき。

(B)故《かれ》、其の子を名づけて木俣《きのまた》神と云ひ、亦の名を御井神と謂ふ。　〈「根国訪問」〉

この(A)について、従来は「紀伊国」としてきた。そして(B)の「御井神」については、(A)の記事との関係を推察しながらも、「御井神がなぜ木俣神の別神であるか、両者の必然的関係が明らかでない」（岩波、日本古典文学大系本、註）とするほかなかったのである。

だが、なぜここに「和歌山県」が突如出てくるのだろうか。この出雲神話には、瀬戸内海さえ一切出現しないのに。この神話の地名はやはり「大国中心政治地図」の中で解読しなければならないのだ。

「木国」は〝白日神と聖神の間〟にある基山だ。ここは「木国」とされている。

木伊――　〈『和名抄』〉

そしてこの「木国」のそばには「御井」（御井郡）があるのだ。「木国―木俣神―御井神」という関連は当然なのである。

これは、「天孫降臨」以前の博多湾岸の周辺山地にいた神々の一つなのである。

天孫降臨以前の政治地図

以上「出雲古事記」の史料性格の分析を終えた。今は、あの残された課題を見つめるときがきた。この「大国中心政治地図」のもつ〝「天国」部分の空白〟の意味だ。

まず注意しよう。ここに示されているものは、「大八洲国」と同じく、「政治地図」であって、「自然地図」ではない。ここに示された地域しか〝知らなかった〟わけではない。〝勢力範囲におさめていた領域〟だけを記しているのである。

この大国は、自己の根拠地たる出雲以外に、朝鮮半島釜山近辺たる韓（加羅）の地と、博多湾岸とその山地周辺に当る三点（糸島郡付近。白木原付近。太宰府・基山・久留米付近）を、その〝勢力下〟におさめていたのだ。つまり、朝鮮半島から日本列島に至る、あの幹線道路の始発点と終点をおさえているのだ。だが、それらはいずれも「点」にすぎず、〝狭い領域〟だ。博多湾岸近辺も、この三点に分かれている。だから、これら〝小領域〟に比べて、自己の本拠（面）を、「大国」と誇称したのではないだろうか。ところが、問題はつぎだ。右の始発点と終点の間に横たわる、〝対馬・壱岐を中心とする天国《あまくに》部分〟は、〝政治的に〟この地図から欠落しているのだ。

逆に、この同一時点において、この同一状態を「天国」側から見てみよう。自己の占有する海上の島々、それは東は隠岐島、南は姫島、西は五島列島と、かなりの海上領域を占有している。しかし、その周辺の〝大きな陸地部分〟は、〝未だ支配下にない〟のだ。――これこそ「天孫降臨以前」の状況にほかならない。

そして〝新しい勢力の拡大〟を求めて〝博多湾岸とその山地周辺〟（葦原中国）を割譲することを、その地への支配権をすでにもっていた大国主神に迫った。これが「天孫降臨」にさいしての「国譲り」交渉の地理的背景なのではあるまいか。

だから、ニニギが「筑紫の日向の高千穂のクシフル峯」に〝天降った〟とき、そこは無人地帯、あるいは「無神地帯」だったわけではない。古きソホリの神を信ずる人々、出雲の大国主神の支配下にいた人々の住む地域だったのである。しかも、その隣なる笠沙の地、それは「白日神」のいる所であり、その背後には「聖（日後《しり》）神」のいる所があった。すなわち、太陽信仰の聖地であった。その土地は「天国」の部族と、なんらかの宗教的な親縁関係をもっていたのではなかろうか。

しかし、このような推察の領域にいたずらに深入りすることは、避けよう。そして今は、この「大国中心政治地図」がすなわち、「天孫降臨以前の政治地図」であることを、確認するにとどめたいと思う。

わたしは近畿天皇家の『記・紀』神話を探究して、その中に九州王朝の神話を見出した。そして今、さらに、その九州王朝に先在した、出雲の神々とその神話に相逢うこととなったのである。

これは決して近畿天皇家配下の一豪族の説話などではない。天照大神以前の古《いにし》えから、その政治地図の示す領域に、独立した主権を誇っていたのであるから。

それ故、わたしはこの日本最古の王朝に対し、今、「出雲王朝」の名を呈しよう。そしてわたしの『記・紀』探究の旅を終りたいと思う。

結び　真実の面前にて

『記・紀』の神話や説話は史実だろうか？　いいかえれば史実をその中核にもっているものなのだろうか？

未証《みしょう》説話

この問いに答えるために、わたしはここに「未証説話」（いまだ史実として証明されない説話）という概念を新たに提起したいと思う。

近年の人類学的研究者が次々と報告しているように、アフリカ各地には神話と説話の厖大な体系が眠っている。いや〝眠っている〟ように見えるのは、外からの目で見たからにすぎぬであろう。その大陸の内部では各部族の中で、それぞれの神話・説話の伝承体系は、〝輝けるわれらが歴史〟として生き生きと伝承され、今に生きつづけているのだ。

では、これらが本当にその部族の歴史、つまり史実か？　と問えば、〝答える〟ことはできないであろう。なぜなら、その真否を裏づけるべき、客観的な対照史料、つまり基準尺がないからである。

だからといって、これらをすべて「根拠のない厖大な作り話集」として片づけるならば、それは外なる軽薄な文明人たちの思いあがりにすぎないであろう。この本のはじめに書いた〝アレックス・ヘイリー氏の奇遇〟のように、彼等の伝承は、まことに〝簡明なる史実〟だったことが劇的に立証されたのであるから。

だが、それ以前やそれ以外の伝承も、それと同じく史実であるか? そう問いただすならば、誰人もふたたび沈黙するほかはないであろう。なぜなら、それを判定すべき基準尺が欠如しているのであるから。——このような説話をわたしは今、「未証説話」と呼ぶのである。

もしだれかがこれに対し、〝それは史実でない〟というなら、その判定は正しくない。基準尺なしに「——でない」というような判定は、——恣意的な独断でない限り——できはしないからだ。同様に〝史実である〟という判定もまた不可能である。なぜなら、〝一つの事例においては正しくても、他の場合も同じくそうか?〟——この問いに対しては、学問的客観性を厳密に保持しようとすれば、〝答えることはできないのだから。

このような〝史実か否か、不分明のまま〟の世界各地の説話群、それらをわたしは「未証説話」として規定するのである。

『記・紀』も、本質において、その例外ではない。そのような「未証説話群」の一つ、つまり〝one of them〟としてとらえること、それが問題の核心である。すなわち、『記・紀』もまた「未証説話の宝庫」の一つなのだ。

しかし、『記・紀』の場合、別に留意すべき一点がある。

それは〝権力者の庭の中で文字に書かれた〟という事情だ。むろん、先の世界の各地の「未証説話」群の場合にも、〝そこに権力の介入はなかった〟とはいえないであろう。なぜなら、わたしたちいわゆる「文明人」が、その地をたとえば「未開人の部落」と呼んだとしても、その人々は、実は何千年、何万年もの歴史、権力争奪のなまなましい時の流れを必ず背景にもって現在に至っているのだ。けっして太古の「原始共同体」が、タイム・マシンによって凍結されて現在に突如出現したわけではないのであるから。

けれども、〝広大な領域を支配する権力者ほど広大な介入を必要とし〟、そのとき〝文字がよき道具となる〟――この事実、少なくともその可能性をわたしたちは否定することはできない。

そのような〝未証説話における、権力の介入〟、この興味深い問題の探究に対しても、『記・紀』はまた「無限の宝庫」を提供しているのである。

なぜなら、一般に未証説話の場合、比較すべき客観的な基準尺がないのであるから、もしその中に「権力の介入」が実際に行なわれていたとしても、そのこと自身を現在において証明すべき手段がないのである。

この点、『記・紀』は――最初にのべた通り――稀有の好条件に恵まれている。なぜなら、中国という世界史上まれに見る記録文明圏が隣接し、それと定期的な通交を行なってきたからである。したがってその中国側史料（さらに朝鮮半島側史料）にあらわれた〝日本側の動静〟と比較すると、『記・紀』という未証説話の真偽が判定できるのである。

そしてその結果、一方で、本来の天皇家伝承の中の熊襲がまさに中国側史料の「倭国」と一致することが明らかとなってきた。さらに「神武東征」説話も、その行路の戦闘と不戦闘の落差をなす一線は、現代の考古学的出土物分布状況と、よく適合していた。すなわちこの場合、未証説話はまさに史的事実と対応していたのである。

ところが他方、「権力の介入」もまた、赤裸々に明らかとなってきた。すなわち、筑紫を原点とする九州王朝の歴史を大はばに「盗用」していたこと、それが立証されてきたのである。それは神話段階だけではない。九州王朝の発展史や朝鮮半島側との交渉史、その各段階にわたって他王朝の歴史を切り取ってあたかも自己の歴史であるかのごとくに、見せかけていた。——それが明白となったのである。またこれらの点において一見〝純粋〟に見えた『古事記』も、神話段階においては〝大きな盗用〟を犯していたことが明らかとなってきた。しかもこの場合、『日本書紀』とは異なり、挿入した原史書(「出雲古事記」)の題名すらカットされていたのである。

このように『記・紀』は、一に未証説話の「史実との対応」という性格、二に権力の介入による「改変」という性格、この二性格を、ともにあわせもっていることが判明してきたのである。

天国以前

つぎの問題に移ろう。それは〝「天国《あまくに》」の前は、天《あま》つ神たちはどこにいたのか?〟という問いだ。これはこの本を読み終った人の必ず抱く疑問であろう。人間の問う力に際限のない限り、これは至当の問いであるといえよう。しかし、本書の採用した方法論による限り、率直にいって、答えることは不可能だ、というほかはないであろう。

『記・紀』では、〝「天国」の天つ神たちは、なぜ、筑紫へニニギノ命を派遣したか?〟この問いがすべての出発点となっている。いわば「天国」は〝永遠の原域〟であって、〝天つ神たちは、どこから「天国」へ来たか?〟そのような発想は、『記・紀』には存在しないのである。

この「天国」が実は「海人《あま》国」であること、それはこれが一定の海上領域である点からも、容易に想像できるところであろう。さすれば、「天つ神」はすなわち「海人つ神」となろう。『記・紀』神話の母なる領域は、「天国」を中心とする対馬海流文明圏だ。では、この海上領域に割拠していた海人族は、はじめからそこにいたのか、それともどこかからやってきたのだろうか?

このような問いに対する回答、それは思うに本書の用いた方法とは異なる、別の方法にまたねばならぬであろう。たとえば考古学的方法、たとえば人類学的方法、たとえば比較神話学的方法等々だ。また、中国の史書、『魏略』の文面とされる「其の旧語を聞くに、自ら太伯の後と謂う」なども、その見地からかえりみられるべきであろう。要するに、それは本書の任務ではない（なお、日本列島には倭人と並んで東鯷人《とうていじん》がいて、二大青銅器圏を形造っていた。この点については古田「銅鐸人の発見」、『歴史と人物』一九七四年九月号、第15回朝日ゼミナール『古代史のナゾに挑む』の〝「邪馬台国」はなかった――その後〟参照）。この問題については、意想外の新しき問題が発展してきたので、稿を改めてしたためたい。

あやうかった真実

最後にどうしてもいわねばならぬこと。それは『記・紀』という二種類の本がわたしたちの手に残されていた、という、その〝幸運〟についてだ。

『日本書紀』は天皇家の正史、つまり公認の史書であった。いわば〝検定ずみの教科書〟だったのである。これに対し、『古事記』はもとは同じ天皇の〝息のかかった〟史書ではあったものの、結局において、非公認となって闇に葬り去られていた。いわば「権力の検定」によって、正史『続日本紀』への登録すら拒否された史書なのである。

その検定不合格の史書たる『古事記』がいかにして十四世紀（南北朝期）まで生きのび、その時点で浮上しえたのか。その数奇なる流転の経緯《いきさつ》は、すでに遠き時間の闇の中に隠されている。

しかし、もしこの「浮上」がなかったとしたら、……必然、権力による検定済みの『日本書紀』だけが、わたしたちの目の前に古代の史書としておかれていただろう。そのとき、本書の論証を貫く方法論は、その有効性を十分に発揮することは到底できなかったであろう。すなわち、『日本書紀』が他王朝の史書を「盗用」していたこと、そしてその遠く厖大な発展史を、あたかも自己の歴史であるかのごとく見せかけていたこと、その途方もないやり口は、ほとんど「完全犯罪」と化していたかもしれないのである。

思うてここに至れば、権力の介入と、それを生きのびた真実のあやうさに、わたしはいつも慄然、夏なお寒きものを肌に覚えざるをえない。

あとがき

この数年間、わたしはひとり、長い長い航海をつづけてきた。『三国志』から中国の歴代史書、さらに今回の『記・紀』に至るまで、〝公認〟の羅針盤一つたずさえず、ただ古き真実を求めて遍歴してきたのである。

苦渋の漂流の途次、さまざまの異郷の珍しき光景に遭った。

そこはあるいはトンボの群れ交う九州の秋の盆地、あるいは少年の日わたしの愛した瀬戸内海の港々であった。または壱岐や対馬に沖ノ島、その夕焼け雲のちぎれて波に浮かぶ海上、または古代の暁のユーモアただよう出雲の海辺であった。

だが、わたしはそれらの地のいずれにも永くとどまることなく、ふたたびみずからの出発地にたちもどってきたようである。一つのサイクル（周期）は巡り終えた。

これからわたしのなすべきことはなんだろう。『日本書紀』と共通の性格をになった『風土記』の分析、わたしの探究と考古学的事実とのかかわり合い、そして日本列島の人々の真の始源。それらの課題はわたしの眼前にある。

けれども、さしあたって今、わたしのなすべきことは、思うに一つしかないであろう。それは一切を忘れ、グッスリと眠りこむことだ。

ある日、目が覚めると、新たな光景が目に映ずるかもしれぬ。そしてそのとき、わたしのために用意されていたものが、たとえ断頭台のたぐいであったとしても、この本を書き終えたわたしには、もはや動ずべき理由がない。

昭和四十九年十二月

古田武彦

補章　神話と史実の結び目——朝日文庫版あとがきに代えて

十八年の進展

この本は、前二著とちがっていた。前二著とは、『「邪馬台国」はなかった』『失われた九州王朝』である（はじめ朝日新聞社刊）。前二著は、中国や朝鮮半島の歴史書・金石文などを、探究の対象、その主柱としていた。

これに対して、この本では、わが国の歴史書、『古事記』・『日本書紀』が相手だ。対象がちがうだけではない。ここで扱われたのは、『記・紀』の中の主要なもの、いわば、サンプルを取り出して分析したのである。ことに神話がその中心だった。

だが、それだけで、土台、ことが〝終る〟はずはない。右の三著で分析したように、『記・紀』の示す「近畿天皇家中心」主義の歴史像は、結局虚偽・虚像。これに対し、「七世紀末までは、筑紫の九州王朝が中心であり、その分派であった近畿の豪族が母屋（本家）を併呑し、中心権力（天皇家）となったのは、八世紀以降」。これが歴史の真実であった。

とすれば、最初から天皇家が中心であったかのように〝組み替え〟られた、『記・紀』の神話や説話や記事を、そのもとの姿へと立ちもどらせねばならぬ。そのとき、はじめて、日本列島の中で生み出された、神話や説話に、その本来の輝かしい姿がよみがえってくるであろう、誇りやかに。

否、それだけではない。

わたしたちは、「九州王朝中心史観」の立場にとどまらず、「多元史観」の世界へとさらに進まねばならぬであろう。たとえば、この狭い日本列島内に限ってみても、北海道や沖縄には、別個の輝く文明伝統を認めることができる。もちろん、九州や近畿の古代文明に対しても、豊富な、そして「未知」のかかわりをもつことであろう。『記・紀』は、その事例にすぎぬ。

ことはまさに、そのように進展した。

この本が出てから十八年。『記・紀』はもとより、諸書や各地の神話・説話・所述が生き生きと復活し、叢生する。その生きた姿を、くりかえしわたしは眼前にすることとなったのであった。

その一端を、ここに語る。

人話の発見

昭和五十九年、わたしが東京に来て一年目ごろ、稀有の体験をした。ところは、大阪の万博公園あと、国立民族学博物館。民俗学のシンポジウムだった。世界から指折りの学者が集まっていた。傍聴者なし。だが、わたしは館長の梅棹忠夫さんと副館長の佐々木高明さんにお願いして、ひとり傍聴者にしていただき、連日ひたすら傍聴した。いずれも、興味深かった。

なかでも、わたしにとって出色だったのは、荻原真子さん（東京国際大学教授、当時助教授）の報告だった。沿海州の現地民に伝わる「射日神話」、ロシア語による採取、その翻訳だった（当日の〝論争テーマ〟である、「射日神話」の〝淵源と伝播〟という問題は、さて置き、直ちにわたし自身の論点によってのべる）。

第一、「投石時代」（弓矢を「発明」するより前。人類の最初期）。

一人の男と一人の女がいた。三つの太陽があり、大地はなかった。その当時は、草で小舎を立てた。

魚が（水から）跳ね出ると焼け焦げて死んだものだ。草は燃え、そして、小舎も燃えてしまった。男は戻って来て、新しい小舎をつくって待った。太陽が現れたので、彼はそれを殺した。残ったのは二つの太陽だった。彼は小舎から石を投げつけて、もう一つの太陽を殺した。それで残ったのは一つの太陽となった。（ウリチ族）〈射日神話〉

（荻原真子「アムール川流域の射日神話」『国際商科大学論叢』第16号。現、東京国際大学）

ここには、「弓矢」が出現せず、「石」だけが、〝道具〟として用いられている。あの「狩猟時代」の開始前、人類が弓矢を発明する以前の時間帯（「投石時代」）に「産出」された説話である。

第二、「狩猟時代」（人類が弓矢を発明してより以後。日本列島の縄文期、そしておそらく旧石器期の、新しい段階も、これに入るであろう）。

昔、二つの太陽があった。魚は跳びはねるとすっかり焦げて死んだ。赤ん坊は生れても生きることが出来ず、（暑さのために）呼吸が出来ずに死んだ。そこで老人が矢で太陽を射た。すると、太陽は上へ逃げ去った。二つの太陽があった時、木もまた良く生れる（育つ）ことが出来ず、（葉は）ちぢれ、（何故なら、太陽が低くて木々が枯れたので）、石もやはりすっかり溶け、穴だらけになった。二つの太陽があった時には。（オロチ族）〈同右〉

ここでは、「弓矢」が主要な道具として登場する。しかし、金属器（銅器・鉄器）は出現していない。わたしは、これらの「射日神話」に対し、一を「淵源」、他のすべてを「伝播」と見なすような、一元主義の立場はとらない。「弓矢」が最大・最高の武器であった「狩猟時代」において、各地で多元的に産出された神話である。これに対し、従来の「一元主義」の理解法は、「農耕社会」以降（現代も含む）的思考法にもとづくものである（この点、別に詳述する）。

右のシンポジウムにおいても、現代に「遺存」する神話・説話の「産出時期」を、ずっと新しいもの（たとえば、日本でいえば、室町・江戸期など）と考える発表者があり、格別それに対する反論は出されなかった。あるいは、それが現代の学会（民俗学）の趨勢であるかもしれぬ。しかし、わたしはこれに反し、右のように思惟するに至った。

*

このような、わたしにとっての「発見」は、さらなる思惟の冒険へと、わたし自身をさそうこととなった。

第一段階――「神の発明」以前の段階。

右の「投石時代」の説話には、「神」が出現しない。二人の男女だけだ。これはなぜか。その答えは左のようだ。

「人間は、いまだ『神』という概念を〝発明〟していなかった」

これだ。この〝発明〟を〝発見〟と言い替えても、よいであろう。「人話」の時代だ。

第二段階――「神の発明」以後。

人間の中に、「神」という、高度の抽象概念が〝生み出され〟た。あるいは、本来存在していた「神」という実体を〝発見した〟といってもいい。両者、ことの子細、すなわち本質に変わりはない。

この段階となれば、「射日神話」はもっぱら〝神の仕業〟として、語られることとなるであろう。すなわち「神話の時代」の到来である。

*

以上の論証を証明すべき、もっとも簡明な方法、それは「猿と人間との比較」である。

第一に、猿は「投石」する。しかし「弓矢」を使用しない。同様に、〝猿の同類〟である人間もまた、「弓矢の発明」という、画期的な一大発明の前夜、数十万年乃至数百万年にわたって、「投石時代」の長年月を経験していた。そう見なして当然なのではあるまいか。

第二に、「神の発明（乃至、発見）」。動物園であれ、自然の山野であれ、猿が祭壇を設け、神を祈る姿を観察した人はいない。すなわち、「神」という、高度に抽象的な概念を、猿はいまだ「産出」していないのである。いわゆる「神の発見」以前だ。

だとすれば、人間にもまた「神の発見」以前の「無神時代」、その数十万年乃至数百万年の長年月が流れていた。そのように見なして、やはり大過ないのではあるまいか。

しかし、その「無神時代」にも、すでに人間には「説話」があった。その実例の一が右の「投石時代」の説話である。そこに出現するのは、男女の人間だけであって、「神」はいない。したがってこれは、「神話」ではなく、「人話」だ。したがってわたしたちは、つぎの定理をうる。

「人話は古く、神話は新しい」と。

これはまた、つぎの定理の表現と見なせよう。

「人間の歴史において、神の誕生は新しい」と。

いかに意外であろうとも、歴史の真実に関する限り、この命題を動かすことは不可能であろう。信仰上の議論については、わたしの関知するところではない。すなわち、「弓矢の発明」と同じく、あるいはそれ以上に、「神の発明」は、人間の歴史にとって刮目すべき精神の一大画期、大いなる前進の新しき標示点であった。わたしには、それ以外に考えようがない。

神の誕生と紀尺

この思考実験は、わたしの手に、新しい世界への扉を開かせた。それは、『記・紀』神話の内蔵していた、未見の深層である。

『日本書紀』の神代巻の冒頭に、「神生み神話」と呼ぶべき一節がある。それは、つぎの三つの型に分類される。

第一型——「一人」
国常立尊《くにのとこたちのみこと》（第五・一書）

第二型——「二神人」及び「二神」

〈A〉「二神人」型
可美《うまし》葦牙《あしかび》彦《ひこ》舅《じ》尊・国底立尊（第三・一書）

〈B〉「二神」型
国常立尊・国狭槌尊（第四・一書、前半）

第三型——「三神」（別名、省略）
①国常立尊・国狭槌尊・豊斟渟《とよくむぬ》尊（本文）
②国常立尊・国狭槌尊・豊国主尊（第一・一書）
③可美葦牙彦舅尊・国常立尊・国狭槌尊（第二・一書）
④天御中主尊・高皇産霊尊《たかみむすびのみこと》・神皇産霊尊《かむむすびのみこと》（第四・一書、後半。『古事記』も同型）
⑤天常立尊・可美葦牙彦舅尊・国常立尊（第六・一書）

右の第一型を全文左にあげてみよう。

天地未だ生ぜざる時に、譬《たと》へば海上に浮べる雲の根係る所無きが猶《ごと》し。其の中に一物生ぜり。葦牙の初めて渥《ひぢ》の中に生じたるが如し。便《すなは》ち化して人と為る。国常立尊と号す。

この型が、第二型の〈A〉より先行するタイプであることは明らかだ。なぜなら、「葦牙の初めて渥の中に生じたる」とは、第一型の場合、「国常立尊」の出生の形容の言葉だ。ところが、第二型の〈A〉の場合、その形容句が〝独立した神名〟へと「進化」しているのである。この逆の進行方向は考えにくい。古代人にとって、独立した神格を「解体」して、他の神の形容句に使う、などということは、ありにくいからである。

*

さて、肝心の問題は、つぎの一点だ。

第一型――「人」

第二型〈A〉――「神人」

第二型〈B〉及び第三型――「神」

となっている。すなわち、第一段階は「人」であり、第二段階は「神人」、すなわち〝神のごとき人〟という中間概念（「神」は「人」の形容語）が生れている。そしてつぎに、第三段階としてはじめて、独立した「神」という概念が成立しているのである。

すなわち、先の「射日神話」の分析結果と同一の帰結を示しているのだ。

しかも、『日本書紀』の場合、「人」と「神」の間に、「神人」という中間概念が示されている。いわば、より精しいのである。

これも、考えてみれば、当然だ。なぜなら、

第一に、「射日神話」は、二十世紀の採集であるが、『日本書紀』は、八世紀の成立だ（内実は、さら

にさかのぼる。七世紀以前）。後者が、より精しい説話タイプを〝採集〟していること、不思議ではない。

第二、人間の中の「概念の進化」という実態から考えてみても、いきなり「人間→神」という変化よりも、「神人」という中間段階の存在を考える方が、ずっと自然である（ヨーロッパ最古の遺存神話とされる、アイスランドの『エッダ』においても、「巨人」という、この「神人」に当ると思われる存在が現われている）。

以上、『日本書紀』の「神生み神話」には、人類史の中の「神の誕生」を語る、卓越した史料がふくまれていたのである。ここに示された「時の物差し」をもって、世界の神話を探究するとき、驚くべき成果がつぎつぎと出現した。これについては、改めて詳しく別述したい（これを「『日本書紀』の尺度」略して「紀尺」と、呼ぶこととした）。

縄文神話

『出雲風土記』中に、著名な神話がある。「国引き神話」だ。これによると、八束水臣津野《やつかみづをみつのの》命《みこと》はつぎの四箇所から「国引き」し、大出雲を形成した、という。

第一、志羅紀の三埼
第二、北門の佐伎の国
第三、北門の良波の国
第四、高志の都都の三埼

右の第一が新羅（朝鮮半島南半東岸）、第四が越（能登半島）を示す点、異論がない。この二例から考えると、つぎのルールがある。

①その二領域とも「出雲」に属しない。
②現在の日本国の内外を問わない。

以上のルールによると、従来〝当て〟られてきた、島根県北岸（鷺浦や農波等）・隠岐（島前・島後）は当らない（出雲と隠岐が別国とされたのは、後代の行政区画）。

これに対し、妥当するところ、それはウラジオストックである。〈その一〉「北」にある。また「門」というように、出入口、すなわち港である。〈その二〉出雲から「北」に当っている。〈その三〉四つのうち「二つ」を占める、その〝拡がりのバランス〟から見て、この「北門」が小港や小領域では、ふさわしくない。

以上だ。第二は、北朝鮮のムスダン岬である。北から見て、ウラジオストックの右翼に当る巨大な岬だ。第三は、これこそウラジオストック。沿海州を背景とし、「良波」は〝良港〟の意であろう（「良い」の「ヨ」、「那の津」の「ナ」と「海」の「ミ」）。

わたしは右のように理解した。

では、この神話の「作者」は誰か。いうまでもない。出雲の漁民だ。なぜなら、「国」を綱で引き寄せて杭につなぐ、という、漁民が毎日の生活の中で行うべき労働、そのくりかえしだけで、この韻律豊かな神話が構成されている。インテリによる机辺の作ではない。漁民たちの集団、それが製作者たちである。――わたしはそう考えた。

では、その製作時期はいつか。――縄文時代だ。なぜならそこに現われる、中心の「道具」は、縄と杭。金属器はない（「胸鉏」の語があるが、「すき」は木器あるいは栖《す》〈巣〉城《き》）。

これに対し、『古事記』・『日本書紀』の「国生み神話」。ここでは「矛」と「戈」が主役だ。場所は筑紫。この状況は、考古学上の弥生時代の分布図と一致している。博多湾岸とその周辺を中心として、「矛」と「戈」の鋳型や実物が分布している。このような神話と弥生分布図との一致、それは偶然ではありえない。必然だ。すなわち、「この国生み神話は、弥生時代、筑紫の権力者によって作られた」、この帰結である。権力者は、自己の政治的支配の正当性を主張するために、この神話を作ったのだ。弥生新作神話である。以上のような、わたしの視点からすれば、金属器の登場しない「国引き神話」は、縄文期の成立。論理はわたしをそのように導いたのであった。

*

以上のような、わたしの学問上の仮説、それを証明する道があった。それは、ウラジオストックに「出雲の痕跡」を探ることだった。それも、縄文時代の痕跡である。

もっとも好適な対象、それは黒曜石の鏃だった。隠岐島の島後は、屈指の黒曜石の島である。島内の各地・各所に種々の模様の黒曜石が出土する。芸術的な美しささえたたえている。それは、「金属器前」の縄文時代、鏃を作るため、最高の材質だった。

だからもし、「出雲〜ウラジオストック」間の交流が縄文時代にあったとしたら、必ず「隠岐島の黒曜石を用いた鏃」が、ウラジオストック近辺から出土するはず。こう考えたのである。もし出土しなければ、わたしの作業仮説は、非。そう判断するほかはない。縄文時代の出雲人にとって、ウラジオストック側が「視野」に入っていないのに、あのような神話を作ることなど、ありえないからである。

そこでウラジオストックへむかった。ちょうど当地でシンポジウムが開かれることを聞き、それに加えてもらった。政治・経済関係が主で、古代史は、わたし一人だった。

目標とした博物館は改装中で、目的の鏃を見せてもらうことができなかった。ただし、鉱物関係の研究所で、黒曜石についての情報を詳しく聞いた。わたしにとって、一つの心配があった。それは、ウラジオストック側にも隠岐島のように、良質・大量の黒曜石の出土があったとしたら、わたしの「検証」は無意味だった。だが、その点、杞憂だった。これも、一見ささやかだが、重要な、基礎事実の確認だった。肝心の鏃が見られなかった。この失望は、八カ月後に満たされた。すばらしい反応だった。科学アカデミー・シベリア研究所のR・S・ワシリエフスキーさんが日本に来た。そのさい、ウラジオストック周辺、約一〇〇キロの地帯の約三十数箇所の遺跡から出土した、七十数個の黒曜石の鏃、それを持参されたのだ。それらの遺跡は、三千年から四千年前、日本では「縄文後期」前後の時間帯のものだった（放射能測定）。

立教大学の原子力研究所の鈴木正男教授に測定を依頼したところ、その五十パーセントが隠岐島、四十パーセントが赤井川（北海道。津軽海峡圏で使用されている）の黒曜石であった。十パーセントは不明（最初、四十パーセントは男鹿半島（秋田県）とされたが、後、赤井川に訂正された）。

この発表を、早稲田大学の考古学教室で聞いたとき、その感動を、わたしは終生忘れないであろう。わたしの学問的作業仮説、それはやはり偽妄ではなかった。真実（リアル）だったのである。

なお、後日、ウラジオストックのシンポジウムで知り合った考古学者、シャフクーノフ氏が来日し、水道橋グランドホテルでお会いしたとき、右のワシリエフスキー氏の来日が八カ月前のわたしの来訪やシンポジウム発表と関連していたことを再確認したのである。

（右の「鈴木測定」が撤回され、わたし自身ウラジオストックへ赴き、現地で黒曜石出土を確認した。その詳細は『なかった――真実の歴史学』（ミネルヴァ書房刊）第二号「国引き神話の新理論」参照。）

＊

「国引き神話」は、縄文神話であった。この仮説はウラジオストックの黒曜石の鏃によって〝裏付け〟された。この一事はすなわち、他の一事を証明しよう。それは「『国生み神話』は、弥生神話である」のテーマだ。

なぜなら、先ほどのべたように、「国引き神話は縄文神話である」というテーマは、論理上、二階建ての上にあった。その「一階」に当るのは、「国生み神話」。これが「弥生新作神話」であるとすれば、〝金属器のない「国引き神話」は、縄文〟――論理はそのように進行し、組み立てられた。

その「二階」部分が真実だった。それが証明された。とすれば、当然「一階」も、真実。それが道理だ。逆に、「一階」は虚妄、「二階」だけ真実。そんなことはありえない。なぜなら、「二階」は「一階」の上に、論理的に建築され、積み上げられたものだったからである。

とすれば、『記・紀』神話をもって「六世紀以降の、近畿天皇家の史官の造作」と見なしてきた、津田左右吉流の「造作」説、戦後の「定説」の座を占めつづけてきた、この仮説は結局、正しくなかった。虚妄だったのである。

倭国始源の王墓

昨年（一九九二）十一月、画期的な発表があった。福岡市の教育委員会からである。そのところは、吉武高木。最古の「三種の神器」の出土で有名になったところだ。その遺跡の東五〇メートルの地点を中心として、宮殿跡が現われた。否、より正確には、「宮殿群跡」である。一つの宮殿跡の周囲に、他の建物群が取り巻いている。そういった形だからである。時期は、弥生中期初頭。西五十メートルの吉武高木遺跡も、「三種の神器」をもつ木棺墓の周辺に、「二種の神器」や「一種の神器」をもつ、甕棺群が分布している（「神器」は、正確には「宝物」。『日本書紀』神代巻参照）。

なぜ、これが画期的か。『三国志』の魏志倭人伝の記載する「倭国」の中心、すなわち邪馬一国（邪馬壹国）の中枢をなす宮殿、より正確には「神殿」だからである。

「否、時代がちがう。吉武高木は弥生中期、倭人伝は弥生後期だ」

考古学者は、必ずそのように反論するであろう。もっともだ。だが、それは、人間の歴史の真実を直

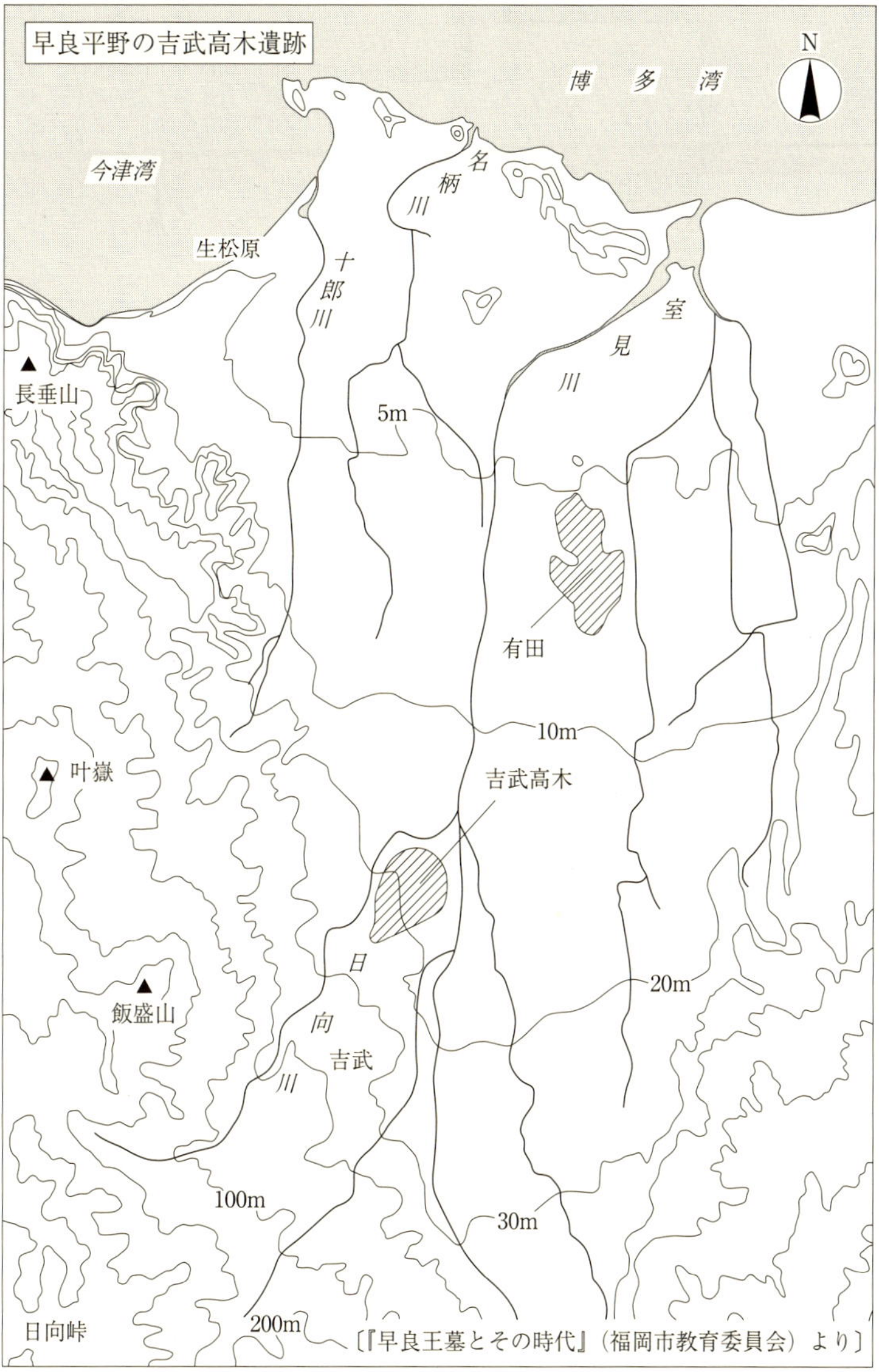

〔『早良王墓とその時代』（福岡市教育委員会）より〕

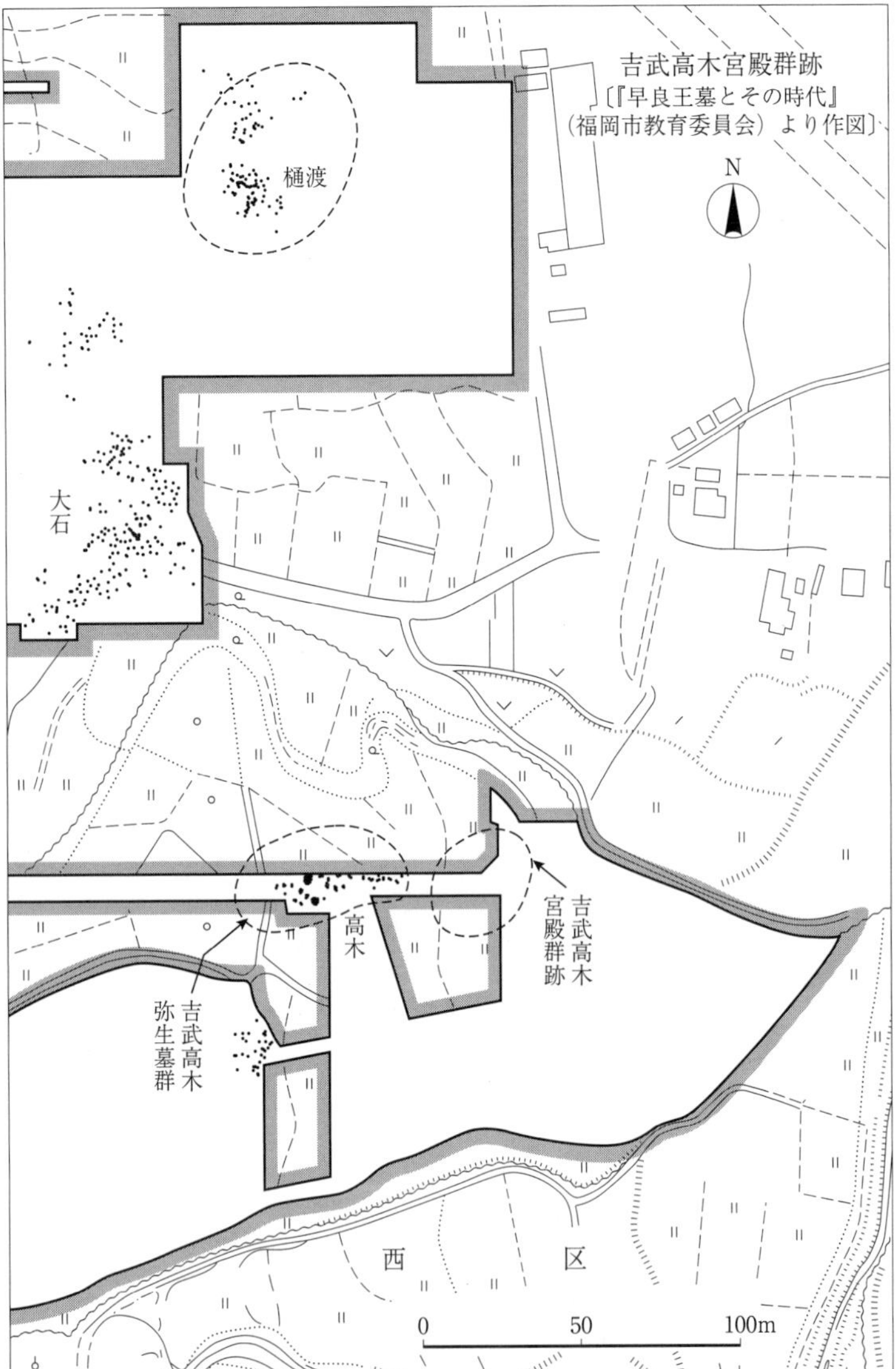
吉武高木宮殿群跡
〔『早良王墓とその時代』
（福岡市教育委員会）より作図〕
N
樋渡
大石
高木
吉武高木宮殿群跡
吉武高木弥生墓群
西
区
0
50
100m

視するとき、やはり「近視眼」的な見地に陥っているのである。なぜか。

「日光を見ずして結構というな」といわれた、日光の東照宮。これはもちろん、江戸前期の建造だ。種々〝手直し〟されたであろうけれど、現在も、いかにも「江戸前期の建物」といった感じで存在している。その間、約四百～五百年。

同じく、吉武高木。弥生中期初頭、通説によって紀元前一〇〇年としよう。卑弥呼は紀元後二五〇年ころ（いわゆる「弥生後期」）。その間、三五〇年。卑弥呼当時、はたして吉武高木の宮殿（神殿）群は、「消滅」し、「蒸発」して、人々の記憶から消え去っていただろうか。そんなはずはない。

なぜなら、前者の場合、当時（江戸前期）と現在とでは「権力のシンボル」が一変している。江戸前期は、葵《あおい》の御紋、現在は「三種の神器」系である。その間に、江戸幕府の崩壊と明治維新があったからだ。

しかるに、後者の場合、吉武高木と卑弥呼の間に「権力のシンボル」の変更は見られない。倭人伝によると、「銅鏡百枚」（卑弥呼）・「青大勾珠」（壱与）のように「鏡」「勾珠」が重視され、「五尺刀二口」（卑弥呼）というように、刀剣類の存在したことも、弥生期として当然だ。したがって「鏡・勾玉・剣」の「三種の神器」の世界なのである（草薙剣を『古事記』は草那芸の大刀と記す）。

前者のように「権力の断絶」のあった場合でも、四百～五百年前の「聖殿」が〝存続〟している。まして「権力の連続」ある後者の場合、〝存続〟していなければおかしい。しかもそれは、「弥生後期」的な建物でなく、「弥生中期」風であることが不可欠である。なぜなら、東照宮の場合も、「江戸前期」風であることこそ、必須だ。この点、伊勢神宮が何回遷宮されても、「弥生・古墳期」風の〝古代建築〟めいた形状をもつことと同様である。

したがって、つぎの命題がえられる。

「卑弥呼の時代、吉武高木の神殿群は、天孫降臨当時（その直後）の聖地として、崇敬の対象となっていた」

そして肝心の一点、それはこの「吉武高木の神殿群」が、「弥生後期」風ではなく、「弥生中期初頭」風であることである。これは、先の東照宮や伊勢神宮の例を見ても、明らかだ。

以上によって、三世紀当時、この吉武高木の神殿群が倭国の中枢として、熱い崇敬の対象となっていたこと、この一事を疑うことは難しい。

第一書『「邪馬台国」はなかった』において、わたしは「部分里程の最終地」不弥国をもって、博多湾岸に求めた（「一里」を約七十五メートルとすれば、姪の浜、約九十メートルとすれば、博多駅付近〈那珂川と御笠川の間〉とした。この「七十五〜九十メートル」は、韓国東西幅からの測定値であり、一大国〈方三千里〉による微差調整の結果、「七十五に近い」数値とした。この点、後に谷本茂氏によって「七十六〜七メートル」とされた〈「周髀算経」を史料として算出〉）。したがって不弥国は〝姪の浜〟付近であろう。

第一書の論証の帰結、それはつぎの一点にあった。いわく「不弥国は邪馬一国の玄関」――この一語であった。倭人伝では、その不弥国の記事の直後、
南、邪馬壹国に至る、女王の都する所。

とある。とすれば、姪の浜、すなわち室見川の河口に魏使が着いたとき、その南に「女王の都する所」を示すべき〝何等かの徴証〟――それを見たのだ。そこが、室見川の中流、吉武・高木の地であった。

そのとき、魏使は目指す邪馬壹国に入ったことを知ったのである。

＊

『ここに古代王朝ありき』（朝日新聞社刊、昭和五十四年）の中で、わたしは「室見川の銘版」を追跡した。昭和二十三年七月、原末久氏が室見川の河口で拾得されたものである。わたしはこれを検証した結果、真実（リアル）な、弥生期の出土物と見なした。

「高暘左・王作永宮齋鬲・延光四年・五
〈大篆〉　〈大篆〉　〈漢字〉　〈篆体〉」

と刻されている。これに対し、

㈠　暘谷（日の出る所）の東、この地に王（倭王）は宮殿と宝物を作り賜うた。
㈡　今、後漢の延光四年（一二五）五月、この銘版を刻する。

の意と解した（大約、周代の大篆《だいてん》で書かれたのが㈠。漢字が㈡。時代のちがいを示す。この点、『風土記にいた卑弥呼』（古代は輝いていたI、朝日文庫）では、㈠と㈡を同時期とした。ここに訂正する）。

この理解は、大きな冒険だった。室見川上・中流域に「弥生期出色の宮殿」が存在し、その記録（金石文）が流水によって河口に至ったもの、そう理解したからである。当時、吉武高木の「三種の神器」を中心とする遺跡群は出土していなかった。いわんや今回の宮殿群跡など、全く出土の影さえなかった。その出現を、右のわたしの解読は「予告」するものだった。

しかし、当時も、学界からの応答なく、出土した現在も、一切の応答を行わぬままで、「早良国王墓」などと、一地方（郡程度）の豪族視した「人工命名」を行い、それを〝公的見解〟としようとしているようである。

明確にいう。吉武高木の墓群も、宮殿群も、決して一地方豪族の墓ではない。倭国中心の王者、しかも「最古の王者の墓」である。それを端的に示すもの、それこそ「最古の三種の宝物（神器）」の存在である。

（なお、この「室見川の銘版」に早く着目された研究者に、岡村広法・江原正昭の両氏がある。右の著述参照）。

＊

以上の論述は、一見第一書（『「邪馬台国」はなかった』）・第二書（『失われた九州王朝』）に属すべきテーマかと見えよう。その通りだ。だが、その上に、本書のとりあげた、重要なテーマとの接点が立ち現われる。

それは、第四章の「景行の九州遠征」説話だ。わたしはこれを、筑前に本拠をもつ、九州王朝の王者（「前つ君」）の全九州統一譚と見なした。その原型に対し、主格を近畿大王家（後の天皇家）の豪族（いわゆる「景行天皇」）とすげ替え、換骨奪胎したもの、そう見なしたのである。大胆な「盗用」だ。

その説話の中で、「景行天皇」が日向国（宮崎県）に至ったとき、つぎの歌が出ている。「京都を憶ふ」歌だ。

愛《は》しきよし　我家《わぎへ》の方《かた》ゆ　雲居立ち来《く》も
倭《やまと》は　国のまほらま　畳《たたな》づく　青垣　山籠れる　倭し麗し
命の　全けむ人は　畳薦《たたみこも》　平群《へぐり》の山の　白檮《しらかし》が枝を　髻華《うず》に挿《さ》せ　此の子

右の三首を「思邦歌（くにしのびうた）」と呼んでいる。さて、問題はつぎの点だ。

従来はこれを、近畿の大和を思う歌、迷わず、そう解してきた。しかし、本書の分析に従えば、筑紫、それも筑前を指す。そう解せざるをえない。どちらが正当か。

第一歌は、一応どちらでも、成り立つ。

問題は、第二歌だ。ここに「夜摩苔《やまと》」（原文）とあるのを見て、人々は近畿の大和にまちがいない、と思いこむ。しかし実は、筑前にも「やまと」があるのだ。今、福岡市の西、旧早良《さわら》郡の地に「山門郷」があった（中・近世）。室見川の下流、姪の浜近辺だ。地下鉄にも、「下山門駅」がある（筑後に「山門郡」があるのは、著名）。

ここで一つの「関所」がある。「苔」（乙類）と「門」（甲類）では、同じ「ト」でも、音韻がちがう、という、有名なテーマだ。上代音韻、いわゆる橋本法則の問題である（『「邪馬台国」はなかった』参照）。

しかし、ここの「山門郷」は〝中・近世文書〟であるから、「上代音韻」表記の世界ではない。もちろん、反面では、この地名がどこまでさかのぼれるか、という問題はあるけれど、この点は、一応保留しておこう（地名の遡源性の問題については、「君が代の論理と展開」『君が代、うずまく源流』新泉社刊、参照）。

肝心の一点、それは「摩保邏摩《まほらま》」だ。これは、『日本書紀』の後代写本である、伊勢本（応永・明応。十五世紀）・内閣文庫本（慶長ころか。十六〜七世紀）に依拠している。

ところが、より古い写本である、熱田本（永和。十四世紀）・北野本（第三類。吉野時代。十四世紀）では、「摩倍邏摩《まへらま》」である。したがって「十四〜五世紀」の間の時期に、「倍《へ》→保《ほ》」という「原文改定」の行われた事実が判明する。

では、原型の「まへらま」とは何か。先頭の「ま」は、「真」。美称だ。では、「へらま」とは。

倍羅麼（ヘラマ）

鳥類の脇の下の毛。ほろば。（倭名類聚抄、羽族部、鳥体、倍羅麼）日本私記云、倍羅麼、師説、鳥乃和岐乃之多乃介乎為二倍羅麼一也、云云、今謂二保呂羽一、訛化。（諸橋、『大漢和辞典』）

つまり、鳥の心臓の近くだけれど、「脇」にある、柔らかい毛を呼ぶ称だ。決して「中心」という意味ではない。「ほろば」は、その訛化（なまり）だ、という。これも、意味は同じだ。

ところが、江戸時代の国学以降、後代写本の「ほろば」を使い、「秀」「場」といったイメージで理解し、「近畿大和こそ、日本国の中心の秀れた地」の意味に解釈してきたのであった。

ことを決着させるのは、第三歌だ。ここでは、「平群《へぐり》」の地が、この遠征の帰着点である、として歌われている。これは明白だ。その上、そこは「白檮が枝」を挿す、といった、神聖なる儀礼の行わるべき聖地のように見なして、歌われている。

確かに、近畿大和に「平群」は、ある。西北辺、大阪府に近い位置。大和の中では、かなり辺鄙《へんぴ》な、はしっこ。ここに橿原や三輪山や飛鳥のように、「中心的聖地」があった、という形跡は見えぬ。その上、「景行天皇」がこの地から出発した、などという記載も、一切存在しない。それなのに、なぜ、「大遠征の終着地」が「大和の平群」なのであろうか。不審だ。従来の国学者も、言語学者も、歴史学者も、解き明かしえなかった。

ところが、筑紫の場合。これが解ける。あの吉武高木こそ、「平群」の地なのだ。この点は、『和名抄』にも、明記され、中・近世にも、平群郷が存在した。あの山門郷と並んで。

その「筑前の平群」が、先にのべたように、「最古の三種の宝物（神器）」の出土墓域だった。「二種」や「一種」がそれをとり巻いていた。そしてその東、五十メートルのところ、そこには「宮殿群」の跡が出土した。

今は、地下に〝眠って〟いた「三種の宝物」も、その被葬者（墓の中の主人公）の生前には、この宮殿の中で、新しき権力のシンボルとして、この「三種の宝物」がかかげられ、被支配者たち、各層の群衆は、これを仰ぎ見ていた、あるいは見させられていたこと、およそ疑いえぬところではあるまいか。

「新しき」といったのは、「天孫降臨」という名の侵入と支配の樹立、その直後の時代だからである。古、き時代とは、板付の縄文・弥生前期水田の文明であった。

この「新しき主人公」が没し、木棺に埋葬された。これが吉武高木の中心墓だ。そして隣の「宮殿」は、「神殿」となり、「平群の地」は、倭国の中心をなす、輝ける聖地となった。九州王朝の聖地だ。倭王の中心の聖地である。

このように、歴史への認識を確かにしたとき、あの「景行天皇」、実は「前つ君」と呼ばれる、倭国の王者が九州の東南、日向の国で歌ったところは、直截に理解できる。

大遠征の終了を、神前に報告すべきところ、それは平群なる、吉武高木の聖地であった。その創業の王、倭国の初代王の墓前に参り、その王が筑前の一角に印した「新権力の樹立」が、今回の九州一円の平定によって、磐石の基礎を築きえたこと、それを報告するのである。そしてその王が生前、居したもうた宮殿、今は神殿の前で、「大遠征終結」の宣言を行う。その日を、彼は夢見ているのである。詩人にして英雄、その時代である。

この筑紫の地は、もと「白日別」と呼ばれた〈『古事記』国生み神話〉。ここの「白檮」も、これと同類の「白」ではあるまいか（今、福岡市に白木原がある）。

このように、室見川中流の平群の地が、この第三歌の対象であるとするとき、第二歌の謎も解けよう。室見川下流の「やまと」（山門郷）の地は、この平群という中心地（心臓部）の「脇」に当る、よき地だ、といっているのである。不審はない。おそらく、出発のとき、平群の聖地に詣でてより、河口の「やまと」の地から、九州全土平定をめざす遠征軍は、自己の「侵略」の拡大のため、出発したのではあるまいか。その日のことを、筑前の王者は、人々に思い出させようとしているのである。遠征に疲れた兵士たちの士気を鼓舞しようとしたのだ。

以上のように、「大和の平群」では、皆目意味不明だったところが、いったん「筑紫の平群」を原点にするとき、つぎつぎに疑点が解消してゆく、その「解読の醍醐味」を、わたしはかみしめていたのである。

この研究経験は示した。わたしが本書で行った「景行天皇の九州大遠征」分析が、正当であった、という事実を、それはまた、示している。〝『日本書紀』の記事は、九州王朝の史実（の歴史記載）からの転用（盗用）をふくむ〟。この命題が偽りでなかったことを証明しているのである。すなわち、「九州王朝」という、歴史上の命題の正当性、それを裏づけているのである。

なお、これは重大な、歴史の主柱をなすテーマであるから、連動すべき問題は数多い。その若干を左に列記しよう。

㈠　この吉武高木の木棺墓が「天孫降臨」時点の、「瓊瓊杵尊の陵墓」である可能性はきわめて高い。

『日本書紀』神代巻では、

因りて筑紫の日向の可愛（此を埃と云ふ。）之山陵に葬る。

とある。「日向」は「ひなた」。高祖山連峯に日向山・日向峠があり、日向川が東流して室見川に合流している。その合流点に吉武高木がある。平群の地である。

「可愛」は「かはあひ」。〝川合い〟の義であろう。「向う町」を「向日町」（京都府。現在は市）、「新堀（にひほり）」を「日暮里《にっぽり》」（東京都）と書くような、佳字表記である（書経・大禹謨、左氏・襄王等に「可愛（愛す可し。）」の用例がある。従来「可愛」「埃」を「え」と読んできたのは、非。「愛」「埃」ともに、「あい」である。佳字表記の原則は、〝音が似ていて、佳字であること〟だ。同一音の必要はない）。

ここでは、室見川と日向川との合流点であるから、「日向の川合ひ」だ。

「山陵」の「山」が、今年（一九九三）の二月に解けた。吉備（岡山県）の造山・作山古墳は、いずれも「つくりやま」と読む。すなわち、〝人工造成の古墳〟を「やま」と呼んでいるのである。

一方、吉武高木の弥生墓は、現在は水田の下から治水工事のさいに出現した。けれども本来、その上に「墳丘墓」のあったこと、近所の樋渡遺跡の例で判明している。この「墳丘墓」が、古代日本語では「やま」。自然の山地に限らないのである。

このように考えてくると、従来（わたしにとっても）関門となっていた「山陵」の一語が解けた。ために、吉武高木という弥生の王墓をもって、「ニニギノミコトの陵墓」と見なすべき障害は、全く存在しなくなったのである。

以上のように、この吉武高木は、百パーセント、もし遠慮していっても、九十パーセント、「ニニギの墓」と、わたしは考えている。「日向川の合流点」など、この平群の地を除いて、他に全くないからだ。だが、一言する。このような「倭国の中心・始源の王墓」に対し、これを「早良国王墓」などと呼び、あたかも一地方豪族の墓であるかに呼び、そのように標示したならば、（それが公共機関であろうと、大学などの当事者であろうと）やがて次代の嘲笑の的となるであろう。各関係者の方々の慎重な配慮を要望したい。

㈡　右にのべた「前つ君の九州一円平定譚」の時代は、弥生期である。「天孫降臨」以後「卑弥呼の時代」以前だ。なぜなら、「九州全土統一」なしに、倭人伝の世界は考えられないからである。前者を紀元前一世紀初頭（前末・中初）、後者を紀元後三世紀前半とすれば、「前つ君」は紀元後一～二世紀前後の時間帯となろう。ただ、この点は「確定」しがたい。

ともあれ、重要なこと、それは九州王朝の史書（原型）において、この「ニニギの墓」（平群の地）が明確に認識され、その史実が伝承され、記録化されていたことである（「禁書とは何か」の項参照）。

この点、明治維新以降、薩長政権下の現陵墓管理では、全く歴史の真実を見失い、「ニニギの陵墓」にはじまる、いわゆる「神代三陵」を、南九州、薩摩（鹿児島県）の各地に「治定」した。そのため、吉武高木の方が一地方豪族視されたのである（この天皇家の「錯認の淵源」が、実は「八世紀」にまでさかのぼること、「歴史学の成立」『九州王朝の歴史学』駸々堂刊、参照）。

(三) 室見川下流の拾六町平田遺跡から、「家形土製品」（弥生前期）が出土した（平成五年一月八日、福岡市教育委員会発表）。「天孫降臨」以前、板付の縄文水田・弥生前期水田の時代、すでにこの地が「聖地」であったことを示す。「天孫降臨」以降、侵略者側（ニニギたち）は、かつての聖地の「上」に、新たな宮殿を建立したのである（家形土製品の「家」は、庶民の家ではなく、宮殿もしくは神殿の屋根のミニチュアである）。

また福岡空港内の雀居《ささい》遺跡は、縄文晩期より弥生後期に及ぶ複合遺跡であるが、その「後期」地層から、従来（弥生期）最大の木造家屋跡が出土した。さらに、東へ中心部分はひろがっている（未発掘）模様（平成五年三月二十六日、福岡市教育委員会発表）。

いわゆる「後期」になっても、中心領域が博多湾岸近辺を〝去って〟いないことが証明されたのである（従来、「奴国の滅亡」説があった）。

いわゆる「後期」は「中期の補完」であって、時間的に〝次の時代〟ではない、というのが、わたしの基本見解である。しかし、従来説のように、「中期」を「前一～後一世紀」とし、卑弥呼の時代（三世紀）を「後期」としてみても、結局「博多湾岸周辺、中心（＝倭国の都、邪馬一国）」説はくつがえすこと不可能。そのことが証明されたのである（朝倉の、いわゆる「五重の環濠集落」が報道されたが、実は全体が「五重」とはいえないこと、埋納物（管玉等）が意外に貧弱だったこと、などの諸点が判明し、到底「文明中心」とはいえないことが知られてきた。——ただし豊富な木材遺構の遺存などあって、史上の有意義な遺跡である点は、注目される）。

㈣　この「景行天皇の九州大遠征」説話の史料批判は、直ちに、『古事記』の倭建説話への批判と連動する。なぜなら、倭建が伊勢（三重県）の能煩野《のぼの》で死ぬとき、右の第一・第二・第三歌と、ほぼ同類の歌を唱い、故郷の大和を思慕したように記述されているからだ。

今、『日本書紀』の「景行天皇が日向国で誦した」はずの歌が、実は「筑紫の前つ君」の歌からの「盗用」であることが判明した。

この時点に立って、倭建説話を見れば、どうか。

第一の考え方、それは「倭建が死に臨み、『前つ君』として著名だった、筑紫の歌を〝愛唱〟した」という見地である。これなら、「盗作」にはならない。ならないけれど、いかにも不自然だ。その証拠に、あの説話中、「筑紫」の「ツ」の字も、出てこない。だから、今まで誰も、それが「筑紫の歌」とは気づかなかった。それどころか、「大和讃歌」の極めつき、のように理解され、〝愛され〟てきたのではないか。わたしも、その一人だった。ハッキリいって〝だまされ〟つづけてきたのである。

第二の考え方、それはつぎのようだ。説話の「作者」は、この英雄譚を〝作り上げる〟上で、「筑紫の歌」、九州王朝の歌を「借用」した。これだ。「借用」といっても、その実体が「盗用」であることに変わりはないけれど、要するに、「作歌のお話作り」に、種本があった。そういうことだ。

この点、倭建説話の、他の部分でも、つぎつぎと同一の手法が「発見」された。関東、東海（名古屋中心）など、がそれだった。そこからさまざまの興味深い問題が出現したのであるけれど、それらは到底、今の紙幅に余る。他の機会をえたい。

前著『失われた九州王朝』の最終補章でのべた「禁書」問題。それは、つぎのようだった。

禁書とはなにか

『続日本紀』のはじめ、元明・元正（七〇七〜一七）の十年余の間に、「山沢に亡命」した人々への警告が三回にわたって記載されている。その「挟蔵」した、とされるところが、各別である。

第一回「軍器」——慶雲四年（七〇七）七月〈元明天皇〉
第二回「禁書」——和銅元年（七〇八）正月〈元明天皇〉
第三回「兵器」——養老元年（七一七）十一月〈元正天皇〉

右の「軍器」は、〝正規の軍隊の戦闘行動に必要な一切のもの〟のこと、兵器はもちろん、陣太鼓・旗指物・指揮棒の類もすべてこれに入る。すなわち、「正規の、公的な軍隊」が、近畿天皇家の統治・行政を拒否して、拠点にたてこもっている。そういう記事なのである。「亡命」とは、〝名籍を脱する〟意だ。

ここで、奇怪なのは、その「正規の軍隊」の司令官の名も、在処も、書かれていないことだ。まさか、全国各所すべて、というわけではないから、それらの固有名詞を書くべきなのに、書かれていない。

さらに奇怪なのは、「禁書」だ。これは当然ながら「近畿天皇家にとっての、禁書」である。すなわち、八世紀初頭、天皇家の拠って立っていた「大義名分」の立場、それと相反する「大義名分」に立った書物、それがあった。あったばかりではない、「正規の軍隊」と共に、自己の拠点を定めて、近畿天皇家の支配を拒否していたのである。容易ならざる事態だ。

第一、『日本書紀』の末尾、持統紀の示すところ、このような事態は予想できぬ。あの「壬申の乱」

以降、世の中はほぼ平穏に受け継がれ、平和裏に、持統の子、文武に継受されていたはずだった。何を今さら、といった感じだ。しかも、先にのべたように、「固有名詞」抜き、の記載も、奇妙だ。

＊

だが、いったん視野を変え、中国側の正史、『旧唐書』の側から見ると、何の奇妙さもない。すでに前書の最終補章の冒頭でものべたように、紀元前一世紀から紀元後七世紀末まで、倭国の中心は筑紫。倭王とは、筑紫の王者のことだった。近畿大王家は、その支流であり、巨大ながら「大義名分」上は〝地方豪族〟だった。

ところが、八世紀初頭、近畿の大王家は、白村江で唐に完敗した筑紫の倭王に代り、「中心の王者」を称した。唐側も、これを受け入れたのである。以後、はじめて、近畿天皇家は「中心の王者」となりえたのだ。

以上が、『旧唐書』の叙述するところ、そして「政・惊・満の法則」の裏書きするところであった（この法則については、『すべての日本国民に捧ぐ』新泉社刊、参照）。

この立場から見ると、八世紀初頭、右のような「不穏」な状勢がかもし出されたのは、当然だ。むしろ、七世紀末までの「倭国」（筑紫中心）時代が、八世紀初頭からの「日本国」（近畿中心）時代へと、スラッと移行するはずはない。旧勢力と新勢力と、緊張の対立があるのが、当然だ。

だから、右の記事となった。整理してみよう。

㈠　白村江の大敗以後、「倭国」は衰滅にむかい、危機に臨んだ。

㈡　唐側は、かねて友好関係を結んでいた「倭国の支流」だった近畿大王家を「公認」した。

㈢　「倭国の正規軍隊」の中には、この新状勢に反抗し、「日本国」（近畿中心）の支配を拒否し、拠点にこもって対抗するものがあった。（「軍器」）

㈣　さらにかれらは、「倭国の大義名分」に立つ、伝統的な史書・書物類をもって、拠点にこもった。
（「禁書」）

㈤　やがて近畿天皇家側の対策は功を奏し（「百日」の期限勧告）、あとは〝残党〟を残すだけになった。
（「兵器」）

以上のように、『旧唐書』の立場からすれば、この『続日本紀』の一連の記事は、きわめてわかりやすい。ところが、従来のような、

「七世紀以前から、近畿天皇家中心」

の史観からは、あまりにも矛盾し、事態を理解しがたいのである。

＊

右の事態を裏づけるもの、それが文武四年（七〇〇）の記事だ〈『続日本紀』〉。

六月庚辰（三日）、薩末《ノ》比売、久売、波豆。衣《ノ》評督、衣《ノ》君県、助督衣君《ノ》弖自美、又肝衝《キモツキノ》難波、肥人等に従ひ、兵を持して覓国《（クニマギ）》使刑部《ノ》真木等を剽劫す。是に於て竺志《ノ》惣領に勅して犯に准じて決罰せしむ。

この記事は、「評督・助督」という評制出現の史料として、著名だった（「郡評論争」『法隆寺の中の九州王朝』古代は輝いていたⅢ、朝日新聞社、参照）。

しかしそれは、「評」という文字が「出現」するから、というにとどまっていた。けれども、この記事の歴史的意義は、つぎの一点にあった。

「七世紀末（文武元年、六九七）、『郡制』を創始した近畿天皇家側の使者（「覓国使」）と、現地（薩摩近辺）の『比売』『評督』『助督』といった、旧『評制』に立つ勢力との武力衝突」

であった。従来、この肝心の一点が見のがされていたのである。
しかも、重大な「見のがし」は、「従肥人等」の四字にあった。従来の「書き下し」「口語訳」類は、これをすべて「肥人等を従へて」と読んできた（現代思潮社、東洋文庫、岩波の新日本思想文学大系等）。
しかし、『続日本紀』全体を通じて、「従」は〝自動詞〟として用いられ、「～ニ従フ」が通例である。時に「～ヲ従ヘテ」の訓読をしたものがあるけれど、これは「誤読」もしくは「通意のみを重んずる、文法的にルーズな読法」にすぎず、

「A従B」

の形の場合、「A」が従属者、「B」が主人公である点、変わりはない。
また事実、ところによって「A」が従属者にも、主人公にもなるのでは、文法上の「文型」として、定法がないこととなろう。この点、かつて『三国志』魏志倭人伝の「統属」について、

「伊都国が女王国を統属していた」

という「伊都国、中心読法」が喧伝されたことがあったけれど、『三国志』の、他の「統属」が、

「A統属B」

の場合、すべて「A」が「従属者」、「B」が「主人公」であることが示されるに及んで、ことは解決した（『邪馬一国への道標』角川文庫、第三章、参照）。
『続日本紀』の「従」問題も、この「統属」問題と同一の論理的性格、文法上の問題をもつものだ。だから、やはり、この『続日本紀』の一文は、

「肥人等に従ひて」

と読むものと考えられる（「従者・従騎兵」のような「従肥人」の概念も可能か。――古賀達也氏による）。

すなわち、近畿天皇家側の「郡制使」と武力衝突した、その主体は「肥人等」、つまり肥前・肥後の「評制、軍事力」であった。そして肝心のこと、それは、

「肥人等との武力衝突記事のカッティング」

だ。

『続日本紀』は、〝書かれている〟こと自体はほぼ〝信用〟できる。この点、『日本書紀』とはちがう。しかし、しばしば〝書かれていない〟こと、すなわち「カッティング」が行われている。この史料性格が浮び上ってくるのだ。これは、『続日本紀』を扱うとき、重要な「キイ」である（後述する）。

以上によってみると、七世紀末から八世紀はじめにかけて、とくに九州では、「旧、評制勢力」と「新、郡制勢力」との間に、壮大な武力衝突のあったことがわかる。いわば、「倭国と日本国の衝突」だ。

以上のように、当時の状勢を俯瞰してくると、先にあげた「軍器――禁書――兵器」問題の偶然でないことが知られるであろう。

そして近畿天皇家がその解決を「委嘱」した「竺志惣《ノ》領」とは、七世紀後半、くりかえし「唐の軍団」（郭務悰等をリーダーとする）の駐在（占領）している地点の役職（後継勢力）なのであった。

（右の点、詳しくは、『古代史徹底論争――「邪馬台国」シンポジウム以後』駸々堂刊、所収の論文「古代史の論理」参照。なお、同論文中収録の「従」の用例は、なお増補する予定）。

＊

『万葉集』巻五（八〇〇）に「惑へる情を反《かへ》さしむる歌一首（序を幷せたり）」と題するものがある。その序に、

意気は青雲の上に揚ると雖も、身体は猶《なほ》し塵俗の中に在り。修行得道の聖に験あら未《ず》、蓋《けだ》しこれ山沢

に亡命する民ならむ。

という一節がある。富永長三氏（共同研究会「市民の古代」関東、所属）はこれを見出し、先の『続日本紀』中の「山沢に亡命して（軍器・禁書・兵器を）挟蔵し、百日まで首《しゅ》せずんば、罪に復すること初の如くす」（七〇七～一七）の史実と関連あり、と指摘された。

この序の直前に

神亀五年（七二八）七月廿一日、筑前国守山上憶良上

とあり、

この序のつぎの二長歌（八〇二・八〇四）の直後、

神亀五年七月二十一日、嘉摩郡にして撰定しき。筑前国守山上憶良

とあるから、右の序文が、

①〈時点〉神亀五年七月二十一日

②〈場所〉筑前国（嘉摩郡）

③〈長官〉筑前国守山上憶良

にかかわっていること、大異あるまい。ただ右の「撰定」が憶良の「自作」にかかるものか、それとも「他作」に対するものであるか、確定はしがたい。ただ、この「七二八」が右の「七一七」の十一年あとである点から見ると、両者の間に〝かかわりあり〟とする説の成立の可能性ははなはだ高いというべきであろう。

このように、「旧唐書～続日本紀～万葉集」という一連の記事もまた、「七世紀以前」を、筑紫中心の「倭国」の時代、「八世紀以降」を、近畿中心の「日本国」の時代とする、わたしの基本史観を支持して

いたのである。

以上の論述に対し、論者は必ずやつぎのように難ずるであろう。

「『万葉集』の片言隻語をもって、自家の所論の支持とすること、軽率である」と。はたして、そうか。実は、『万葉集』の「全体」の構造こそが、右のような立場を支持しているのである。

万葉の真相

この点、詳しくは他の機会にのべるほかないけれど、今は、その要旨をのべてみたい。

『万葉集』を大観するとき、種々の不審がある。

第一、「防人歌」で、年代のわかっているものは、すべて八世紀であり、「七世紀以前」はない。この時期に、「防人」はいなかったのであろうか。それとも、かれらは「歌」を作らなかったのであろうか。

天智・天武・持統などの各天皇の時代、白村江の時代であるだけに、不審だ。

第二、「九州や瀬戸内海領域で（近畿や東国などの人が）作った歌」はあるけれど、「九州や瀬戸内海領域の人々が作った歌」は、ほとんどない。少なくとも、そのように明記された形では、存在しない。では、「九州や瀬戸内海領域に住む人々は、歌を作らなかった」のであろうか。信じがたい。しかし、『万葉集』は、事実、そのような「巨大な空洞」をかかえこんでいるのである。

この点、中小路駿逸氏（追手門学院大学教授）の発見と創唱にもとづく、重大テーマである（『日本文学の構図——和歌と海と宮殿と』桜楓社刊、参照）。

第三、『万葉集』の冒頭は、「雑歌」の一句ではじまっている。「雑歌」「雑詩」は、いずれも、中国の『文選』に出ている分類だ。だが、それは、〝各類の分類名のあとに出現する、「その他の歌」「その他の詩」の用法〟だ。現在の「雑費」などと同じ。およそ会計簿で、「雑費からはじまる」ことなど、ない。

事実、『文選』でも、他の分類のあとに出てくる分類名なのである。

「あまりにも明らかな不審には、人は疑問をいだかない」――これも、その一例であろう。

第四、「白村江の戦」の歌がない。七世紀後半、最大の事件ともいえよう。四たびにわたった敗戦、その死傷者は数多かったことであろう。その遺族や恋人は、さらに多かったことであろう。しかるに、それを示すような歌が皆目ない。この上なき不審だ。

以上の「不審」を解くカギ、その根本命題は、つぎのようだ。

「最初に存在したのは、筑紫を中心とする歌集、『倭国万葉集』であった。その『雑歌』としての〝大和の歌〟、それが、つぎなる『日本国万葉集』の出発点となった。それが現存の巻一・二だ」と。この立場に立つと、先の命題はすべて解消する。

(一)「倭国万葉集」においては、「七世紀以前」の（年代の明記された）「防人の歌」が多数、収録されていた。これに対し、「日本国万葉集（現存のもの）」では、「八世紀以降」だ。『旧唐書』の「倭国」「日本国」と、見事に対応する。

(二)「倭国万葉集」には、九州の人、瀬戸内海領域の人々の歌が多数収録されていた。しかし、その補篇たる「日本国万葉集」には、それを欠いている。

(三)「倭国万葉集」の「大和篇」が「雑歌」として残された。そしてそれを出発点（巻一・二）として、巻三以降が増補され、現存の『万葉集』に至ったのである。

(四)「白村江の歌」は、「倭国万葉集」の中の白眉、少なくとも、悲劇の色濃い「名歌」を蔵していたであろう。あとに残された恋人の悲しみも、消えがたい色を残していたであろう。もちろん、九州や瀬戸内海領域の人々が中心だ。だが、現存の「日本国万葉集」には、それらがない。

以上だ。従来の「近畿一元史観」からは、解消不可能の諸疑問が、一個の学問的仮説を投入した途端、一つひとつ、音をたてて消えてゆくのを見たのであった。

＊

『万葉集』巻七（一二四六末尾）につぎの一句がある。

右の件の歌は、古集中に出づ。

この「古集」とは、何か。「右の件の歌」とは、どこからどこまでを指すか。

前者について、まず明らかにすべきこと、その一は、つぎの点だ。

「現存の『万葉集』は、『新集』であり、その先範（お手本）としての『古集』があった」と。

これは、疑う余地がない。さらに、

「『古集』などという歌集名はない。したがって具体的な歌集名をカットし、『古集』という普通名詞に変えている」

という点も、問題だ。もっとも、この点については、他の見地も可能だ。すなわち、

「『古集』の実名は、『万葉集』であった。現在の歌集である『万葉集』の初代、という意味で、『古集』と記した」

という立場だ。この考えに立てば、一段と、先にわたしののべた、

「『倭国万葉集』から『日本国万葉集』へ」

というテーマに近接しよう。もしまた、前者（歌集名カット）の立場をとったとしても、右のテーマと「類同」した問題をふくむこと、変わりはない。

「古集」問題についての詳しい分析は、『万葉集』を論ずべき他の紙葉にゆずらなければならないが、

今は一歌だけ指摘しよう。

ちはやぶる金の岬を過ぎぬともわれは忘れじ志賀の皇神《すめかみ》〈巻七、一二三〇〉

これは「古集」に属することの確実な歌であるが、これは旅に出ようとする歌人が、鐘の岬を過ぎようとするとき、「わたしは、わたしの信ずる、志賀の皇神のことを忘れない」と歌っているのである。

このさい、この旅人が「近畿」発の人物だとしたら、「志賀の皇神」は、旅先の一神社の神、ということとなろう。

けれども、この歌の語気には、そのような「旅先の気まぐれ」ならぬ、「自己の魂の淵源なる神」を語る、といった気迫がこめられている。「われは忘れじ」の一句がそれを示す。

とすれば、この歌人の「出発地」は、博多湾岸、この旅人は筑紫人。そういう立場に立てば、きわめて自然である。

もう一つ、重大な注目点がある。それは、博多湾岸を原点として、鐘の岬を過ぎる、とは、その行先はどこか、という問題だ。それは釜山方面ではありえない。慶州方面だ。つまり、対馬海流から東朝鮮暖流が博多湾岸の北方で分岐し、朝鮮半島の東岸を北上する。その暖流が慶州の沖合いへむかっているのである。

すなわち、この歌人は新羅へむかっているのだ（さらに、高句麗・渤海も、可能）。

その上、これは当然ながら、観光旅行の類ではない。公的な用務、それも、きわめて〝長期に及ぶ、困難と苦渋の予想される行旅〟なのである。それでなければ、何も「われは忘れじ志賀の皇神」などといって、「力《りき》む」必要はないであろう。『万葉集』には行旅の歌が多いけれど、いちいちこの種の「力《りき》み」を見せているわけではない。

明らかに、この歌人は、異常な任務を帯びて異国へむかおうとしている。ズバリいおう。筑紫の「倭国」から新羅・高句麗への国交上の遣使。——この歌人の「正体」は、これではあるまいか（他の理解としては、筑紫の「倭国」から、西日本諸国への使者、との見方もあるけれど、それにしてはいささか〝悲愴すぎる〟決意の示し方のように思われる）。

以上によって、この「古集」が公的遣使の歌をふくみ、その発進地は「筑紫」であること、当人は「筑紫人」であること、これらの点が確かめられた。その行先は、新羅・高句麗といった、当時の「倭国の国交対象の国」である可能性が高い。これらの諸点が判明する。

今、必要なこと、それはつぎの一点だ。「『倭国万葉集』が現存の『日本国万葉集』に先行していた」という、先の学問的仮説が決して一片の「空語」「空論」にとどまらぬこと、それが認識できれば、それで十分だ。詳しくは、他の機会にのべる。

＊

『万葉集』における「七世紀後半」、それを知るためのキイ、それはつぎの歌だ。

大君の遠の朝廷《みかど》とあり通ふ島門を見れば神代し思ほゆ　〈巻三、三〇四〉

右の「大君の遠の朝廷」は原文（古写本）では、「大王之遠乃朝庭」と表記されている。この「大王」とは、近畿大王家の王者、おそらく「天武・持統」のいずれかの「大王」を指すものであろう。

これに対して「朝庭」とは、〝天子の居するところ〟を指す。ここでは、筑紫の地だ。なぜなら題詞に、

柿本朝臣人麿、筑紫国に下りし時、海路にて作る歌二首

とあるからである。「下る」とあるのは、「近畿が主、筑紫が従」の立場を示す。すなわち、「八世紀」になって、つまり「日本国」の時代になって、この題詞が書かれていることを示す。

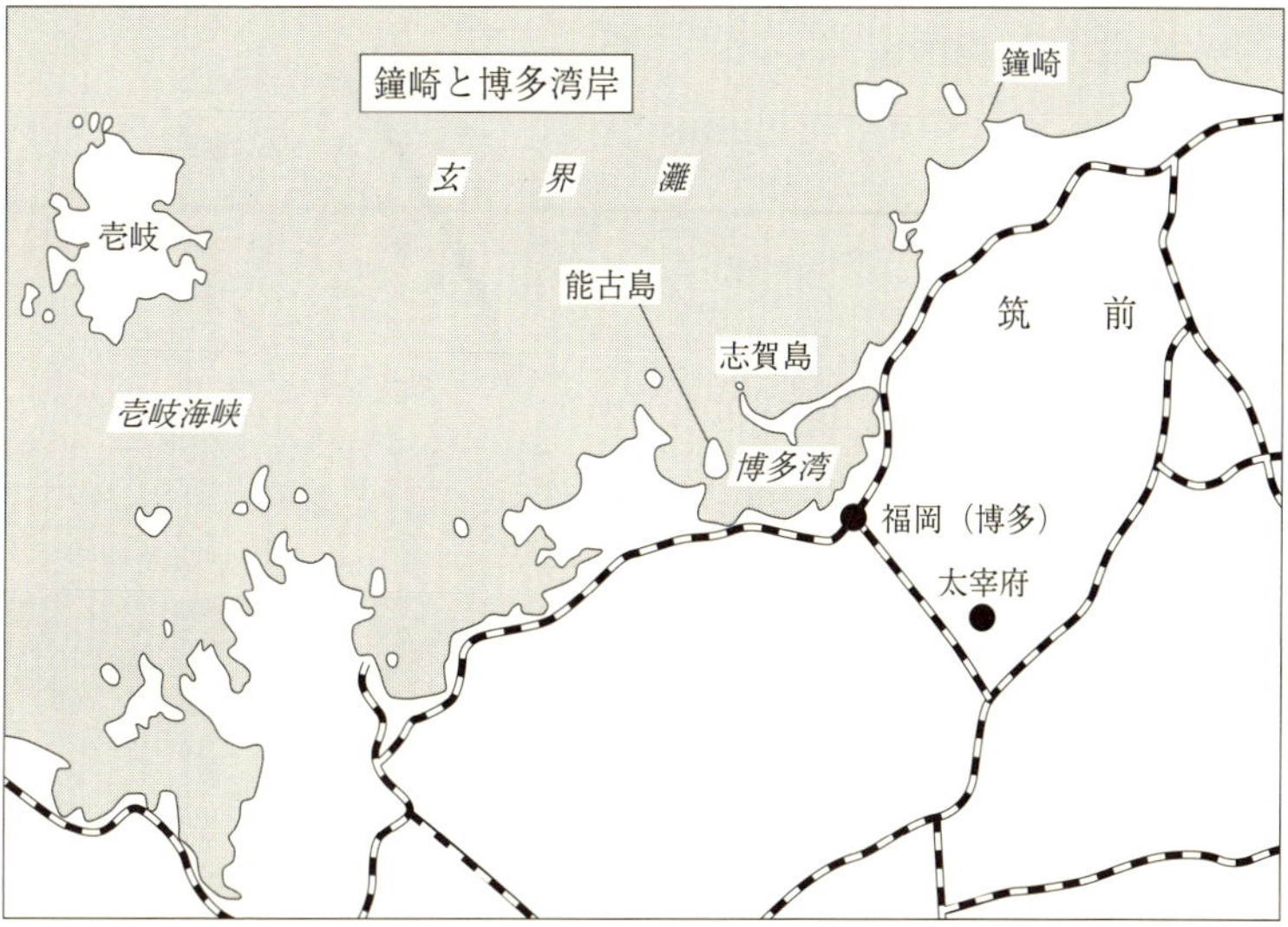

これに対して、歌自身は、「筑紫〈朝庭〉（主）――近畿〈大王〉（従）」という位取りを明白に示しているのである。七世紀後半は、倭国（筑紫）の時代だからである。

ここにも、七世紀後半と八世紀前半とを分つ、明瞭な一線が引かれている。歌それ自身と題詞と、「立場」を異にしているのである。

以上、はなはだ簡単明瞭な帰結であるけれど、もちろん、従来は、このようには解しえなかった。江戸時代の国学以来、現在の万葉学者に至るまで、この「大君の遠の朝廷」に対して、「都から遠く離れた所の役所。ここでは九州の役所を指す」（岩波、日本古典文学大系）といった解釈に依り、これに満足してきたのである。

しかし、中国の古典では、周代から清朝まで、「地方の役所」を「朝庭」と称した例はない。もし、そのような用法に従うなら、広い中国の中で、各地が〝朝庭だらけ〟となるであろう。

では、日本の場合は。各地が〝朝庭だらけ〟だ

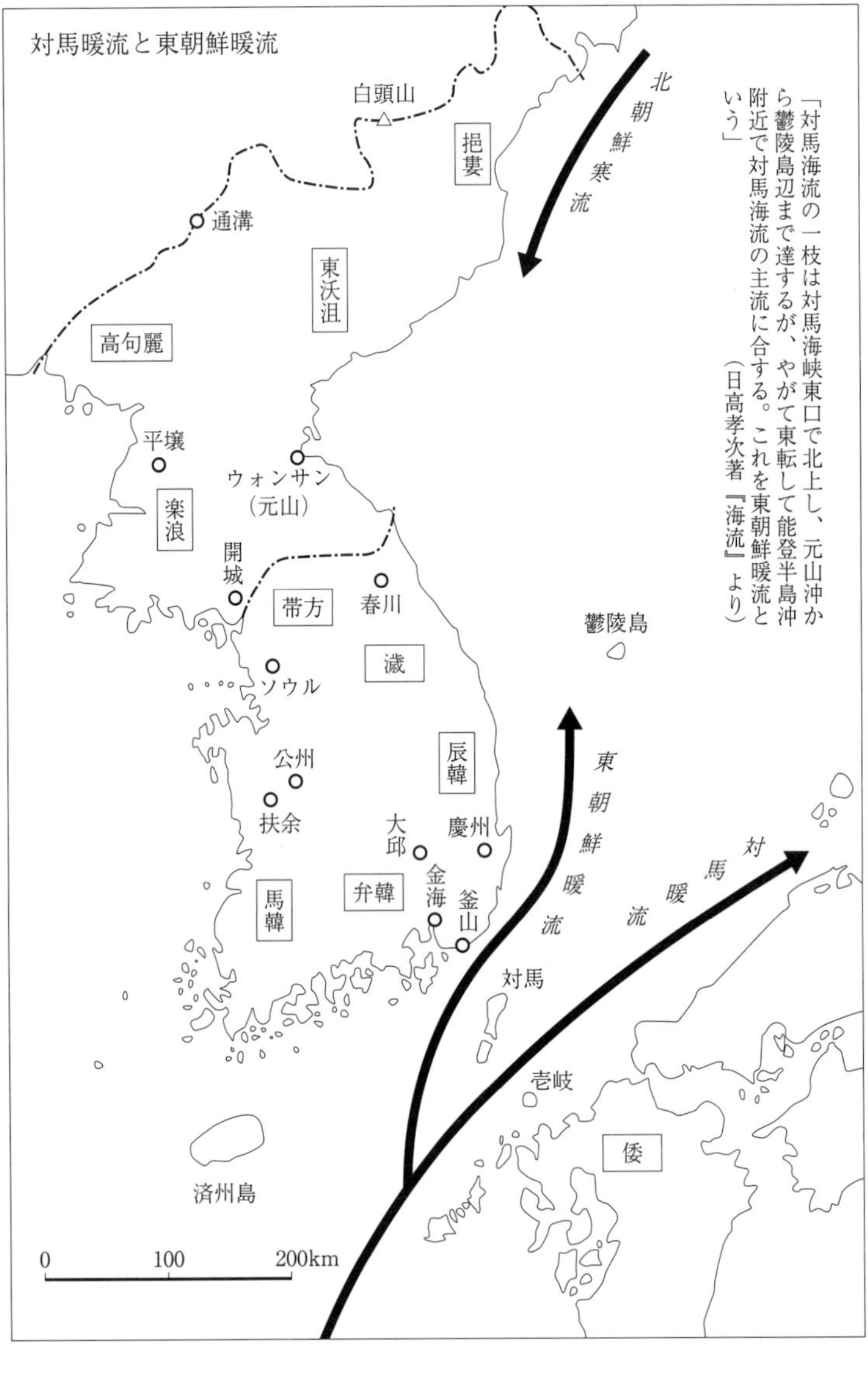
対馬暖流と東朝鮮暖流
「対馬海流の一枝は対馬海峡東口で北上し、元山沖から鬱陵島辺まで達するが、やがて東転して能登半島沖附近で対馬海流の主流に合する。これを東朝鮮暖流という」
（日高孝次著『海流』より）
北朝鮮寒流
白頭山
挹婁
通溝
東沃沮
高句麗
平壌
ウォンサン
（元山）
楽浪
開城
帯方
春川
濊
ソウル
鬱陵島
辰韓
公州
扶余
大邱
慶州
東朝鮮暖流
対馬暖流
金海
釜山
弁韓
馬韓
対馬
壱岐
倭
済州島
0
100
200km

ったのか。それならば、『万葉集』は、各地へ派遣される官人の歌が多いから、各地でそこの役所を「朝庭」と呼んでいるか。わたしは寡聞にして、そのような事実を知らない。『万葉集』中、他に「大王之遠乃朝庭」に類した表記は七箇所にすぎぬ。これらの用例の意義について、わたしは『古代史を疑う』（駸々堂刊）所収の「疑考・万葉集」においてのべた。より十分な形では、『人麿の運命』（原書房刊）の中で詳説したいと思う。

要は、新しい多元史観の立場、「政・悰・満の法則」の立場に立つとき、周知の歌集、『万葉集』もまた、国学以来の Tennology の立場の解釈・解説とは、全く異なった光のもとに再生する。その一事を記せば、今は足りるのである。

『記・紀』成立の秘密　最後にのべねばならぬテーマがある。『古事記』・『日本書紀』の成立問題だ。すでにあまりにも扱われ馴れたテーマだけれど、全く新しい問題が発見されたので、簡明に報告しよう。

まず、『古事記』。太安万侶の序文が、その用字上の参考資料として、『尚書』正義序文（「上五経正義表」）を使ったことは、よく知られている（山田孝雄・武田祐吉氏）。

ところが実は、両者の関係は用語上だけではなかった。両者のストーリーそのものが酷似していた。「義表」（「上五経正義表」）によれば、

① 秦の始皇帝の焚書坑儒によって、多くの典籍が失われた。

② ときに、伏生という老人がいた。齢九十歳、暗記力抜群、「文を誦すれば則ち熟す。……其の習誦に因り」多くの典籍を暗誦していた。

③ 漢の孝文帝（前一八〇～一五七）は、学者たちに命じ、伏生のもとに遣わし、これを記録させた。

今にしてその挙を実行しなければ、それらが永遠に失われる、と考えたからである。

以上、記序（『古事記』序文）の告げる経緯との相似が知られよう。この点、わたしの最初の発表（昭和二十三年五月）であり、後に『続日本紀研究』に論文収録、現在は『多元的古代の成立（下）』（駸々堂刊）に収録されている（「古事記序文の成立について――尚書正義の影響に関する考察」）。

＊

新しい展開は、昨年（一九九二）現われた。朝日カルチャーセンター（新宿）で質疑をうけるうち、つぎの問題が現われた。

(A) 秦始皇帝の焚書坑儒　(A′)〈欠〉

(B) 伏生九十歳　(B′) 稗田阿礼二十八歳

〈記憶力抜群〉　〈同上〉

(C) 漢の孝文帝　(C′) 天武天皇

学者に命じて筆録せしむ　太安万侶に命じて筆録せしむ

以上、「義表」にあって「記序」にないもの、それは(A′)である。事態の生じた「原因」が書かれていない。しかし、先範の「義表」では、秦の始皇帝による「焚書坑儒」は特筆大書されている。いうまでもなく、「原因」なくして物事は生起しない。いわんやことは、「伝誦」の問題であるから、「伝誦の断絶」なしに、その後の経緯(B′)・(C′)は必要がないのである。

では、「伝誦の断絶」は、どの時点で生じたか。それは『古事記』の内容が証言している。「武烈時点」だ。『記』の伝誦は、「顕宗・仁賢」まででストップし、以後がないのである。

このような史料事実から容易に推定できること、それは「武烈～継体」間に、大きな系譜上の断絶があることだ。継体天皇は「応神五世の孫」〈『古事記』〉とあるように、四世紀代、すでに「傍系」化したはずの地方豪族が「大王位」を継いだのである。当然大和側には、継体以上に、系譜上有利な有資格者がいたはずだ。かれらを排除して、継体は即位した。そのさい、大王家内の「伝誦者」（語部）は、輝ける「大王位、継承者（有資格者）」として、誰を語り伝えていたか。当然、継体ではない。排除された「有資格者」の方だったはずである。

ただ、語部だけではない。稲荷山（埼玉県）の鉄剣の例にも見られるように、この六世紀初頭、すでに「文字」に記録されていた時代だ。だが、それらは、新しき支配者、継体の命によって「抹殺」された。そのように考えるのが自然ではあるまいか。そのような書物は焚かれ、語部は排滅させられたのだ。「焚書刑語」である（「刑語」は、語部を刑する）。

そのようにして〝公然の語部〟は失われた。しかし、語部の家の「内側」では、内々に語り継がれていた。その突端が、稗田阿礼だった。その阿礼の「伝誦」の事実を、太安万侶は知った。けれども、「阿礼は、誰から伝誦したのか」その肝心の一点を隠し、代って天武天皇の絢爛《けんらん》たる業績を讃美する美文をもって、その「隠匿」の事実を、読者の目から背後に遠ざけたのである。

しかしながら、史家の良心において、安万侶は一個のトリックを文章の内側に〝仕込ん〟だ。それが「義表」との対比、酷似した文脈構成だ。当代か、後代かは知らず、「義表」を知る者ならば、ここに「重大なカット」の存在することを知る、そういうメッセージを秘めた構文だったのである。

もし右のような分析によらずとも、単純な一個の疑問、「阿礼は誰から聞いたのか」に目を正面から向け、それがなぜここ（記序）に書かれていないのか、この一点を研究の始発点におくとき、だれしも、これと同一の帰結に辿り着かざるをえなかったのではあるまいか。

わたしは十八歳の日、村岡典嗣先生の面前でこの発表（義序と記序との構成上の酷似について）を行いながら、爾来、半世紀近く、この重大テーマに気づくことなく、空しく今日に至っていたのであった。（朝日カルチャーで質疑を寄せて下さった、伊藤正彦・内山圭介・飛鷹泰三の諸氏に感謝する。右の問題について、詳しくは「天皇陵の史料批判」『天皇陵を発掘せよ』三一書房刊、参照）。

＊

右の論証は、つぎの事実を証明した。

第一に、『古事記』偽書説や『古事記』序文偽作説は、ついに成立できない、ということである。なぜなら、後代の偽作者が、右のように「継体天皇の焚書刑語を、〃空白部〃に当て、中国の義表との対応によって、後代に察せしめる」必要など、全くないからである。もちろん、さまざまの「弁説」をもってこれを説明することはできよう。しかし、ひっきょう、無理な解説、不自然な解説に堕せざるをえないのではあるまいか。

第二に、以上の帰結は、直ちにつぎの問題を〃よびさます〃であろう。

〈その一〉『続日本紀』の元明天皇の和銅五年正月廿八日の項に、「古事記完成、安万侶上表」の記事はあった。しかしのちに、カットされた。

〈その二〉同じく、『日本書紀』の天武紀に「稗田阿礼に誦習を命じ、太安万侶に撰録せしむることとした」旨の記事が、この大王（天武天皇）の英業として書かれるはずであった。しかし、それは実現を見なかった（あるいは、削除された）。

この二点だ。なぜか。いうまでもない。この『古事記』とは別に、『日本書紀』が「正史」として作製されたからである。両書は、一見「類同」して見えるかもしれぬ。後代のわたしたちの目には、共に

「近畿天皇家中心の歴史書」として、共通の性格をもっているからである。

しかしながら、一層目をこらして精密に観察し、比較すれば、争いがたい相異がある。たとえば、

(一)　神代巻において、『古事記』は〝一通り〟の叙述しかないけれど、『日本書紀』には、多くの「一書」が〝固有名詞抜き〟で採用されている。しかも、両書の神代巻の出現国名は、前者（『古事記』）では「第一、出雲。第二、筑紫」であるが、後者（『日本書紀』）では「第一、筑紫。第二、出雲」となって、出現回数が逆転している。

明らかに、『古事記』の成立（七一二）と『日本書紀』の成立（七二〇）との間において、「筑紫系の史書」が多数入手された事情を暗示している。

(二)　景行天皇について、『古事記』では「九州大遠征の記事」など、全くなかったのに、『日本書紀』では、それが大量に「追加」されている。しかもそれが、「筑紫の君、前つ君」の一大功業譚の性格をもち、しかもそれが史上の事実（吉武高木の陵墓と宮殿群、最古の三種の宝物）と合致していた。

ところが、八世紀以降、現在に至るまで、近畿天皇家は、この至上至尊の「父祖の聖地」の真実のありかを〝忘失〟し、〝錯認〟していたのであった。

(三)　『日本書紀』の神功紀には、倭国の女王、卑弥呼と壱与の記事が、共に「一皇后の事績」であるかのように、〝合成〟されていた。

政・悰・満の法則、なかんずく「張政二十年の倭国滞在」問題にもとづく、木佐提案によって倭国の中心、邪馬一国が博多湾岸周辺にあったことが明らかになった今、右の事態は、やはり「筑紫の女王の記事」を、新たに（『古事記』の成立以後）入手し、これを利用したことをうかがわせる（とくに「西晋の起居注」など）。

（木佐提案については、『「邪馬台国」はなかった』最終補章、参照）。

以上の諸例の指すところは、一つ。右の八年間（七一二〜七二〇）に、「筑紫系の史書」が多数入手された、という、その形跡である。

では、そのような徴証があるか。——「肯（イエス）」だ。先にのべたように、

① （七〇七・七〇八）軍器・禁書

② （七一七）兵器

右の「七〇八〜七一七」の間に、近畿天皇家の中に「禁書」の入手された可能性が高い。なぜなら、「七一七」ではただ〝残党刈り〟のごとき「兵器」のみ。「軍器」にも、「禁書」にも、ふれていないからだ。

この事件が、先にあげた、文武四年項〈『続日本紀』〉の「肥人等・薩摩の比売・評督・助督」等との武力衝突と関係する可能性の高いことは、すでにのべた。

そのような「禁書」の入手こそ、近畿天皇家に対し、『古事記』よりはるかに〝壮大〟な、いわゆる「正史」を構想させるに至った、根本原因だったのではないか。わたしには、そのように思われる。

いったん、そのような「壮大な正史」が撰定されるとき、すでに成立していた『古事記』との「矛盾」が、問題となり、この太安万侶苦心の「小史書」は、永遠に廃棄されることとなったのであろう。

これが先に指摘した、

① 『続日本紀』の和銅五年正月廿八日項に、『古事記』撰進の記事が現われず（カット）、

② 『日本書紀』の天武紀に「『古事記』作成を命じた英業」がついに書かれなかった（あるいは、削除された）。

その理由だったのではあるまいか。わたしには、それ以外の理由を見出すことが不可能なのである。（なお「筑紫の史官」問題は別述）。

残されたテーマ

以上、縷々とのべきたり、そのあまりにも長きにわたったことに驚く。そして同時に、あまりにも、書き足りないことに、さらに驚くのである。たとえば、『日本書紀』における「朝鮮半島出兵記事」問題、「白村江記事」問題、「十七条の憲法」問題、「八色の姓」問題、等だ。『古事記』についても、先にあげた「倭建説話」問題等、数多い。『記・紀』に共通するものとして、「神武歌謡」の問題があり、これはすでに書いた（『神武歌謡は生きかえった』新泉社刊）けれど、さらに新たな問題が出現した（「国ゆずり歌謡」の問題）。これらについても、いずれのべねばならぬであろう。

このような事態は、一面からいえば、むしろ予想されたところだ。なぜなら、Tennologyという「色めがね」をはずし、人間のクールな目で見つめるとき、国学以来、築かれてきた「『記・紀』のイメージ」とは、全く相貌を異にした古代像の見えはじめること、当然だからである。けれども、今は筆をおこう。なぜなら筆をおいて、想をさらに深め、一層重厚な、今のわたしの目にはいまだ映じていぬ世界、それへの探究の旅へと新たに出立せねばならぬときなのであるから。

追補

本書中、大切な訂正点がある。「国生み神話」中だ。「天の一根」について、わたしは瀬戸内海の姫島と考えた（本書三〇七～三〇八ページ参照）。

「ここの女島は、大分県国東半島の東北にある姫島であろうと思われる」

（岩波、日本古典文学大系、古事記五七頁、注二〇）

といった見解に従ったのである。しかしながら、これはさにあらず、福岡県の糸島半島の北西部にある「姫島」の方が妥当することを知った。この島の神社には、「天一根尊」が祭られている。その上、そこは文字通り、対馬海流上の一端、文字通り「海人（天）国」のさ中だ。かつて本居宣長は、ここに比定していた。その慧眼《けいがん》に服する。

今回、この点を現地探訪の上、お知らせいただいた、灰塚照明氏（御家族）・鬼塚敬二郎氏等に深く感謝したい。

《この後、わたし自身現地（糸島半島の北西部の姫島）を訪ねた結果、逆にこれが「明治以降の（本居宣長説）復元」に拠ることを認識することとなった。標柱等。》

日本の生きた歴史㈢

日本の生きた歴史㈢

第一 「柿本人麿」論

一

この歌人には、次のような有名な歌が万葉集にあります。

「大君は神にしませば天雲の雷の上に廬《いほ》らせるかも」(巻三、二三五)

通例の理解では「大君」とは、天武天皇など。「雷《いかづち》」は、大和の雷丘だとされています。奈良県の高市郡の明日香村です。

しかし、わたしは二〇メートル足らずの雷丘の下に行ってみたとき、深い「?」を感じました。この丘の上に天皇があがって休息されたとき、「これはあなたが神様である証拠です。」とは。こんな〝へつらい〟を言われて〝うれしがる〟としたら、その人物もよほどの〝能天気《のうてんき》〟。そう言ったら果たして言いすぎでしょうか。

わたしには、そう思われます。

その上で、この二〇メートルに足らぬ丘に、果して「天雲」が垂れるものか。解《げ》せません。さらにこの丘で休息しただけのことを「いほらせる」などと表現するものか。

いずれにしても、この歌が本当に、この場所で人麿が作ったとすれば、彼は「世にも稀な、おべっか歌人」です。世界の歌謡史上、例を見ない下劣な歌人、残念ながらそう言う他の感想はわたしにはありません。

一変しました。

二

九州の福岡県前原市と佐賀県との間にある背振山脈の第二峯。雷山《らいさん》です。高さ、九五五メートル。前方（北側）に玄界灘があり、その西方は唐津湾、東方は博多湾と今津港。

後方（南側）には、佐賀県の有明海がひろがっています。ですから、ここ雷山は、絶えず「天雲」におおわれています。

わたしは何回も登りましたが、一日中晴れていたのは、一回だけでした。一瞬晴れている、と思っても、やがて天雲におおわれるのです。

この雷山には、「雷《いかづち》神社」があり、上宮・中宮・下宮に分かれ、今は中宮のレベルにこの神社があります。同じく有名な千如寺《せんにょじ》があり、そこから西に向って登り坂をすすむと、右の神社があります。

そして大事なことですが、ここには代々の筑紫の君の墓所があります。今も、上宮にその痕跡が残っています。背振山全体の頂上より、やや下にさがった位置です。

もし、人麿の歌が「ここ」で作られたとすれば、歌の内容は一変します。

三

人麿が九州の雷山で歌った、とした場合、その意味は次のようになります。

「筑紫の君（九州王朝の代々の王者）はすでに死んで神となっておられますから、今は山のほこらを『いほり』として安らかにすごしておられます。」

この歌の「キイ・ワード」は「いほり」。もちろん、〝生きた人間のすみか〟です。ですから、この歌の暗示する「背後の意味」は次のようです。

「現在の庶民は（現在の筑紫の君のあやまった方針により）、夫を失い、父をなくし、住む家もないありさまの日々です。」

と。もちろん、白村江の敗戦のあと、戦勝者の唐の軍隊が筑紫に進駐し、占拠していたとき、その中での人麿の「作歌」なのです。

これは「おべっか」どころか、現在の統治者（筑紫の君）に対する、鋭く深い「クレーム」の歌です。戦争に突入し、国の運命をあやまった、その「あり方」に対する、「庶民の目線」からの批判の歌なのです。

世界の詩歌の歴史の中にも、これほどの深く、鋭い歌を、わたしは見たことがありません。

四

この歌には、さらに深い背景があったのです。やがてそのことに気づいて愕然《がくぜん》としました。それについてのべましょう。

右に書いたように、この歌を人麿が作ったとき、筑紫（福岡県）は「勝者としての唐軍の進駐（占領）」の中にありました。九年間に六回も、何千人もの唐軍が来駐していたのです。その中でこの歌は作られたのです。

ハッキリ言えば、この歌の「真の主人公」は唐軍です。唐軍こそ「隠された主人公」なのです。

このことをわたしに気づかせてくれたのは、人麿が若いとき、紀州（和歌山県）の海岸の廃屋を前にして作った歌です。

古き家《や》に妹とわが見しぬばたまの黒牛潟を見ればさぶしも　（巻第九、一七九八、柿本朝臣人麿歌集）

かつて恋人と共に来て青春を謳歌した、その家が今は誰人もいぬ廃屋のようになっている。しかしあの日も、今も、目の前には黒潮が流れきたり、流れ去り、変ることはない。――ここでは「歌の表面」に現れぬ黒潮こそ、この歌の背景、「隠された主人公」なのです（古田『人麿の運命』原書房、一九九四年、三二九ページ参照）。

今回、わたしの柿本人麿論をＤＶＤ化して下さった、スターゲイトの方々の質問に答えるうち、今回の「大君は神にしませば」にも同じ手法が用いられているのを「発見」したのです。ここでは「隠された主人公」は「戦勝者として進駐（占領）した唐軍」です。

彼らが〝理不尽《りふじん》な占領〟を行ったため、筑紫の庶民、国民の「いほり」は荒れ果てている。それを歌ったのです。言葉の上では、〝指弾〟されているのは、「筑紫の君」です。その〝あやまったリード（戦争突入）〟によって、庶民の生活は破壊された。そう言っているのです。しかし、その背景をなす「真の主人公」はここでは唐軍の存在なのです。

この唐軍の「介入」は〝理不尽〟なものでした。なぜなら、

その一。新羅が国境に高句麗と百済の軍隊が来ていることを唐に訴えた。

その二。唐はこれを「奇貨（もっけの幸い）」として、大軍をもって来襲し、百済の王（義慈王）や王子や大臣、五十人を捕虜として首都長安へ連れ帰った。

その三。倭国（九州王朝）は百済との間の同盟条件（人質交換）によって、唐との戦闘に突入した（白村江の戦い）。そして「四たび戦って四たび敗れた」のです。

ですから、「戦闘突入」は〝倭国側の行為〟のように見えますが、その真の「さそい手」は、唐の方だったのです。唐の戦略に〝乗せられ〟たのです。

五

唐は、なぜこのような戦略を展開したか。その答は、唐の高祖が隋の一武将でありながら、御主人の隋の天子（煬帝の子供）を殺したからです。唐は「逆賊王朝」「反乱王朝」の汚名で、周辺の国々から見られていたのです。そこで唐は建国後まもなく作った『隋書』の中に、あの有名な、

「日出ずる処の天子、日没する処の天子に書を致す、恙《つつが》なきや。」

の一句を記しました。倭国側としては、仏教風の「複数、天子」という概念に立っていたと思われますが、唐（『隋書』）の立場はちがいます。

「天子を名乗ることのできるのは、中国のみ。夷蛮の倭王がこれを名乗ることは、断じて許せない。」

という中華思想の立場から、これを記したのです。その「許せない」相手と国交を結び、（多少の不機嫌をしめしただけで）使者を交換した、隋の天子は「中国の面汚《つらよご》し」である。――だから、わたしたち（唐の高祖）は、あえて御主人の隋の天子を斃したのだ、と。

自分たちの「反乱」の汚名回復、それが『隋書』にとって、最大の目標でした。

「わたしたち（唐）は、絶対に彼等（倭国）を許さない。」

これが『隋書』最大の「執筆目標」だった。すなわち、これが「対倭攻撃」の戦略の根本テーマだったのです。

人麿は、同時代人として、また白村江の戦（陸戦）に参加した一員として、このような唐の「思わ

く」と「行動」を知っていました。当然です。そのような唐軍への「隠された批判」、これこそが、この作歌の真の生命線だったのです。

もちろん、彼等（唐軍）も、歴史の中の一つの〝うたかた〟です。九州王朝は過ぎ去り、唐帝国は失われても、あの黒潮分流としての対馬海流はとうとうと流れ来たり、流れ去って不変なのですから。人麿の作歌の深さとその透徹性は〝恐るべきもの〟です。

これに対すれば、あの「現、万葉集」の中の位置づけ。

「天皇は生きた神様でいらっしゃるから、（十メートル強の）雷岳で休息していらっしゃる。」などという、従来の契沖以来のすべての万葉学者の「解釈」など、まさに〝笑うべきもの〟、この一言でしかないのではないか。

あるいは、「現、万葉集の編者」は、この人麿作歌の「恐るべき真相」に気づいていたからこそ、これを「チャチな、へつらいの歌」へと換骨奪胎、〝とじこめ〟たかったのかもしれません。恐るべき戦勝者、唐の勢威のために。

あなたは、人麿を「天下無類の、おべっか歌人」として〝とじこめ〟たいですか。それとも、人類未曾有の一大詩人として〝ありのままに〟見つめたいと思いますか。

数多くの、すべての万葉学者が〝そっぽを向いて〟わたしの解釈（『古代史の十字路』『壬申大乱』等）の発表以後も、一切〝ふれよう〟としないのは、もっぱら「自分たちの利益」と「自分たちの権威」を守るためではないか。そう言ったら、果して酷でしょうか。

しかし、日本国民には、自分たちの国の生んだ、永遠の文化財を守る、そしてこれを世界に誇る、不滅の権利がある。わたしはそう思います。

六

もう一つ、あげます。

「皇《おほきみ》は神にし坐《ま》せば真木の立つ荒山中に海を成すかも」（巻三、二四一）

これに対する、「通説」の解釈は次のようです。

「わが皇子は神でいらっしゃるから、真木の立っている荒れた山の中にも海をお作りになることである。」（岩波、大系本）

天武天皇の皇子（長《なかの》皇子）が、大和山地（奈良県桜井市鹿路）に池を作ったのに対して、これを「海」にたとえ、

「これこそ、あなたが〝生き神さま〟でいらっしゃる証拠です。」

と誉《ほ》めたたえたというのです。〝へつらい〟にも、度のすぎた歌という以外の感想がありましょうか。

しかし、これも「場」は大和ではなく、九州の雷山に移すと、状況は一変します。

原文の「海成」に対して「海を成す」ではなく、「海鳴り」ではないか、という貴重な示唆が福永晋三・伸子夫妻からよせられていました。

雷山には、玄界灘からの「海の嵐」が伝わってくる、とされる洞穴があります。もちろん、「海鳴り」そのものも、四面の海から〝ひびいてくる〟地形です。

「海鳴り」は、台風や嵐の到来する予兆です。海辺の民はその予兆にいつも、耳をすませてきました。ですから、これは筑紫の王朝（九州王朝）の滅亡を予言した歌なのです。

「代々の王者は、すでに死んで神になっていらっしゃいますから、美しい木々の立ち並ぶ、この荒れ

た山の中に、海鳴りをひびかせておられます。」

他国との無謀な戦争へと突入していった王者に対する、深い批判の声のひそめられた歌だったのです。

「へつらいの歌」などとは、縁もゆかりもありません。

万葉集は、日本文化出色の歌集です。中でも、柿本人麿はその代表です。では、日本文化とは、「世界にも稀な、へつらいの文化」なのか。——わたしの答は「否《ノウ》」です。世界の詩歌史上に類のない「深沈（深くて奥の深い）の歌」なのです。そういう伝統を秘めた、真の歌集です。

七

明治憲法の中心をなした、有名な一節。

「天皇は神聖にして侵すべからず」

の一文に対する〝証拠〟として、右の第一の歌がかかげられています（「憲法義解」）。

さらに、現在の日本史の教科書にさえ、この歌があげられ、

「昔は、天皇を神と思っていた」

〝証拠〟とされています。——全く「否《ノウ》」です。人麿は「阿諛《あゆ》（へつらい）歌人」ではありません。世界に類例のない、人間の魂を深く表現した、それこそ「深沈の文化」の真の歌い手なのですから。

第二 「古事記と銅鐸」論

一

今年（二〇〇九）の六月から七月にかけて、新しい「発見」が続出しました。古事記に語られた神話が、原文とは全く〝似て非なる〟ものに変えられていた。その発見です。

その出発は、大阪府の柏原市に住む菅野拓さんからもたらされました。近くにある「鐸《ぬで》神社」についてのお知らせでした。

祭神は「鐸比古《ぬでひこ》・鐸比売《ぬでひめ》」と言い、七月下旬にお祭りがあります。

「鐸」という文字に、「ぬで」などという〝訓み〟は、本来ありません。ですから最初に「鐸」という漢字があり、それを「ぬで」と〝訓んだ〟。そういう可能性はありません。逆です。

最初に「ぬで神社」と呼ばれていた。その「ぬで」の実体が、あの銅鐸であることを知っていた人が、これに「鐸」という漢字を〝当て〟た。これなら、理解できます。

事実、インターネットでも、この「ぬで」を銅鐸と見なす議論は、かなり前から登場していたようです（水野孝夫さんによる）。

わたしの「発見」はそこから先でした。

わたしは考えました。

「銅鐸というと、博物館に展示されている、あの釣鐘のような金属のことを考える。しかし、これには『鈕《ちゆう》』という取っ手が上部にあり、そこに『紐《ひも》』をかけ、つるして使用する。

従って、『ぬで』と言っているのは、その『紐』と合わせて呼んでいるのではないか。」と。

そうです。人間の手の先に「手の平」がついています。あれに〝たとえた〟のです。

「とすると、金属部分だけは『ぬ』なのではないか。」

これが新しいターニング・ポイントとなりました。

二

この目で見ると、古事記には「ぬ」があふれています。

「是《ここ》に天つ神 諸《もろもろ》の命《みこと》以《も》ちて、伊邪那岐《いざなぎ》の命、伊邪那美《いざなみ》の命、二柱の神に、『是《こ》の多陀用弊流《ただよへる》国を修《おさ》め理《つく》り固め成せ。』と詔《の》りて、天《あま》の沼矛《ぬぼこ》を賜ひて、言依《ことよ》さし賜ひき。」（古事記「国生み」）

この「天の沼矛」の「沼《ぬ》」です。これが小銅鐸です。その上、意外な「発見」がありました。

古事記の一番古い写本は「真福寺本《しんぷくじ》」と呼ばれるものです。名古屋（現在、岐阜へ移転）の真福寺で見出されたもの。本居宣長はこれによって「古事記伝」を書きました。

この真福寺本では、右の「天沼矛」が、

「天沼弟《あまのぬおと》」

となっているのです。「矛」の〝書きちがい〟なのか、と他の個所を見ると、すべて「弟」が「矛」と〝書き直され〟て、解釈されています。

たとえば、大国主命が越《こし》の沼《ぬ》河比売のところへ行き、おたがいの「ラブ・ソング」を長歌で交《か》わし合っていること、古事記を読んだ人には有名な一段ですが、そこに出てくる大国主命の「異名」である、

「八千矛神」

と（従来の古事記では）されていたものが、何回出て来ても、すべて実は、

「八千弟《やちおと》の神」

と書かれていたのです。対する「沼《ぬ》河比売」（従来の「ぬなかわ」訓みは、非）も、この「沼《ぬ》」を川べりに立てた枝にひもでつるし、それをかなでつつ、物語歌を歌うのです。

これに対し、八千弟神が、

「男のわたしが来たのだ。『ぬ』の調べを打ち止《や》めて出迎えてほしい。」

と歌うのです。完全な「ラブ・ソング」ですね。

これを本居宣長は、日本書紀の「天瓊矛《あまのたまほこ》」に〝合わせ〟て、「原文改定」しました。その「原文改定」の結果を、彼の後継者も〝受け継ぎ〟ました。それを明治以降の「国語学者」や「言語学者」も、疑わず、つき従って今に至っていたのです。

四

他にも、「天沼琴《あまののりこと》」と〝直し〟た上で、「当時（弥生時代）には『琴』はなかった」などと、注釈をつけている学者もいます。

この「琴」は、平安時代などの「琴」ではありません。中国の編鐘《へんしょう》にもあるように、八つの（あるいは「やしろ」）の「ち」（神の古称）の「音《サウンド》」を出す、楽器のことを指していたのです。

本居宣長は「文献」一点張りで、考古学上の「物」に注意をはらいませんでした。宣長の時、すでに彼のいた伊勢（三重県）にも、銅鐸は出土しましたが、宣長は一切これに関心をもたなかったのです。そのための一大欠落でした。

五

もう一つ、大切なことを〝注意〟させていただきます。

先の「八千弟神《ヤチオト》」と「沼河比売《ヌカワ》」の対話の歌で、比売（ヒメ）は相手に対し、

「夜知富許能　迦微能美許登波（ヤチホコノ、カミノミコトハ）」

と、くりかえし〝呼びかけ〟ています。ここでは「八千矛の、神の命」です。

要するに、

（A）「ヤチオト」

（B）「ヤチホコ」

という、二種類の名称が〝使い分け〟られているのです。そしておそらく（B）の方が「呼びかけ」の尊称として用いられているのです。

この「大国主命」が、同時に「大穴牟遅」（オオナムチ）と呼ばれているように、同人物・同一神に「別称」のあること、珍しくはありません。ここでもそうなのです。

六

新たな進展がつづきました。

古事記の真福寺本の「矛」と「弟」の完全調査をした結果、やはり「矛」とあるのは「矛」、「弟」とあるのは「弟」だという自明の結果をえたのです。「弟」は「兄」に対する「弟」の意と、「音（サウンド）」の意と、どちらかに使われています。

面白い発見がありました。

「矛由気（ゆけ）」（神武記、東征）

は、正しくは「弟（音）ゆけ」です。横刀《たち》を振りまわす音なのです。

また「履中記、水歯別命と曾婆訶理」の

「竊かに己が王《みこ》の厠《かはや》に入るを伺ひて、矛を以ちて刺して殺しき」

は、「弟（音）を以ちて」が正しいのです。

「下の水面に落ちる、大便の音を合図として」

の意です。水洗便所の普及した今日では考えられないことですが、実は極めて「リアル」な表現だったのです。

これらについて、古事記真福寺本のすべての「矛」と「弟」を〝写真化〟し、一つひとつ〝番号付け〟して、何らかの形で人々に明示したいと考えております。

七

かえりみれば、古事記の「国生み神話」が「天の沼矛（ぬぼこ）」ではなく「海士《あま》の〝ぬ〟（小銅鐸）」の「弟（音）」であったことは、当然でした。あの印象的な、

「塩、こおろ、こおろに」

の表現一つとっても、自明です。「矛」を海中にひたしたのでは、金輪際、こんな「音」はしません。本来、楽器としての性格をもつ、小銅鐸にこそふさわしい。そう思いませんか。

「天の浮橋」とは、海士族が岸側と舟との間にわたす、「細長い平板」のこと。隠岐島（島根県）では、今でも実用されている言葉です。

「高天原」は前にものべたように、「海士《あま》族の住む、水のきれいな集落」です。ここでは、壱岐の北岸の「天の原海水浴場」のこと。

このような〝分かりやすい〟そして〝可愛らしい〟リアルな説話を、本居宣長は途方もなく〝誇大妄想的なイメージ〟へとふくらませてしまったのです。明治以降、宣長の国学の継流を引く国語学者、言語学者、日本史の各学者はすべて、その「誇大妄想」に従ったままで、今日に至ったのではないでしょうか。これが事実です。

八

お気づきになりましたか。

そうです。出雲の荒神谷遺跡からは六個の小型銅鐸と三五八本の銅矛が出土しました。考古学者は、

自分たちの「造った」分類上、これを「銅剣」と呼んでいますが、「柄」をつければ「矛」や「戈《か》」です（他に十六本の「筑紫矛」も出土）。

加茂岩倉からは三十九個の（中・大型）銅鐸が出土しました。

このような「考古学上の出土遺物」と古事記の歌謡という「文献上の事実」と、両者はピッタリと〝対応〟し、〝呼応〟していたのです。

本居宣長はこの「考古学上の出土遺物」を知りませんでした。だから、「銅鐸無視」の「読み」と「解釈」の一筋道の上に、『古事記伝』を書いたのです。

津田左右吉も、この「出土遺物」を知りませんでした。だから「古事記・日本書紀の神話」は「六世紀前半の史官による『造作』（つくりもの）」と断じたのです。

しかし、「出土遺物」、「文献の事実」も、この「二人の権威者」の説をキッパリと否定しています。

現在の教科書は、これらの「二人の権威者」に従って書かれています。

あなたは、どちらに真実があると思いますか。旧《ふる》い「物を無視した神話の書き変え」か、それとも古事記真福寺本の原本通りに、新たな「神話の真実」を尊重するか、この二つの道です。

第三　「君が代」

一

「君が代」には、日本の歴史の深淵が内蔵されています。「君が代」を辿れば、日本の歴史の深層に到達できるのです。

先ず、古今集について。

賀歌の先頭に「読み人知らず」「題知らず」でのせられています。なぜでしょう。

これを解く「カギ」は平家物語の有名な、忠教《ただのり》都落の段にあります。彼の歌は「勅勘」(源平合戦に敗けた平氏)になったから、という理由で、編者、藤原俊成は本人からその歌を受け取っていながら、実名をのせることができず、「読み人知らず」としたのです。

それでも彼の場合、「故郷花」として「題」だけは書かれています(千載和歌集)。

「君が代」の場合は、もっと〝ひどい〟扱いです。「題」すら書かれていないのです。

近畿天皇家にとって、その「名前」も、また「題」すら〝出す〟ことのできぬ「相手の陣営」の歌だったのです。

では、その「相手」とは誰か。そうです、九州王朝です。「七〇一」を境にして、「九州王朝の時代」に変わり、「近畿天皇家の時代」となりました。しかし、唐(北朝)に敵対した九州王朝の「名」を表に出すことができなかった。だから「題知らず」「読み人知らず」です。これほど印象的な歌、権力者の眼前で歌われた形の「権力者への誉《ほ》め歌」の「作者」もわからず、「題」すらつけることができない。もし、「同一王朝」内なら、ありえないことです。あなたはそう思いませんか。

二

事実、九州王朝の本拠、博多湾岸ではこの歌は歌われていました。今も、年に二回歌われています。博多湾岸の志賀海神社です。それも、村人たちがそれぞれの役どころにより「演劇的な所作」によって演ぜられるのです。

七日七夜のお祭りの最後に「吾が君」が「千代」から船に乗って、この志賀島にお出でになる。それを「ろ」をこぐ仕ぐさや渋い漁師の声で演ずるのです。もちろん、現在の「国歌」になっている「曲」の方は、明治以後に制定されたものです。

三

その上、博多湾岸から糸島にかけても、この歌に出てくる地名、神社名が「一列」に並んでいます。先ず「千代」。今でも地下鉄の駅が「千代県庁前」であるように、福岡県庁のあるところです。かつては千代の松原(東公園)と呼ばれていました。

「八千代」という言葉がつづきますが、これは石口健次郎さんのすぐれた研究(「君が代の古形があった」『東京古田会ニュース』二〇〇八年五月、No.一二〇)によって、「千代はや、千代に」と〝訓む〟べきことがしめされました。「千代」はこの短い歌に二回も出てくるのですから、まさにこの「君が代」の眼目、真の「原点」なのです。

四

次は「細石《さざれいし》」。前原市に有名な細石神社があります。いわゆる「志賀島の金印」が蔵されていたと伝えられる名社です。

「井原」。はじめ「いはら」かと思っていましたが、「いわら」でした。土地の鬼塚敬二郎さんの御教示をえました。「岩ら」の「ら」は「むら」「そら」などの接尾辞。歌の「いわほ」の方は「岩穂《ほ》」か。

すぐそばに美しい水の大量に（福岡市側に）流れ出している「水無洞窟《みずなし》」があります。この「無し」は〝成し〟で、「有る」方の意味です。「山梨県」の「なし」と同じ。

五

最後の「苔のむすまで」。この「細石」と「岩ら」から西へすすむと唐津湾につきあたります。船越というところに「苔牟須売《こけむすめ》」が祭られています。

「こ」は「越《こし》」の「こ」。「け」は「つぼけ」「もののけ」「けはい」「たわけ」などの「け」。神の古名です。この船越のすぐ北に、有名な「けやの大門」があります。この「け」です。「や」は「やしろ」の「や」。「大門」は〝大きな神殿の戸口〟。これと〝背中合せ〟の船越にこの「こけむすめ」が祭られているのです。

「む」は〝主〟。「す」は「須磨《すま》」「鳥栖《とす》」の「す」。〝住まい〟です。

「め」は〝女神〟の古名です。「久留米」（福岡県）「物集女《もずめ》」（京都府向日市）などの「め」。「はしため」（婢女）」はその蔑称。

これらの地名、神名、神殿名を連ねて「君が代」は成り立っているのです。「糸島・博多湾岸」という九州王朝の中枢地にそれらが連《つら》なっていること、偶然の一致とは考えられません。「あとから、地名をつけていった」などというのは、暴論です。地名とは、そんな安易なものではありません。

このような地名の連鎖を教えて下さった灰塚照明さん、志賀海神社の定例行事の存在を教えて下さった古賀達也さんに感謝します。

やはり、「君が代」は近畿天皇家の「古今集」の中に〝とじこもって〟いることは許されません。やはり九州王朝の「時」と「所」に至らざるをえなかったのです。

六

しかし、「君が代」は九州王朝にとどまることはできません。

「千代」は被差別部落のある地帯です。「吾が君」は九州王朝の中で「男性の君主」を指すことに用いられていました（「阿輩雞彌《あはいのきみ》」「わが君」隋書俀《たい》国伝）。

しかし「君が代」の場合、「きみ」とは「女性の君主を指す、呼び名」でした。「いざなぎ・いざなみ」の「いざなみ」の方が女神です。「かみ」も、本来「女神」のことだったのです。

ですから、「君が代」の「君」は〝女性の君主〟。「代」が「ちよ」の「世」であること、すでに明らかでしょう。

「千代」と「細石」「井原」との一線の中には、わが国の最古の「絹」の出土地、有田があります。室見川の河口近くの右岸（東側）です。

江戸時代から明治のはじめまで「首切り」の処刑場のあったところ、そして「輝ける被差別部落」の地帯です。

すでにおわかりでしょう。「君が代」は決して「九州王朝の〝わく〟」にとどまることはできません。不可能です。

「輝ける、日本人と日本語の祖源」である「被差別部落の栄光の時代」の認識へと至り着かねば、決して「君が代」を知ったことにはなりません。「君が代」を本気で「歌う」ことなど、全く不可能なのです。たとえば、木に登って魚を求め、石にかじりついて飢えを満たそうとする一大愚挙に似ています。

「君が代」は日本人の本当の魂、日本の歴史の深淵の存在を見事に指ししめす歌だった。これが結論です。

第四　「天皇記・国記」論

一

今年（二〇〇九）になって、大きな「発見」がありました。それは「天皇記と国記」の問題でした。

「荒吐神要源抄《あらはばきしん》」という本に、次の一節があったのです。

「今より二千五百年前に、支那玄武方より稲作渡来して、東日流《つがる》及筑紫にその実耕を相果したりき（「し」か）も、筑紫にては南藩民航着し、筑紫を掌握せり。」

ここで言っているのは、次の点です。

第一、日本列島へ「稲作」が到来したのは、先ず北方（「玄武」）からであった。

第二、次いで、江南（揚子江の河口近辺）の民（「南藩《ばん》民」）が舟でやってきて、同じく「稲作」をもたらした。

第三、この「稲作」が筑紫（福岡県）と東日流《つがる》（青森県）へと伝播した。

右は、現在わたしたちのもっている「科学知識」そのものです。

一つは、北部九州の菜畑（佐賀県）・曲田（福岡県）・板付《いたつけ》（福岡市）が日本列島の「稲作」の〝はじまり〟です。その代表は「板付（福岡市）」です。

二つは、その「稲作の到来」には、二説あります。一方では、考古学者。稲作に使う石器（石包丁《ほうちょう》等）が、北方のピョンヤンからソウル、そして板付へと、時間差がありますから、この流れで「稲作」が日本列島へもたらされた、と考えました。当然です。

他方、人類学者。板付などの「稲の品種」そのものが、「北方の稲」ではなく、「江南の稲」と同一品種でしたから、「江南から筑紫への伝来」を主張していたのです。

ところが、この史料（「荒吐神要源抄」）では、右の二つが共に記述されています。

二

三つは、「東日流と筑紫への伝播」です。

はじめ、青森県の垂柳や田舎館から「縄文水田」もしくは「弥生初期」の稲作が「発見」されたとき、考古学者たちはいっせいにのべました。

「やがて北陸や山陰からも、発見されるにちがいない。」

と。しかし、以来、二十年近くたっても、依然、北陸・山陰は「空白」のまま。やはり「福岡県と青森県」だけなのです。

ところが、この「荒吐神要源抄」をふくむ「和田家資料」、一般に言われている「東日流《つがる》外三郡誌」では、右のテーマがくりかえしのべられていました。いわく

「安日彦《あびひこ》・長髄彦《ながすねひこ》たちが、『稲』を筑紫から東日流《つがる》へもってきた。」

と。本当だったのです。

三

さらに、驚くべきことがあります。それは「年代」です。

右で「今より二千五百年前」とありますが、「今」というのは「天正五年（一五七七）の九月一日」です。行丘邑《なめおかむら》の高陣場《たかじんば》（青森市と弘前市の間）に住んでいた「北畠顕光《きたばたけあきみつ》」という人が、「天皇記」からの引用として、これを書いているからです。

計算してみれば、すぐ判りますように、「一五七七年」から「二五〇〇年前」とは、「BC九二三年」です。つまり、紀元前千年近く前に、稲作が北方からもたらされた、と言っているのです。

これもまた、現在の「科学知識」と一致しています。

四

これだけ「一致」すれば、すぐ〝疑う〟人が出てきましょう。

「現代の『科学知識』を知った人が、これを書いたのではないか。」と。当然の〝疑い〟ですが、実は、それは全く無理なのです。

なぜなら、この「科学知識」がもたらされたのは、『弥生時代の実年代――炭素14年代をめぐって』（学生社、二〇〇四年）による、画期的な研究でした。

これに対して右の「荒吐神要源抄」が公刊されたのは、その「十二年前」の一九九二年八月（『和田家資料1』北方新社刊）でした。藤本光幸さんの編集です。

「時を逆行させる」魔術でも使わない限り、右のような〝疑い〟は、成立不可能です。

五

この「荒吐神要源抄」では、右の「南蕃民」について、次のように書いています。

キイ・ワードは「高砂《たかさご》族」です。現在では「台湾」の原住民として知られていますが、その「源流」、すなわち「本来の原点」は、中国の浙江省の杭州湾近辺だった、とされています。

「高砂族と曰《い》ふも、元来住みにける故地は寧波《ニンポウ》と曰《い》ふ。支那仙霞嶺《せんかれい》の麓、銭塘河《せんとうか》・水戸沖《すいこおき》・杭州湾・舟山諸島なる住民なりと曰《い》ふ。」

とある通りです。

その「高天原寧波」から「筑紫の日向」へやったきた彼等が、江南の「稲作」を筑紫へもたらした、というのです（「日向」は〝ひなた〟。高祖山近辺）。

ここで「高天原」と言っているのは、決して「天上の理想郷」といった〝途方もない〟用語ではありません。

「た」は「太郎」の「た」。〝第一の〟の義。

「か」は「かは」の「か」。〝神聖な水〟を指す言葉。

「あま」は「海士《あま》族」。対馬海流（黒潮の分流）を活動領域とする海洋民族。

「原」は「ばる」。集落のこと。平原・前原・田原坂などの「ばる」。九州語です。

ですから、「高天原」とは、〝海士族が生活拠点としていた、神聖で水の豊かな集落〟という意味なのです。対馬海流の「両岸」にそれは点々とありました。「寧波」も、その一つ。ワン・オブ・ゼムなのです。

日本では、壱岐の北岸にある「天原《あまのはら》海水浴場」の地域も、その一つでしょう。古事記や日本書紀の神話も、本来はそのような立場で書かれていました。

伊勢（三重県）の医者だった本居宣長はそれを知らず、古事記・日本書紀の神話の中の「高天原」を、あたかも「天上の架空世界」のように〝錯覚〟したのです。

しかし、本来は右のように、何等「神がかり」的な〝頭脳〟を必要としないものだったのです。

それを、明治維新以後の学界や教育界が「万世一系の天皇」というイメージを全国民に〝普及〟させるために「悪用」したのです。

しかし、古事記・日本書紀の「神話」そのものは、それとは全く〝かかわり〟のない、貴重な「古代説話」でした。歴史を「反映」した、真実のストーリーだったのです。

六

本来の「天皇記・国記」は、そのような「神話汚染」とは関係がありません。だからこそ、右のような「リアリティ」を保っていたのです。

「天皇記・国記を探そう。」そういう声があなたの耳に聞えてきませんか。

第五　謡曲論

一

日本の文学様式の一つに「謡曲」があります。この中には、日本の歴史、日本の文化が圧縮されています。

「謡曲」の代表の一つとされる「高砂」をとりあげてみましょう。

第一、この歌い手は、九州の阿蘇の神主です。

「そも〳〵、是《これ》は九州肥後国、阿蘇の宮の神主友成《かんぬしともなり》とはわが事《こと》なり。」

の告白《せりふ》ではじまります。彼が近畿の都（京都）へやって来て、その途中で〝もより〟の地名を知って、そこで歌うのです。〝もより〟とは、「播州（兵庫県）高砂の浦」や「摂津の国（大阪府）住吉《すみよし》」などです。

この語り手は九州人ですから、「住吉」と言えば、博多湾岸の住吉大社、また糸島の住吉神社ですが、その〝もより〟の、同じ「住吉《すみよし》」の類の地名を「尉《じょう》」＝「おきな」の居場所に当てているのです。

二

問題は「嫗《おうな》」です。彼女は「当所の人」とされ、「住の江高砂」にいる女性とされています。

もしこれが「おきな＝摂津の国（大阪府）」と「おうな＝高砂（播磨国・兵庫県）」とすれば、両者の〝住み家〟はすぐそば。〝目と鼻の先〟です。ところが彼女は言います。

「山川萬里《ばんり》を隔《へだ》つれども、互《たがひ》に通ふ心遣《こころづかひ》の、妹背の道は遠からず」

男女の道は、山や川など「万里を隔てていても」変らない、というのです。

「空間」だけではありません。「時間」も同じです。

「高砂といふは上代《じゃうだい》の、萬葉集の古《いにしへ》の義」（「おうな」）

「住吉と申すは、今此御代に住み給ふ延喜の御事《おんこと》」（「おきな」）

今いる「時」は、延喜（九〇一～九二三、平安時代）の御代だけれども、ここで言う高砂とは、はるか遠い、いにしへの代のことだ、と言うのです（「万葉集」は、たとえ）。

ここに、はじめて浮かび上がってきます。この「現代のストーリー」の淵源は、遠い「いにしへ」のことだという。それをイメージさせようとしているのです。

三

ここまで来れば、おわかりでしょう。

ここで「住吉」と言う、本来の場所は九州。その博多湾岸の住吉大社、前原市の住吉神社。いわゆる「糸島・博多湾岸」です。

そして「たかすな」ではなく、「たかさご」とは？

そうです。浙江省の杭州湾岸の寧波などを本拠とする「高砂族」。あの「高砂」なのです。ですから「糸島・博多湾岸」との間には、「万里」がへだたっているのです。

四

「高砂《たかさご》や」

の〝呼びかけ〟は、何でしょう。

前にものべましたように、「た」は「太郎」の「た」。〝第一の〟の意です。

「か」は「かは」の「か」。〝神聖な水〟です。

「さ」は海辺の地。土佐・宇佐などの「佐」です。

「こ」は〝男子の敬称〟です。

「たかさごや」とは、「神聖な水のある、海辺に住む、すばらしい男子よ。」

と、「おうな（女、「オンナ」）」が男に対して〝呼びかけて〟いるのです。

その結果、「年をとるまで、そいとげる」ことに成功し、この老年の日を迎えた、というのです。

あの「国生み神話」の中で、一つだけありました。日本書紀の第十・一書。「陰神（女神）」が先ず、呼びかけて、

「あなにしやし、うましおとこよ」

と言い、首尾よく「淡路島」と「ヒルコ」（太陽神）が誕生した、という女性中心の縄文神話。あれと同一のスタイル。その縄文という時代精神の表現なのです。

五

さらに、ここには〝恐るべき〟日本語の秘密、日本の歴史の真相が隠されています。それは「おうな

（おんな）」です。

古事記は、大国主命と「同一神話」として、「大穴牟遅《オウナムチ》の神」が出ています。「ムチ」は「主なる神」ですが、「オウナ」が分りませんでした。

それがハバロフスク州のオロチ族の故老《ころう》に会って「判明」したのです（松本郁子さん等の通訳）。

「オウ」は〝海〟。「ナ」は〝大地〟。これを故老に何回も発音してもらい、意味もしつこく確認しました。

「オウナムチ」とは、「海と大地の主神」を意味する言葉でした。「チ」はもちろん「神の古称」です。「アシナヅチ」「テナヅチ」「ヤマタノオロチ」「オウナムチ」の「チ」です。

それが今回、さらに認識がすすみました。

この「高砂」に出てくる「おうな（＝オンナ）」こそ、まさに「海と大地の女神」だったのです。

六

では、この「江南」の浙江省で用いられていたのは、「オロチ語」でしょうか。

否、逆です。

浙江省の「倭人」（「あま族」）の使っていた「古代の倭語」が、古事記の〝出雲の神〟にも、用いられていたのです。

さらに、ハバロフスク州のオロチ語の中にも、その「古代の倭語」が遺存していたのです。

オロチ族は、シベリアの奥地《おくち》、黒竜江の中流域から、ここハバロフスク州へ〝移り住んだ〟とされています。そのハバロフスク州の「先住民語」としての「倭語」が、現代のオロチ語にとっての「古語」

として遺存していた。そう考えるべきだと思います。

七

もう一つ、面白いテーマがあります。「支那」問題です。

例の「高天原寧波」のことをしるした「荒吐神《あらはばきしん》要源抄」の中に、「支那」という言葉がくりかえし出てきます。「天皇記」の引用です。

これは「倭語」です。「言素論」でくりかえし論じたように、「し」は〝人や生物の生き死にする〟こと。「信濃《しなの》」「筑紫《ちくし》」の「し」です。

ですから「支那《しな》」は、

「人や生物の生き死にする、大地」

という意味の「自然地名」です。これを西欧人が〝China〟と「記した」のです。「雲南」をベトナムと記したように。決して「逆」ではありません。

その証拠に、「中国」や「中華」などは、いずれも「政治地名」ですが、「支那」は純然たる「自然地名」です。そして〝賞《ほ》め言葉〟です。二十世紀の〝うぬぼれた日本人ども〟がこれを汚い「蔑称」に用いたことが知られていますが、それとこれとは「別」です。恥ずかしいのは、十九・二十世紀の日本人であり、全く古代の倭人ではありませんから。

ともあれ、この「支那」もまた、古事記に登場するのです。

手名椎（テナヅチ）＝「てのひら」のように拡がった地の港の神

足名椎（アシナヅチ）＝「ア」は接頭語、「わが」の意。「シナ（支那）の港の神」

「足名椎」は、浙江省出身の「港の神」だったのです。

八

言語学者によって言われてきました。

「日本語は孤立している。」

と。そして、

「その孤独に耐えねばならない。」

とさえ書いた人もありました。

まちがいです。西欧流の言語学の方法、それも「インドと西欧」という、限られたケースにもとづいて、その特殊法則を「一般化」したからです。

日本民族は、「天」からこの列島へ「天降ってきた民族」ではありません。逆です。

この日本列島という「フラスコ」の中で、周辺から流入してきた諸民族の諸言語が〝かきまぜあわされた〟状態。そのサンプルをなす言語なのです。

目をくもらせなければ、沿海州でも、南米でも、「親縁《しんえん》言語に囲まれている」。そういう恵まれた言語だったのです（朝鮮語やアイヌ語との関連は、「多元」の会誌連載の「言素論」参照）。

第六　「天皇陵」論

一

天皇陵に対しては、二つの見方があります。その一つは「万世一系」の天皇陵という立場です。その二つは「天皇名と不一致」の天皇陵という、一種批判的な立場です。そこで「大仙古墳（仁徳陵）」とか、「誉田《こんだ》古墳（応神陵）」といった風に、現地名で呼ぶ方がいい、というのです。森浩一さんなどが首唱し、一般の考古学界でも、かなり用いられているようです。

しかし、わたしの立場は、右のいずれとも異なっています。第三の立場です。

二

先ず、最初の「万世一系」論。これは全く「非」です。それは日本書紀を見れば、明瞭です。なぜならその「武烈紀」には、武烈天皇を「悪逆非道の人物」として、口を極めて非難しています。国民の生命をもてあそんだ、セクシャル・ハラスメントの典型の人物として描いています。

これを津田左右吉は批判し、「中国の歴史上の悪王」の存在に習い、これをわが国でも「造作」したにすぎず、「歴史事実」とは無関係だというのです。

戦前の「皇国史観」ではもちろん「ノー・タッチ」でしたが、敗戦後も、津田左右吉の後継者（井上光貞・直木孝次郎・上田正昭等）も、また、津田左右吉に従い、これを「論ずる」ことをせずにきたのです。

しかしわたしは、これはまちがっていると思います。日本書紀は当然ながら「津田説」という二十世紀の学者の「説」にもとづいて書かれたものではありません。書紀の「主張」するところ、その立場は明確です。

「神武天皇以来の王朝は、この武烈天皇で断絶した。だから、われわれの継体天皇が『北陸』（福井県）から、招かれて近畿へ来られ、天皇の位を受け継いだのだ。」

と。すなわち、天智・天武から元明・元正に至る、現在（八世紀）の王朝の『出現』の〝正統性〟を説く。それが日本書紀の立場、主目的なのです。

事実、中国の歴史書（史記）のしめす「悪王」記事、夏の傑《けつ》王や殷の紂《ちゅう》王の記事を見ても、その記事はきわめて〝ささやか〟です。到底「武烈天皇の比」ではありません。

その上、「武烈天皇」には陵墓がありません。日本書紀に書かれている場所は、単なる丘陵であり、古墳ではないのです。

「継体天皇は、武烈天皇を〝祭らなかった〟」のです。

この事実ほど、日本書紀の「武烈紀」の「リアリティ」を〝裏付ける〟ものはありません。

ですから、日本書紀は「万世一系」などという言葉は、一回も使っていないのです。あの言葉は、明治維新後、「三百年の徳川」に対比する、天皇家の「ＰＲ」めいた表現として採り上げられ、〝多用〟されはじめたものに過ぎません。

三

二つ目の「天皇名、不使用」の立場。

もちろん、「在地名」で呼ぶこと自体は、何の問題もありません。ただ、宮内庁側とは名前の「使用目的」がちがいます。宮内庁側の呼び名は、あくまで「祭る」ためのものです。

これに対して考古学者側は、別段これを「祭ろう」としているわけではありません。「天皇名」との〝名前あて〟に「?」をもっているにすぎません。

「名前あて」が〝ちがっていた〟としても、それは「祭る」ためには、本質的なテーマではありません。考古学とは「名前あてクイズ」のことではありません。それが目的ではないはずです。その〝証拠〟に、考古学上の古墳で「被葬者の名前」の確定しているケースがどれくらいありましょう。ほとんど「無し」に近いのではありませんか。

わたしたちの各家の祖先の墓でも、各代の「名前」の確定しているものが、どれくらいありましょう。「各代の名前が確定できないから、祭らない。」考古学者はそんな「告白《せりふ》」を本気で、自分の家の墓について言うのでしょうか。笑止です。

その上、最近、言われているように古墳時代の「はじまり」が、約七十五年〝さかのぼった〟と言います。箸墓です。先頭が七十五年さかのぼれば、「終末」も当然〝さかのぼら〟ざるをえません。継体以後、数代、敏達天皇まで「巨大古墳」(いわゆる「前方後円墳」)だと言われていたのが、全部「武烈以前」におさまります(「二倍年暦」の問題を入れれば、「継体と敏達」の間は、わずかに三十数年間です)。

宮内庁の言う「継体天皇陵」(高槻市)も、考古学者の言ってきた「今城塚」(茨木市)も、共に「武烈以前」に〝おさまる〟可能性が大なのです。

「継体以後」は、巨大古墳ではなく、北陸系の「方墳」や「小円墳」の時代となっているのです。

要は、「名あてクイズ」のレベルではなく、次の一事に立つべきです。

「天皇陵は、前王朝の陵墓を祭っている。」

と。それが、すばらしいのです。世界に数少ない現象なのです。日本の「礼」と日本の「文化」の表現です。

四

重要なテーマがあります。

日本には「国外用」と「国内用」と二つの顔があります。その一つは国外。日本の考古学者はエジプトや中近東へ行って「陵墓」をさかんに「発掘」しています。

その二つは、国内。天皇陵は「祭られている〝生きた墓〟だから」という理由で「発掘禁止」です。国外の場合は「祭られていない、死んだ陵墓」だから、発掘O・Kというのです。

まことに〝便利〟な「使い分け」ですが、これを聞いて、本気で「うなずく」外国人は少ないのではないでしょうか。「手前勝手な、りくつ」、そう思っている外国人が大部分ではないでしょうか（「阿諛《あゆ》（へつらい）の人」は、別として）。

その証拠は、「堀」です。仁徳陵の堀には、釣り人（堺市住民）が落下し、「ヘドロ」の中で窒息して死んでしまいました（平成十九年）。もちろん、犬や猫も、へびも、死んで「ヘドロ」と化しているでしょう。

日本は地震列島です。その地震の「亀裂」は確実に、石室の内部にもとどいているでしょう。その「亀裂」から、へびやむかでが出入しても、「自由自在」です。それを〝ほうっておく〟のが、「生きた陵墓」に対する態度でしょうか。

わたしたちの家の墓でも、東京の多摩御陵でも、そんなことはしません。内部を点検し、こわれたところを補修します。それが日本の文化です。

要するに、「象徴される側」の日本国民と、「象徴する側」の天皇家と、態度がバラバラ。一貫していないのです。

五

肝心なことがあります。

「近代の考古学」のとっている「学問の方法」です。日本の考古学の祖とされるE・S・モースが大森貝塚を発掘したのは、「日本人が人喰い人種である」ことの立証が目的でした（岩波文庫『大森貝塚』）。

アメリカ時代に彼がデンマークの古墳から出土した人骨によるイメージ「古代人は人間を食っていた」というテーマを日本の大森貝塚で〝実証〟しようとしたのです。そしてそれに「成功」しました。大森貝塚からは多くの「人骨」が出てきたからです。

しかし、この判断はあやまりでした。それらの人骨には「焼《や》いたり、煮《に》たり」したあとが全くなかったからです（文庫本・解説、近藤・佐原氏）。

わたしの考えでは、これには深い理由があります。「貝塚」とは、〝貝のお墓〟なのです。〝ゴミ捨て場〟ではありません。

貝も、魚も、残された部分は、この墓で祭り、天という大自然の一物として〝返した〟のです。人間も同じです。その遺体を大自然の一物として〝祭って〟いるのです。モースの知らぬ世界でした。

モースだけではありません。近代の「考古学」は、〝魔女の一族の墓あばき〟です。中世から近世にかけて「魔女裁判」が吹き荒れ、多くの（多神教の）巫女《みこ》たちが「魔女」として焼き殺されたことは有名です。現代の考古学者は「クリスチャン」です。ですから、「魔女の一味の遺跡」に敬意をもたず、祭らず、ただ「発掘」して「古代の人々が心をこめて埋納していた遺物」を〝抜き出し〟て、大学の倉庫や博物館の棚に〝飾った〟のです。もちろん、遺跡の「あと」を〝祭る〟儀礼の義務など、ありませんでした。モースもその一人です。

同じく、日本でも、東京大学や京都大学などの考古学者が古墳を「発掘」したとき、墓前祭も、発掘後の「祭り」も行わず、「埋納物」だけを〝抜き出して〟大学へ持ち帰り、その後、その墓を「祭る」ことなど念頭にありませんでした。西欧の「キリスト教」という名の「新興宗教」の品格なき「方法」を模倣し、猿真似し、それを「近代の学問」と称していたのです。

ですから、宮内庁が「近代考古学者」による、そのような「発掘」に対して「首を縦にふらなかった」こと、それはまことに正当でした。〝筋の通った〟対応だった。わたしはそのように評価します。

六

これに反する、正しい先例があります。

水戸光圀です。彼は栃木県の「上侍塚・下侍塚」の発掘をさせました。近くの有名な「那須国造碑」の「韋提《いで》」をめぐる事績を語る銘版などの出土を期待したのです。しかし、結果は「予想に反し」ました。刀などの一部などが出土しただけで、銘版などは出土しませんでした。

光圀は墓前祭を行ない、みずから記した「弔文」を読ませました。天下の名文です。死者の安寧をさまたげたことをわび、今後さらに安らかに眠られんことを祈る、というものです。

これが、人類普遍の姿です。近代西欧の、いわゆる「考古学」とは、キリスト教「専一」の西欧、「原理主義」的な〝おごり〟に立つ、〝地域的〟な、偏狭な立場です。日本人はこれを明治以降、〝先進的〟な、「近代考古学」として〝錯覚〟したのです。

「死者への礼にはじまり、礼に終る。発掘以前より、さらに美しく荘厳に、これを祭りつづける。」

これが「人間の考古学者」にとっての義務です。「人類普遍の姿」です。

この名文に対し、英・独・仏・西・和蘭・中・露・韓国語等、各国語の訳を作りたいと思います。

もちろん、日本の教科書（日本史、国語、漢文）にも掲載してほしい、と思います。これが日本の文化なのですから。

補

なお、天皇陵の「完全発掘」を、日本国民の寄付で行なうプランを作り、大阪府知事・大阪市長・堺市長・羽曳野市長、さらに日本国の総理大臣にお送りしました。

（二〇〇九年の六・七月に発議。十一月七・八日、八王子の大学セミナーで詳述。）

第七 「先進儀礼」論

一

歴史学は、過去の記憶ではありません。未来への挑戦です。

日本書紀の神代巻に〝気になる〟神話があります。

天照大神の子孫だという「海幸《うみさち》」と「山幸《やまさち》」の〝兄弟争い〟の話です。

弟の「山幸」が兄から借りた釣針を亡《な》くし、それを探すうちに海神の宮に至ったといいます。そのあと、潮みちの玉と潮ひきの玉の争奪で兄は弟に敗れます。今の問題は、その次の一節です。

「遂に其の弟に伏事《したが》ふ。是《こと》を以て、ホノスセリノ命《みこと》の苗裔《のち》、諸《もろもろ》の隼人《はやと》等、今に至るまでに天皇の宮墻《みかき》の傍《もと》を離れずして、代《よよ》に吠ゆる狗《いぬ》して奉事《つかへまつ》る者なり。」

だから彼等、南九州の隼人等のことを「狗人《いぬひと》」と言った、というのです。

二

それだけではありません。

この「手口」は、八世紀の近畿天皇家の時代にも、受け継がれました。

延喜隼人式に番上《ばんじょう》（古来）の隼人二十人、今来《いまき》（近来）の隼人二十人、白丁《はくてい》（未訓練の男たち）の隼人百三十人等がいっせいに「犬のような吠声を放つ」とされています。元日即位の儀や外国使臣入朝のとき、また践祚《せんそ》（位につく）大嘗《だいじょう》の日の、これが定例の儀式になっている、というのです（岩波、日本古典文学大系、巻第二の注一一。一七四〜五ページ）。

これは、何事でしょうか。

三

三回にわたって、「日本の生きた歴史」をのべてきた今、もうゴタゴタ言う必要はありません。ストレートに歴史の真相を突きましょう。

第一、南九州は日本列島の縄文文明の輝かしく華《はな》開いた先端の地です。北海道や東北から南下した大陸文明と、太平洋の中から北上してきた海洋文明と、両者合流して成立した、日本文明の最中枢でした。

第二、当然そこには、文明をささえる宗教儀礼、そして「文明」儀礼、「国家」儀礼の萌芽が生れたのです。

それなしには、「政治的儀礼」も「国家的儀礼」も、行なうことができなかったのです。

第三、だからこそ、弥生期になってこれを受け継いだ筑紫の九州王朝、大和の近畿天皇家（分王朝）、いずれも「重要な儀礼」のさい、この「南九州の先進儀礼」を模倣したのです。

第四、そのさい、自分たち「新参王朝」の〝身もと〟を隠すために、尊むべき「先代の王朝儀礼」を〝あざけって〟みせたのです。これが、「汚《きたな》い日本語」の「狗人」呼ばわり、でした。

第五、「狗人」は「美しい日本語」です。「い」は名詞の上につけて、〝神聖な〟の意を現わします。

現代のアイヌ語にも、その『残映』があります。「伊勢」「壱岐」「伊豆」「伊予」「家島《いえしま》（えじま）」（兵庫県）などです。

「ぬ」は「野」です。

「ひ」は「太陽」です。

ですから、「いぬひと」とは「神殿の戸口」です。

「と」は「神殿の戸口」です。「神聖な原野に立つ、太陽の神殿の戸口」を意味する、無上にすばらしい日本語だったのです。


第六、「隼人」も同じです。「は」は『葉』、根や茎に対して広い場所を指します。

「や」は「やしろ」の「や」。

「と」は「神殿の戸口」です。

「はやと」は、「広い神殿の戸口」、あの上野原（鹿児島県）など、その〝さい〟たるものだったでしょう。

「はやい矢」などの〝文字〟を当てたのは、さらに後世のことです。

「いぬひと」も「はやと」も、まさに南九州の「先進文明」の「先進儀礼」の存在を赤裸々にしめした日本語だったのです。


第七、これに反し、この無上の日本語に対して「狗人」などという、汚い「文字当て」をしたのが、日本書紀の〝やり口〟です。新参の九州王朝、そしてさらに新参の近畿天皇家の「手口」です。

あの「第一にすばらしい人々」を指す「えた」に「穢多」などという〝汚い文字〟をあえて使った、あの〝やり口〟と同一です。


第八、歴史学は、過去を賛美するための、御用学問ではありません。「汚い」ものに対しては「汚い」と言い、「すばらしい」ものに対しては「すばらしい」と言う。そのためには、誰人にも遠慮しない。

それが歴史学なのです。

人間がかえりみて、「人間の魂」を輝かせ、とりもどしてゆく、それが真実の歴史の道です。

読んで下さって、ありがとう。

二〇〇九年七月三十日、深夜稿了

追記
・黒曜石とウラジオストクの関係についての、わたしの現地調査と新研究については、『なかった――真実の歴史学』第二号（ミネルヴァ書房刊）を参照してください。
・本原稿執筆後、前原市は、二丈町、志摩町と合併して糸島市となりました（二〇一〇年一月一日）。
・姫島については、改めて別述します。

古田武彦・古代史コレクション

《著者紹介》

古田武彦（ふるた・たけひこ）

1926年　福島県生まれ。

旧制広島高校を経て，東北大学法文学部，日本思想史科において村岡典嗣に学ぶ。

長野県松本深志高校教諭，神戸森高校講師，神戸市立湊川高校，京都市立洛陽高校教諭を経て，

1980年　龍谷大学講師。

1984～96年　昭和薬科大学教授。

著　作　『「邪馬台国」はなかった――解読された倭人伝の謎』朝日新聞社，1971年（朝日文庫，1992年）。

『失われた九州王朝――天皇家以前の古代史』朝日新聞社，1973年（朝日文庫，1993年）。

『盗まれた神話――記・紀の秘密』朝日新聞社，1975年（朝日文庫，1993年）（角川文庫，所収）。

『古田武彦著作集　親鸞・思想史研究編』全3巻，明石書店，2002年。

『俾弥呼――鬼道に事え，見る有る者少なし』ミネルヴァ書房，2011年。

『古田武彦・歴史への探究』ミネルヴァ書房，2013年～，ほか多数。

古田武彦・古代史コレクション③
盗まれた神話
――記・紀の秘密――

2010年3月10日　初版第1刷発行　〈検印省略〉
2013年6月10日　初版第3刷発行

定価はカバーに
表示しています

著　者　古　田　武　彦
発行者　杉　田　啓　三
印刷者　江　戸　宏　介

発行所　株式会社　ミネルヴァ書房

607-8494　京都市山科区日ノ岡堤谷町1
電話代表　(075)581-5191
振替口座　01020-0-8076

共同印刷工業・兼文堂

ISBN978-4-623-05185-4
Printed in Japan

人名索引

あ　行

か　行

さ　行

た　行

な　行

は　行

ま　行

や　行

ら・わ行

事項索引

さ　行

ま 行

や 行

わ 行

地名索引

あ　行

か　行

さ　行

た　行

な　行

は　行

ま　行

や　行

ら・わ行